문예신서
336

외쿠메네

인간 환경에 대한 연구서설

오귀스탱 베르크

김웅권 옮김

東 文 選

외쿠메네

Augustin Berque

ÉCOUMÈNE

Introduction à l'étude des milieux humains

서 문

　내 인생의 가을이 다가왔을 무렵 이 책에 대한 구상이 저절로 무르익었다. 나의 다른 책들은 내가 그것들을 기획하려 한 어떤 특별한 동기가 있는 상황들에서 나왔다. 예컨대 나는 운 좋게도 내 첫번째 책을 써 달라는 제안을 받았던 것이다. 그때 동기는 분명했고 구체적 모습까지 갖추고 있었다. 그것은 나에게 그 행운을 주었던 페르낭 브로델에 응답하는 것이었다. 그런데 이 책으로 말하면, 그것은 내가 그것을 쓰지 않으면 안 된다는 느낌 이외에는 존재할 이유가 없었던 첫번째 책이다.

　나는 이 느낌을 영감의 느낌이라 부르지 않을 것이다. 왜냐하면 너무도 여러 해 동안의 작업이 투자되었기 때문이다. 차라리 숙고에 대해 말한다면 조금씩 나를 이끌어 가게 되었던 것이 무엇인지 보다 잘 표현해 줄 것이다. 숙고는 구체적 형태를 갖추지 않을 수 없었다. 왜냐하면 이같은 구상 자체가 내가 여기서 뒷받침하는 주장이기 때문이다. 따라서 어떤 면에서 보면 이 책은 그것 자체의 소재였다. 그것의 글쓰기가 중요한 게 아니라 그보다 그 반대로 인간의 모든 작품을 정당화하고 그것에 근거를 제공하는 그 무엇이 중요하기 때문이다. 형태가 없었던 것이 표현되게 해주는 그 운동 말이다. 여기서 그 표현은 글로 씌어진 것이다. 그러나 그 충동은 그 어떤 글쓰기보다도 훨씬 더 멀리서 왔다.

　이 책이 한편으로 이야기하는 것은 우리의 세계를 생성시키고, 다른 한편으로 이 세계에 대해 우리에게 이야기하는 말의 의미를 생성시키는 그 운동이다. 또한 그 반대로 이 책은 말과 말의 글쓰기에서만 의미를 찾으려는 것의 헛됨을 이야기한다. 우리가 이 책이 전제하는 모든 것을 생각하게 되면, 이 책은 가소로운 장소가 아닐 수 없으리라! 우리의 존재, 가까운 것에서 먼 것까지 사물들의 존재, 그리고 우주의 존재까지 그 모든 것이 이 장소의 장소이니 말이다. 하지만 이 장소는 어떤 측면에서 보면 차례로 그 모든 것을 포함할 수 있는 매혹적인 능력이 있는 장소이다. 그런 측면은 사물들이 고유한 것으로 가지고 있는 것에 덧붙여지며, 그것들에 결합되어 보다 많은 의미를 부여한다.

이 책의 안내 역할을 했던 확신은 이렇다. 사물들에 대한 우리의 이해는 기호들의 배치에서만 의미를 포착하는 대신에 한 세계의 전개에 참여한다는 것이다. 고대인들은 이러한 전개를 **세계의 시**라고 불렀다. 그런데 이 시를 어떻게 표현할 수 있는가? 지리학자로서 나는 풍토에 길들이는 순화주의적 환원의 지독한 오류를 아주 수월하게 고발하지만, 그 반대로 말이 맴도는 선회 현상들 앞에서는 오랫동안 아연한 채로 있었다. 그러니까 지금까지 나는 내가 어린 시절부터 막연하게 느꼈던 것을 체계적으로 설명하려는 시도를 해본 적이 없었다. 그 막연한 것은 인간의 작품이 세계의 시에서 어떤 역할, 필요한 역할을 한다 할지라도, 그것은 세계로부터 분리되고자 한다면 모든 의미를 상실한다는 점이다. 인간의 작품은 시를 언급하면서 시를 보다 멀리 이르게 하기 때문에 필요하다. 그러나 그것만으로는 결코 충분치 않다. 왜냐하면 보다 크고 보다 깊은 물결이 파도를 몰고와 파도 자체를 넘어서 부서짐으로 이끌듯이, 그것은 시가 그것을 이미 지탱해 주지 않는다면 아무것도 아닐 것이기 때문이다.

이상과 같은 것이 이 책이 말하고자 하는 바이다. 나는 그것을 쓰지 않을 수 없었다. 왜냐하면 자주 바다를 바라보았기 때문이다.

1999년 5월 2일, 센다이에서

차 례

제1부: 거기에 있다의 거기

제3부: 타자와 함께 존재하기

서 론
문화의 재자연화, 자연의 재문화화

나와 나 자신 사이에 지구가 있다.[1]

장 마르크 베스

(…) 기표의 자의성과 기호적인 것이 지닌 비
의미에 의해 혼미해진 일두(一頭) 체제적인 파편
화된 인문과학들의 불충분함들, 곤경들, 실패들,
윤리적 파산들.[2]

질베르 뒤랑

존재론에는 지리학이 결여되어 있고, 지리학에는 존재론이 결여되
어 있다. 물론 몇몇 업적들은 그런 방향으로 가고 있긴 하다. 하지만
그것들은 충분한 정도로 많지도 인정되지도 않고 있다. 이와 같은 결
여에 대한 의식 자체가 최근의 일이다. 예컨대 미국에서 몇 년 전에야
'철학지리학회' 하나가 탄생했다. 전체적으로 볼 때 여전한 것은 존재
론에 전념하는 철학자들이 지리학에 거의 관심을 보이지 않고 있고,
지리학자들에게 존재론이라는 용어가 대학입학자격시험의 속성 준비

---

1) Jean-Marc Besse, "Philosophie et géographie," in Jean-François Mattéi(dir.)
Encyclopédie philosophique universelle, vol. IV, Paris, PUF, 1998, p.2555.
2) Gilbert Durand, *Introduction à la mythologie*, Paris, Albin Michel, 1996,
p.78.

에 대한 추억 이외에 다른 것을 환기시키는 경우는 드물다는 사실이다. 사람들은 시종일관 다른 영역에서 관심을 보이고 있다.

그런데 인간 존재는 지리적 존재이다. 그의 존재는 지리적이다. 그가 다양한 문화들이 상이한 비전들을 드러내는 것, 곧 절대를 향하고 있지만 그는 지리학의 대상이 되는 것, 즉 하늘 아래 지구상의 사물들과 인류의 배치라는 것과 맺는 어떤 관계를 통해서 우선적으로 그리고 필연적으로 규정된다. 이런 측면이 **거기에**(là)와 **거기(여기)—있다**(il-y-a)라는 표현들을 구성하며, 이것들이 없으면 존재론은 있을 수 없을 것이다. 그것에 대해 이야기하기 위한 인간 존재들이 우선 결여되기 때문이다.

물론 철학은 거기—존재에 대해, 나아가 거기라는—것의—존재에 대해 이야기했다. 그러나 어떤 철학자들이 왜 정확히 이곳의 거기가 다른 곳의 거기가 아닌지 자문했단 말인가? 그러나 이런 사실로부터 결과적으로 나타나는 것은 존재 역시 다른 곳에서 거기—존재가 되듯이 이곳에서 거기—존재가 될 수는 없을 것이라는 점이다.

거기, 혹은 거기—있다에서 거기의 문제는 지리학의 시작에 다름 아니다. 지리학이 끊임없이 보여준 것은 실질적으로 지구상에 동일한 거기가 두 번 존재하지 않는다는 점이다. 거기 있다에서 거기는 언제나 단수이다. 따라서 철학이 실존에 매진하고 있는 한, 그것은 존재나 존재의 주체에 대해서 만큼이나 이러한 거기나 거기—있다에서 그 거기에 대해서도 오래전부터 탐구했어야 했을 것이다. 그런데 사정이 전혀 그렇지 않았음은 물론이고 대부분의 철학자들은 오늘날에도 여전히 그런 일이 일어날 가능성 자체만으로도 분개할 것이다. 지리학자들로 말하면, 그들의 대부분은 존재론에는 철저하게 담을 쌓은 관점에서 사물들과 존재들의 거기—있다에만 전념하고 그것들의 존재는 고찰하지 않는다. 그것들의 언표에서 계사(繫辭)로서 être 동사의 사용을 넘어서는 일은 그들에게 무익한 것 같다.

따라서 철학과 지리학 사이에는 방대한 빈 공간이 어둠 속에 벌어져 있으며 다름 아닌 이 빈 공간에서 존재는 실존하는 한 자신을 우선적으로 펼쳐낸다. 이 어둠은 지식에 해롭다. 그것은 과학성에 더없이 사로잡힌 학문들 내에서, 또 이 학문들이 과학성을 열망했다는 바로 그 점 때문에 과거에서처럼 현재에도 지극히 기만적인 꿈들을 끊임없이 낳고 있다. 이것이 말하는 것은 이 문제가 지리학과 철학이라는 확립된 두 학문의 개별 영역을 폭넓게 넘어선다는 점이다. 문제가 되는 것은 지식 일반이고 이것의 사용이다. 단순히 말해 그 이유는 우리가 알아야 할 현실이 인간이라는 존재가 지리적이라는 사실에 우선적으로 그리고 직접적으로 종속되어 있기 때문이다.

인간이라는 존재가 지리적이라는 이같은 주장은 다음에 이어지는 수많은 낱말로 된 논지를 요약하고 있다. 그것은 사람들이 언제나 지구상 혹은 우주 속 어딘가에 항상 있다는 것을 진부하게 말하는 게 아니다. 철학적으로 말해 그것이 주장하는 바는 우리가 펼쳐진 면적을 가득 채우는 존재자들의 위치를 결정해야 할 필요성뿐 아니라 그런 결정의 불충분성을 인정해야 한다는 것이다. 이런 측면은 존재자들이 다른 곳이 아니라 거기에 존재하는 이유들을 밝히는 것을 넘어서는 것이다. 다음과 같은 사례에서 보듯이 말이다. "새로 모를 낸 논에 까마귀 한 마리가 있다. 그가 거기서 하는 일은 개구리들을 잡는 것이다." '까마귀'와 '논'이라는 존재자들이 어디에 있는지, 그리고 왜 그것들은 다른 곳이 아니라 거기에 있는지 말하는 것은 지리학자들이 관심을 가지는 일이다. 그들은 이 두 존재자 모두가 환경시스템들·농업적 구조들·배분 회로들 등을 통해 분석될 수 있는 하나의 풍경에 속한다는 점을 보여준다. 모든 문제들은 존재에 대한 탐구에 조금도 여지를 남겨 주지 않는다. 반면에 철학자에게 그런 고려 사항들은 잡동사니 같은 존재자들의 목록을 작성하는 것보다 만족감을 주는 문제, 존재의 문제를 방해할 뿐이라 할 것이다. 존재론은 까마귀, 논 그리고 개구리 사이의 관계에 대해선 관심이 없다.

그러나 이 관계가 관련되는 것은 인간 존재들의 실존이다. 그것은
이 실존의 있는 그대로의 모습을 통해, 다시 말해 존재를 통해 실존과
관련된다. 우리가 잘 느끼고 있듯이, 앞에서 선택된 사례에서 존재는
그것이 다른 곳에서(예컨대 실존한다는 것이 새벽에 논에서 개구리들의
울음소리를 포함하지 않는 곳에서) 드러내는 모습이 아니다. 물론 존재
가 세계의 현실과 아무런 관계가 없다고 가정하지 않는다는 조건이
따른다. 그러나 그러한 가정은——본서의 논지와 완전히 상반되는데
——모든 철학을 단번에 해체시킨다.

따라서 바로 다음과 같은 지점에서 출발해야 한다. 즉 아무리 작은
풍경이라 할지라도, 이 풍경 속에 있는 아무리 작은 것이라 할지라도
존재의 문제를 처음부터 전적으로 제기한다는 확인에서 출발해야 한
다. "저것(다른 것)보다는 이것이 있고 저기(다른 곳)보다는 여기에 있
다"[3]라는 이런 언표——이것은 사실 인간 존재가 실존에 눈을 뜨자
마자 만들어 낼 수 있는 최초의 언표이다——가 확립하는 것은 지리학
뿐 아니라 존재론이다. 존재의 문제가 철학적인 반면에 장소의 문제
는 지리적이라 생각된다고 말하는 것은 현실을 파악하는 것을 영원히
막는 어떤 심연을 통해 현실을 해결하는 것이다. 그것은 거기-있다의
명백함을 우롱하는 것이고, 동시에 우리의 실존이 지닌 본질을 말소
시키는 것이다. 이 실존은 이 거기-있다의 내에서가 아니면 아무것도
아니다. 따라서 철학자들이 볼 때는 절대 속에서 존재를 상상해야 하
고, 지리학자들이 볼 때는 그들이 검토하는 것 속에는 존재가 관계되
지 않는다고 생각해야 하며, 대다수 인간들이 볼 때는 지극히 불투명
한 유령들——장소의 정령, 사물들의 정신, 우주의 의도 등——을 보

---

3) L'article 'y' de *Les Mots de la géographie. Dictionnaire critique*, de Roger
Brunet *et al.*, Montpellier et Paris, RECLUS et Documentation française, 1992.

이지 않게 덮어 버려야 한다면, 심연은 그렇게 해서 벌어진다. 이 모든 것은 우리의 실존, 달리 말해 존재에 생기를 불어넣는 것이 "논에 까마귀 한 마리가 있는" 바로 그곳에서, 혹은 그 어떤 다른 아무 풍경에서나 우선적으로 작용하고 있다는 사실을 보지 못하기 때문에 생긴다. 다른 곳보다는 언제나 거기에서 작용하고 있다는 사실을 말이다.

　존재의 이와 같은 지리성(géographicité)을 주장한다는 것이 지리학자들은 존재를 자신들의 세력권으로 만들 수 있는 권리가 당연히 있다고 말하는 것은 아니다. 또 그것은 철학자들이 지리학을 한다면(사실 우리는 이 점의 유명한 사례들을 알고 있다), 그로 인해 존재의 이런 지리학적 차원을 가로챌 수 있을 것이라고 말하는 것도 아니다. 사실 여기서 중요한 것은 지리학자들이 직업적으로 수행하는 것으로 철학자들이 모방할 수 있다고 생각되는 것, 다시 말해 학문으로서 지리학이 아니라, 인간이란 존재가 지구 속에 자신을 새기고 있으며(graphein), 또 그가 그 대가로 어떤 의미 속에 새겨지고 있다는 사실이다. 바로 이런 의미에서 그는 지리적이다.

　이와 같은 관계는 우리 인류 자체의 토대를 확립한다. 그것은 우리 인류의 조건이다. 인간 이외의 생물들 혹은 무생물들이 지리적인 것은 오직 지리학이 그것들을 펼쳐진 면적 안에서 위치를 결정할 수 있다는 점 때문이다. 다시 말해 철학의 어휘로 말하면, 그것들은 저기-앞에 존재하는 존재자들이다. 예컨대 흰개미나 녹석(석산호의 일종) 같은 어떤 동물들은 자신들의 구축물들을 통해서 면적을 실질적으로 변화시킬 수 있다. 그러나 그것들의 본질은 지리적인 것이 아니다. 그것은 다만 지구상 어딘가에서 살아가며 그곳에 흔적을 남기는 것인데, 이 흔적은 그것들의 신체 자체의 물리적 위치 결정, 현재적 혹은 과거적 위치 결정과 직접적인 관계가 있다.

　인간 존재는 이와는 사정이 다르다. 우리가 지리적인 것은 우리 신체의 물리적 규정을 넘어서, 우리 자신 안에서 지구 전체가 관계된다는 의미에서이다. 달리 말하면, 우리는 아주 멀리서 일어나는 일이 우리와 관련되어 있다는 점에서 인간적이다. 그것은 예컨대 1999년 5월 17일 뉴질랜드 의회가 인간의 어떤 권리들을 유인원들에게 확대하는 법안을 부결시켰다는 사실이 우리와 상관이 없는 게 아니라는 도덕적 의미에서 우리와 관련이 있다. 뿐만 아니라 그것은 우리 신체의 한계를 매우 벗어나 있는 '그곳에서,' 우리가 결코 발을 들여놓을 일이 없을 것 같은 그곳에서 벌어지는 일이 우리의 실존 자체를 구성한다는 의미에서 존재론적으로 우리와 관계가 있다.

이런 측면에서 아주 먼 곳에서 일어나는 일은 우리의 존재를 구성한다. 이것이 바로 이 책이 보여주고자 하는 것이다. 이와 관련해 철학, 특히 현상학은 몇몇 개념들을 확보하고 있다. 우선 실존(existence)이라는 용어가 있는데, 이것의 본래 의미는 우리가 알다시피 바깥(ex)에 있다(sistere)는 것이다. 사실 자신들이 있는 곳에만 머무는 녹석들과 같은 존재와는 반대로 인간이란 존재는 자기 자신 바깥으로 스스로를 확장한다. 그 이유는 북부역으로 우리를 데려다주는 교외 열차 안에 있으면서 우리가 저 멀리 남쪽 바다 속에 있는 녹석들에 대해 이야기할 수 있기 때문이 아니라, 인간이다는 의미가 또한 그곳 멀리까지, 나아가 그보다 훨씬 더 먼 곳까지 물질적으로 존재한다는 것이기 때문이다.

사실 현상학을 넘어서 이 책이 보여주고자 하는 바는 실존이 이처럼 펼쳐져 있다는 객관적인 현실이다. 실존의 어원만으로도, 현상의 물질적 측면만으로도 충분치 않다. 우리의 실존은 또한 필연적으로 제도들과 구축물들——건물들·조직들, 다양한 망들——속에 있으며, 이것들을 통해서 예컨대 우리는 아주 멀리 있는 웰링턴에서 5월 7일 일어났던 일에 대해 이야기할 수 있다. 혹은 우리는 화성에 있는 로봇에게 저 돌보다는 이 돌을 집으라고 명령할 수 있다. 인간 실존은 이런 측면까지를 말하며, 그 이하가 아니다.

"이런 측면까지"라는 말은 아마 이해하기가 어렵지 않을 것이다. 그러나 "그 이하가 아니다"는 표현은 우리의 습관적인 사유 방식에 매우 당황스러운 결과들을 초래한다는 점을 우리는 보게 될 것이다. 그것은 우리의 지적 세계에서 가장 잘 확립된 입장들 가운데 최소한 몇몇을 중대하게 상대화시키는 근거를 제공할 것이다.

사실 우리가 존재의 지리성[4]을 고려할 때 어둠 속에서 나오는 것은 우리 인문과학들의 수많은 공리들을 다시 검토해야 할 필요성이다. 우선적으로 자연과학들과 그 공리들의 유기적 연관, 아니 그보다 연관 부족을 검토해야 한다. 어둠 속에서 나오는 것은 과학주의적인 미련함의 올가미 속에 다시 한번 떨어지지 않은 채, 유기적 연관이 있음을 사유할 수 있다는 가능성 바로 그것이다. 이 가능성은 새로운 천년이 시작되는 시점에서 우리가——사실 데카르트가 '생각하는 사물(존재)'과 '펼쳐져 있는 사물'을 구분한 이래로——문화와 자연 사이에 근대성이 조금씩 파놓은 그 심연으로부터 빠져나오기 시작하고 있음

---

4) 지리성(géographicité)이라는 개념은 에릭 다르델(Éric Dardel, 1899-1967)이 《인간과 지구. 지리적 현실의 본질 *L'Homme et la terre. Nature de la réalité géographique*》 (1952, Philippe Pinchemel과 Jean-Marc Besse가 Paris, CTHS, 1990에서 해설을 붙여 재출간함)에서 제시한 것인데, 이 책은 최초로 하이데거의 존재론적 관점에서 지리학을 재고찰했다. 다르델은 오랫동안 알려지지 않았지만 오늘날에는 지리학에서 현상학적 경향의 선구자로 찬양되고 있다. 그러나 몇몇 예외적인 경우들을 제외하면, 철학자들은 그를 별로 참조하지 않고 있다. 다르델은 풍경과 관련한 지리적 성격이라는 개념을 제시한다. 풍경은 "인간 존재의 총체성, 그가 지구와 맺는 실존적 유대, 혹은 이를테면 그의 시원적인 지리성을 문제삼는다. 지구는 그가 자기를 실현하는 장소, 토대 그리고 수단인 것이다."(p.42) 다르델의 견해가 창설적이긴 하지만, 그것은 와쓰지 데쓰로(Watsuji Tetsurô, 1889-1960)가 《풍토. 인간학적 연구 *Milieux. Étude humanologique*》(*Fûdo. Ningengakuteki kôsatsu*, Tokyo, Iwanami, 1935)에서 그의 하이데거적 패러다임에 가하는 것과 동일한 비판을 야기시키고 있다. 그러니까 그것은 인간이라는 존재에서 사회적인 것의 부분을 과소평가하고 있다는 것이다. 나는 여기다가 현상적인 것의 상대적인 과대평가를 덧붙이겠다. 여기에는 다르델의 지리성과 내가 말하고자 하는 지리성 사이에는 결정적인 일보가 있다. 사실——우리 존재의 생명-생태학적 토대에 대해선 말할 것도 없고——이 존재는 사회성과 기술성(technicité)으로 인해 하나의 구조화, 따라서 하나의 역사와 관련을 맺고 있는데, 현상학 단독으로는 이것들을 설명할 수 없다.

을 말한다.[5] 사실 존재의 지리성은 펼쳐져 있는 사물이 생각하는 사물과 무관한 게 아니고, 전자가 후자의 존재 자체의 성질을 띠도록 해주는 그 관계에 다름 아니다.

본서의 목적은 불가분하게 지리적이자 존재론적인 이런 관계를 분석하는 것이다. 나는 오래된 그리스어 **오이쿠메네**(oikoumenê)[6]에 여성성을 돌려주면서 이 관계를 외쿠메네라 부른다. 이 여성성은 외쿠메네를 지구(la terre)와 인류(l'humaité)[7]의 외쿠메네로 만들어 준다. 바로 이 점에서 지구는 인간적이고, 인류는 지구적이다.

---

5) 이로부터 "문화를 재자연화하고, 자연을 재문화화해야 할" 필요성이 비롯된다. 이 표현은 나의 아버지 자크 베르크(1910-1995)가 남긴 것이다. 그는 이 표현을 특히 《제2의 동양 *L'Orient second*》(Paris, Gallimard, 1969)에서 사용했다. 그러나 나는 표현의 순서를 뒤바꾸었는데, 이는 하찮은 게 아니다. 정확이 인용하면(p.259), "자연을 재문화하고, 문화를 재자연화한다"이다. 사실 나는 우리가 자연을 '문화화하는' 일을 결코 멈춘적이 없다고 생각한다. 그러나 반면에 나는 우리의 인문과학들이 문화가 자유로운 바퀴를 타고 가듯 저절로 돌아갈 수 있으리라는 환상에 완전히 빠져 있다고 생각한다.

6) Oikoumenê는 거주하다를 의미하는 oikeô에서 파생된다. 이 어원은 écologie(생태학)와 économie(경제)의 어원과 같다. 그리스 저자들은 이 용어를 실사로서 단독으로 사용하거나, 사막들(즉 사람이 살지 않는 공간들)과 반대되는 '사람이 사는 땅'과 같은 근본적 의미에서 수식적인 gê(땅의)로서 사용한다. 그러나 해당 거주자들이 반드시 모든 인류인 것은 아니다. 저자들에 따르면, oikoumenê는 또한 그리스땅, 나중에는 로마제국 그리고 그 다음에는 비잔틴제국만을 지칭할 수도 있었다. 근대 지리학에서 **외쿠메네**(écoumène)는 "지구에서 인류가 점유하고 있는 부분"(Brunet *et al. op. cit.*, p.166, '외쿠메네' 항목)을 의미한다. 용어의 철자법(écoumène, oekoumène, oecoumène 등)과 성(姓)(일반적으로 남성으로 간주되고 있다)은 제대로 정해져 있지 않다. 외쿠메네에 대한 나 자신의 견해는 (인간) 환경이라는 개념으로부터 비롯된다. 왜냐하면 이 개념은 인간 집단이 지구 영역과 맺는 관계로 규정되기 때문이다. 여기서 나는 다음과 같은 저서들에서 계속적으로 심화시켰던 이 문제틀의 기원들을 다시 다루지 않겠다. *Le Sauvage et l'artifice: Les Japonais devant la nature*, Paris, Gallimard, 1986; *Médiance: de milieux en paysages*, Paris, Berlin/RECLUS, 1999(1ᵉ éd. 1990). *Être humains sur la terre: principes d'éthique de l'écoumène*, Paris, Gallimard, 1996. 나의 출발점은 와쓰지 데쓰로(*op. cit.*)의 독서였으며, 나는 그의 저서에서 핵심적 장을 번역하여 《철학》지(n° 51, 1996년 9월, pp.3-30)에 게재한 바 있다.

7) 프랑스어에서 지구와 인류가 여성임을 상기하자. [역주]

외쿠메네는 인간 환경의 전체와 조건이다. 왜냐하면 이 환경은 본질적으로 인간적일 뿐 아니라 생태적이고 물리적이기 때문이다. 외쿠메네, 바로 그것이 전적으로 인간이라는 존재의 거처(oikos)이다. 우리가 보다시피, 외쿠메네를 고찰하는 것은 존재의 거처를 언어 속에 국한하겠다고 주장할 수 있었던 철학에 대립하는 것이다. 또 그것은 그런 입장을 받아들이고 문화를 자연에서 격리시켰던 지나치게 협소한 인문과학들에 대립하는 것이다. 그런데 사실 이 인문과학들은 우리 육체의 불가분한 동물성도 부정할 수 없었다! 이러한 모순의 결과는 이원론이 실존의 사물들에 대해 그렇게 했듯이, 인간이라는 존재를 다시 한번 둘로 갈라 놓았다.

여기서 반복해 강조할 점은 외쿠메네가 하나의 관계, 즉 인류가 지구의 면적과 동시에 맺는 생태학적·기술적(技術的)·상징적인 관계이다라는 사실이다. 따라서 그것은 지구라는 물리적 존재자의 물질성에 국한되지도, 그곳에 거주하는 인구의 물질성——오래전부터 우리가 측정할 줄 알고 있는 모든 것——에 국한되지도 않는다. 외쿠메네는 필연적으로 그런 것이기도 하지만 또한 필연적으로 각각의 인간 존재 안에서 계속되는 실존적인 전개이다. 이런 계속성으로 인해 실존의 전개는 신체들의 기하학적 규정을 항상 벗어났다. 따라서 외쿠메네는 측정 가능하면서도 동시에 측량할 수 없다. 지구가 수평선에서 하늘과 맞닿아 있듯이, 우리의 존재는 우리의 손가락 끝을 넘어 확장되어 지구의 정반대쪽, 화성 그리고 그보다 더 멀리 우주의 극한까지 다다른다.

외쿠메네와 그 안에 있는 모든 인간 환경은 바로 이것이지, 그 이하가 아니다. 그러나 그것이 우선 그리고 단번에 말하는 것은 사물들이 거기-있다는 것의 지리성, 우리의 실존이 시작되는 그 지리성이다. 그런 만큼 이런 식으로 이 책은 인간 환경에 대한 연구로 안내할 것이다.

제1부
거기에 있다의 거기

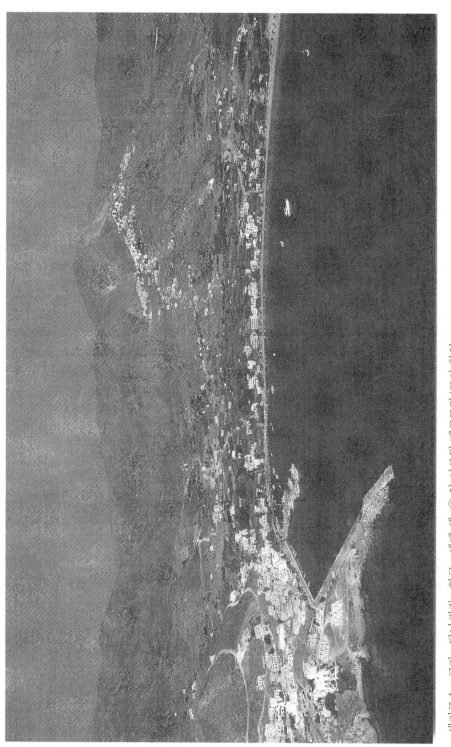

세리포스 · 코라 · 망나귀킴 · 항구 · 에게 해. ⓒ 얀 아르튀 베르트랑/고지 촬영.

제1장

장 소

골짜기의 신(神)은 죽지 않는다. 그곳에 현묘한
암컷이 있다. 현묘한 암컷의 문 안에 천지 만물의
뿌리가 있다.[1]

노자[2]

1. 낙소스 섬에서처럼 세리포스 섬에서

다갈색의 야성적인 산 위에 흰 광채를 띠는 코라(Chôra)가 추억 속에
떠오른다. 오랜 세월 동안 사람들은 당나귀를 타고서 구불구불한 길을
통해 그곳에 올라갔다. 당나귀들의 발굽으로 그 길의 돌들은 반들반들
하게 닳았다. 태양빛이 눈부시게 반사했고, 여름의 내음이 풍기고 있
었다. 올라가면 올라갈수록 바다는 더욱 크게 나타난다. 조금씩 해안
가가 윤곽을 드러낸다. 그 해안가는——최소한 전설에 대한 아마도 개
인적인 섬 이야기에 따르면——테세우스가 아리아드네를 버렸다는 곳
이다.

사실, 코라는 이 에게 해(Aigaion Pelagos)에서 다소간 어디에나 존

---

1) Liou Kia-Hway 번역, *Philosophes taoïstes*, Paris, Gallimard(Pléiade), 1980, p.8.
2) 이 인용문은 노자의 《도덕경》 제6장의 일부인데, 프랑스어로 번역된 것을 우리
말로 다시 번역했다. 국내 번역본을 하나 인용하면 이렇다. "빈 골짜기에 신령한 기
(곡신)는 죽지 않는다. 이것을 일컬어 현묘한 암컷이라 부른다. 현묘한 암컷의 세계
는 천지의 뿌리라 부른다."(김형효, 《사유하는 도덕경》, 소나무, 2004, p.104)〔역주〕

재한다. 이 그리스어를 이탈리아어로 옮기면 프랑스어에서 몽상에 적합한 음성적 미끄러짐을 통해 원(原)바다(Arcipelago)가 되며, 그 의미는 모든 바다들 가운데 바다, 기원의 바다이다. 그리고 의미론적 미끄러짐을 통해서 그것은 바다를 말했으며, 오늘날에는 이 군도의 모든 섬들을 말한다. 이들 섬마다 혹은 거의 섬마다 언덕에는 그 나름의 **코라**(chôra)가 있고, 오목한 곳들에는 꽃이 핀 월계수들이 있다.

그리스어 학자들이 왜 고대 그리스어로 도시와 반대되는 '시골'을 의미하는 **코라**라는 낱말이 그 반대, 즉 한 섬의 중심 도시를 의미하게 되었는지 말해 주리라 너무 기대하지 말자. 이러한 전복은 비잔틴이나 베네치아의 지배하에, 혹은 제노바 사람들 아니면 오스만 터키인들의 지배 아래서 정확한 날짜를 알 수 없는 어느 날 이루어졌다. 왜냐하면 아마 바다의 불안전 때문에 배후의 시골 지방에 **카스트로**(kastro: 공동체)가 구축되지 않을 수 없었기 때문일 것이다(우리는 이 점을 최소한 쉽게 상상할 수 있을 것이다). 그런데 두번째 전복이 윤곽을 드러낸다. 왜냐하면 근대는 모태적인 **코라**를 희생시키고 **스칼라**(skala)(선착장 échelle,[3] 기항지, 다시 말해 섬의 항구)를 활성화시켜 그곳에 사람이 북적거리게 만들기 때문이다. 그러나 **코라**는 현재 세리포스 섬에서처럼 지속적으로 풍경——하나의 배경이 있는 형태——을 수렴시키고 있지만, 예전에 그것은 밀밭·포도나무밭·올리브나무들이 있는 모든 도시적 형태의 기반이었다.

이처럼 물리적인 연장(延長)의 장소들과 역사를 통해 의미는 여행을 한다. 이 때문에 물리적 영역이 가치가 있다면 그것은 상대적일 뿐이며 이 연장을 말하기 위한 낱말들도 역시 마찬가지이다. 그럼에도 현실

---

3) Échelle의 의미들 가운데는 (특히 *Échelles du Levant*: 지중해 동부 연안의 항구들, 혹은 *Échelles de Barbarie*: 북아프리카의 항구들이라는 표현에서 보듯이) 항구나 상관(商館)의 뜻이 있게 된 것은 단순히 원양 항해선들에 오르거나 내리기 위해서 사닥다리(échelle)가 필요했기 때문이다.

을 보면, 낱말들과 연장의 관계는 의심의 여지가 없다. 각각의 섬, 그 작은 세계를 위해 **코라**는 유사한 것이라곤 아무것도 없는 하나의 풍경, 곧 자신의 풍경 속에 끼여 있다.

이와 같은 작은 섬인 세계도 역시 이와 마찬가지이다. 그 섬에서 사람들은 살아가면서 다른 섬은 알지 못한다.

2. 장소를 향한 최초의 전진

물론 항구(échelle)는 다른 섬들에 스스로를 개방하게 해주고, 세계에는 단 하나의 **코라**만이 있는 게 아니라는 사실을 발견하게 해준다. 이처럼 혼돈의 가능성을 자각하기에 예컨대 세리포스 섬에서 사람들 역시 고유명사를 통해 항구와 이 항구의 **코라**를 각기 리바디와 세리포스로 지칭한다. 그러나 오늘날에조차도 지방의 관례는 이런 지명들을 무시한다. 보통명사가 고유명사를 대신하고 있으며, 당나귀길을 따라서 사람들이 오로지 갈 수 있는 곳은 단 하나의 동일한 **코라**인 것이다. 관점의 문제인데, 주민의 관점은 여행자의 관점이 아니라는 것이다. 여행자는 항구에서 항구로 항해했기에 항구들을 서로 구분할 수 있어야 한다. 한편 주민이 볼 때 사물들은 동일한 해안 이쪽 편에 늘 제자리에 있기 때문에, 여기다 어떤 지명을 덧붙인다는 것은 아무짝에도 쓸모가 없다. 그리하여 지시대상은 유일하고 보통명사가 고유명사인 것이다.

애매하지 않은 연관이 낱말과 그것의 지시대상을 결합시키는 것, 이것이 섬들의 현실이고 **세계가 지닌 섬 같은 특성**이다. 여기에는 하나의 보편적 공간의 구체성(concrétude)이 조금도 추상화되지 않는다는 조건이 따른다. 라틴어로 concretus는 함께 자란다를 의미하는 concrescere의 과거분사였다. 실제로 섬들에서, 또 현실 세계에서 사람들·낱말들·사물들은 함께 자랐다. 그들은 공통의 역사를 지니고 있다. 여기서 나는 이러한 구체성을 당나귀길로 상징한다. 그 코라(다른 어떤 코라가 아니라)로 통하는 필요한 전진, 길을 따라 가는 서서한 전진(cheminement) 말이다. 이러한 전진은 필요하다. 왜냐하면 당나귀들은 지형의 세세한 부분들에 자신들의 발걸음을 긴밀하게 일치시켜야 하고, 하나의 섬에서 이러한 지형은 그 어떠한 다른 섬의 지형과도 같지 않기 때문이다. 그러니까 길을 따라 가는 서서한 전진들은 제각기 독특하다. 이것이 바로 자연의 현상이며——예컨대 불도저로 언덕들을 밀어 버림으로써——자연 상태를 파괴하지 않는 한 이런 현상은 무시될 수 없을 것이다. 그러나 또한 바로 그것이 근대성에 의해 배척되었던 것이다. 이런 점은 예컨대 건축에서 르 코르뷔지에가 당당하게 표현했던 확신에서 나타나는데, 구불구불한 당나귀길이 아니라 직선이 인간적인 것이다. 또한 그런 점은 언어학의 경우 기호의 자의성 원칙(다시 말해 낱말과 그것의 지시대상 사이의 관계 원칙)에서 나타난다. 우리가 앞으로 보겠지만, 이런 사례들은 세계의 역사성을 추상적 공간으로 대체하는 방식들이다.

사실, 세계는 역사가 있다. 이 역사는 사물들을 엮어 그것들에 **하나의 방향**(또 다른 하나의 방향이 아니다)을 부여하면서 그것들의 현실을 구성하는 아리아드네의 실타래(길잡이)이다. 어떻게 그것은 기능하는가. 이를 이해하기 위해서는 역사를 올바르게 검토해야 한다. 시간의 준엄한 일의성 속에서 전개되는 세계의 놀이를 충실히 따라야 하며, 이에 못지않게 세계는 **선험적으로** 사방으로 퍼지는 공간 속에 배치되어야 한다. 그렇게 함으로써 세계의 공간성은 세계의 다양한 언어들의 기호들과는 달리, 결코 모든 방향으로 잡혀지지 않는다. 다시 말해 그것은 자의적이지 않거나 등방성(等方性)이지 않다.

아리아드네의 실타래는 하나밖에 없으며, 길을 잃지 않기 위해서는 그것을 따라가야 한다. 우리의 경우, 에게 해 섬들의 풍경을 수렴시키는 것, 바로 그것의 역사를 검토해야 한다. 하나의 보통명사(chôra)를 지니고 있는 그 고유한 장소(Chôra)의 역사를.

여기서 나는 고대 그리스어에서 이 용어가 의미하는 바와 플라톤이 《티마이오스》에서 보여주는 이 용어의 사용을 검토하는 것으로 만족하겠다. 사실 이런 검토만으로도 외쿠메네에서 하나의 장소가 무엇인지를 파악하려는 우리의 논제를 시작하는 데는 아주 충분할 것이다.

아나톨 밸리가 '중고등학생들'을 위해 만든 사전[4]에서 우선 한번만 찾아보아도, **코라**라는 용어가 지닌 매우 지리적인 성격이 나타난다. 그것은 다음과 같이 정의된다. I. 어떤 사람 혹은 사물에 의해 한정되고 점유된 땅의 공간. 특히 1) 두 사물 사이에 위치한 땅의 공간, 간격, 2) 부지, 장소, 3) 어떤 사람 혹은 사물이 점유하는 장소(특히 예컨대 강의 하상), 4) 눈에 띄는 위치, 서열, 직위, 5) 사람들이 인생에서 차지하는 위치, 신분. II. 1) 고장, 지방, 영토, 조국, 2) 땅, 대지, 3) 시골(도시의 반대), 이로부터 시골의 안락.

배일의 사전이 또한 주의를 환기시키는 것은 **코라**가 **토포스**(장소·지점·위치; 고장·영토·마을; 거리·도달 거리; 논증점, 담론의 주제, 소재; 기회)와 통상 구분된다는 점이다. 그러나 이 두 용어 사이의 관계는 애매하다는 것이다. 일반적으로 **토포스**는 **코라**보다는 제한된 공간을 지시하지만 때로는 그 반대이며, 또 때로는 그것들은 상호 교환될 수 있다.

그러나 배일 사전이 환기시키지 않고 있으나 우리의 논지상 매우 중요한 것은 일반적으로 속사적인 성격이 없는 뜻들을 지닌 **토포스**와는 달리, 코라는 장소가 어떤 존재에 드러내는 적합성이나 타당성을 흔히 함축한다는 사실이다. 예컨대 우리는 크세노폰의 경우에서 다음과 같은 사용들을 만날 수 있다. chôran lambanien: **자신**의 자리를 점유하다. kata chôran echein: **자신**의 위치에 있다, **자신**의 직위를 차지하다. 마

---

4) Anatole Bailly, *Dictionnaire grec-français*, Paris, Hachette, 1950, p.V.

찬가지로 다른 차원에서 보면, **코라**는 어떤 도시에 딸린 **속성적** 시골이며, 하나의 **폴리스**가 지닌 **고유한** 영토이다. 예컨대 아테네 사람들에게 아티카 지방이 그렇다.

여기서 우리는 어떤 추상적 공간의 장소들과 반대되는 외쿠메네의 장소들이 지닌 결정적 특징을 알아차리기 시작한다. 외쿠메네에서 장소와 사물은 서로의 특성을 띤다. 반면에 추상적 공간에서 사물은 여기 혹은 다른 곳에 위치될 수 있으며, 이런 측면은 그것의 존재에 영향을 미치지 않는다. 그리고 이와 상호적으로 장소는 사물과 독립적으로 규정될 수 있다. 예컨대 기하학에서는 사물이 데카르트적 좌표들에 의해서 규정될 수 있고, 혹은 지구에서는 자오선(경도)과 위선(위도) 체계에 의해 규정될 수 있다. 이런 좌표들은 당나귀길과 아무런 관련이 없다. 코라(Chôra)라는 지명이 지시하는 사물이 **어디에** 있는지 알면 되는 것이다. 한편 세계가 지닌 섬 같은 특성에서 보면 코라라는 장소는 하나의 풍경이며, 코라는 이 풍경에 속하고, 이 풍경 자체가 코라를 전제한다. 왜냐하면 길을 따라 가는 서서한 동일한 시-공간적 전진——그것들의 공통적 역사——으로부터 이 둘이 비롯되어 현실성을 유지하기 때문이다.

3. 《티마이오스》에서 코라(la chôra)

무엇에 입각에 사물들은 함께 자라는가? 그러한 공통적 역사의 시작점에 있었던 말을 한 그 입술(음순)은 어떤 것인가? 요컨대 세계의 기원은 무엇인가?

세계의 기원에 있는 입술이 인류의 언어들 가운데 하나를 말하든, 아니면 귀스타브 쿠르베가 그리는 음부의 입술(음순)처럼,[5] 보다 오래된 언어를 말하든 그것은 세계에 통로를 트기 위해서 필연적으로 열려지지 않을 수 없었다. 우리의 우주론이 지닌 표준적인 해석은 오늘날 이와 같은 열려짐을 대폭발로 표현하고 있는데, 이 대폭발은 최근 계산에 따르면 130 내지 140억 년 전에 일어났다(대략 6억 년의 편차가 있다).[6] 말하자면 우리는 명확히 1654년 이후로 길을 잃어버렸다. 그 당시에 케임브리지대학교의 사무부총장이었던 존 라이트풋은 "하늘과 땅이(…) 기원전 4004년 10월 26일 아침 9시에 삼위일체의 신에 의해 창조되었다"[7]고 쓸 수 있었다. 우리는 이 생성 장소를 모르고 있는데, 아렌테(Arrernte)족은 이 장소를 정확히 앤스워크[8]에 위치시키고 있으며, 이곳으로부터 그들의 조상인 애벌레들이 나왔다는 것이다.[9]

앤스워크에서 우리의 흥미를 끄는 것은 그곳에서 동부 맥도넬 산맥의 오래된 물질로 깎여진 하나의 산협(山峽)을 볼 수 있다는 것이다. 이 바위들은 태양이 뜰 때 노란 황금빛에서부터 석양 속의 엷은 보라색까지 햇빛에 따라서 다양한 색채를 띠고 있다. 뿐만 아니라 엷은 다갈색이 지배적이긴 하지만, 황금색은 필경 세계 탄생의 색깔이었을 것이다. 이 협곡은 앵글로색슨인들에 의해 에밀리 협곡(Emily Gap)이라 다시 명명되었다. 이곳으로부터 아렌테족의 조상들은 서쪽으로 이동했으며, 지나가면서 사물들과 장소들을 명명하여 세계가 존재하게 했다

---

5) 귀스타브 쿠르베(1819-1877)의 〈세계의 기원〉은 현재 파리의 도르세 박물관에 있다. 이 그림은 무엇보다도 자크 라캉(1901-1981)의 정신분석학에 속했다. 그것의 제목이 가짜인지 아닌지는 예술사가들이 많이 논쟁을 벌였듯이, 여기서 아무런 중요성이 없다. 중요한 것은 그것의 모티프, 민족들의 상상력이 흔히 세계의 생성에 연결시키고 있는 그 모티프이다.

6) 이는 1999년 5월 28일 미국의 《사이언스》지에 〈발견 Findings〉을 실은 오스트레일리아의 한 연구자에 따른 것이다.

7) "Terre(âge de la)" dans Michel Serres et Nayla Farouki(dir.), Le Trésor. Dictionnaire des sciences, Paris, Flammarion, 1997, p.965.

8) 오스트레일리아의 지명. 〔역주〕

9) 이에 대해서는 음파른퉤(Mparntwe) 민족에 대한 David Brooks, The Arrernte landscape. A guide to the dreaming tracks and sites of Alice Springs, Alice Springs, Institute for Aboriginal Development, 1991 참조.

는 것이다. 우리가 래스터즈(Lasseters) 카지노로부터 앨리스 스프링스와 같은 높이에 있는 느티야칼레 티야네메(원주민들을 제외하면 이 장소를 언급하는 경우가 드물긴 하지만 말이다)라 불리는 곳으로 되돌오다 보면, 우리는 붉은 고무나무들 사이로 지나가는 아렌테족과 마주칠수 있다.[10]

이처럼 아렌테족의 세계는 하나의 협곡을 통해 대지에서 나온다. 여기에는 지형학적인 측면이 있을 뿐 아니라 인간 상상계의 어떤 원형이 있다. 브루스 채트윈의 《발자취의 노래》는 이 점을 우리에게 설명할 줄 알았다.

진흙이 갓난아기의 태반처럼 그들의 장딴지에서 떨어졌다. 그러고 나서 최초의 울음소리를 내는 신생아처럼, 각각의 조상은 입을 열고 소리쳤다. "나는 존재한다!" "나는 뱀이고(…) 앵무새이며(…) 꿀개미이고(…) 인동덩굴이다(…)" "나는 존재한다"는 이 최초의 말, 명명의 이 시원적인 행위는 그 당시에 그리고 영원히 조상의 노래가 지닌 더없이 신성하고 더없이 은밀한 시구로 간주되었다. 그 조상들 각자는(태양빛에 잠기면서) 자신의 왼발을 전진시키고 하나의 사물을 명명했다. 그는 자신의 오른발을 전진시키고 또 다른 하나의 사물을 명명했다. 그는 수원(水原)들, 갈대밭들, 고무나무들 따위를 명명했다(…).[11]

---

10) 느티야칼레 티야네메(Ntyarkale Tyaneme)는 하나의 배후지인데, 이곳을 가로질러 1983년에 앨리스 스프링스의 시청당국은 래스터즈 카지노로 통하는 버렛 드라이브(도로)를 뚫었다. 그런데 이 배후지는 아렌테족의 성소이다. 그곳에서 그들은 조상들이 Lhere Mparntwe(토드 강)의 하구를 막 통과하려 하는 모습을 본다. Mparntwe는 앨리스 스프링스의 토착적 지명이다. 아렌테는 또한 아룬타(Arunta) 혹은 아란다(Aranda)로 옮겨졌다. 이에 관해서는 나의 글, "Basho, chôra, Tjukurrpa, ou le poème du monde," *L'Espace géographique*, XXVI(1997), 4, 289-295 참조.

11) Bruce Chatwin, *Le Chant des pistes*, Paris, Le Livre de Poche, 1988(*Songlines*, 1987), p.107. 분명히 해둘 것은 이 책에서 앤스워트나 아렌테족이 특별히 다루어지는 게 아니다는 점이다. 하지만 우주 생성 과정은 동일하다.

세계가 도래하는 이 협곡, 곧 (에밀리) **갭**은 벌어지다를 의미하는 gape와 동일한 어군에 속한다. 입·홍합·상처·심연 따위처럼 말이다. 이런 토착적인 이미지는 고대 그리스어 chaos(벌어진 입구·균열·구렁)에서 다시 발견되는데, chaos는 헤시오도스의 《신통계보학》에서, 그리고 아리스토파네스(《새들》) 혹은 플라톤(《향연》)과 같은 다른 저자들의 경우에서도 "사물들의 기원 이전에 존재했던 무한한 어두운 공간"[12]을 나타낸다. 그것은 라틴어 hiatus와 같은 인도유럽어의 어근 ghei-로부터 비롯된 chainô(벌어지다)와 동일한 어군에 속한다.[13] 그런데 이것들과 chôra를 연결해 주는 저자들은 많은데,[14] 플라톤은 《티마이오스》에서 감각적 세계 안에 있는 사물들의 장소를 말하기 위해 **코라**라는 용어를 사용한다.

《티마이오스》는 플라톤의 마지막 작품들 가운데 하나이자 아마 가장 유명한 작품일 것이다.[15] 사실, 무엇보다도 아틀란티스의 신화를 이야기하는 이 작품에서 그는 자신의 존재론과 우주론——둘이 함께 가는 존재-우주론——을 결집한다. 우리와 관련이 있는 것을 말하자면, 이 책에서 장소에 대한 그의 이론이 발견된다. 플라톤은 우선 두 종류의 존재를 구분한다. 한편으로 초시간적이고 초공간적인 형상 혹은 이념(에이도스 혹은 이데아), 다시 말해 절대적 존재가 있는데, 이

---

12) Article *chaos* dans *Bailly, op. cit.*, p.2122.

13) R. Grandsaignes d'Haute-Rive, *Dictionnaire des racines langues européennes*, Paris, Larousse, 1994(1948) p.61에 따르면, ghei-는 '벌어져 있다'의 의미를 지닌다. 게다가 이 어근에서 영어 yawn(하품하다, 크게 벌어지다)과 독일어 gähnen(하품하다)가 파생되었다.

14) 예컨대 Jean-François Mattéi의 *Platon et le miroir du mythe. De l'âge d'or à l'Atlantide*, Paris, PUF, 1996을 보면 제7장의 제목이 〈카오스: 코라의 신화 Chaos: le mythe de la Chôra〉로 되어 있다.

15) 예컨대 바티칸의 율리우스 2세의 아파트에서 이른바 **서명**의 방에 있는 라파엘로의 〈아테네학당〉 벽화에서 플라톤이 손에 들고 있는 게 《티마이오스》이다. 이 책의 텍스트에 대해선 나는 Albert Rivaud, Paris, Les Belles Lettres, 1985(1925)판을 참조한다.

것이 '진정한 존재'(ontôs on)이고 예지적인 세계(관념 세계)에 속한다. 다른 한편으로 상대적이거나 생성중에 있는 존재(genesis)가 있는데, 이것은 감각적인 세계에 속한다. 이러한 구분을 한 후 플라톤은 '세번째 장르'(triton allo genos, 48e 3)를 도입하는데, 그는 이것을 **코라**라 부르게 된다. 그러니까 본질적으로 이 세번째 장르는 예지적 세계에도 감각적 세계에도 속하지 않는데, '믿기 어려운'(mogis piston, 52 b 2)일이지만, '절충된 추론'(logismô tini nothô, 52 b 2)을 통해서만 포착될 수 있다. 그것을 본다는 것은 말하자면 꿈의 해석(oneiropoloumen blepontes, 52 b 3)에 속하는 것이다.

사실, 플라톤은 **코라**에 대해서 명료하게 이해할 수 있는 정의를 내리지 않는다. 그는 그것에 대해 오로지 은유들을 통해서 자신의 견해를 밝히는데, 이 은유들은 그렇게 조리 있게 나타나지 않는다. "세 개의 상이한 것으로 존재, 장소 그리고 생성이 있으며"(on te kai chôran kai genesin einai, tria trichê, 52 d 2), 절대 속에 정립된 존재의 복사물이 생성이고, 생사(生死)의 법칙에 예속된 생성은 존재하기 위해 **코라**가 필요하다는 점이 확고하게 확립되고 있지만, **코라**의 존재 원리는 모호한 채로 남아 있다. **코라**는 언제나 이미 거기에 있으면서 탄생하지도 죽지도 않지만, 존재가 아니다. 그것은 존재하는 사물들의 자국(ekmageion, 50 c 1)이자 동시에 모태, 즉 어머니(mêtêr, 50 d 2) 혹은 유모(tithênê, 52 d 4)로서 기이하게 출현한다. 자국**이자** 모태라고? 요컨대 **그것들의 풍경**(그러나 그리스인들은 이 개념을 지니지 못했다) 말이다.[16]

---

16) 이 주제에 대해선 Christian Jacob, "Culture du paysage en Grèce ancienne," pp.11–45, dans L. Mondada, F. Panese, O. Söderström dir., *De la beauté à l'ordre du monde: paysage et crise de la lisibilité*, Université de Lausanne, Institut de géographie, 1992 참조. 다른 한편으로 또 나의 논문 "Paysage empreinte, paysage matrice," *L'Espace géographique*, XIII(1984), 1, 33–34 참조. 우리는 §31에서 자국-모태라는 테마를 다시 다룰 것이다.

4. 코라와 토포스

플라톤이 코라에 대한 명료한 모습을 그려 주고 있진 않지만, 최소한 우리는 그가 그것과 연결시키는 것의 이미지를 추론해 낼 수 있다. 전문가들은 플라톤의 체계와 genesis를 조화시키기 위해 후자를 상대적 존재, 생성 혹은 존재자로 해석하고 있는데, genesis는 우선적으로 그리고 근본적으로 탄생(engendrement)의 관념을 표현한다(인도유럽어의 어근 gen- 혹은 gne-은 우리의 언어들에서 극도로 생식력이 강하다는 의미였다. 이것이 이 어근으로부터 최소한 기대될 수 것이었다).[17] 《티마이오스》에서 이 관념이 **코라**의 관념과 짝을 이루고 있음은 우연이 아님은 물론이다. **코라**는 그것의 안쪽에서 벌려짐 상태로서의 **카오스**로 우리를 되돌아가게 한다. 그것은 앤스워크의 산협처럼, 세계를 구성하게 되는 존재들이 존재하게 해주는 열림(열린 상태)이다. 그것은 하늘 아래 '거기' 있는 모든 것을 낳아 준 장소이자 품, 곧 그리스어 알파벳으로 표현하면 환대적인 i이다.

이 장소는 중성적이 아니다. 비록 플라톤이 그것을 '세번째 종류'로 언급하고 있지만 말이다. 이 장소의 품 안에 존재가 있으며, 이 장소로부터 존재가 발생된다. 설령 특히 존재가 **상대적** 존재(내포시키는/내포된 존재)라 할지라도 말이다. 이와 같은 관계에는 또한 하나의 매우 오래된 신화적 형상이 새겨져 있다. 이 형상으로 인해 플라톤은 장소를 어머니와, 존재를 아버지와, 그리고 생성을 그들의 아이와 비교하는 게 좋다고 말한다(50 d 2). 여기서 하늘-아버지, 땅-어머니라는 원

---

17) 예컨대 이 어근으로부터 프랑스어의 다음과 같은 낱말들이 비롯된다. naître(탄생하다), gène(유전자), génie(천재·정령), genèse(발생·생성), nature(자연), nation(민족), genre(장르), généreux(너그러운), gentil(친절한), ingénieur(기술자), malin(교활한), germe(싹) 등.

형의 흔적을 인정하는 것은 위험한 게 아니다. 어쨌든 **코라**에 새겨지고 그것을 모태로 하는 것과 **코라** 사이의 관계는 단순한 위치 결정과는 비교될 수 없는 강력한 존재론적 함축을 나타낸다. 이 관계에는 사물들의 실존이 연결되어 있다. 그 반대로 사물들이 존재하는 곳——왜냐하면 그것들은 어딘가에 존재하지 않을 수 없기 때문이다——을 단순히 말하기 위해, 《티마이오스》는 **토포스**(topos)에 대해 이야기한다.

토포스와 **코라** 사이의 그 차이는 장 프랑수아 프라도에 의해 자세히 분석되었다. 그는 이렇게 쓰고 있다.

《티마이오스》에서 두 용어의 구분은 이제 충분히 명료한 것 같다. **토포스**는 어떤 물체(신체)가 존재하고 위치된 장소를 항상 지칭한다. 그래서 장소는 이 물체의 구성, 다시 말해 그것의 움직임과 분리될 수 없다. 그러나 플라톤이 각각의 감각적 현실은 하나의 장소, 고유한 장소를 당연히 소유하고 있으며, 그 장소에서 자신의 기능을 수행하고 자신의 본성을 간직한다고 설명할 때, 그는 **코라**라는 용어를 사용한다. 이처럼 **토포스**로부터 **코라**로 이동하면서 감각적 현실에 대한 물리적 설명과 묘사로부터 그것의 정의로의 이동이 이루어진다. (…) 그리하여 한편으로 상대적인 물리적 장소와, 다른 한편으로 이러한 위치 결정의 토대를 이루는 존재론적 속성이 구분된다. 물체들의 이같은 필요한 위치 결정을 설명하기 위해 플라톤은 **코라**라는 용어에 의존하는데, 이 용어가 정확히 의미하는 것은 **한정되고 규정된 어떤 확장 영역**(도시국가의 영토가 되었든, 어떤 사물의 위치가 되었든)이 하나의 주체에 속한다는 것이다.[18]

플라톤 자신은 이러한 차이를 명료하게 밝히지 않았다. 그것은 하이

---

18) Jean-François Pradeau, "Être quelque part, occuper une place. *Topos* et *chôra* dans *Timée*," *Les Études philosophiques*, 1995, 3, 375-400, p.396(이탤릭체는 프라도가 사용한 것임).

데거가 우리가 뒤에 가서(§16) 논의하게 될 Ort와 Stelle 사이에 확립하는 차이를 미리 나타내고 있다. 사실 내가 프라도의 해설에 덧붙이려는 점은——그리고 이 점이 나의 논지를 그의 논지와 구분시켜 줄 것이다——이렇다. 즉 **코라**를 특징짓는 것은 어떤 확장 영역이 '제한되고 규정되어 있다'는 사실보다는 이 '확장 영역이 소속되어 있다'는 것이다. 내 견해에 따르면, 코라의 본질을 파악하기 위해 노력해야 할 방향은 그것의 주변(**코라**를 한정하고 규정한다고 간주되는 주변) 쪽이 아니다. 그쪽에서 탐구하면 (앞으로 보겠지만 아리스토텔레스의 **토포스**와 혼동됨으로써) 오해를 야기할 위험조차 있다. 그 반대로 **코라**가 생식적 장소일 수 있다는 점에 주의를 기울여야 한다. 다시 말해 그것은 무언가가 전개되게 해주는 출발점에 있으며, 한정하지 않고 규정하지 않는 열림(열린/벌어진 상태)일 수 있다는 것이다.

우리는 아리스토텔레스가 어떤 의미로 장소(**토포스**)를 사용하는지 검토함으로써 이러한 관념——다시 한번 말하건대 플라톤 자신은 《티마이오스》에서 이것을 명료하게 설명하지 않지만, 내가 보기에 어머니와 유모의 이미지를 통해 충분히 지시되고 있다고 생각된다——을 분명히 밝힐 수 있게 될 것이다.

장소에 대한 아리스토텔레스의 이론은 《자연학》[19] 제4권에 나타나 있다. 우선 주목해야 할 점은 이 책에서 다루어지는 것이 **코라**가 아니라 **토포스**라는 사실이다. 아리스토텔레스가 장소를 이해하는 방식과, 플라톤이 **토포스**라는 용어를 사용하는 방식으로부터 암묵적으로 비롯되는 그 방식 사이에는 철저한 불연속이 있는 게 아니다. 물론 예컨대 운동과 관련하여 차이는 있다. 그러나 이 차이는 특히 방법과 관련되어 있다. 즉 《자연학》의 저자는 장소에 대한 검토에서 비교할 수 없

---

19) 나는 여기서 Henri Carteron(Paris, Les Belles Lettres, 1996)(1926)이 확립한 판을 이용하며 그의 번역을 채택한다.

을 정도로 보다 명시적이고, 보다 체계적이다.

아리스토텔레스는 장소가 아닌 것을 배제하면서 시작한다. 우선 장소는 형태가 아니다. "형태는 사물과 관련되고, 장소는 둘러싸는 물체(tou periechontos sômatos)와 관련된다."(211 b 14) 장소는 간격이 아니다. 왜냐하면 '그 자체로 포착된' 간격이 본성상 그 자체로 존재하고 지속할 수 있는 무엇이라 한다면, 장소들은 무한할(apeiroi)(211 b 20) 것이기 때문이다. 장소는 물질이 아니다. 왜냐하면 물질은 "장소의 두 특징인 사물로부터도, 둘러싸는 것(periechei, 212 a 1)으로부터도 분리될 수(chôristê, 212 a 0) 없기" 때문이다.

따라서 장소가 이들 세 가지 것, 즉 형태도, 물질도 아니고, 이동된 대상의 확장된 간격(tou pragmatos tou methistamenou, 212 a 4)과는 다른 무엇일 수 있는 그런 간격도 아니라면, 필연적으로 장소는 네 가지 가운데 마지막 것, 즉 둘러싸는 물체의 한계임에 틀림없다. 내가 말하는 둘러싸인 물체의 의미는 운반을 통해 움직일 수 있는 물체이다. (…) 항아리가 운반할 수 있는 하나의 장소인 것과는 달리, 장소는 우리가 움직일 수 없는(aggeion amtakinnêton, 212 a 15) 항아리이다. (…) 따라서 둘러싸는 것의 유동적인 한계(to tou periechontos peras akinêton prôton, 212 a 20), 이것이 바로 장소이다.

플라톤의 **코라**에 대해서 아리스토텔레스는 여기서 이중의 변혁을 실행하는데, 이 변혁은 장소에 대한 현대적 견해, 하이데거가 Stelle의 형태로 상처를 내게 되는 그 견해를 향해 곧바로 우리를 이동시킨다. 우선 장소는 유동적이 아닌 바, 유동적인 사물과 분리될 수 있다. 다음으로 그것은 항아리가 그것의 내용을 한정하듯이 사물을 한정한다. 그 반대로 **코라**는 하나의 장소인데, 이 장소는 그 속에 존재하는 것의 성질을 띠는 장소이다. 따라서 그것은 무언가 차이가 나는 것이 도래하는 역동적인 장소이지, 사물을 그것의 존재가 지닌 동일성 속에 가두는 장소가 아니다.

아리스토텔레스의 **토포스**가 아무리 근대적이라 할지라도, 그것은 그리스인들이 지니지 못했던 개념인 공간 속에 위치할 수 없다.[20] 그러나 그것은 근대 건축에서 장소들의 실천적 사용이 지닌 두 가지 근본적 특징을 예고한다. 즉 한편으로 대상들이 다른 곳에 있을 수 있듯이 거기 있는 것들, 다시 말해 장소와 분리될 수 있는 대상들을 장소들 속에 자유롭게 위치시킨다는 것이고, 다른 한편으로 그것들 자체의 국지적 외피(둘러싸는 것) 내에서 그것들의 동일성을 소유하는 것이다. 요컨대 사물들은 그것들의 주변과 존재론적 관계가 없다는 것이다. **코라**의 개념은 정확히 그 반대를 함축한다. 다시 말해 그것은 자신의 장소 속에 끼어 있는 건축, 따라서 어떤 인간 환경을 펼쳐내는 건축을 함축한다. 하지만 너무 앞질러 나가지 말자.[21]

---

20) 특히 하이데거가 《형이상학 서설》(Paris, Gallimard, 1967, Gilbert Kahn 번역)에서 강조했듯이 말이다. 게다가 알랭 부토가 《하이데거와 플라톤, 허무주의의 문제》(Paris, PUF, 1987, p.131)에서 지적하듯이, 하이데거는 **코라**가 공간에 대한 근대적 견해(다시 말해 물체들에 선행하여 존재하는 순수한 비어 있음)의 기원이라고 생각함으로써 오류를 범했다. 나는 이 문제를 다시 다룰 것이지만, 이제부터 강조해야 할 점은 **코라**가 아리스토텔레스의 **토포스**와의 차이가 이미 나타내듯이, 심지어 이와 같은 근대적 견해와 대척점에 위치한다는 것이다. 부토로 말하면, 그는 코라를 "(변전) 생성이 이루어지는 환경"으로 해석하고 있다(이 점에 있어서 그는 《티마이오스》의 대전문가인 뤽 브리송과 일치한다. 후자의 학위 논문──《플라톤의 《티마이오스》의 존재론적 구조에서 동일자와 타자. 플라톤의 《티마이오스》의 체계적 해설》(Sankt, Augustin, Akademia Verlag, 1994)라는 제목으로 재출간됨──은 코라를 '공간적 환경'으로 표현하고 있다). 그러나 부토는 "플라톤이 모든 물체들을 받아들이는 무정형적 환경 상태의 원시적 **코라**를 자신의 관념론 속에서, 그리고 이 관념론을 통해 변모시킴으로써 사유의 새벽에 지각될 수 있었던 지방/고장(Gegend)으로서의 공간성이 지닌 본래적 차원을 결정적으로 은폐하고 있다"(p.224)고 생각한다. 우리가 뒤에 가서 보겠지만 나로 말하면 **코라**가 소크라테스 이전 철학자들의 '아침의 나라'와 그처럼 결정적으로 구분된다고 생각하지 않는다. 왜냐하면 그것은 사물들과 너무도 밀접하게 연결되어 있기 때문이다.

21) 본서 제6장, 특히 §46 참조.

5. 사물로 통하는 것의 폐쇄

따라서 나는 **코라**의 근본적 특징이 그것의 열림(벌어져 있음)에 있다고 생각한다. 그 이유는 그것이 받아들일 뿐 아니라 생성시키기 때문이다. 자국과 모태로서 그것은 본질적으로 사물들과의 관계이다. 게다가 플라톤이 《티마이오스》가 나타내는 그 존재—우주 생성에서 그것에 대해 이야기하고 있다는 사실 자체만으로도 이러한 열림을 충분히 강조하고 있다. 요컨대 **코라**는 세계의 실존으로 통해 있다.

그런데 문제의 세계는 대상들의 세계가 아니다. 방금 우리가 **코라**와 아리스토텔레스의 **토포스**를 대조하면서 예감했듯이, **코라**는 어떤 대상, 즉 그 자체가 존재하는 장소와는 독립적으로 그것의 동일성을 소유하고 있는 대상의 중립적 위치 설정과는 아무런 관계가 없다. 뒤에 가서 보겠지만(§15), 그러한 중립적 견해는 우리가 17세기의 고전주의적—근대적 패러다임에서 얻는 절대적 공간과 이원론을 전제한다. 그러니까 **코라**는 본질적으로 비—근대적이다. 그것은 다만 아주 오래된 혹은 본원적인(우리의 기원에 있는) 지점이다. 그렇지만 그것은 시원적 탄생 지점에 있으며(우리 존재의 토대에 있으며), 근대적 이원론을 소멸시키는 관계적 패러다임을 잉태하고 있다.

우리는 이러한 측면을 본서의 다음 부분에서 분명히 밝힐 것이다. 지금으로서는 이 문제를 보다 체감하도록 하기 위해 **코라**에 대한 **현대주의적** 해석이 어떤 것일 수 있는지 대조적으로 검토해 보자. 그것은 자크 데리다가 이 개념을 다룬 작은 책에서 보여주는 해석이다.[22]

---

22) Jacques Derrida, *Khôra*, Paris, Galilée, 1993. 나는 다음의 분석에서 다음과 같은 내 논문들의 많은 요소들을 다시 채택할 것이다. "Chorésie," *Cahiers de géographie du Québec*, 42(1998), 117, 437-448, 그리고 "Lieu et modernité chez Nishida," *Anthropologie et sociétés*, 22(1998), 3, 23-34.

《코라》에서 데리다는 장소에 대한 문제에 직접적으로 관심을 보이는 게 아니라, 그보다 신화의 개념과 **코라** 사이의 관계에 흥미를 느낀다. 그러나 우리가 곧 보겠지만, 그가 플라톤의 텍스트를 분석하는 방향은 존재와, 나아가 존재를 구성하는 장소들을 고찰하는 근대적 방식(달리 말하면 그것들이 근대적 방식 속에 있지 않은 것이 무엇인지)을 전범적으로 드러내 준다.

데리다는 고대 그리스어에서 **코라**가 "누군가에 의해 점유된 위치, 고장, 사람이 사는 장소, 현저한 자리 · 신분 · 직위, 부여된 위치, 영토 혹은 지역"(p.58)으로 정의될 수 있다는 점을 드러낸다. 따라서 그것은 "추상적 공간과는 반대로 둘러싸인 장소"(*ibid.*)이다. 그런데 결국 데리다는 이 '둘러싸인 장소'를 마치 그것이 그것 자체에 의해 둘러싸인 것처럼, 달리 말하면 **코라**의 **코라**로 해석한다. 한편 플라톤의 경우 **코라**는 생성(genesis)의 **코라**이고, 이 생성 자체는 절대적 존재의 반영이다.

이와 같은 자기 지시적 모습을 구축하기 위해서, 데리다는 용어를 번역하는 것을 단념하는 것으로 시작한다. 왜냐하면 번역할 경우 그것을 어떤 '비유적 직물 구조'(p.23)에 자의적으로 결부시키게 될 것이기 때문이다라고 그는 쓰고 있다. 또한 그는 정관사를 통해서 공통적 어휘에 결부시키는 것도 단념한다. 왜냐하면 정관사는 "한 사물의 실존, 즉 **코라**(khôra)라는 그 존재자를 전제하고, 그럴 경우 하나의 보통명사를 통해서 이 존재자를 지시하기는 쉽기"(p.29-30) 때문이다. 따라서 **코라**(la chôra)는 (우리가 코라(Chôra)라는 지명에 대해서 보았듯이) 고유명사들만이 관사가 없는 프랑스어의 세계로부터 분리되어 있다. 데리다는 이와 같은 추상을 khôra라는 표기를 사용해서 강조하는데, khôra는 사실 공통적인 것으로부터 나온다. 그는 그것을 보다 멀리 절대적인 것으로 밀고 나가며, 그러기 위해서 감각적 세계로도 예지적 세계로도 환원되지 않는 제3의 장르에 **코라**(la chora)가 속한다는 플라톤의 발상을 넘어선다. 데리다의 경우 이 발상은 다음과 같이 된다.

"코라(khôra)는 감각적인 것도 예지적인 것도 아니다. 코라가 있으며(il y a khôra), 우리는 그것의(sa) 피지스(physis)와 디나미스(dynamis)에 대해 탐구할 수 있다.[23] (…) 그러나 거기에 있는 것(ce qu'il y a là)은 존재하지 않는다"(p.30) "이러한 지시 관계에서 지시대상은 (…) 존재하지 않는다"(p.32) "코라(khôra)가 있지만 코라(la khôra)는 존재하지 않는다."(*ibid.*)

장소의 장소는 사실 아무것도 아니다. 그것은 무(無)(non-ens)이다. 그러나 코라의 개념에서 남아 있는 게 아무것도 없다 할지라도――이 낱말이 더 이상 아무것도 의미하지 않는다 할지라도――그것에 대해 말하는 텍스트(플라톤의 《티마이오스》)와 데리다 자신이 이 텍스트에 대해 쓴 텍스트(《코라》)가 남아 있다. 그런데 두 텍스트의 타자성은 또한 그것들이 상호적으로 서로 편입되는 현실의 존재를 함축한다 할 것이다. 게다가 우연한 게 아니지만, 타자성이라는 이 주제는 《티마이오스》의 존재-우주론에서 주요한 역할을 한다.[24] 코라 자체도 감각적인 사물들과 복제된 이 사물들의 원형인 절대적 존재를 구분하는 역할을 하고 있다.[25] 이 경우에서 플라톤의 텍스트와 데리다의 텍스트가 드러내는 상호적 타자성은 그것들에게 이중으로 의미를 준다. 즉 그것들의 상호 관계로서, 그리고 그것들 각자가 세계와 맺는 관계로서 말이다. 세계는 그것들이 드러내는 언술의 장소와 지시대상이다.

사물들의 존재를 향한 이와 같은 삼중적 개방, 다시 말해 이와 같은

---

23) 주목할 것은 '그것의(sa)'의 사용이 정관사의 의도적 배제로부터 나오는 "코라가 있다(il y a khôra)"라는 구문과 양립할 수 없기 때문에 이 문장은 문법적으로 부정확하다는 점이다. 문장은 고유명사가 부여되고, 따라서 khôra가 아니라 Khôra로 옮겨 씌어진 실체적 존재일 때에만 정확할 수 있다. 이런 문법적 요소를 들추어 냄으로써 술책을 쓰려는 게 아니다. 사실 이 요소는 데리다가 코라(la chôra)라는 개념에 겪게 만드는 그 편차를 드러낸다. 이 편차는 우리가 곧 보겠지만 기호들이 사물들과 연관 있다는 것을 숨기는 데 있다. 그런데 플라톤과 관련해서 말하면 바로 코라(la chôra) 덕분에 절대마저도 사물들과 연관을 맺고 있다!

24) 이에 관해서는 특히 Luc Brisson, *op. cit.*, p.25. note 18 참조.

방향을 데리다는 막아 버리게 되는데, 그 방법은 자신의 텍스트를 플라톤의 것에 접목시키고, 플라톤의 텍스트를 자신의 것에 접목시킴으로써 그 자체 시작도 끝도 없는 단 하나의 순환적 모습으로 만드는 것이다. 이를 위해 그가 강조하는 것은 《티마이오스》가 뒤얽힌 이야기들을 포함하고 있다는 점이다. "포함의 구조는 **포함된** 픽션을, 이를테면 그 이전의 픽션의 주제로 만드는데, 후자의 픽션은 전자를 **포함하는** 형태이다."(p.76) 이 구조에서 "이른바 신화적인 것은 합법적 아버지가 없는 담론을 (…) 닮는다. 그리하여 고아이든지 사생아이든지 이 담론은 철학적 **로고스**와 구분되는데, 이 로고스는 《파이드로스》에서 언급되고 있듯이 책임 있는 아버지를 지니게 되어 있다."(p.90) 따라서 지시대상과 발화자가 이처럼 부재한 가운데, **코라**(la chôra)를 상상하는 유일한 방식은 "시작보다도 더 오래된 시작으로 되돌아가는 것"(p.96)이다. 달리 말하면 데리다의 구조에서 끝인 것으로 되돌아가는 것인데, 이를 위해 이 끝은 데리다/플라톤 플러스 플라톤/플라톤이라는 이중의 빗장지르기로 완성된다. 사실, 《코라》의 마지막 문장은 《티마이오스》 텍스트 자체(69 a 7 sqq)의 인용에 다름 아니다. "따라서 시작과 일치하는 하나의 서두(kephalên)로 우리의 이야기를(tô mythô) 끝냄(teleutên)으로써, 앞에서 전개된 것을 이 서두로 마무리하도록 하자."(p.97)

---

25) 이 점은 알랭 부토(op. cit., p.224, note 18)가 기술한 바와 같다. "플라톤은 존재를 이데아, 다시 말해 모델로 생각함으로써 동시에 감각적인 사물들을 단순한 복사물들의 지위로 깎아내린다. 그러나 복사물들로서 감각적 사물들은 그것들에게 모델 역할을 하는 이데아들과 닮아야 할 뿐 아니라 그것들과 구분되어야 한다. 이러한 구분이 없다면 사실 더 이상 복사물들도 모델들도 없을 것이다. 따라서 감각적 사물들은 이데아들에 대해 자신들의 타자성을 보장하는 환경 속에 나타나야 하고, 이 타자성은 그것들이 이데아들과 차이를 이루는 조건이다. 이 조건은 그것들에게 버팀대 역할을 하며, 이 조건을 통해서 그것들은 예지적 세계로 돌아가 그 속에 사라질 위험이 더 이상 없다."

6. 사물 자체가 말하는 것

그런데 《코라》는 화가 에셔식의 그런 형상으로 마감되지만, 《티마이오스》의 경우는 전혀 사정이 다르다. 뿐만 아니라 이 책에서는 그 반대로 위의 인용문 바로 다음에 오는 문장——이 문장은 데리다에게는 아니라 할지라도 플라톤에게 문제의 인용문이 의미하는 게 무엇인지 정확히 말하고 있다——은 모든 사물이 다른 사물과의 관계 속에서 존재한다고 강조하고 있다. "그런데 시작에서 그렇게 언급되었듯이, 모든 사물들은 무질서 상태에 있는 바, 신은 각각의 사물 속에 그 자체와 관련하여, 또 사물들과 다른 사물들과 관련하여 비례를 도입했다 (autô pros auto kai pros allêla summetrias)."(69 b 3)

바로 이것 자체, 즉 타자성으로의 이러한 개방이 비례를 통과하며, 이를 통해 사물들의 현실에(텍스트들을 포함해, 다시 말해 그것들의 맥락 속에서) 토대를 확립한다. 데리다는 **코라**(la chôra)의 분석에서 이같은 개방성을 은폐하고 있다. 그런데 24세기 동안의 주석이 플라톤의 이 **코라**를 맹목적으로 숭배하여 마침내 이같은 순수한 직물적 짜깁기로 끝나기 이전에, 무엇보다도 그것은 그리스의 **환경 속에서 이해**되었다. 옛날의 그리스인이 우리 철학의 아버지라 할지라도, 그에게 그것은 우선적으로, 그리고 단번에 이 환경이 아닐 수 없었다. 아티카이거나 혹은 온화하고 유모 같은(tithênê) 어떤 다른 고장 말이다. 나아가 ——지독한 돌변이지만!——플라톤 같은 인물에게 이 **코라**는 하이데거가 플라톤의 형이상학에 대립하고 데카르트의 '순수 공간'(reiner Raum)에 대립하여 Gegend(구역)를 이해하는 의미와 그렇게 멀리 있는 게 아니었다는 점을 상상해야 한다. 실존하는 사물들의 구체적인 고장, 풍경 말이다. 이 경우에 이것은——내가 이야기하는 이 환경의 현실에서——아몬드우유 사발, 월계수에 떨어지는 가을비, 올리브 열매의 쏘는 맛, 수선화가 함께 있는 풍경이다.

물론 데리다가 《코라》에서 관심을 두고 있는 것은 장소의 문제라기보다는 신화의 문제이다. 그러나 신화는 아버지가 없다는 사실을 밝혔다고 해서 신화가 이해되고 그것을 포함하는 환경이 존재하지 않는다는 결론이 허용되는 것은 아니다. 그 반대이다. 왜냐하면 신화는 사물들 자체가 자신들의 환경인 그 환경 속에서 말하는 무엇이기 때문이다. 이 무엇은 모든 실존이 지닌 '로서(l'en-tant-que)'[26]를 말한다. 나는 더 나아가 모든 실존이 아니라 그냥 실존이라 말하겠다. 이것은 바로 사실 플라톤의 관점에서 이미 비롯되는 것이다. 이 관점에서 보면, 장 프랑수아 마테이가 쓰고 있듯이 **코라(la chôra)**는 "따라서 감각적 세계에 예지적 세계가 새겨질 때 의미가 사전에 구상되는 우주적인 분화 단계로서(…), 언어의 모태로서 나타난다."[27] 또한 바로 이런 방향에서 나는 《티마이오스》가 말하는, "사물이 그 자체와 관련하여 지니는 비례"(autô pros auto summetria), 역설적인 그 비례를 해석할 것이다. 외쿠메네적(따라서 플라톤에게 상당히 낯선) 관점에서 보면[28] 이 summetria는 사실 위에 언급된, (실존의) '로서'에 다름 아니다. 그것은 사물이 지닌 의미의 토대를 감각적 세계에서 언어 이전에 제공하는, **물자체와의 거리**이다. 문자 그대로 말하면 그것은 사물들의 ex-sistentia, 즉 그것들이 우리를 만나러 그것들 밖으로 나옴을 뜻한다. 달리 말하면 그것은 사물들의 현실이다.[29]

---

26) '로서'의 개념에 대해서는 §30 참조 바람. 〔역주〕

27) Mattéi, *op. cit.*, p.197, note 12 및 p.203.

28) 이것은 필시 사물의 내재적 비율들의 관점일 것이지만──우리는 이에 대해 §13에서 그리스 사원과 관련해 다시 언급할 것이다──우리는 또한 사물을 그것의 이상적 형상에 연결시키고 그것을 이 형상과 구분해 주는 summetria를 이해할 수 있으며, 이 점이 우리를 외쿠메네적 해석(이 해석에서 물자체는 플라톤이 **이데아** 혹은 **에이도스**라 부르는 것과 이웃하는 장소──다음 주(註)를 참고할 것──를 차지한다)과 접근시킨다.

예컨대 느티야칼레 티야네메의 붉은 고무나무들 사이에서 말하는 것은 바로 이 현실이다. 그것은 최소한 이 환경에 속해 있고 이 환경의 꿈을 꾸는 사람에게는 낱말들로 환원되지 않는다. 물론 이곳을 통과하는 그 '고유한 꿈의 코스'는 신화적 여정이지만, 이 여정은 지형상 실제로 존재한다. 또한 물론, 그것은 세계의 기원에서 조상과 같은 실체들이 완성한 존재-우주생성론적 여정이지만, 각각의 아렌테인은 자신의 방랑(walk about) 속에서[30] 혹은 자신의 꿈 속에서 이 여정을 따라갈 수 있다. 모든 사람을 어떤 조상에, 그리고 코스의 어떤 장소/순간에 결부시키는, 말하자면 호적이 있다거나 공통체적 관습이 있다는 점에 대해서는 말할 것도 없다. 이 관습은 개인적인 꿈들을 논의하고 그 가운데 어떤 것이 신화에 결부될 수 있거나 결부될 수 없는지 결정하

---

29) 여기서 그리고 본서 전체에서 나는 현실(la réalité)――이 현실은 한편으로 사물과, 다른 한편으로 사물과 관련된 인간 실존을 상정하며, 따라서 외쿠메네에 속한다――을 오로지 사물만을 상정하는 실재(le réel)와 구분한다. 현실에 대한 후자와 같은 견해는 물리학자 베르나르 데스파냐의 베일에 가린 실재(le réel voilé)라는 개념과 유사하다. 이 개념에 대해서는 §17에서 다시 다룰 것이다. 플라톤적 표현을 쓰자면 현실은 코스모스(감각적 세계)에 속하며, 실재는 이데아나 에이도스(이상적 혹은 예지적 형상들)에 속한다. 그러나 외쿠메네의 존재론에서는 예지적 세계 자체가 인간 실존을 상정한다. 순수한 실재 혹은 순수한 물자체는 정의상 우리의 이해를 초월하는 어떤 절대에 속한다. 따라서 이와 같은 순수한 물자체와의 거리가 역사성과 지리성의 구체성 속에서, 다시 말해 유동적 결합 속에서 세계 현실의 토대를 제공하며, 이 현실에서 우리는 사물들과 공존한다(본서 p.41 주 25), 그리고 보다 자세히는 제4,5,6장 참조).

30) 센트레일리아(오스트레일리아의 중부 오지)의 문화들에서 꿈·신화·환경의 관계에 대해선 나는 Sylvie Poirier의 학위 논문 Les Jardins du nomade. Cosmologie, territoire et personne dans le désert occidental australien, Münster, LIT Verlag, 1996을 따른다. 분명히 해둘 점은 이 논문이 아렌테족이 아닌 다른 집단을 다루고 있기 때문에 내가 여기서 애써 도출하는 일반화에 대해선 나 자신이 책임진다는 것이다. 게다가 이 일반화는 사물들과 동일한 관계를 맺지 않고 있는 우리 다른 사람들에게 일차적으로 유효한 발상을 상징적으로 예시하는 것만을 목표로 한다. 그러나 꿈을 꿀 수 없는 사람이라면 오늘날 랜드 로버(Land Rover)를 타고 오지에서 방랑할 수 있다. rove(방랑하다)와 꿈을 꾸다(rêver)의 어원은 모호하지만 동일하다(예전에 동일한 의미였다). 따라서 꿈도 랜드 로버도 없는 사람이라면, 또한 꿈꾸는 트랙(dreaming tracks)에서 브루스 채트윈, op. cit., p.30 주 11)을 읽을 수 있다.

여 이 신화를 진화시키거나 그렇지 않을 수 있다. 따라서 모든 아렌테인은 자신이 생존하는 동안 세계의 이와 같은 생성의 성격을 능동적으로 띤다. 물론 우리가 신화라 부르는 것은 이런 생성을 노래하지만, 이 사례가 분명히 보여주는 것은 그것이 단지 언어가 아니라, 어떤 환경 속에서 사물들의 현실이라는 점이다. 세계 혹은 하나의 세계였던 것의 시(詩)인 것이다.[31] 게다가 플라톤이 **코라**에 대해 우리에게 언급하고 있는 것처럼(52 b 3),[32] 센트레일리아에서 꿈의 코스가 설령 꿈에 대한 어떤 해석학을 요구한다 할지라도, 그것은 여전히 모든 풍경처럼 현실의 견실함을 지니고 있다. 물리적인 것과 현상적인 것, 물자체와 상상적인 것, 예지적인 것과 감각적인 것을 결합하는 것, 사실 이것이 실존의 '로서들'이 지닌 미덕이다. 이것이 현실의 미덕이다.

나는 본서의 내용이 전개되는 동안 이 '로서'를 명료하게 설명할 것이다. 현재로선 그것이 플라톤이 말하는 '제3의 장르'와 유사하다고 말해두자. 그런데 기호에 대한 근대적 이론이 기호를 사물들과 관련해 자의적이라고 설정하면서 배제하는 것이 이 세번째 장르이다. 여기서 기호는 《티마이오스》의 텍스트이다. 데리다의 텍스트가 노력하는 것은 이 기호를 그 자체에 폐쇄시킴으로써 그것의 자의성을 입증하는 것

---

31) 사실 망각해서는 안 되는 것은 원주민 자신들의 세계가 어떤 다른 세계로 급격하게 대체됨으로써 그들에게 감염된 신체적·도덕적 쇠락이다. 우리가 통상 민족말살(한 문화의 파괴)이라 부르는 것은 여기서는 보다 심층적으로 한 세계의 파괴(cosmoctonie)이다. 남아 있는 사람들에게는 더 이상 아무것도——하늘도 대지도——마땅히 존재해야 할 그런 모습이 아니다. 자신들의 땅에 낯설어하며 대개의 경우 술에 취한 채, 앨리스의 거리들에서 고통에 찬 영혼처럼 방황하는 그 흑인들(원주민들)을 보기만 해도 상황이 어떤 지경인지 파악할 수 있다. 그럼에도 토착적(anangu) 존재에 대한 명백한 재확인이 인정되었다. 앤스워크의 산협은 여전히 존재하고 "골짜기의 신은 죽지 않는다."(*yu shen bu si*, 노자, 《도덕경》, VI)

32) 코라와 꿈의 관계에 대해서는 Thorsten Botz-Bornstein, "Chôra: l'espace du rêve et la question de l'authenticité," dans Augustin Berque(dir.) *Logique du lieu et dépassement de la modernité*, vol. II: *De Nishida vers d'autres mondes*, Bruxelles, Ousia, vol. 2, p.242-273 참조.

이다. 이 일은 어떤 절단의 대가를 치르고서만 이루어질 수 있는데, 이 절단은 《코라》라는 텍스트가 멈추는 지점에 분명하게 위치한다. 한편 그 반대로 플라톤의 텍스트는 매우 강력한 연쇄에 의해 연속된다 (Hôsper gar oun kai(⋯), 한마디 한마디, '이처럼 따라서 사실(⋯),' 69 b 2). 그러니까 그러한 절단은 기호에서 그것의 선착장(준거)(échelle)[33] ——사물들과 사물들의 비례(summetria)인 스칼라(skala)——을 박탈한다. 다시 말해 그것은 기호를 세계의 존재와 연결시키는 항구를 박탈하여, 기호를 그 자리에서 그 자체에 폐쇄된 조그만 변덕으로 만든다. 기호는 하나의 섬이지만 바다가 없다.

선착장(항구)이라는 이런 현실 원칙을 망각하는 것은 지도를 영토로 간주하는 것이다. 그것은 모든 물신숭배[34]의 환상이다. 이 현실 원칙을 은폐하는 것은 모든 마법사의 술책이다. 그런데 이런 현상이 통하도록 만드는 사고방식이 매우 오래된 역사를 지니고 있다 할지라도, 그것은 우리의 온갖 지식에도 불구하고 오늘날 절정에 이르고 있다. 사실 어떻게 추상이라는 그 과학적 원리가 과학주의를 통해서 구체성의 그 기법인 마법과 합류하게 되는지 그 메커니즘은 우리가 세계를 외쿠메네와 분리시킬 때 세계의 섬 같은 순환성을 보여주는 좋은 사례이다.[35]

---

33) 선착장 · 사다리 · 준거 규모 등이 맺는 은유적 관계를 생각할 것. p.24, 주 3) 참조.〔역주〕

34) 물신숭배(fétichisme)가 무엇인지 보자. "표상적 대상들에 대한 숭배인데, 이 대상들은 결국 그것들이 표상하는 것 때문이 아니라 그 자체에 의해 터부나 성스러운 것들로 간주되고 말며, 표상된 관념 · 현상 · 대상 · 인격의 미덕들이나 속성들이 직접적으로 부여된다. (⋯) 마르크스는 상품의 물신주에 대한 효과적인 이론을 발전시켰다. 상품은 그 속에 담겨지는 거래나 노동, 다시 말해 사회적 관계가 그것에 부여하는 가치밖에 없는데도 어떤 고유한 가치를 가지고 나타난다는 것이다. (⋯) 물신숭배는 지리학에서 여러 방식으로 나타난다. 지도의 물신숭배, (⋯) 영토와 영토 소유의 물신숭배, (⋯) 여러 위력들이 부여되는 장소의 물신숭배 등(⋯)." Brunet *et al.* *op. cit.*, p.14, 주 3), p.198, '물신숭배' 항목에서 발췌. 우리는 이 문제를 제8장, 특히 §48에서 다시 다룰 것이다.

이처럼 기표를 물신화하는 현상과 관련해서 보면, 우리는 이같은 악습을 구조주의로부터만 물려받고 있는 게 아니다. 이 악습은 본질적으로 근대적이다. 실제로 소쉬르 이전에 우리는 그것을 데카르트의 이원론에서 물려받고 있으며,[36] 그 이전으로 거슬러 올라가면 장소에 대한 아리스토텔레스의 견해에 이른다. 이 견해는 장소의 존재를 장소가 포함하고 있는 것으로부터 분리시키고 있다. 이 경우, 그것은 기호라는 의미적 장소를 그것이 구체적으로, 다시 말해 사람들·사물들·기호들이 함께 자라난 특수한 역사와 환경 속에서 지니는 의미로부터 분리시키는 것이다. 기호가 말하는 것을 기호에서 박탈하는 그와 같은 추상은 대략적으로 말하면 다음과 같은 중국의 격언이 비난하는 것이다. **현자는 달을 보여주는데 어리석은 자는 손가락을 바라본다.**

*

이 장(章)에서 유념해야 할 것은 지도 제작상의 장소(topos)와 실존적 장소(chôra)의 차이이다. 우리가 앞으로 보겠지만, 외쿠메네의 현실에서 모든 장소는 이 둘을 동시에 보존한다. 그러나 근대성은 제도 제작 전문가에 불과했다.

---

35) 다음의 제2장을 참조할 것.
36) 이러한 관계는 다음에 이어지는 장들에서 밝혀질 것이다. 우선 당장 언급해 둘 점은 소쉬르의 구조주의가 데리다에게서 나타나는 그것의 영향과 마찬가지로, 데카르트적인 이원론에서 비롯된다는 것이다(이 이원론은 멀리는 플라톤의 형이상학에서 비롯된다). 이 이원론은 사물의 현실을 만들어 주는 구체성을 추상화함으로써 사물을 순수 현실재(베일에 가려지지 않은)와 동일시한다(p.43, 주 28) 참조). 이런 조건들에서 보면, 사물을 지시하는 기호가 자의적일 수밖에 없다는 것은 당연하다. 그러나 이는 현실을 그저 단지 부정하는 것이다.

제2장
세 계

Velut magnum carmen cujusdam ineffabilis modulatoris.

성 어거스틴, 《편지》.[1]

Amour, délice 그리고 orgue는 복수형이면 여성이고, 단수형이면 남성이다.[2]

블레즈 상드라,
《나를 세계의 끝으로 데려다 다오》.

7. 단독성의 섬 같은 특징들

여러 관점들 가운데 《티마이오스》의 텍스트는 논리적이면서도 아름다운 어려운 문제로 끝난다.

이제 우리가 전체에 대한(peri tou pantos) 우리의 이야기에서 종결점에 도달했음을 표명하자. 이 우주(ho kosmos)는 모든 생명체들을 자신 안

---

1) "지극히 숭고한 작곡자에 바치는 장엄한 노래처럼," *Epistulae*, 138, 5. Pierre Hadot, "Physique et poésie dans le *Timée* de Platon," *Revue de philosophie et de théologie*, CXIII(1983), 113-133, p.133에서 재인용. 이 논문은 *Études de philosophie ancienne*, Paris, Les Belles Lettres, 1998, 227-306에 재수록됨. 성 어거스틴의 작품에서 관련된 대목은 세계를 신이 창조한 하나의 노래나 시(carmen)와 비교하고 있다.

2) Amour(사랑)가 amours(사랑)로, délice(즐거움)가 délices(환희)로, orgue(오르간)가 orgues(파이프오르간)로 복수형이 되면 여성으로 성이 바뀐다〔역주〕.

에 받아들여 이처럼 가득 채웠으며, 눈에 보이는 모든 생명체들을 에워싸는(periechon) 가시적 대(大)생명체로서 지극히 위대하며, 지극히 선하고, 지극히 아름다우며 지극히 완벽한 예지적 신과 닮은 모습으로 형성된 감각적 신으로 태어났다. 그것은 그런 종류로는 유일한(monogenês) 하나뿐인 하늘이다(heis ouranos).[3]

총칭적인 대우주에 대한 **우리의** 이야기를 개진하는 발화자의 관점은 실제로 어떤 것인가? 그것은 어디에 위치하고 무엇에 근거하기에 이 세계가 '유일한 아이'이고 혹은 '그런 종류로는 유일하다'(monogenês)고, 다시 말해 **독특하다고** 주장하면서 그것을 '지극히 위대하고(…) 지극히 완벽하다(megistos kai aristos kallistos te kai teleôtatos)'고 규정할 수 있는가?

알베르 리보의 번역은 상대 최상급인 '가장 (…)한(le plus)'이 어떤 비교 요소를 너무도 분명하게 함축할 수 있기 때문에 이를 피하고 절대 최상급인 '지극히(très)'를 통해 일련의 최상급들을 매우 논리적으로 표현했다. 그러나 이것만으로는 충분하지 않다. 다음과 같은 수수께끼가 여전히 남아 있다. 단 하나의 범례로만 존재하는 어떤 것이 어떻게 규정될 수 있는가? 어떻게 그것에 대해 무언가가 언급될 수 있는가? 그것이 우리를 둘러싸고 우리의 하늘을 구성하며, 달리 말하면 우리를 포섭하고 있는데 말이다.

우리가 즉시 인정해야 할 점은 이와 같은 수수께끼 앞에서 그것에 대

---

3) Albert Rivaud 번역, *op. cit.*, chap. 1, note 13, p.228. 그러나 나는 리보가 peri tou pantos를 번역한 '우주에 대한'을 수정했다. 우리가 강조해야 할 점이 하나 있다. 즉 그리스어 텍스트에서 프랑스어 번역이 이해하게 할 수 있게 해준다고 생각되는 것과는 반대로, 낱말들의 순서가 명백히 지시하는 것은 '매우 위대하고 (…) 매우 완벽한'과 같은 최상급의 표현들이 우주라는 '감각적 신'(theos aisthêtos)에 결부되는 것이지, 플라톤의 말을 빌리면 이 우주를 자신의 이미지(eikôn)에 따라 형성시킨 예지적 모델에 결부되는 게 아니라는 점이다.

한 우리의 학문은 정확히 플라톤과 동일한 지점에 있다는 것이다. 즉 우리는 다른 것과의 관계(logos) 부족으로 인해 우리의 우주에 대해 아무것도 말할 수 없다는 것이다. 그것은 총칭적인 세계(le Monde)이다. 우리는 이 섬에서 벗어나 그것을 다른 섬들과 비교하면서 관찰할 수 있기 위한 항구(échelle)가 없는 것이다. 단독성의 이와 같은 섬적인 특성으로부터 우리는 논리도 학문(지식)도 끌어낼 수 없다 할 것이다. 왜냐하면 쿠르트 괴델(1906-1978)의 불완전성과 결정 불가능성의 정리들이 입증한 바와 같이,[4] 우리는 S라는 체계의 정합성을 진술하면서 p라는 명제를 확립하여 p 자체가 S에 속하도록 할 수가 없다. 이것이 우리의 세계적(현세적) 조건이 지닌 극복할 수 없는 섬적인 특성이다. 그리고 이것이 우리의 우주론의 내속적(內屬的)인 세계성이다.

우리가 다음 장에서 보겠지만, 학문에는 다행히도 우주는 바깥으로부터 가능한 관조(theôria[5])가 배제되어 있지만, 내적 관점을 지닐 수 있는 여지를 우리에게 줄 수 있을 만큼 충분히 깊다. 여전히 세계적인 것들일 수밖에 없는 것은 우주에 대한, 특히 그것의 기원과 종말과 관련한 전체적인 관점들이다. 왜냐하면 '(…)에 대한' 이른바 관점들은 (…) **안에서의** 관점들이기 때문이다. 꼬리부터 자신을 삼키는 우로보르족의 신화적 뱀처럼, 그것들의 개방성은 폐쇄성일 뿐이다.

그러나 인류는 어디서 오는지 모르는 목소리의 기막힌 장치인 신화를 통해서 이런 관점들의 근본적 순환성의 극복을 결코 포기한 적이 없다. 돌이킬 수 없이 세계 내 어딘가에 존재하는 우리 다른 사람들에게 신화는 그것이 어떤 것인지 언급한다. 사실 그것은 우리의 것인 이

---

4) 우리는 이 문제를 다음 장에서 다시 다룰 것이다. 여기서 나는 Jean François Gautier가 *L'Univers existe-t-il?*, Arles, Actes Sud, 1994, p.146에서 제시하는 괴델의 단순화된 정리들의 형식을 빌리는 것이다.

5) 이 낱말은 horaô(보다)와 같은 어원을 지니는데, 근본적 의미는 바라보는 행동을 나타낸다. 그것이 정신에 의한 관조·명상·탐구를 의미하게 된 것은 플라톤에 서부터이다. 이로부터 사변이나 이론이라는 의미가 나왔다.

세계를 규정하고 있다. 바다의 웅성거림처럼, 그것은 우리의 섬이 어떤 것인지 말한다. 가장 위대하고, 가장 좋으며, 가장 아름답고 가장 완전하다고. 특히 《비온 후 희미한 달빛 이야기》(미조구치 겐지는 1953년에 이것으로 〈우게츠 이야기〉라는 작품의 영화를 만들었다)의 저자인 대문헌학자 모토오리 노리나가(1730-1801)가 우에다 아키나리(1734-1809)에게 답변했던 것에서 대충적으로 알 수 있듯이 다른 섬들이 존재할 수도 있다는 풍문을 우리가 들었다 할지라도, 신화는 심지어 다음과 같이 분명히 한다.

최고의 나라(Sumeramikuni[다시 말해 일본])는 사방의 바다들과 수많은 나라들의 시원적 기원이자 절대적 지존이다. 그 면적은 그렇게 넓지 않지만, 그렇게 된 것이 그것이 두 하늘에 의해 생성되었기 때문이라는 심층적인 이유가 필연적으로 존재할 수밖에 없다. 범인의 하찮은 지성으로는 이 이유를 평가할 수 없을 것이다. (…) 측량할 수 없는 것을 억지로 헤아리고자 한다는 것(fukasoku wo shihite hakaramu to suru)은 중국식 회의주의(karagokoro[6] no kuse nari)의 하찮은 지성이 지닌 악덕이다. (…) 최고의 나라가 분명 각별하다(takaki wa ichijirushi)는 사실은 우선 말할 것도 없다. 왜냐하면 제국의 신성한 혈통은 불변하고(fueki), 인간의 생명을 유지해 주는 쌀은 아름다우며(uruhashiki)(…), 외국의 침입들에 걱정할 필요가 없기 때문이다. 우리의 최초 조상들의 권력에 힙입어 최고의 나라는 결코 침입을 받지 않은 유일한 나라인 것이다. 그런 만큼 이 사실은 유일하다 할지라도, 측량할 수 없는 이유(fukasoku no kotowari)로 간주되어야 한다.[7]

---

6) 나는 karagokoro라는 낱말이 우리 시대에 지닌 의미를 채택한다. 그것은 엄밀한 의미에서 '중국식 사고방식'을 말한다. 그러나 그것은 '비어 있는 정신'과 '인정머리 없는 마음'이라는 동음 이의어를 지니고 있다. 모토오리 노리나가의 전 작품은 이 낱말에 이런 함축 의미들을 부여하고자 한다.

우에다 아키나리는 모토오리 노리나가에게 규모상의 논거를 제시하여 반박했던 것이다. 즉 네덜란드의 지도들을 보면 일본 열도는 아주 작다는 것이다. 그래서 제국 혈통의 조상인 태양의 여신 아마테라수가 동굴 속에 숨을 때, 이 지도들이 나타내는 지구 전체가 어둠 속에 잠겼다는 사실을 사람들은 모른다는 것이다. 그렇다면 모토오리 노리나가가 박식하게 명쾌히 밝히는 《니혼지》[8]에 어떤 신뢰를 부여할 수 있는가?

모토오리 노리나가의 대답은 이런 문제――자기 나라의 유일성――의 문제에 있어서 계량상의 규모는 중요하지 않다는 것이다. 일본은 다음과 같은 훌륭한 이유로 인해 나머지 세계와 공통으로 측정될 수 없다. 일본은 플라톤의 **코스모스**(kosmos)처럼, 그 신적인 계보상 단 하나의 유일한 것(monogenês)이다. 따라서 플라톤의 코스모스에 대해 그렇게 할 수 있듯이, 일본과 관련된 모든 것에 상대 최상급과 절대 최상급이 동등한 최상급들('최고의' 따위)이 논리상 당연히 적용될 수 있다.

상대 최상급을 절대화시키는 이런 논리는 세계성의 논리이다. 그런데 그것은 보편적이다. 섬 같은 특성이라는 동일한 원리로 귀결되는 수많은 형태들을 통해 우리는 이 논리를 모든 시대와 모든 인류에게서 재발견한다. 인간이라는 장르로는 하늘 아래 마치 자기들밖에 없는 것처럼 그저 단순히 '인간들'이라는 의미의 이름인 이뉴잇족(les Inuit)[9]이나 아이누족(les Aïnous)[10]과 같은 민족들로부터 미국 달러에 나오는 러

---

7) 이 텍스트는 *Mottoori Noringa zenshû(Œuvres complètes de Motoori Norinaga)*, vol. VIII, Tokyo, Chikuma, 1972, pp.442-443을 번역한 것이다. 이 참고문을 알려준 데 대해 아라키 토루(Araki Tôru)에게 감사드린다.

8) 8세기에 집필된 《일본세기》로 황궁의 신화를 확정하고 있으며, 1946년까지 일본의 공식 역사로 남아 있었다.

9) 에스키모인들은 자신들을 '전형적인 인간들'이라는 의미로 이뉴잇(단수는 Inuk)이라고 지칭한다. 다른 한편으로 그들은 인디언들을 '이가 끓는 사람들'이라는 의미로 잇킬릿(Itquilit)이라 부르고, 백인들을 '눈썹이 긴 사람들'이라는 의미로 칼루낫(Qallunaat)이라 부른다. Béatrice Collignon, *Les Inuit. Ce qu'ils savent du territoire*, Paris, L'Harmattan, 1966, p.7.

시아의 산들에 이르기까지 말이다. 이 산들은 결국 세계의 다른 화폐들, 주(州)(les States)들——이 명칭은 게다가 지구상에 다른 주들은 없다는 비존재를 함축한다. 아메리카 대륙에서 브라질의 **연방주**(États-Unis)들의 비존재를 필두로 말이다——이 목격하는 다른 화폐들의 굽이치는 일반화된 모습에 불과하다. 일본으로 말하자면, 이 나라의 역사가 시작된 이래로 (상대적이기는 하지만) 극동이라는 위치를 나라의 이름 자체로 절대화시키려고 애썼다. 이 이름은 나라를 '태양의 뿌리'(Nippon)로 만들고 있다. 이런 노력은 요시카와류 신도(神道)파의 창시자인 키까와 코레타루(1615-1694)의 주장을 거쳐 간다.

　　우리나라는 동쪽에 위치하기 때문에 보편적 원리가 다른 모든 나라에
　　앞서 이곳에서 밝혀지는 것은 당연하다.[11]

　이 노력은 지리학자 시미주 케이하치로의 《일본 열도의 재발견》[12]이라는 책에까지 나타난다. 이 책에서 문제의 주장은 대략 비슷하게 그대로 되풀이되지만 무엇보다도 금융시장들에 적용되어 있다. (…) 이와 상관적으로 이 나라의 사료 편찬은 일본이 자기 문명의 모델인 중국보다도 선행한다는 것을 증명하기 위한 다양한 허위들로 장식된다. 이런 허위들은 카마타 토지가 '태양에 의한 증거'(taiyô ni yoru shômei)[13]라고 부르는 것을 기본적인 논거로 삼고 있다. 즉 일본이 절대적인 동방의 위치에 있다는 명백성인데 그것도 모든 분야에서 그렇다는 것이다.[14]

---

10) "아이누 모시리(*Ainu Moshiri*, 다시 말해 '인간들의 땅')는 일본인들의 정신적 공간 속에서는 거의 존재하지 않는다. 섬이 '야만인들의 땅'(에조: Ezo) 혹은 '북해 지방'(홋카이도) 이외에 달리 불려질 수 있었을 가능성은 무의식적으로 삭제된다. 요컨대 섬이 일본식 명칭 아닌 어떤 이름을 가질 수 있을 가능성은 지워진다." Augustin Berque, *La Rizière et la banquise. Colonisation et changement culturel à Hokkaidô*, Paris, Publications orientalistes de France, 1980, p.130.

우리는 우리의 관점에서 이런 섬적인 특성들이 매우 상대적인 세계들이라고 생각함으로써 그런 특성들을 쉽게 비웃을 수 있다! 이는 문제를 이동시키는 것에 불과하다. 왜냐하면 문제는 계량적인 규모가 어떠하든, 그 무언가 다른 것에 기준해서 결코 공통적으로 측정할 수 없다는 것이 세계의 본성에 속한다는 점이기 때문이다. 언제나 **총칭적** 대우주인 것이다. 왜냐하면 우리는 언제나 이 우주 안에 갇혀 있으며 따라서 그것은 언제나 유일하기 때문이다. 달리 말하면 상대적인 것이 그 속에서는 언제나 절대적인 것과 동등하기 때문이다. 이는 다비드 힐베르트(1862-1943)가 입증한 그 즐거운 정리에서 나타나는 것과 다소 같다. 이 정리에 따르면 어떤 무한 집합에서 부분은 전체와 동등

---

11) *Waga kuni wa tôhô ni atareba, tôzen ni yorite mo bankoku saisho no kotowari akeshi*. Kamata Tôji, *Basho no kioku. Nihon to iu shintai(La mémoire des lieux. La corporéité du Japon)*, Tokyo, Iwanami, 1990, p.318에서 재인용. 문제의 '보편적 원리'(kotowari)는 신유학파의 이(理)를 일본화한 것이다. 이 이(理)에 대해서는 Anne Cheng, "Le *li* ou la leçon des choses," *Philosophie*, 44(déc. 1994), 52-71 참조. 주목할 것은 니폰(Nippon)(혹은 보다 덜 두드러진 니혼: Nihon)은 그 어원이 중국어인데, 중국 중심적인 세계를 상정하는 낱말이다는 점이다. 뒤에 가서 카마타 토지는 수주키 시게타네(1812-1863)의 주장을 해설한다. 후자의 *Le Kotodama kô(Considérations sur l'esprit des mots*, 1848)는 민족적인 신도(神道)의 신화를 네덜란드인들과 장단을 맞춘 지리적 지식들과 결합시킨다. 이것이 그로 하여금 다음과 같은 사실을 드러내게 해준다. 즉 일본인들은 자신들의 나라를 특징짓는 중간의 위도, 온화한 기후, 가장 훌륭한 먹거리 따위 덕분에 비교될 수 없는 특질들을 누리고 있다는 것이다. 보편에 대한 우리의 취향으로 보면, 히포크라테스로부터 장 보댕(*La République*, 1576)과 엘스워스 헌팅턴(*Climate ande civilization*, 1912)에 이르기까지 유럽인들과 미국인들이 그들 자신들과 관련해 끊임없이 보여주었던 것을——비록 일본어로 되어 있지만——여기서 인정하는 것은 격려가 된다.

12) Shimizu Keihachirô, *Nihon rettô saihakken*, Tokyo, Kadokawa, 1973. 사실 그 린위치의 자오선 덕분에 도쿄의 주식시장은 매일 활동을 시작하는 커다란 금융시장들 가운데 첫번째이다.

13) Kamata Tôji, *op. cit.*, note 11, p.290.

14) 이것은 카마타 토지가(p.293) 다음과 같이 해설하는 경향에서 두드러진다. "'신의 나라'(Shinkoku)라는 생각이 노리는 것은 일본을 생성의 기원(seisei no genten), 혹은 '창조 정신'(Musubi)의 **토포스**로 끊임없이 만들고자 하는 것이다.

하다. 왜냐하면 그것 역시 무한하기 때문이다.[15] 우리의 세계적 조건에서 부분(경우에 따라 이것은 나의 종(鐘)), 나의 조국, 나의 사랑(mon ou mes amours), 나의(mon 혹은 ma[16]) 직업,[17] 나의 삶, 나의 의식 등이 될 수 있다)은 마찬가지로 전체와 같다. 최소는 우리는 그것을 세상의 그 어느 것과도 바꾸지 못할 것이다. 왜냐하면 그것은 비교될 수 없기 때문이다. 어떤 공통의 척도로 잴 수가 없는 것이다. 사실 그것의 도덕적 가치는 무한하다(immensa: 한계가 없다).[18] 비록 우리가 그것의 물리적 크기가 한정되어 있다는 것을 알고 있지만 말이다. 그렇기 때문에 바로 우리라는 도덕적 존재, 이러한 무한한 속성들을 부여받은 그 존재는 우리가 시멘트 블록들이나 나아가 은하계들의 수를 계산하듯이, 계산되지 않는 게 보통이다.

그 안에 무언가 척도가 있다면 사물들 사이에서 지배하는 **비례**(summetria)이다. 그러나 이 비례는 사물들이 우리와 맺고 있는 관계와 언제나 다소간 결합되어 있다. 이 관계는 우리를 세계의 중심으로 만들고, 세계의 수평선을 결정하는 그 또 다른 척도이다. 이 수평선은 하나의 단독적인 섬의 수평선으로 우리가 언덕을 올가갈 때 바다 만큼이나 멀리 펼쳐져 있다. 그런데 수평선, 그 유동적인 한계, 바로 거기서 측량 가능한 면적은 무한한 하늘이 된다.

---

15) 이 정리와 앞서 환기된 괴델의 정리들에 대해선 Yoshinaga Yoshimasa, *Gêderu. Fukanzensei no teiri*(Gödel. Le théorème de l'incomplétude), Tokyo, Kodansha Blueback, 1992, 특히 p.50 이하 참조.

16) mon은 남성 소유격, ma는 여성 소유격, mes는 소유격 복수이다. [역주]

17) 우리가 보았듯이, 블레즈 상드라는 《나를 세계의 끝으로 데려라 다오》에서 상기시켰던 것처럼(그리고 실제로 상드라처럼 세계의 다른 모습을 보기 위해서는 그 끝에 가보아야 했다), amours, délices 그리고 orgues는 단수로 쓰이면 남성이고 복수로 쓰이면 여성이다. 이와 유사하게 job은 프랑스에서는 남성이고 영어에서는 중성이지만, 퀘벡 지방, 나아가 아카디아에서는 여성이다.

18) 중성인 immensum은 예컨대 루크레티우스의 《자연론》에서 무한을 지칭한다. 이 낱말은 부정의 접두사 in과, mesure(척도)라는 낱말의 어원인 metiri('mesurer: 측정하다.' 미터: mètre와 동일한 어근임)의 과거분사 metiri로 형성된다.

8. 수평선과 그 중심

　모든 세계들의 공통점이 단독성이라는 사실은 이성으로 수용 불가능하다고 말할 수는 없다 할지라도, 신기하다. 우리는 방대한 세계와 대비하여 '작은' 세계들에 대해 말하면서 곤란한 일은 남에게 떠넘긴다. 하지만 그러면서 세계성이 규모(준거ㆍ척도)가 없다는 것을 망각한다. 포착하기 불가능한 수평선을 지닌 것은 우리가 어떤 다른 크기와 연관지을 수 있는 크기가 없다. 그것은 **로고스**가 없다. 인간의 표현으로 언급되는 비례가 없다는 것이다. 그렇기 때문에 그것에 대해 말하는 신화들은 자신들의 세계 내적 기원을 인정하지 않는다. 그것들은 마치 그것들이 다른 곳과 다른 시간으로부터 온 것처럼 말한다. 물론 세계는 거기 있고, 신화가 우리에게 말하는 것은 이 세계 자체이다. 그러나 신화는 인간의 입이 전달하는 인간의 말을 사용한다. 여기에는 우리가 생각해 낼 수 없는 어떤 계승이 있다. 우리가——죽는 경우(넘어서는 경우)를 제외하면——그 수평선에 결코 다다를 수 없으며 그것을 넘어서는 건 더욱 불가능하듯이 말이다.

　따라서 예컨대 성 어거스틴처럼, 우리가 말할 수 있는 것은 이러한 계승의 하단에 있는 것이 하나의 노래와 같은 것이라는 점이다. 하지만 이 노래의 저자가 누군지는 말할 수 없다. 우리가 그 저자를 언급할(effari) 수 있다는 것, 다시 말해 그를 우리의 말의 지평 속에 가둘 수 있다는 것은 세계가 자신의 언어로 나타내는 이 저자의 절대성을 강조할 뿐이다. 그러나 우리에게 접근 가능한 것은 이 세계뿐이다. 그러면 세계의 그 언어는 우리에게 무엇을 말하는가? 다만 세계가 있다는 것, 그리고 그게 좋다는 것이다. 오스트레일리아에서 발자취의 노래가 말하는 것이 이것이지, 다른 게 전혀 아니다.

　그러나 이때부터 세계의 존재는 어느 정도까지 좋으며, 왜 그것은 좋은지 혹은 좋지 않은지 아는 문제가 제기된다. 이 문제에 대해선 세계들이 있는 만큼이나 대답들도 많다. 이 세계들 가운데 많은 것들이 그것들 내부에서 대답을 찾아내고 있는데, 이 대답은 내재성이라고 불리는 성향이다. 반면에 우리가 보았듯이, 《티마이오스》가 세계는 훌륭하고 나아가 신적이라고 말하고 있지만, 또한 그것은 세계가 신적인 예지적 모델의 이미지에 불과하다고 말하고 있다. 둘 사이에는 초월이 있다. 그것은 플라톤이 **코리스모스**(chôrismos)라 부르는 편차를 말한다. 성 어거스틴에게도 역시 초월이 있다. 비록 그것이 어떤 유사성에 의해 완화되어 있긴 하지만 말이다. 그러나 플라톤에 비해 매우 큰 차이는 절대의 이미지를 따르는 게 세계가 아니라, 창세기에 언급되어 있듯이 유일한 인간이다라는 점이다. 게다가 신이 그리스도의 갱생을 통해 인간이 되었지만, 우리가 아는 한 신이 세계가 되지는 않았다. 세계는 다만 창조되었다. 이것이 천지창조이다. 그런데 천지창조가 신의 작품이기 때문에 좋다 할지라도, 그것이 또한 신적이라고 생각할 수는 없다. 그것이 훌륭하다고도 생각할 수 없다. 왜냐하면 이 세계는 추락(타락)의 세계이기 때문이다. 그것이 훌륭하다고 주장하는 것은 이교도적인 이단이고, 게다가 이 이단은 어렵게 생존해 왔다.[19] 5세기에도 이 이단을 상당히 성공적으로 전파했던 브르타뉴(라틴어의 의미에서, 다시 말해 영국) 수도승인 펠라기우스의 주장들을 잠재우기 위해 성 어거스틴은 431년 에페소스의 세계 주교회의를 기다리면서 세 번의 아프리카 주교회의(411, 416 그리고 418년)가 필요했다.

따라서 에페소스에서 세계를 어떻게 규정할 것인가가 해결되었다. 기독교 공동체에게 세계는 더 이상 지극히 위대하지도 않았고 하물며 지극히 완벽한 것과는 더욱 거리가 멀었다. 게다가 그렇기 때문에 우

---

19) 이 이단과 그 계승에 대해서는 Gilbert Durand, *op. cit.*, 서론 note 2, 그리고 특히 Henri de Lubac, *La Postérité de Joachim de Flore I. De Joachim à Schelling*, Paris, Le Sycomore, 1978 참조.

리가 앞으로 보겠지만, 유럽은 중국보다 1천 년이나 뒤늦게 풍경을 발견한다. 어거스틴의 교리가 세계의 광경보다는 내적 성찰을 설교하는 판에 어떻게 유럽이 그런 발견을 할 수 있었겠는가? 이를 증언하는 것이 1336년 페트라르카가 그 유명한 방투산 등정 때 겪는 고통이다.[20] 그는 그 높은 곳에서 발견하는 풍경의 아름다움 앞에서 우리가 오늘날 같으면 찬미의 감정이라 부를 수 있는 것을 느끼지 않을 수 없다. 하지만 이 감정은 아직 창안되지 않았었다! 그런 만큼 페트라르카는 이러한 미망이 있은 후, 아주 신속하게 자기 세계의 지평과 다시 만난다. 그는 항상 지니고 다녔던 성 어거스틴의 《고백록》을 주머니에서 꺼내 들어 펴고 우연인 것처럼(이 말은 그가 한 말인데 왜 의심한단 말인가? 왜냐하면 그는 그 대목을 자주 읽어야 했기 때문이다) 히포 레굴루스의 주교(성 어거스틴)가 다음과 같이 쓰고 있는 더욱더 유명한 대목과 맞닥뜨린다.

그리고 인간들은 산꼭대기, 바다의 거대한 파도, 강의 드넓은 흐름, 대양의 구불구불한 해변, 별들의 공전을 찬양하러 가고(et eunt homines mirari) 그리하여 자신들로부터 멀어진다(et reliquunt se ipsos).[21]

아마 우리는 세계의 광경을 찬양할 수 있을 것이지만, 우리의 의식(성 어거스틴은 이것을 메모리아 memoria라고 부른다)이 우리에게 열어 주는 것이 무한히 더 가치가 있다는 것이다. 왜냐하면 신이 그 속에 거주하기(manes in memoria mea, Domine(《고백록》, X, 25, 36) 때문이다.

---

20) 이 등정에 대해선 Michel Conan, "Le paysage découvert du mont Ventoux," *Urbi*, VIII, automne 1983, 33-39 그리고 Nathalie Bouloux, "A propos de l'ascension du mont Ventoux par Pétrarque: réflexions sur la perception du paysage chez les humanistes italiens au XIVᵉ siècle," *Pages paysages*, 5, 1994-1995, 126-137 참조.
21) Saint Augustin, *Confessions*, X, 8, 15, Paris, Les Belles Lettres, 1994 et 1996.

인간이 신의 은총을 통해서만 그 속에서 신을 만날 수 있다 할지라도 말이다. "너는 내 안에 있었고, 나는 나의 바깥에 있었다."(intus eras et ego foris, X, 27, 38)

여기서 성 어거스틴은 자기 세계의 본질에 대해 많은 것을 우리에게 밝혀 주고 있다. 그는 그것에 대해 두 가지를 언급하고 있다. 하나는 우리가 똑같이 가능한 두 광경, 즉 세계의 광경과 우리 의식의 광경 사이에서 선택을 해야만 한다는 것이다. 다른 하나는 절대가 우리 안에 내재하고 있다는 것이다. 그러나 우리는 우리가 세계 안에 있지 않는(foris) 정도 내에서만 그 절대에 다다를 수 있다. 따라서 이런 관점에서 보면, 세계는 존재에 본질적인 조건, 즉 절대와의 소통이 결여되어 있다. 그러나 우리의 경우, 우리는 세계와의 관계 속에서만 존재하기 때문에 외쿠메네적 관점(이것은 물론 성 어거스틴을 배반하는 것이다)에서 보면,[22] 우리의 세계성 속에 절대가 있다는 것을 도출해 낼 수 있을 것이다. 하물며 우리가 중국과 관련해 뒤에 가서 보겠지만, 내재성을 선택한다면 더욱 그렇다. 그렇다면 대체 이 세계 내에 절대는 정확히 어디에 위치할 것인가?

신화들에 따르면, 그 장소는 다양하지만 언제나 상징적인 방식들로 불린다(따라서 항상 다른 것을 언급하는 식으로 불린다. 왜냐하면 절대는 언급될 수 없기 때문이다). 기독교 전통은 초월에 희망을 걸고 있고 이 초월의 많은 원칙들이 이미 그리스-로마의 사상 속에 자리잡고 있었다. 이 전통에서는 오직 의식만이 우리를 이 절대로 열어 줄 수 있다. 플라톤은 물론 의식에 대해 언급하지 않았지만, 이미 상기(想起)에 대해 언급했다.[23] 따라서——이것은 물론 서양 문명의 토대적 선택이지만——정신과 세계 사이에는 공통의 척도로 잴 수 없는 성격이 존재한다. 게다가 페트라르카는 성 어거스틴을 인용한 뒤 세네카 쪽에서 이

---

22) 이 점은 제5장에서 개진될 것이다.

것을 확인한다.

정신 바깥에서는 아무것도 찬양할 게 없다. 정신의 위대함과 비교할
때 아무것도 위대한 게 없다.[24]

이러한 관점에서 보면, 화산기슭이 그것의 분화구로부터 배열되듯
이 세계의 수평선이 배열되는 출발점인 중심점이 인간의 정신에 다름
아니다는 것은 오늘날 의심할 여지가 없다. 그러나 세계의 존재를 우
리의 존재와 연결시키는 이같은 관점에 도달하기 위해서는 양치기가
양떼를 데리고 언덕에 올라가는 경험 그 이상을 필요로 했다. 플라톤과
그에 이은 기독교 형이상학이 2천 년 이상 필요했던 것이다. 플라톤
자신이 신성과 관련해 언급한 양면성들이 표현하고 있듯이, 그리스-
로마의 세계에서 원인은 결코 들리지 않았다.

《티마이오스》에 씌어 있듯이 세계가 하나의 '감각적 신'(theos
aisthêtos)이라고 생각된다는 말은 무엇을 의미하는가? 세계가 하늘 전
체(ouranos)라 할지라도 그것은 또한 수평선을 통해 지구의 오래된 힘
들, 즉 **코라**가 그 추억인 힘들과 연속되어 있다. 이 힘들의 깊이는 초
월과 아무런 관계가 없다. 그것은 이 초월에 적대적이고 적대 자체이
다(따라서 그것은 다소간 일반화시키고자 하는 자에게는 의식에 적대적
이다). 그러나 이러한 연속성은 라틴 세계에서 보다 분명히 부각된다.
그리스어 kosmos처럼 라틴어 mundus는 '세계, 우주'와 '질서, 장신
구'라는 이중적 의미를 지니고 있다. 이런 측면에서 우리가 알 수 있

---

23) 《파이드로스》와 《메논》을 보면, 영혼은 그것이 육체 속에 추락하기 전에 알고
있었던 것을 기억한다고 설명된다. 따라서 **상기**(l'anamnêsis)는 존재가 우리의 육체적
차원을 초월하듯이, 정신(menos, 라틴어로는 mens인데 어거스틴의 memoria와 동일한
어근을 지닌다)이 세계로부터 출발해 세계를 초월하는 존재의 방향으로 거슬러 올라
감(ana)을 말한다.

24) Conan, *art. cit.* p.35.

는 것은 인간 육체의 장식, 그의 행동 그리고 하나의 우주론의 주장 사이에 태곳적 관계가 있다는 흔적이다. 예컨대 오스트레일리아 원주민들이 축제 때 드러내는 춤들과 육체에 그려진 그림들이 표현하고 있듯이 말이다.[25] Mundus muliebris, 즉 여자의 장신구는 오늘날 알아보는 사람이 별로 없는 다음과 같은 차원을 지니고 있다. 즉 우주적 질서, 즉 **총칭적인** 대세계(le Monde)를 도래케 하고 보장케 한다는 것이다.[26]

그러나 mundus는 또한 로마의 도시 계획이 에트루리아인들로부터 물려받은 용법을 보면, 우주 발생의 진원지라는 의미를 직접적으로 지니고 있다.[27] 즉 땅 속에 파인 둥그런 구멍(에트루리아의 도시처럼, 지구의 둥근 표면(orbis terrarum))처럼 말이다. 이런 모습은 urbi et orbi('도시(로마)와 우주로')라는 로마 교황의 표현이 상기시키는 상응물이다)의 의미 말이다. 이 구멍은 이른바 lapis manalis(죽은 자들의 영혼(Manes)이 지상으로 다시 올라오지 못하게 하는) 돌로 덮여 있으며, 이 돌은 하나 혹은 두 개의 지하 구조물(물론 이것은 하늘과 같은 궁륭이다)로 인도한다. 여성적 함축 의미를 지니고 있는 이러한 mundus[28]는 도시에서 세계의 중심(공간에서)과 그것의 기원(시간에서)을 동시에 상징한다. 그

---

25) 이와 같은 그림상의 모티프들에 대한 단순한 소개에 대해선 Douglas Baglin et Barbara Mullins, *Aboriginal art of Australia*, Waitara(NSW), Shepp Books, 1970 참조. 그것들과 오스트레일리아 원주민의 외쿠메네와의 관계에 대해선 Barbara Mullins, Trevor Cook et John Gerritsen, *Aboriginal lore*, Hornsby(NSW), Shepp Books, 1982 참조. 그것들과 1970년대 초엽에 탄생된 이 원주민들의 현대 예술인 '아크릴화 운동'의 관계에 대해선 Geoffrey Bardon, *Papunya Tula. Art of Western Desert*, Ringwood, Mcphee Gribble, 1991 참조.

26) Cosmétique(화장(化粧)의, 화장품의, 화장품)가 kosmos로부터 파생되며 세계(monde)가 아닌 것은 불결하다(immonde)는 사실을 상기하자.

27) 내가 이 점에 대해 참고하는 책은 Alexandros-Ph. Lagopoulos, *Urbanisme et sémiotique dans les sociétés préindustrielles*, Paris, Anthropos, 1995, p.305 sqq이다. 보다 일반적으로 로마의 기원에 대해선 Alexandre Grandazzi, *La Fondation de Rome*, Paris, Les Belles Lettres, 1991 참조. 이 책을 François de Polignac, *La Naissance de la cité grecque*, Paris, La Découverte, 1984와 비교하면 흥미있다. 주목할 것은 mundus와 kosmos가 모두 어원이 애매하다는 점이다.

리하여 도시는──이것은 특히 로마의 경우였는데──우주적 질서, 즉 도시가 그 근원이자 보증자인 바로 그 질서 안에서 확고하게 안전을 보장받고 있다.

세계에 대한 다른 사례들을 찾을 필요가 없다. 왜냐하면 여기서 우리는 로마의 유일한 역사에서 도시 자체의 위치 결정을 통해 절대화되고 있는 세계성의 사례를 만나고 있기 때문이다. 로마는 그 안에 자신의 중심지, 자신의 수평선, 그리고 주요한 방향들을 지니고 있으며, 이 방향들은 서로 통하면서 하늘과 조응하여(templum[29]이라 불리는 투영) 지구의 지역들에 질서를 부여하고 있다. 사실 문두스(mundus: 세계)의 지하 구조물은 네 부분으로 되어 있다. 가물한 시대의 로마 콰드라타 (Roma quadrata: 사각형 모양의 로마)가 그랬듯이, 또 cardo(남북의 축) 와 decumanus(동서의 축)를 지닌 야영지들(castra)과 제국의 도시들이 그렇게 되듯이 말이다.

따라서 하늘과 지구의 결합을 신성하게 만들면서 포착할 수 없는 수평선을 포착해 중심에 붙드는 이와 같은 중심, 즉 mundus는 우리가 보았듯이 초월과는 아무런 관계가 없다. 또 이와 상관적으로 그것은 우리가 오늘날 개인적 의식이라 부르는 것과도 관련이 전혀 없다. 그것은 기원에서부터 스스로 그 자신을 결정하면서 어두운 지하에, 그곳에 있다. 그러나 이와 같은 절대적 세계성 속에 어떤 균열이 있지 않은가?

---

28) 일반적 생각에 따르면 mundus는 pomœrium──이것은 성벽(mœrus=murus)을 넘어서(post) 에트루리아인의 도시를 둘러싸고 있는 신성한 지역으로, 이곳에는 건물을 지어서도 농사를 지어서도 안 되었다──과의 신적인 결합이라는 관계 속에 있었다. 그리하여 둘은 중심, 곧 mundus는 여성이고 바깥의 경계, 곧 pomœrium은 남성인 하나의 세계를 구조화시킨다(Lagopoulos, p. 310).

29) 이 낱말의 제1의미는 '한계가 없는 공간,' 특히 공적인 행위에 앞서 점복관이 새점을 치기(다시 말해 새들을 관찰하기, aves spicere) 위해 하늘에 막대기로 그리는 공간을 말한다. 'Temple(신전)'은 이러한 제1의미로부터 파생된 뜻들 가운데 하나이다.

9. 중국식의 네모 모양 세계

우리가 발견하게 될 이러한 균열은 중국에는 없다. 사실, 중심의 나라/중국(Zhongguo)은 모든 위대한 문명들 가운데 자신의 세계성에 가장 세밀하게, 가장 체계적으로 그리고 가장 지속적으로 울타리를 친 문명이다. 널리 확산된 견해에 따르면 21세기는 중국적 질서와 미국적 질서 사이의 대립의 세기가 되리라는 점을 우리가 생각해 본다면, 후자보다 약 2천 년 앞서 정착된 전자의 질서가 지닌 특징들을 다소 살펴볼 필요가 있다.

중국 세계는 진시황제가 기원전 221년에 황조(皇朝)를 건립할 때 정치적으로 확고하게 자리잡지만, 한편으로 그것의 큰 윤곽은 그보다 훨씬 앞서 그려지고, 다른 한편으로 본질적인 구상물들은 미래에 도래하게 된다. 물론 이 모든 것에 대해 나는 우리의 흥미를 끄는 관점, 즉 세계의 섬적인 특성의 몇몇 의미 있는 사례들만을 제시할 수 있다.

우선적으로 guo(國: 나라)라는 낱말 자체는 계시적이다. 그것의 중국 문자는 통상적인 해석에 따르면,[30] 울타리를 형상화해 놓고 그 안에 미늘창(다시 말해 전사들), 입(인구)의 형상을 그려넣은 모습과 지구 표면을 나타내는 수평적 선을 결합시키고 있다. 고고학과 역사에 보다 일치하는 어원을 보면, 문제의 '입'은 사실 첫번째 울타리 내에 포함된 두번째 울타리를 나타낸다고 생각할 수 있을 것이다. 중국 도시의 원형적(archétypale) 형태는 주나라(기원전 12세기에서 221년)에서 정착되기 시작했고 당나라의 수도 장안을 통해 7세기에 완성되는데, 실제로

---

30) 내가 개진하는 해설을 위해 참조하는 책은 중국문자 사전인 *Kanwa jiten* de Kobayashi Nobuaki, Tokyo, Shôgakkan, 1963; Nishikawa Kôji, *Toshi no shisô*(*La pensée de la ville*), NHK, Tokyo, 1973, 그리고 Otagi Hajime, *Chûgoku no jôkaku toshi*(*Les villes fortifiées de la Chine*), Tokyo, Chûôkôronsha, 1991이다.

그 특징은 이중의 울타리이다. 성(城: cheng)(이로부터 시(市: shi)와 결합해 중국어로 도시라는 성시(chengshi)라는 낱말이 비롯된다[31])이라는 내부 성은 행정 구역들을 보호한다. 진시황제가 흉노족(훈족)에 대항하기 위해, 이미 진·조·연나라에 의해 구축된 성들을 이으면서 실현시킨 긴 성, 즉 장성(Chang Cheng)을 지칭하는 것도 동일한 말인 성이다. 한편 하나라(혹은 상나라, 기원전 18-12세기)를 무찌르기 위해 황토 고원에서 내려온 정복자인 주나라 사람들은 그들이 봉토를 망상 조직으로 잘게 나누어 파종하듯이 건설한 도시들에 입각해 나라를 지배했다. 중국 문자 읍(邑: yi)은 이들 지방 수도들을 지칭하는데, 울타리(정복자는 이 울타리 안에 틀어박힌다)를 무릎 꿇은 남자(성벽 바깥에 거주하는 지방 상인들과 장인들)에 결합시키고 있다. 따라서 제유법을 통해 성(城)은 도시를 의미한다. 장성(만리장성은 중국 사람들의 견해에 따르면 달에서 보이는 인간의 유일한 구축물이라 한다)이 중국의 존재를 나타내고 있듯이 말이다. 그것이 2천 년 이상 동안 비효율을 주기적으로 입증했다는 점은 별로 중요하지 않다. 오늘날처럼 지난날에도 그것의 역할은 특히 상징적이었고 또 그렇게 남아 있다.[32] 사실 그것은 공위적(攻圍的) 함축 의미를 가장 높은 단계에서 구현하고 있는데, 이 함축 의미가 여러 단계로 된 영토의 조직을 지배하면서 중국문자 '나라[國]'의 어원을 밝혀 주고 있다.

이 함축 의미는 중국 세계의 성격을 심층적으로 특징짓지 않을 수

---

31) 그러나 지명과 결합할 때 그냥 성(城)이 된다. 예컨대 장안성, '장안의 성'은 장안(의 도시)을 지칭하며 국가 권력의 소재지라는 그것의 성격을 함축한다.

32) Bai Shouyi가 책임 편집한 매우 정통적인 *Précis d'histoire de Chine*(Pékin, Waiwen chubanshe, 1988)가 p.135에서 다음과 같이 기술하고 있듯이 말이다. "비록 만리장성이 남쪽으로 밀고 내려오는 흉노족을 막지 못했다 할지라도, 그것은 고대 중국의 근면한 민중의 지성과 창조적 정신을 명예롭게 하는 기념물로 남아 있다." 나는 많은 프랑스인들이 마지노선에서 혹은 많은 독일인들이 대서양의 벽에서 그들 나름의 지성 따위를 명예롭게 하는 기념을 보는지 알지 못한다. 주목할 점은 오늘날 장성은 심지어 인터넷에 방해적으로 기능한다는 점이다.

없었다. 그리고 그것도 더없이 다양한 영역들에서 말이다. 그 방법은 이 영역들 사이에서 문명화된 중심/미개한 변방이라는 관념적인 쌍에 대한 은유적 변주들이고, 또 구체적인 만큼이나 추상적인 각각의 영역에 고유한 환유들과 이들 은유들의 결합이다.

예컨대 사마천(145-86)의 《사기》는 하나라를 네모난 모양들이 겹겹이 끼워진 형태처럼 나타내고 있었다.

천자의 왕성에서부터 5백 리[33] 떨어진 곳까지 디안푸(dianfu)라는 왕실 통치 지역이 확대된다. 이 지역 백 리 안에서는 세금이 짚과 곡식의 형태로 거두어진다. 2백 리 안에서는 낫으로 벤 이삭의 형태로, 3백 리 안에서는 짚의 형태로, 4백 리 안에서는 벼의 형태로, 5백 리 안에서는 벼를 찧은 쌀의 형태로 거두어진다. 이와 같은 일차적 지대를 벗어나면, 5백 리에 걸쳐 후푸(houfu)라는 봉토들의 지대(이 지대는 각기 자신들의 영지가 제후들의 서열 목록에 따르는데, 이 영지들은 백 리, 백 리 그리고 3백 리라는 연이은 세 개의 지대로 되어 있다)가 펼쳐진다. 이와 같은 이차적 지대를 넘어서면 5백 리에 걸쳐 수이푸(suifu)라는 무관들의 지역이 펼쳐진다. 이 지역 3백 리 안에서는 천자의 가르침에 따라 통치된다. 그 다음 2백 리에 걸쳐서는 오랑캐들에게서 무기가 회수되는 식으로 그들의 침입이 예방된다. 이 세번째 지역을 넘어서면 5백 리에 걸쳐 야오푸(yaofu)라는 강자들의 지역이 펼쳐진다. 3백 리 내에서는 변함없는 가르침을 따르면서 천자를 섬기는 자들만이 있다. 그 너머 2백 리에는 천자의 벌을 받았던 추방된 자들만이 있다. 이 네번째 지역을 넘어서면 5백 리에 걸쳐서 후앙푸(huangfu)라는 황야 지역이 펼쳐진다. 이 지역 3백 리 안에서는 오랑캐들의 정착촌의 땅이 있으며, 그 너머 2백 리에 걸쳐

---

33) 흔히 프랑스어로 'lieue'로 번역되는 리(里: li)는 역사가 진행되는 동안 매우 변화가 많았던 거리의 측정 단위이다. 그것은 결국 대략 5백 미터로 안정화되었다. 오늘날 '공식적인 리'(gongli) 단위는 킬로미터이다.

서는 도시를 건설하지 않고 유목하는 오랑캐들의 땅이 자리잡는다.[34]

물론 이 인용문을 보면 하나의 먼 과거가 이상화되고 있다. 그러나 그 속에서 우리는 중국인의 세계성의 본질을 만나고 있다. 그 본질은 정신이 강제한 기하학적인 형상들과 지리적인 현실들의 우연성을 불가분하게 결합시키고 있다는 점이다.[35] 환유의 유희를 해보면, 지리적 현실들은 보편적 법칙들을 나타내고 있는 데 비해, 기하학적 형상들은 구체성을 담아내고 있다. 이런 측면은 습관에 의해서 뿐 아니라, 세월을 따라 중국인 세계가 그 자체에 대해 수행한 실질적인 작업에 의해서 이루어진 것이다.

따라서 네모난 형상이 있다. 로마의 둥그런 모습과는 달리, 사실 중국인들에게 지구는 네모난 모양이었다. 지구는 제국의 수도, 따라서 모든 도시의 패러다임이 그렇듯이, 그런 모양이 되지 **않을 수 없다**.[36] 20세기까지만 해도 지도들은 역사와 지리가 도시들에 부여했던 다양한 형태들을 네모난 형태로 고집스럽게 나타내면서 이러한 기하학을

---

34) 나는 Ômuro Mikio, *Gekijô toshi, Kodai Chûgoku no sekai zô*(*La ville-théâtre. La vision du monde de la Chine antique*), Tokyo, Sanseidô, 1981, p.136 *sqq*에 재수록된 《하본기(夏本紀) *Xia ben ji*》의 대목에 따라 (약간 단순화시켜) 번역했다.

35) 지리학자들은 채나라 사람들이 Johann Heiwach von Thünen의 뛰어난 선구자들이라고 인정하지 않을 수 없을 것이다. 그의 le *Der isolierte Staat*(*L'État isolé*, 1826)이 중국에 비하면 다소 체계적이긴 하지만 말이다.

36) Augustin Berque, "Du *Rituel des Zhou* à Tôkyô: le fantasme de la ville idéale en Asie orientale," pp.104-114 das Emmanuel Eveno, dir., *Utopies urbaines*, Toulouse, Presses Universitaires du Mirail, 1988 참조. 황도(皇都)의 패러다임에 대한 심화 연구에 대해선 Ômuro(인류학적으로 보다 깊이 파고듬) 이외에도, 고전이 된 Paul Wheatley, *The pivot of the four quarters: a preliminary enquiry into the origins and character of the ancient Chinese city*, Edimbourg, Edinburgh University Press, 1971 참조. 주목할 점은 그 반면에 고대 이집트의 상형문자에서 도시가 네 부분으로 된 원에 의해 표상되고 있다는 사실이다. 이 점은 아마 에트루리아인들의 상징 체계에 영향을 미쳤다 할 것이다(§ 8 참조). 어떤 작가들은 최초의 로마 콰드라타(Roma quadrata)를 이와 같이 네 부분으로 된 원 모양(urbs/orbs)으로 해석한다.

지형학과 연결시키는 임무를 맡았다. 그러나 지도들만이 아니다! 1년 만에 건설되어 강제로 인구가 거주된 것 같은 장안은 사실 이상적인 형태와 접근했다. 이 수도는 남북으로 8.5 킬로미터에 동서로 9.5킬로미터의 일직선적인 울타리가 쳐진 거의 완벽한 네모 형태였다(이것은 파리 구(舊)도심과 같은 정도의 면적이었고 아주 신속하게 백만 이상의 인구가 거주했다). 《주례》에서 황도의 패러다임이 잡힌 지 1천 년이 흘렀다. 이 책은 전국시대(기원전 481-205)에 씌어졌는데도, 이미 이 모델[37]을 하나의 이상적인 과거와 연결시키고 있었다.

중국적 특성이 그 자체에 수행하는 이와 같은 시·공간적 작업에서, 세계는 절대적인 중심에 입각해 체계적으로 형태가 잡히며, 이 중심은 필연적인 지평을 동반한다. 예를 들어 주목되는 것은 사마천이 채나라에게 부여한 세계는 그 국경을 이 세계의 중심이 뻗어나가는 확대로 정의하고 있는데, 이 확대는 정확히 2백 리 넓이의 지역으로 한정되지, 그 이상은 아니라는 점이다. **그 이상 벗어나면** 대초원의 무한함이다! 왜냐하면 무한함이라는 말은 강한 의미에서 세상에 속하지 않기 (immonde) 때문이다. 정의상으로 볼 때도,[38] 그것은 세상의 권리가 없었다(…).

동일한 맥락에서 유교 경전들 가운데 하나인 《예기》[39]는 비록 다소 묘사적이긴 하지만, 세계를 '다섯 방향'(wu fang)으로 배분하고 있다.

---

37) 여기서 나는 도시를 구상하는 방식으로서의 **패러다임**을 **모델**과 구분한다. 모델은 이 패러다임을 표현하고 실제 도시들의 설계를 안내하도록 되어 있는 이론적인 도시 형태를 말한다. 예컨대 헤이안(쿄토)에 모델 역할을 했던 것은 실제적인 장안이라는 도시가 아니라 장안이라는 모델이다. 게다가 그 결과를 보면 어떤 측면들에서 제자는 스승보다 패러다임을 보다 세밀하게 표현하기 때문이다!

38) 우리가 상기해야 할 점은 광대함, 다시 말해 무한은 폐쇄된 세계에 들어갈 수 없다는 것이다(p.56, 주 18) 참조).

39) 프랑스어 번역본으로는 Séraphin Couvreur, *Mémoires sur les bienséances et les cérémonies*, Paris, Cathasia, rééd. 1950, 2 vol이 있다. 그러나 여기서 나는 Ômuro, *op. cit.*, p.138을 참조한다.

중심에는 당연한 것이지만 중국인들이 있다. 동쪽에는 오랑캐들인 이(Yi)가 있는데, 이들은 머리도 빗지 않고, 문신을 하며, 때로는 날것을 먹는다. 서쪽에는 롱(Rong)이라는 오랑캐들이 있는데, 이들도 머리를 빗지 않으며, 짐승 가죽을 입고, 나아가 곡식을 먹지 않는다. 남쪽에는 만(Man)이라는 오랑캐들이 있으며, 이들은 이마에 문신을 하고, 다리를 꼬고 잠을 자며, 때때로 날것을 먹는다. 북쪽에는 디(Di)라는 오랑캐들이 사는데, 그들은 깃털과 털로 된 옷을 입고, 동굴에 거주하며, 곡식을 먹지 않는다.

이처럼 보편화된 범주들은 특히 일본인들에 의해 사용되었다. 그들은 16세기에 남쪽으로 들어온 최초의 유럽인들을 '만오랑캐'(Nanbanjin)라 불렀다. 또한 그들은 아이누족과 그들의 섬 예조(Yezo)를 지칭하기 위해 '이(Yi: 동쪽의 오랑캐)'라는 중국문자를 사용했다. 이 글자는 애초에 일본인들 자신을 지칭했을 터인데 말이다![40]

음/양[41]과 오행(Wuxing)의 우주론이 구상해 낸 것은 기하학과 지리학, 천문학과 민족지학 사이의 중간에 있는 이러한 자료이다. 사람들은 우리 전통과의 유비를 통해서 흔히 오행을 '다섯 요소'로 번역해 냈다. 이런 측면은——행(aller)이 '요소'를 의미하지 않는다는 것 이외에도——이 개념의 본질인 변화의 과정(상생-상극, 상호적인 생성-지배)을 설명하지 못한다. 시간적으로 보면, 오행의 다섯 단계는 생성의 질서에서는 수(水)-목(木)-화(火)-토(土)-금(金)(-수(水)(…))이며 지배의 질서에서는 수-화-금-목-토(-수(…))이다. 공간적으로 보면 수는 북쪽에 있고, 목은 동쪽에, 화는 남쪽에, 금은 서쪽에, 토는 중심

---

40) 북위의 《춘추》(Wei shu)에서 〈동이족들(Dong Yi zhuan)에 대한 언급〉은 일본에 대한 최초의 언급이라는 생각이 있다.

41) 명성이 변질된 이 테마가 중국 사상에서 차지하는 정확한 위치에 대해서는 François Jullien, *Figures de l'immanence. Pour une lecture philosophique du* Yi King, *le classique du Changement*, Paris, Grasset, 1993 참조.

에 있다. 이것은 각기 검은색 · 청록색(qing) · 붉은색 · 흰색 · 황색에 대응한다. 또 계절로는 겨울 · 봄 · 여름 · 가을 · 토용(土用: tuyong)(이 것은 '땅의 사용에 따른 것이다'〔다시 말해 각각의 계절의 끝날 때 18일의 기간을 말하며 이 기간은 다음 계절의 '길들이기(li)'를 준비한다. 특히 그것 은 '가을의 길들이기(liqiu)'에 앞서는 토용을 말하는데, 이것은 로마인들이 작은 개자리나 혹서기, 다시 말해 천랑성이라 불렀던 것보다 15일 앞서는 기 간이다. 이 혹서기는 천랑성이 태양과 함께 떴다가 지는 7월 22일에서 8월 22일까지이다〕)에 대응한다.

여기서 무엇보다 확립되는 것은 중국의 의학과 환경학(fengshui: '풍 수')을 특징짓는 조응 체계이다. 소우주(인간의 육체, 정원 등(…))가 대 우주(환경과 세계)[42]에 상응한다는 원리와 결합된 이 체계는 다음의 두 개와 같은 등가의 연쇄고리를 생성시킨다.

동쪽: 청록색(quig): 용: 비장(脾臟): 목(木): 신맛: 역한 냄새: 봄: 숫 자 8: 목성(주피터): 지아오음(라): 해상 영토(…).

서쪽: 흰색: 호랑이: 간: 금(金): 매운맛: 자극적 냄새: 가을: 숫자 9: 금성(비너스): 샹음(솔): 모래와 바위가 많은 영토(…).

주목할 점은 두 경우에서 마지막 고리(이것은 인용 사례에서 본 것이

---

42) 이 주제에 대해선 다음과 같은 책들을 참조. Kristofer Schipper, *Le Corps taoïste, corps physique, corps social*, Paris, Fayard, 1982; Rolf A. Stein, *Le Monde en petit. Jardins en miniature et habitation dans la pensée religieuse d'Extrême-Orient*, Paris, Flammarion, 1987; 그리고(보다 덜 과학적이지만 매우 알찬 내용을 담은) Jean-Marc Eyssalet, *Les cinq Chemins du clair et de l'obscur. Réflexions sur les bases de la cosmologie chinoise appliquée à la médecine*, Paris, Trédaniel, 1988. 풍수와 관련해 현재 세계적으로 확산되고 있는 들판이 행태의 물결 속에서 우리는 He Xiaoxin의 진 지하고 정밀한 연구를 주목할 수 있다. *Fûsui tangen. Chûgoku fûsui no rekishi to jissai*(《풍수의 기원. 중국에서 풍수의 역사와 실제》), Koyto, Jimbun Shion, 1994.

지만 연쇄는 계속된다)가 상당히 단호한 환경이라는 것이다. 사실 이것은 중국의 지리적 현실에 다름이 아니다. 서쪽에는 고비 사막 지역이 있다. 동쪽에는 해안과 바다 그리고 보다 멀리는 일본과 필리핀의 숲이 우거진 열도들이 있다. 그러나 이러한 부수적인 현실들은 우주의 중요한 방향들(동쪽·서쪽 등)과 기하학 및 숫자들이 결합되어 있어 모든 영역에 적용할 수 있는, 다시 말해 보편적 원리들을 만들어 낸다.

중국 세계에서 이 모든 것은 함께 움직인다. 다시 말해 현실의 이처럼 다양한 측면들 사이에 긴밀한 결합이 있을 뿐 아니라 과정적인 응집력이 있다. 이상과 같은 것이 오행(五行)의 행(行)이 표현하고 있는 것이라고 나는 생각하고 싶다. 자연과 사회가 이처럼 **함께 가는 현상**은 실제로 예(禮: Li)에 의해 조정되며, 예의 중심축은 빛의 궁전(명당: Mingtang)을 거처로 하는 천자(天子)이다.[43]

명당은 네모난 건물이다. (…) 핵심을 보면 중심에 타이시(taishi)라는 방이 하나 있으며, 동서남북 네 방향으로 각기 세 개의 방이 배치되고 이 가운데(북동·남동·남서·북서의 구석에) 두 개의 방은 두 개의 칸(대각선으로 분리됨)으로 나뉘어 있다. 천자는 계절들을 따라 연속적으로 이 방들에 기거한다. (…) 땅의 사용에 따른 튀용(tuyong)이라는 계절들 사이 사이에는 그는 중심의 방으로 간다. 오행을 상징하는 물의 흐름이 왼쪽으로 돌 듯이, 전체는 봄-여름-가을-겨울의 순환적 운동을 오른쪽에서 왼쪽으로 그려낸다.[44]

43) Schipper는 *op. cit.*, p.139에서 빛의 궁전의 역할을 이렇게 정의하고 있다. "군주라는 인격의 '우주론화'를 궁극적으로 표현한 것이 명당, 즉 빛의 궁전 혹은 책력의 집이다. 그것은 우주를 모델로 하여 지어진 거처로 (하늘처럼) 지붕이 둥그렇고 (지구처럼) 토대가 네모 모양인데, 이 거처에서 왕은 시·공간적 조응들을 따라 이 방에서 저 방으로 이동하게 되어 있었다."
44) 나는 Ômuro, *op. cit.*, pp.162-163에 따라 (다소 단순화시켜) 번역했다.

물론 근대적 이성의 관점에서 보면 이와 같은 연쇄는 논리적 일관성이 거의 없다. 근대적 이성이 그 속에서 보고자 하는 것은 미신에 대한 열광이라고는 말하지 않더라도 상징 체계 같은 것뿐이리라. 기껏해야 사람들은 그 속에서 경험적인 연관들의 덩어리를 볼 것이다. 아마 이 연관들은 어느 정도는 '통할'(행: 行) 테지만, 그것들의 원리들은 과학이 아니라 마법에 속한다고 할 것이다. 중국 과학의 대단한 옹호자인 조셉 니드햄조차도 그것들의 '경험적 성격'과 '현상주의'를 인정하지 않았던가?[45]

문제를 더 이상 파고들지 않고, 우리가 다만 제시하는 데 만족하고자 하는 점은 이와 같은 함께 가는 현상에서 세계성의 본질 자체가 있다는 것이다. 그리고 그것의 조직 속에 그것이 지닌 동력의 원리 자체, 즉 중심과 지평의 역동적 상호 관계가 있다는 것이다. 사실 중국은 중심에 따라 하나의 세계를 배치한 가장 완성된 사례이다.

그런데 이와 같은 배치는 '사물들의 가르침'[46]을 그것의 신성한 기하학과 체계적으로 결합시키고 있지만, 유럽에서 근대 과학을 탄생시키게 되는 다음과 같은 이중의 지표를 초세계적인 것으로 평가 절하했다. 하나는 절대에 대한 준거를 통해 자율화된 의식이고 다른 하나는 이와 상관적으로 현상들을 지배하는 법칙들의 수학적 초월이다. 다시 말해 두 경우에서 자동적 경험 세계를 탈중심화시키고 지평을 위반하는 역동적 움직임이 있는 것이다. 중국인의 역동적 움직임은 그 반대이다. 그것은 특히 세계 지향적이다.

---

45) Joseph Needham, *Science et civilisation en Chine. Une introduction*, Arles, Picquier, 1995(1978), p.313-314.

46) 이 표현은 Anne Cheng, *art. cit*, note 10에서 빌린 것이다.

10. 의식의 현상화

성 어거스틴은 하느님의 은총을 받기 전에 자신에 대해 이렇게 말했다. **Et ego foris: 나는 바깥에 있었다.** (…) 그렇다면 그는 바깥에서 무엇을 만났는가? 사람들과 사물들, 다시 말해 현상적 세계이고, 기독교가 평가 절하한 그 감각적 신(theos aisthêtos)이다. 여기서 세계의 사물화가 시작된다. 우리 각자처럼 자신들의 의식을 통해(의식으로부터) 절대로 열려지는 존재들인 우리 동료들을 제외하곤 말이다. 우리는 이러한 과정의 결과를 다음 장에서 보게 될 것이다. 여기서는 그보다 나는 우리가 중국과 관련해 방금 검토한 것과 정반대인 이와 같은 평가 절하 이전의 시점을 탐사하고자 한다. 그리고 유라시아의 반대쪽에서 어떻게 성 어거스틴의 선회와는 반대되는 행동, 즉 현상들과 융합되는 행동이 나올 수 있었는지 검토하고자 한다.

우선 인정할 것은 어거스틴의 전향 이전의 그 시점이 세계-내-존재, 다시 말해 지구 모든 곳에서 사람들이 공유하는 그 인간 조건을 나타내는 것에 다름 아니라는 점이다. 그것은 공통적인 토대로서 우리 모두가 서 있는 출발점이다. 그런 조건을 초월하지 않는 한 말이다. 그런데 성 어거스틴의 경우, 분명 자기 자신을 향한 그 전향이 그 같은 조건의 초월이라면, 사물들의 현상성의 심층으로 가는 것 역시 반대 방향으로 이루어진 하나의 초월이다. 달리 말하면 초월은 역사의 모든 시점에 아무나 도달할 수 있는 것도, 모든 문명들이 도달할 수 있는 것도 아니다. 그것은 고심하여 구상되는 것이다.

세계-내-존재라는 이와 같은 공통적 토대에 대해 말하자면, 하이데거는 《존재와 시간》에서 그것을 상세히 분석했다. 놀랄 일이 아니지만, 그의 분석이 보여주는 것은 세계성(Weltlichkeit)이 하나의 지평을 상정하고 있다는 점이다.

마음을 졸이는 세계-내-존재(das besorgende In-der-Welt-sein)는 방향지어지고-방향을 잡고 나아간다. 귀속유동성(mouvance)[47]은 함께 가는 사태와 본질적인 관계가 있다.[48] 사실 그것은 사람들이 근심하는 도구에 고유한 함께 가는 사태의 일관성에 입각해 항상 결정된다(aus dem Bewandtniszusammenhang des besorgten Zeugs). 함께 가는 사태를 만드는 관계는 한 세계의 (엄지와 새끼를 벌렸을 때의 길이인) 뼘(empan)[49] 안에서만 이해된다(die Bewandtnisbezüge sind nur im Horizont einer erschlossenen Welt verständlich). 바로 이와 같은 지평이라는 특징을 통해서 차례로 가능하게 되는 것은 하나의 고장에 고유한 귀속유동성이 펼쳐지는 장소의 특수한 지평이다(des Wohin des gegendhaften Hingehörigkeit). 이 귀속유동성은 여기서부터 가자라는 가능성을 채택한 출구의 예견적 방향 속에서 발견된다.[50]

"여기서부터 가자"(Dorthin und Hierher)라는 말을 우리 가운데 따르기로 결심하는 사람은 별로 없다. 하이데거 같으면 우리는 현상들에 무아지경에 있다(ekstatisch)기보다는 항상 그것들을 다소 간직하고 있는 상태(behaltend)에 있다고 말할 것인데, 그런 우리는 대부분의 경우

---

47) 나는 Hingehörichkeit〔우리말로는 흔히 귀속성으로 번역된다-역주〕를 다음과 같은 두 개의 관념을 표현하기 위해 귀속유동성으로 번역한다. 하나는 어떤 영역에 속한다는 관념이다(이것은 봉건제도의 어휘에서 이 낱말이 지닌 최초 의미인데, 오늘날 우리는 이 의미를 '사회주의 세력권 안에 있는' 따위의 표현들에서 다시 만난다). 다른 하나는 방향지어진(hin) 운동 속에 있다는 관념인데, 우리는 이 의미를 예컨대 베르그송의 경우에서 만난다. 귀속유동성에 대한 이 관념에 대해선 본서 §19를 참조할 것.
48) 나는 '고장'(Gegend)이라는 그 전체의 요소들이 서로 함께 간다, 나아가 서로가 없으면 나아가지 못한다는 사실을 표현하기 위해 Bewandtnis를 함께 가는 사태로 번역한다.
49) 뼘은 손바닥을 최대한 벌릴 때 엄지의 끝에서 새끼손가락 끝까지의 사이로 정의된다는 점을 상기하자. 여기서 나는 우리가 우리 세계의 개방성 속에서 우리 존재의 고장과 직면할 때 우리를 지평과 분리시키는 그 거리를 이 사이와 동일시한다. 그러나 보다 충실히 하자면 '열려진 한 세계의 지평 속에서'로 번역해야 할 것이다.

우리의 생애 동안 현상들을 진정으로 만나러 가는 것을 자제한다. 왜
냐하면 그러기 위해선 비록 성 어거스틴과는 전혀 반대 방향이라 할
지라도 세계로부터 벗어나야 하기 때문이다. 그 방향은 개인적 의식의
심층이 아니라 사물 자체의 심층이며, 더없이 적나라한 단순성이다.

이것이 육조 시대의 중국 시인들이 드러내는 바로 은둔적 혹은 수도
자적(yindun)[51] 운동이 상징하는 것이다. 이 시대는 기원후 220년에 한
나라가 멸망하고 수나라가 제국을 재통일하기까지 사이에 낀 삼국 시
대와 함께 시작된다. 삼국 가운데 하나, 즉 위나라는 청강 남쪽 현재의
난징 위치에 수도를 정했다. 반면에 오랑캐들은 중국의 북쪽을 점령
하고 있었다. 서진(265-316)에 의한 짧은 재통일을 제외하면, 그 다음
의 다섯 왕국(동진 · 송 · 제 · 양 · 진)은 16국이 서로 다투고 있던 북쪽
으로 권력을 확대하지 못했다. 그 이후 북위(386-534)와 북주(557-
581)는 수나라(581-618)가 제국을 재통일하도록 준비하며 수나라는
찬란한 당나라를 예고한다.

---

50) Martin Heidegger, *Sein und Zeit*, Tübingen, Niemeyer, 1993(1927), p.368. 원
문에 충실한 자들은 내가 하이데거의 산문, 특히 마지막 문장의 산문(*Das sichausrich-*
tende Entdecken von gegend gründet in einem ekstatisch behaltenden Gewärtigen des
möglichen Dorthin und Hierher)을 이처럼 뒤틀어 놓은 것을 용서하길 바란다. 그것은
원문과 가장 가깝게 번역되면 명사화의 성격(명사들의 과도함과 동사들은 결여)을 띠
며, 이런 성격은 별로 매력적이지 못하기 때문에 문장을 소화하기 위해서는 토치카
같은 내부가 필요하다. 번역해 보자: "Le découvrir se dirigeant de la contrée se
fonde dans un s'attendre-à ekstatique retenant du possible par-là et d'ici." (입문자
들 사이에 다른 번역본들을 교환하는 경우를 제외하면) 프랑스어 사용 독자가 접근할
수 있는 이 대목의 유일한 번역은 François Vezin(Martin Heidegger, *Être et temps*, Paris,
Gallimard, 1987)의 번역인데, 더욱 이해하기 어렵다.

51) Yin(隱)은 숨는다를, dun(遁)은 (세상으로부터) 달아나다를 의미한다. 이어서 개
진되는 내용을 위해 기본적으로 나는 Obi Kôichi, *Chûgoku no inton shisô. Tô*
Enmei no kokoro no kiseki(*La pensée anachorétique de la Chine. Sur les traces du*
cœurs de Tao Yuanming), Tokyo, Chûôkôronsha, 1988과 Ômuro Mikio, *Onrin toshi.*
Chûsei Chûgoku no sekaizô(*La ville-jardin. La vision du monde de la Chine médiévale*),
Tokyo, Sanseidô, 1985에 의거한다. 여기서 나는 나의 글 〈중국에서 풍경의 탄생〉,
Xoana, 5, 1997, p.23-28의 몇몇 대목을 되풀이한다.

우리가 보다시피, 이 시대는 극도로 혼란된 시기였으며, 이 기간 동안에 한나라(기원전 206-기원후 220)에서 확립된 세계에 대한 이미지가 파손되었고, 중국의 북부에 위치한 전통적인 두 수도인 장안[52]과 낙양의 우주적인 중심성이 특히 사라졌다. 오랑캐족 이외의 권력의 중심점으로서 이 두 도시를 계승하는 도시인 남경/난징(당시에는 건업에 이어 건강으로 불렸다)은 결코 이와 같은 중심성을 희망할 수 없게 된다. 설령 그 이유가 초기에 이 도시가 피난한 왕조(즉 북부 중국을 상실한 이후의 이른바 동진)의 대체 수도에 불과하기 때문이라 할지라도 말이다.

이러한 사회-정치적 혼란은 정신 상태와 행동에 심층적인 변화를 동반한다. 한나라의 우주론을 지탱해 주었던 유교는 상대적인 홀대를 경험하고, 반면에 도교의 영향력이 증가하는데 도교의 이상은 사회적 질서가 아니라 자연의 질서(ziran)를 따른다. 사실 실추된 문관들, 보다 정확히 말하면 새로운 권력 형태들을 거부하는 문관들을 고무시키는 것은 도교이며, 그들은 자신들의 이반을 나타내기 위해 도시로부터 멀리 은둔하는 습관을 지니게 된다. 이런 유형의 행동은 기원후 1세기 초엽 한제국을 동요시키는 혼란 때부터, 그리고 더 강하게는 한나라의 패망과 새로운 왕조들의 성립 때부터 확산된다.

새로운 유형의 이러한 은둔자들은 인도 방식(§32)의 체념자들이 아니다. 그들 가운데 많은 이들에게 요체는 통치적 의무를 잠시 단념하는 것이지, 문명을 거부하자는 게 아니다. 이러한 구분은 이런 행동으로부터 하나의 새로운 미학이 어떻게 태어나는가를 이해하고자 하는 자에게는 중요하다. 이 미학의 특징은 시에서의 있는 그대로의 풍경(shanshui)에 대한 자각이고,[53] 그림에서 이 풍경의 표현이다.[54] 물론 이들 은둔자들은 은거하지만, 그들처럼 문관 독자들을 위해 도시에 대해

---

52) 같은 이름이지만 당나라의 장차 수도와는 같은 장소가 아니다.

생각하면서 시를 쓴다. 최소한 그들은 흔적이 간직된 자들이다!

그러나 이런 시적 사조의 가장 유명한 대표인 도연명(혹은 도잠, 365-427)은 진정으로 도시를 떠나 살기 위해 전원으로 되돌아갔다.

Jie lu zai ren jing		사람 사는 땅끝에 오두막을 지었네
Er wu che ma xuan		게다가 거마(車馬)의 시끄러움도 전혀 없네!
Wen jun he neng er		그대는 어찌 그럴 수 있는가 의아해하네
Xin yuan di zi pian		마음은 먼 곳에 있고 사는 곳도 외지네(…)
Cai ju dong li xia	5	동쪽 울타리 아래서 국화를 따는데
You ran jian nan shan		멀리 남산이 보이네
Shan qi ri xi jia		산의 안개가 석양에 아름다우니
Fei niao xiang yu huan		나는 새들도 함께 되돌아오네
Ci zhong you zhen yi		그 속에 진정한 의미가 있어
Yu bian yi wang yan	10	말해 주고 싶어도 할 말을 잊었네.[55]

여기서 가장 중요한 것은 풍경의 아름다움(7행)에 대한 감정인데, 이 주제는 연명의 시에서 아직은 부차적이다. 물론 남산(양쯔강 북쪽에 위치한 산악지대로 풍경으로 유명한 여산의 남쪽 봉우리들을 말한다)은 연명의 시골에서 동쪽으로 보이며, 마지막 석양빛이 그것을 비출 때 '참으로 아름답다.' (jia) 그러나 연명에게 중요한 것은 석양의 그 새들처럼 이 고장에 돌아옴으로써 진리(zhen yi)에 도달했다는 느낌이다.

---

53) 이에 대해선 Donald Holzman, *Landscape appreciation in ancient and early medieval China. The birth of landscape poetry*, Hsin-chu(Taiwan), National Tsing Hua University, 1996, 그리고 Tokura Hidemi, *Shijintachi no jikû. Kan fu kara Tô shi e*(*L'espace-temps des poètes. Des fu de l'époque han aux shi de l'époque tang*), Tokyo, Heibonsha, 1988 참조.

54) Nicole Vandier-Nicolas, *Esthétique et peinture de paysage en Chine*(*des origines aux Song*), Paris, Klincksieck, 1982 참조.

'그 속에(ci zhong),' 다시 말해 그 석양의 장면과의 합일 속에 자기 삶의 의미뿐 아니라 보다 넓은 의미, 즉 도의 진리인 자연(ziran)의 의미가 있다. 그 속에라는 말은 전적으로 내재되어 있다는 뜻이다.

사실 오비가 강조하고 있듯이(p.164), 이 시는 도가(道家)의 영감을 받은 시이다. 특히 마지막 행이 표현하고 있는 말로 표현할 수 없음의 감정은 도가적이다. 달리 말하면 말이 아니라 풍경 속에 진리가 있다는 것이다. 이것은 그리스적이지도, 성경적이지도 않으며, 전혀 어거스틴적이 아니다. 이것은 중국 언어가 가능하게 해주듯이, 시 전체에서 어떤 낱말도 저자라는 인격을 직접적으로 표현하지 않는다는 사실과 짝을 이룬다.[56] 심지어 우리는 이 시에서 문법학자들이 말하는 두

55) 〈Yin jiu 음주: 飮酒〉 시(詩) 5; 나는 Maurice Coyaud, *Anthologie de la poésie chinoise classique*, Paris, Les Belles Lettres, 1997, p.53에 중국문자로 표기된 텍스트를 번역한다. Coyaud는 이 시를 다음과 같이 번역하고 있다(*ibid.*). "사람이 사는 땅에 오두막을 엮었네/그러나 울어 줄 마차도 말도 없네/그대는 어찌 그렇게 할 수 있었는지 묻네/마음이 멀어졌으니, 사는 곳도 당연히 외지네/동쪽 울타리 아래서 국화를 따고/멀리로는 남쪽 산을 응시하네/산 위로는 안개가 피어오르고, 석양은 아름답네/나는 새떼들은 되돌아오고/이 모든 것에 참뜻이 있네/그랬으면 하련만 말해 주고 싶어도 말을 잊었네." 그는 또한 Paul Jacob의 다음과 같은 번역문(1990)을 인용하고 있다. "인간 세계에 조그만 집을 지었다/그렇건만 마차도, 말도 외침도 없다/당신은 그 비결을 묻는다!/마음이 멀리 있으면 사는 곳도 그렇다!/동쪽 말뚝 울타리에서 국화를 따고/멀리 남쪽 산을 바라본다/저녁이면 산공기는 장관 자체이다/새들도 떼를 지어 돌아온다/여기서 최고의 감정이 느껴진다/하지만 그것을 표현할까? 말을 잊었다." 우리가 최소한 말할 수 있는 것은 이 번역문이 정확성보다는 민중적인 노래의 필요성을 중시하고 있다는 점이다. 게다가 이 두 저자들은 첫번째 두 행에서 zai ren jing과 er의 번역과 관련해——다른 오류들과 더불어——오류를 범하고 있는 것 같다. 이 번역들은 시의 전체적 의미와 논리적 연관성이 없을 뿐 아니라, 우리가 도연명의 다른 텍스트들을 통해서 그가 경작지가 끝나는 지점에 정착해서 개간하지 않을 수 없었던 사실을 안다면, 제대로 된 것이 아니다: kai huang nan ye ji(나는 남쪽의 들판 끝에서 덤불 덮인 땅을 개간했다, Ômuro, *op. cit.*, 1987, p.495에서 재인용). Jing은 바로 이와 같은 변방지대를 정확히 의미한다. 이와 상관적으로 er는 '그러나'로 번역되어서는 안 된다. Obi가(p.163) shikamo로 번역한 것처럼, 여기서 그것이 다분히 의미하는 바는 '게다가, 그와 더불어, 추가로'이다. 연명이 추구했던 것은 그가 끝에서 두번째 행에서 말하고 있듯이 자신이 사물들의 진정한 의미를 발견했던 그 외진 삶이다.

개의 '연동소' [57]만을 만난다. 하나는 jun('그대,' 3행)인데 저자가 자기 자신에 말을 걸고 있음을 보여주며, 다른 하나는 ci('거기에,' 9행)는 화자와 가까운 장소를 나타낸다. 이를 제외하면 장면 전체는 그 자체로 서 그 자체를 위해 주어진다. 물론 어떤 인물이 있다는 것은 의심할 바 없으며, 우리는 그가 저자 연명이라는 사실을 알고 있다. 그러나 정확 히 그는 장면 속에 암시되고 함축되어(implied and implicated) 있다. 언 술 행위의 차원과 언표의 차원 사이에 하나의 관점을 확립하는 이 두 연동소가 없다면 저자와 그의 감정은 완전히 풍경 속에 융해될 것이다.

언어에서 그것의 우주발생적인 역할, 다시 말해 현실의 길을 잡아주 는 역할을 박탈하는 것은 그리스적 혹은 성경적 선택과는 반대로 '동 양' 사상의 강력한 흐름이다. 이 흐름은 인도 사상과 도교의 접합점에 있는 선(禪)불교(일본어로 젠이 되었다)에서 가장 고도하게 표현되었 다. 나가르주나(2-3세기, 중국어로는 용수 혹은 롱멩, 일본어로는 리유 주: Ryûju)는 대승불교의 대부들 가운데 한 사람인데, 자신의 유명한 역설적 표현, "가는 자는 가지 않는다 gantâ na gacchati"[58]를 통해 이

---

56) 물론 이 점은 불가피하게 인격화시키는 프랑스어가 표현하게 해주지 못하는 것 이다. 이와 관련해 '나'를 피하기 위해 어정쩡한 비틀림에 빠지기보다는 우리 언어 가 지닌 자연적인 구문을 간직하기로 했다. 자연(ziran), 이것이 여기서 사실 중요하다.

57) 연동소(야콥슨의 쉬프터)는 언표가 이루어지는 상황과 관련해 그 의미가 정의 되는 낱말이다. 예컨대 **나 · 너 · 그들 다른 사람들**(퀘벡어법)은 어떤 화자, 그가 말하 는 순간(예컨대 내일), 그가 말하는 장소(예컨대 저기) 등을 전제한다. 여기에는 말해 지는 것의 차원(언표)과 그것이 말해지는 차원(언술 행위) 사이에 연동이 있다. 그 반 대로 이 연동은 정의상 이런 두 차원의 구분을 전제한다. 연동소가 없다면 정의상 언 표가 전적으로 객관적이든지, 아니면 그 반대로 객관적인 것과 주관적인 것의 총체 적 융합이 있다. 따라서 문법은 결정적인 판단을 내리는 데 무력하다. 사정을 말해 주 는 것은 전체적 의미이다.

58) 이 점에 대해 나는 Sadakata Akira, *Kû to muga(Le vide et le non-moi)*, Tokyo, Kôdansha, 1990, 특히 p.102 이하를 따른다. 이 역설은 중국어로는 quzhe ze bu qu, 일본어로는 yuku mono wa yukazu, 영어로는 a goer does not go, 그리고 프랑스어 로는 자크 메이가 l'agent de mouvement ne se meut pas로 번역되었다(Sadakata, *ibid.*에서 재인용).

런 선택을 이미 철저하게 정의했다. 그 관념을 보면 언어의 필연적 질서는 현실이 결합하는 것을 분리하고 현상들의 통일성 속에 그릇된 한계를 설정한다는 것이다. 낱말들은 우리로 하여금 사물들의 상대적 흐름을 눈에 띄지 않는 실체들로 포착하게 해주는 도구에 불과하다.

그러나 적절한 작업을 통해서 언어라는 도구를 현상들에 열어 주는 것이 가능하다. 이와 같은 구상이 중국 시인들이 선택한 길이다. 그것은 심층적이지만 점진적인 변모, 다시 말해 5백 년 이상에 걸쳐 한나라 시대의 부(賦: fu)로부터 당나라(7-10세기)의 시(詩: shi)를 거쳐 오언절구(jueju)의 4행시[59]라는 완성된 형태에서 절정에 이르는 그 변모에서 읽혀진다. 우리의 관심사에서 볼 때, 이러한 구상은 통상 언어에서 언술 행위의 차원을 언표의 차원과 분리시키는 관점적인 거리, 즉 현상을 말하는 거리를 생략하는 데 있게 된다. 그리하여 시의 독자는 저자처럼 현상 속으로 들어갈 수 있게 된다. 이런 현상은 지표의 상실, 특히 감정과 사물, 사람과 장면 사이의 구분 상실을 반드시 동반한다. 그러나 이것이 바로 추구되는 효과이다. 현상의 도래에 그것의 통일성을 복원해 주고자 하는 효과 말이다.

예컨대 맹호연(689-740)의 저 유명한——사실 너무도 유명하기 때문에 첫 행은 극동 전체에서 계절 속담이 되었다——오언절구로 된 〈춘효(春曉): 어느 봄날 아침에〉를 보자.

Chun mian bu jue xiao   노곤한 봄잠에 날 새는 줄 몰랐더니
Chu chu wen ti niao   여기저기 우짓는 새소리 들리네
Ye lai feng yu sheng   간밤에 비바람 소리에

---

59) 이러한 시 형식에 대해 나는 Ishikawa Tadahisa, *Kanshi no fûkei. Kotaba to kokoro*(*Le paysage des poèmes chinois. Les mots et le cœur*), Tokyo, Taishûkan, 1976 과 François Cheng, *L'Écriture poétique chinois, suivi d'une anthologie des poèmes des T'ang*, Paris, Seuil, 1977에 의거한다.

Hua luo zhi duo shao   꽃잎 떨어짐이 그 얼마일까……[60]

이 장면에서 문제의 사람 혹은 사람들을 확인하는 것은 전혀 불가능하다(물론 이런 측면은 12세기 전부터 온갖 해석을 야기시켰다. 예컨대 그들은 사랑의 장난에 피곤한 두 연인이라는 것이다). 시에는 날이 새는 소리와 간밤의 기억, 꽃에 대한 꿈과 염려 사이에 있는 반수 상태 혹은 반각 상태의 불분명한 지대만이 있다. 이러한 의도된 불분명 때문에 독자의 상상력은 그 나름의 몽상을 무한히 투여할 수 있는 것이다. 정원에 들어가 꽃들이 어떻게 되었는지 볼 수도 있고 말이다.

이런 종류의 시가 표현할 줄 알았던 것은 사실 우리 자신을 넘어서 사물들을 만나도록 이끄는, 존재의 운동 자체이다. 이것을 하이데거는 '자신의-바깥에-있음(Ausser-sich-sein),' 그리고 '우리-세계-의-사물들-곁에-있음(Sein-bei-innerweltlich-Zuhandenem)'[61]이라 부른다. 우리가 이 운동을 계발할 줄 안다면, 그 운동 속에서 존재는 사물 자체

---

60) Ishikawa Tadahisa, *Kanshi no sekai*(*Le monde de la poésie chinoise*), Tokyo, Taishûkan, 1975, p.46. Cheng, *op. cit.*, p.110 그리고 Coyaud, *op. cit.*, p.87에 수록. Cheng(*ibid.*)은 다음과 같이 글자 그대로 번역하고 있다. "Sommeil printanier ignorer aube/Tout autour entendre chanter oiseaux/Nuit passée bruissement de vent de pluie/Pétales tombés qui sait combien(…)" 한편 Coyaud(*ibid.*)는 이렇게 번역하고 있다. "Au printemps réveillé par l'aurore/On entend partout crier les oiseaux/La nuit venue, bruit du vent et de la pluie/Les fleurs choient, sait-on combien?" 이 번역은 정말로 잘못된 것이다. 첫 행에서 bu jue는 그 반대로 잠이 깨지 않았음을 의미한다. 왜냐하면 날이 새는지 느끼지 못했기 때문이다. 첫 행의 일본어 번역 Shunmin akatsuki wo oboezu는 속담이 되어 봄에 잠을 깨기가 힘들다는 것을 의미한다. 왜냐하면 밤이 보다 짧아지고 보다 유쾌하기 때문이다. 세번째 행에서 ye lai를 'la nuit venue(밤이 오자)'로 번역하여 첫 두 행의 장면으로부터 하루가 지나갔음을 믿게 만드는 것은 시의 제목 및 전체적 의미와 모순될 뿐 아니라 이런 종류의 시가 지닌 정신 자체, 즉 하나의 장면을 그것의 통일성 속에서 체험하게 하는 정신과도 모순된다. 사실 ye lai의 lai는 현재의 순간을 향한 밤의 흐름을 의미한다(이것이 Cheng과 Ishikawa가 내린 해석이다).
61) 물론 엄격하게 한다면, 나는 이것을 '수중에-있는-세계 내적인 것-옆의 존재'로 번역해야 할 것이다.

가 되는 데 이른다. 예컨대 이백(701-762)의 〈독좌경정산: 홀로 장경
산에 올라〉를 보면 극동에서 풍경에 대한 사유의 본질이 생생하다.[62]

Zhong niao gao fei jin　　뭇새들 높이 날아가 버리고
Gu yun du qu xian　　　외로운 구름 홀로 한가하게 떠간다
Xiang kan liang bu yan　서로 바라보아도 싫증나지 않은 것은
Zhi you Jingtingshan　　경정산뿐이로다.

풍경이 주는 이런 황홀경 속에서 경정산[63]과 홀로 마주하고 있는 시
인은 이 산을 자기 시선의 파트너로 느끼게 되고 결국에는 산과 하나
가 된다. 세계와 의식의 절대적 통일성 속에서 오직 산만이 남아 있
다. 이 시를 이루는 스무 개의 중국문자 가운데, 어떤 요소――대명
사·굴절어미·연동소――도 어떤 사람의 존재를 나타내지 않는다.
이 존재는 그것이 무엇이 되었든 그것을 함축하는 장면이다. 사람은
풍경처럼 거기에 존재하고, 풍경은 사람이다.

---

62) Cheng, *ibid.*, p.128에서 재인용. 그는 이 시에 대해 다음과 같은 두 개의 번역
을 제시하고 있다. 하나는 이렇다. Multiples oiseaux haut s'envoler disparaître/
Solitaire nuange à part s'en alller oisif/Se contempler à deux sans se lasser/Ne plus
rester que le mont Révérencieux. 다른 하나를 보자. Les oiseaux s'envolent,
disparaissent/Un dernier nuage, oisif, se dissipe./À se contempler indéfiniment l'un
l'autre/Il ne reste que le mont Révérencieux.
63) 안휘 지방 북남쪽에 위치한 이 산은 중국 남부의 6조시대 이래로 경관의 아름
다움 때문에 유명하다. 사조(謝朓: Xie Tiao, 464-499)는 선성태수로 부임하여 근무
하는 동안 경정산을 오르는 것을 좋아했으나, 이 산의 풍경을 불멸화시킨 것은 이백
이라는 이 시인이다. 경정(敬亭)이라는 지명은 '공경하는 정자'를 의미한다.

11. 유럽을 통한 우회

물론 유럽이 이와 유사한 경험들을 경험하지 않는 건 아니다. 예컨대 나는 새들이 필요하다면 릴케를 생각할 수 있을 것이다.

Durch alle Wesen reicht der eine Raum: Weltinnenraum. Die Vögel fliegen still durch uns hindurch. (⋯)[64]

(모든 존재를 통해 유일한 공간이 펼쳐진다: 세계의 내적 공간. 새들은 우리를 가로질러 조용히 날아간다.(⋯))

그러나 이런 내밀한 관계는 근대 서양 사상의 지배적인 흐름(우리가 다음 장에서 보겠지만, 이 흐름에서 '유일한 공간'은 릴케가 느끼는 것과는 전혀 다른 성격이 될 것이다)에 철저하게 낯설다는 사실 이외에도 우리가 즉시 지적해야 할 점은 이백의 시와 비교해 매우 중요한 차이이다. 우선적으로 연동소 uns(우리)를 통해서 독일어는 발화자를 장면과 다른 차원에, 장면보다 존재론적으로 선행하여 위치시키지 않을 수 없다. 뿐만 아니라 언표 자체에서 문법적·논리적 주어 die Vögel(새들)은 (uns 속에 포함된) 언술 행위의 주체와 구분되며 혼동의 가능성이 없다. 이 언어에서 사물은 사람일 수 없다. 다른 모든 유럽 언어들에서도 그것은 사람일 수 없다. 이 점은 비록 시인이 사물과 사람의 상호 침투를 분명히 말하고자 한다 할지라도 그렇다. (⋯) 그가 어떤 방식을 가지고 있든, 그가 그것을 말하는 방식은 이중의 초월을 드러낸다. 하나는 언표의 차원, 다시 말해 술어적 속성 부여의 차원 위로 존재(혹

---

64) Michel Haar, *Le Chant de la terre. Heidegger et les assises de l'histoire de l'être*, Paris, L'Herne, 1986, p.246에서 재인용.

은 정체성)를 드러내는 발화자–주체의 초월이다. 다른 하나는 논리적 주어(여기서는 새들)의 차원인데, 이 주어의 정체성(혹은 존재)은 술어적 속성 부여(그것에 대해 언급되는 것)로 환원 불가능하다.

그런데 술어——다시 말해 우리가 사물들을 포착하는 용어들——는 세계에 다름 아니다. 따라서 세계에 대해 이중의 거리, 그러니까 이중의 개방이 있다. 하나는 논리적 주어(사물의 정체성)의 개방이고 다른 하나는 심리적 주체(사람의 정체성)의 개방이 있다. 나는 이 관계를 제5장에서 분명히 설명할 것이다. 그러나 지금부터 이 사례를 통해 내가 예감케 하고자 했던 점은 서양 문명에서 의식과 세계와의 동일화에 대립되는 경향이 있다면, 언어는 무언가를 위해 존재할 것이라는 점이다. 특히 프랑스어·영어·그리스어 등에서 '나'라는 존재가 세계와 독립적으로 설정될 수 있다는 것은 쓸데없는 게 아니다. 사실 나는 '나'(나는 있다)를 모든 상황과 모든 장소에서 말한다. 예컨대 일본어에서는 사정이 다르다. '나'에 상응하는 표현이 상황에 따라 변하는 것이다. 여기에는 존재론적으로 중요하며 어쩌면 심오한 차이가 있다. 단번에 '코기토'라고 말하는 사실과 서로 다른 두 낱말로 '나는 생각한다'라고 말하는 사실 사이에도 그런 차이가 있지만 그 정도는 덜하다. 동사의 활용어미가 사람에 대해 의심을 남기지 않는다(중국어와 일본어에서는 사정이 다르다) 할지라도, '코기토'는 주어와 술어가 통합되는 단 하나의 현상의 포착으로 남아 있다. 반면에 '나는 생각한다'는 술어 앞에, 그리고 술어와 독립된 형태로 주어를 설정한다. 그런데 아리스토텔레스는 "형상이 사물에 존재를 부여한다"(forma dat esse rei)고 가르치지 않았던가? 근대적 언어학자의 경우라도, 이 말은 어떤 혼란을 야기하지 않을 수 없을 것이다(…).

그런데 우리가 중국 시인들과 관련해 검토했던 조그만 사실이 이제부터 시사하는 점은 언어가 이런저런 방향으로 조정될 수 있는 도구라는 것이다. 이런 작업은 하나의 세계를 해체시키는 데 기여할 수도 있다. 혹은 그 반대로 중국어의 경우처럼, 그것은 이 세계를 견고하게 하여 그것의 현상성을 절대화하는 데까지 이를 수 있다. 시는 이 세계가 절대 속에 머무르려는 경향의 한 양상──이것은 사실 패러다임적이다──에 불과하기 때문에 더욱 그렇다.

그러나 기계주의적인 하나의 동일한 문명이 모든 세계관들에 과중하게 부과된 오늘날 어떻게 이것을 생각할 것인가? 이 문명이 모든 지평을 무너뜨리면서 주체를 대상의 보편성과 직접적으로 대면시키고 있는데 어떻게 세계가 있을 수조차 있겠는가?

12. 세계의 절대화

20세기에 사유 불가능한 것을 사유한 사람은 니시다 기타로(1870-1945)이다. 그는 사방에서 가라앉고 있었던 하나의 세계에서 세계성의 절대를 생각했던 것이다. 그의 정신에서 사유는 동양 사상과 서양 철학이 제각기 지닌 지식들을 보다 고차원적으로 종합하는 것이었다. 이른바 교토 학파(이는 니시다 기타로와 그의 직계 제자들이 교토대학교에서 가르친 연유에서 비롯됨)를 형성하는 그의 제자들이 볼 때, 그것은 '근대의 초극'(kindai no chôkoku)을 실현하는 것, 그 이하도 그 이상도 아니었다. (일본 쪽에서) 태평양 전쟁을 한창 벌이고 있을 때 1942년 도쿄에서 하나의 학술대회가 열렸다. 그러나 니시다 기타로는 히로시마 원폭 몇 주 전에 사망했다. 그 '근대성의 초극'[65]에서 남아 있

---

65) 이에 대해 서양의 언어로 일별하려면, 교토 학파의 사상을 소개하는 *Études phénoménologiques* 특별호(18, 1993) 참조. 그리고 James W. Heisig et John C. Maraldo, dir. *Rude awakenings: Zen, the Kyoto school, and the question of nationalism*; Augustin Berque et Philippe Nys, dir. *Logique du lieu et œuvre humaine*, Bruxelles, Ousia, 1997; Augustin Berque, dir. *Logique du lieu et dépassement de la modernité*, 2 vol. Bruxelles, Ousia, 2000 참조.

는 것은 무엇인가?

여기서 나는 기본적으로, 세계적인 것과 우주적인 것의 관계의 관점에서 이 문제를 검토할 것이다. 우리가 메를로 퐁티를 믿는다면, 우주는

관계들이 상호적으로 결정되는 완성된 명료한 총체성[66]

으로 규정되고, 세계는

관계들이 상호적으로 연루되는 개방적이고 무한한 다양성[67]

으로 규정될 것이다.

"관계들이 상호적으로 결정되고" "관계들이 상호적으로 연루된다"는 문제가 없으며, 이 점은 두 경우 전적으로 정확하다고 생각된다. 그러나 나는 이 두 개의 정의 각각이 시작되는 말에는 심층적으로 동의하지 못한다. 내가 생각하기에는 그 반대이다. 우리가 중국의 사례를 머릿속에 잘 간직한다면, 사실——우리가 보다 권위를 얻기 위해서 알렉산드르 코이레의 《닫혀진 세계로부터 무한한 우주로》[68]를 참조할수 있다——오직 생각할 수 있는 것은 '완성된'(혹은 닫혀진) 것은 세계이고 '개방된' 것은 우주이다는 점이다. 우리가 니시다 기타로의 사상을 통해 정확히 보게 될 것은 세계성이 열어 놓았던 것을 다시 닫으면서 어떻게 우주적인(보편적인) 것을 재세계화시킬 수 있는가이다.

---

66) Maurice Merleau-Ponty, *Phénoménologie de la perception*, Paris, Gallimard, 1945, rééd. en coll. *Idées*, p.85.

67) *Ibid.*

68) 이 책에 대해서는 다음 장에서 이야기할 것이다.

니시다 기타로의 이 저서는 끊임없이 강한 흥미를 불러일으키고 있는데, 나는 우리의 관점에서 가장 흥미있는 두 개의 글, 즉 〈장소〉(Basho, 1927)와 〈장소의 논리와 종교적 세계관〉(Bashoteki ronri to shûkyôteki sekaikan, 1945)[69]을 검토하고자 한다. 첫번째 글은 의미심장하게 플라톤의 《티마이오스》에 대한 암시로 시작하고 있다.

현대의 인식 이론들에서 대상(taishô)·내용(naiyô)·행위(sayô)라는 세 개의 용어는 그 관계가 다루어지면서 구분된다. 내가 보기에 이 구분의 토대가 되는 것은 다만 시간 속에서 전개되는 인식적 행위와 시간을 초월하는 대상 사이의 대립만이 고려된다는 사실이다. 그런데 두 대상이 상호 관계가 있고 체계를 형성하며 제각기 유지된다고 말하기 위해서는 이 체계 자체를 유지하는 것이 무엇인지, 그리고 무엇 속에 이 체계가 확립되고 위치하는지 생각해야 한다. 있는 것은(Ce qu'il y a) 어떤 것 속에 있지 않을 수 없다(aru mono wa nakika ni oite nakereba naranu). 그렇지 않으면 우리는 있다(y avoir)는 사실과 있지 않다는 사실을 구분할 수 없을 것이다(shikarazareba aru to iu koto to nai to iu koto to no kubetsu ga dekinai no de aru). 논리적으로 보면, 어떤 관계의 요소들과 이 관계 자체를 구분할 수 있어야 하고, 관계를 통합하는 것과 관계를 포용하고 있는 것을 구분할 수 있어야 한다. 마찬가지로 우리가 자아(ga)와 같은 무언가를 생각할 때, 행위를 순수한 행위의 통합으로 생각하고 자아를 자아가 아닌 것(higa)과 대립으로 생각하려면, 자기 안에 자아와 자아가 아닌 것을 이해하는 무엇, 자신 안에 이른바 의식 현상(ishki genshô)을 확립하는 무엇이 있어야 한다. 나는 플라톤이 《티마이오스》에서 이데아들을 받아들이는 것이라 불러야 할 것(ideya wo uketoru

---

69) 이 두 글은 각기 *Nishida Kitarô zenshû*(*Œuvres complètes de Nishida Kitarô*), vol IV(pp.208-289)와 vol. XI(pp.37-463)에서 인용함. 내가 다음에서 참조하는 것은 *NKZ*, Yokyo, Iwanami, 1966판임.

mono to iu beki mono)에 대해 언급한 것을 모방하면서 그것을 장소 (basho)라 부를 것이다. 물론 나는 내가 '장소'라 부르는 것이 플라톤에 따른 공간이나 수용의 장소(kûkan to ka uketoru basho)와 동일한 것이라 생각하지 않는다.[70]

이 대목은 우주적인 것에 대한 사상과 세계적인 것에 대한 사상이 어디서 갈라지는지 파악하고자 하는 사람에게는 매우 중요하다.

우선 주목해야 하는 점은 니시다 기타로가 플라톤이라면 einai(être: 있다)라고 말할 상황에서 aru를 말하고 있다는 것이다. 그런데 aru는 중국의 you(有)에 해당하는 동사인데 (이 경우에서처럼) 흔히 같은 중국문자로 쓰여지며, 이 문자는 '있다'가 아니라 '가지고 있다(avoir), 거기에 가지고 있다(y avoir)'를 의미한다. 그렇기 때문에 나는 "ce qui est"가 아니라 "ce qu'il y a"로 번역했다. 물론 aru는 우리가 '있다'라고 말할 수 있는 상황에서 사용된다. 그러나 그것은 '있다/이다'를 의미하지는 않는다. 그것은 **어딘가에 있다**를 의미한다. 뿐만 아니라 계사의 의미에서 이 동사는 일반적으로 위치 결정을 지시하는 소사 **의** (de)와 함께 구축된다. 예컨대 "wagahai wa neko de aru(나는 고양이이다)"라는 말은 사실 "나는 고양이의 범주 속에 있다"와 같은 정도의 의미이다.

이런 언어학적인 일별에서 우리가 유념해야 할 것은 다음과 같은 존재론적으로 엄청난 사실이다. 즉 일본어와 중국어에서 절대적 존재는 착상될 수 없다. 어떤 고유한 사고방식이나 외국어를 빌리지 않고는 말이다.[71] 그 까닭은 절대를 생각한다는 사실 자체가 그것을 상대화시킨다는 논리적 이유 때문이 아니라 그런 생각을 배척하기 때문이

---

70) *NKZ*, IV, pp.208-209에 따라 번역하였음.

71) 중국 문관들은 Jacques Gernet가 *Chine et christianisme*, Paris, Gallimard, 1983 에서 보여주고 있듯이, 기독교를 배척함으로써 이를 거부했다.

다. 반면에 우리가 니시다 기타로를 통해 보겠지만 그 반대, 즉 절대적 무(無)는 풍부하게 사유된다. 존재로서 사유되는 것은 공간 속에 위치가 결정되고 시간적인 생성 변전 속에 있는 상대적 존재이다. 달리 말하면 그것은 플라톤이 《티마이오스》에서 제네시스(genesis)라 부르는 것인데, 이것은 필연적으로 하나의 코라(chôra)를 전제한다.

이상과 같은 내용이 바로 니시다 기타로가 위의 인용문에서 표현하고 있는 것이다. 이는 《티마이오스》의 존재론적 구조를 반박한 결과 때문이 아니라, 단번에 결정적으로 존재는 필연적으로 하나의 장소를 지닌다는 것을 그가 설정하고 있기 때문이다. 여하튼 이 책을 참조하는 움직임 자체를 보면 그는 이데아와 코라의 관계를 철저하게 탈선시킨다. 그는 후자를 전자의 용기(容器)로 만들고 있다. 그런데 플라톤의 경우 코라는 이데아의 이미지(eikôn)만을, 다시 말해 제네시스만을 받아들인다. 그 어떤 순간에도 니시다 기타로는 존재를 절대와 상대 사이로 플라톤식으로 양분하는 것을 고려하지 않는다. 그가 잠시 플라톤을 다시 언급하는 것은 다음과 같은 점을 주장하기 위해서이다.

이데아가 최고라 할지라도, 그것은 무언가 결정된 것이다. 그것은 특수한 그 무엇에 불과하다(Saikô no ideya to ie domo nao gentei serareta mono, tokushu naru mono ni suginai).[72]

달리 말하면 이데아는 하나의 존재자라는 것이다. 이런 점 자체로 보면 이 해석은 플라톤을 배반하는 것은 아닐 것이다(왜냐하면 사실 플라톤의 이데아는 ontôs on, 즉 '진정한 존재자'이기 때문이다). 그러나 이 존재자는 필연적으로 하나의 장소를 지닌다는 사실과 연결되어 있기에 그것은 존재자를 완전히 그리고 영원히 세계화하는 것이다.

---

72) *NKZ*, IV, p.224.

니시다 기타로의 경우 문제의 장소는 무(無: mu)이다. 사실 그의 관념은 단순하고 명쾌하다. 즉 우리가 존재에 어떤 실체를 부여하게 되면, 이 실체의 성격이 무엇이 되었든 존재의 장소는 존재에 의해 그리고 존재로부터 구성되지 않을 수 없다는 것이다. 따라서 장소의 본성은 무적(無的)이다. 장소는 그것이 아닌 것에 의해 정의된다. 물론 존재하지-않는-것을 통한 이와 같은 정의에는 단계들이 있다. 하여튼 니시다 기타로는 상대적인 무에 대해 이야기한다. 그가 보여주는 것은 존재가 이런 무 속에서 절대적으로 포섭(hôsetsu)과 침몰(botsunyû)의 관계 속에 있다는 것이다. 존재는 자신의 장소의 무로부터만 자신의 존재를 유지할 수 있다는 것이다. 다시 말하면 존재의 장소는 존재의 장소가 아니기 때문에 존재는 그것의 모습이 될 수 있다.

여기까지는 우리가 상대적 존재(genesis)와 그것의 장소(chôra) 사이의 관계에만 머문다면, 플라톤의 표현을 통해 이해되지 못할 것은 아무것도 없다. 사실 플라톤이 코라를 정의하지 않은 것은, 다시 말해 그것이 무엇인지 말하지 않은 단순한 이유는 존재의 장소인 그것의 본질이 존재와 동일시될 수 없기 때문이다(우리가 보았듯이, 역설적으로 그것이 존재의 성격을 띠고 있긴 하지만 말이다). 따라서 그것의 정의는 상대적으로 무적(無的)일 수밖에 없다. 다시 말하면 상대적인 세계, 즉 감각적 세계——플라톤의 **코스모스**(kosmos), 니시다 기타로의 **세계**(sekai)——가 문제인 한, 플라톤의 존재론과 니시다 기타로의 무론(無論: néantologie)은 일차적으로 보면 전적으로 양립 가능하다. 그것들의 본질적인 불일치는 세계 밖에 존재하는 것 같다.

이와 같은 불일치는 사실 두 철학자가 각기 궁극적인 최초의 서광으로 삼는 절대들 속에 있다. 플라톤의 경우 절대적 존재이고 니시다 기타로의 경우 절대적 무(zettai mu)이다. on/chôra/genesis라는 플라톤의 삼원적 구도로 되돌아가지는 말자. 그것이 세계적인 것과 절대 사이의 어떤 편차(이것이 코리스모스(chôrismos)이다)를 **절대적으로** 필요로

한다는 점을 강조하는 경우를 제외하곤 말이다. 감각적 세계와 예지적 세계 사이에 이와 같은 편차가 없다면, 전자는 그저 존재하지 않을 것이다. 이미지는 모델 자체에 다름 아닐 것이기 때문이다. 형이상학이 기원하는 지점인 이러한 편차는 유럽의 사상이 이제부터 현상들을 넘어서, 다시 말해 세계의 지평을 넘어서 진리를 추구하지 않을 수 없게 만들었던 바로 그것이다. 세계적인 것을 넘어서 우주적인 것에 도달하는 일 말이다.

그렇다면 니시다 기타로의 체계는 어떤가? 포섭들로부터 계속적인 침몰들까지 장소는 그것이 장소가 되는 그 무엇이 끊임없이 아닌 것이다. 따라서 그것은 장소라는 자신의 본질을 인정하지 않는 그 부정성을 점점 더 순수하게 끊임없이 표명한다. 궁극적으로 그것은 자기자신을 부정한다. 장소의 순수한 장소, 무(無)의 무로서 그것은 절대적 무(zettai mu)가 된다. 무 자체에 의한 무의 부정은 존재의 기원에 다름아니다. 따라서 존재의 토대는 절대적 무이다.[73]

니시다 기타로의 논지에 대한 설명을 여기서 중단하고 이 설명이 낳은 몇몇 결과를 우리의 관점에서 도출해 보자. 우선 우리가 방금 묘사

---

73) 이와 같은 비전의 논리적 틈은 존재가 무한으로 후퇴한다는 것이며, 이런 후퇴 속에서는 절대적 무에 언젠가 도달된다는 이유가 없다. 존재는 언제나 엡실론(epsilon)처럼 영구히 존속할 것이다. 이와 상관적으로 무가 존재를 낳을 이유도 없다. 왜냐하면 무에 의한 존재의 부정만이 있고 무에 의한 무의 부정은 결코 없을 수 있기 때문이다. 주목해야 할 점은 플라톤의 비전이 대칭적인 부조리성을 감추고 있다는 것이다. 왜냐하면 하나의 이미지(상대적 존재)를 지닌 어떤 절대적 존재는 절대적일 수 없기 때문이다. 그것은 이 이미지와 상관적이며 최소한 이런 반영의 환경(다시 말해 니시다 기타로가 앞서 인용된 대목에서 훌륭하게 주장하고 있듯이, 이런 상관 관계의 **코라**)을 전제한다. 여기서 우리는 다음과 같은 해묵은 신학적인 문제를 만난다. 즉 세계가 존재하는데 어떻게 신은 절대적일 수 있는가? 바로 여기서 우리는 두 체계의 각각에 기본적 토대가 무엇인지 알 수 있다. 그것은 종교적 성격의 credo quia absurdum(부조리하기 때문에 나는 믿는다)이다. 게다가 니시다 기타로는 말년에 그것을 분명히 알았다. 내가 여기서 분석하는 에세이들 가운데 두번째 것의 제목이 보여주고 있듯이 말이다. 그러나 종교적인 것의 이런 문제는 제5장에 가서야 다루어질 것이다.

한 구조는 플라톤의 구조와 정확히 반대되는 것——거울상 이성질체(énantiomère)——처럼 나타날 수 있다. 두 구조는 그것들의 지시체를 대립된 방향들에 위치하면서 감각적 세계 안에서 경첩에 의한 것처럼 서로 합류하는 것으로 비칠 수도 있을 것이다. 그러나 이것은 도안자의 환상이다. 사실 존재의 근거를 절대적 무 속에 설정한다는 것은 세계성의 본질을 근본적으로 변화시킨다. 왜냐하면 무는 다른 종류의 존재가 아니기 때문이다. 그것은 존재의 반대, 다시 말해 반대되는 가치가 아니다. -1이 1의 반대가 아니고 반물질이 물질의 반대가 아니며, 음이 양의 반대가 아니듯이 말이다. 그것은 절대적으로 **아무것도** 아니다. 다시 말하면 무언가 세계가 있다면——그래서 **이** 세계가 실제적으로 있다면——**아무것도** 그것을 초월할 수 없다. 이와 상관적으로 귀결되는 것은 모든 **코리스모스**(편차)의 철저한 불가능성이다. 왜냐하면 아무것도 아닌 무에 대해선 아무런 편차도 존재할 수 없기 때문이다. 존재하는 모든 것은 필연적으로 거기에 있어야만 하고, 수평선 이쪽에 있어야만 한다. 순수한 현존재(Dasein), 혹은 순수한 거기-있음(il-y-a)만이 있다.[74] 따라서 수평선은 절대적인 한계가 된다. 이와 상관적으로 세계적인 것은 절대화되는 반면에 우주적인 것은 배제된다. 보다 정확히 말하면 그것은 무화(無化)된다. 그것은 절대적으로 세계적인 것과 하나가 된다.

니시다 기타로 자신은 이 점을 말하지 않았다. 그러나 그의 철학이 귀결시키는 것은 바로 그것이다. 이처럼 우주적인 것을 세계적인 것으로 환원시킴으로써, 이 철학이 그 자체 안에 매우 논리적으로 간직하

---

74) 주목해야 할 점은 타이완에서 Dasein(하이데거의 거기-존재/현존재)이 ciyou로, 즉 '거기-가지고 있는 것'으로 번역되고 있다는 것이다. 나는 이를 찾아낸 철학자가 우리가 §10에서 보았던 도연명의 시에서 9행(글자 그대로 번역하면 거기에 진정한 의미를 갖는다)을 머리에 떠올리지 않았는지 자문한다. 그렇다면 석양의 남산처럼 아름다울 것이다(…).

고 있는 것——이 철학의 열렬한 지지자들도, 그것을 정치적인 이유 들로 비난하는 자들도 보지 못하는 것[75]——은 니시다 기타로가 일본 천황의 세계성을 자신의 장소 이론의 추정적 우주성(보편성)(그러나 이 것은 근본적 세계성이다)과 혼동케 하는 역사적 오류이다. 사실 그에게 천황(tennô)은 바쇼(basho), 즉 무적(無的)인 장소와 같았다.[76] 따라서 이 와 같은 비어 있음은 근대 서양이 세계에 강제한 질서를 넘어서, 지구 의 모든 민족들을 수용할 수 있는 존재로 천황을 생각하게 해주었다.

역사적으로 볼 때, 이와 동일시는 극단적 민족주의의 개념적 합리화 에 지나지 않았다. 우리는 이 문제를 정치적 관점에서 분명히 할 수 있 다.[77] 또한 우리가 다른 방향에서 보여줄 수 있는 것은 니시다 기타로 의 사상이 많은 점에서 불교 사상의 노선 속에 위치한다는 점이다. 그 의 사상은 여러 개념들을 후자에서 받아들이고 있다.[78] 여기서 나는 니 시다 기타로의 철학 체계에서 세계성을 절대화시키려고 하는 것을 강 조하는 데 그치고자 한다. 바로 그 점에서 하이데거의 사상보다 훨씬

---

75) 극도로 논란거리가 되고 있는 이 문제들에 대한 소개로는 본서 p.85, 주 65)에 서 제시된 저서들을 참고할 것. 이들 저서의 텍스트들 가운데 여러 개가 이 문제들 과 직접적으로 관계 있다.

76) 물론 이 점은 경멸적으로 간주해서는 안 된다. 그 반대이다! 그것은 황제에게 서 존재자의 모든 불완전함을 없애 주는 것이었다. 게다가 그것은 황제의 신성에 대 한 전통적인 주장을 니시다 기타로의 용어로 표현하는 것에 지나지 않았다.

77) 예컨대 Pierre Lavelle은 〈니시다, 교토 학파와 극단적 민족주의〉(*Revue philosophique de Louvain*, XCXII, 4, nov. 1994)에서 이렇게 쓰고 있다. "니시다 기타 로는 일본 제국주의 독트린의 공식적인 주요 흐름에 대한 극단적 민족주의 해석, 다 시 말해 지복천년설이 배어든 종교적 민족주의의 추종자였다. 극단적 민족주의 내 부에서 그는 관념적 좌파, 다시 말해 무인들에 의한 나라 통치에 적대적인 시민 진영 과 계몽파에 속했다. 보다 정확히 말하면, 그는 코노에 후미마로(Konoe Fumimarô)와 가까웠다." 나의 논지와 관련해서 보면, 이보다 더 명쾌하고 설득적일 수 없을 것이 다. 그러나 라벨은 니시다 기타로의 이와 같은 정치적 입장과 그의 철학이 지닌 원리 들 사이의 관계를 확립하지 않는다.

78) 이에 대해서는 본서 p.85, 주 65)에서 언급된 공저들 안에 있는 여러 텍스트들 을 참조할 것.

더 철저하게 그의 사상은 세계성을 상대화시키고 있는 플라톤의 체계와 대립되고 있다. 또한 바로 그 점에서 그것은 근대성을 초극하고자 함으로써 극도의 역사적 흥미를 지니고 있다. 그 이유는 하이데거가 보여주었듯이, 근대성이 멀리는 플라톤의 형이상학에서 비롯되기 때문이다.[79]

니시다 기타로의 사상에서 세계의 이와 같은 절대화는 타자를 동일자로 체계적으로 환원시킴으로써 표현된다. 이것이 그의 체계에서 최고의 표현인 '절대적으로 모순적인 자기 동일성(zettai mujunteki jiko dôitsu)'이 문자 그대로 말하고자 하는 점이다. 이런 모순어법에 주석을 다는 것은 여러 페이지를 요구할 것인데, 대체 그것이 본질적으로 의미하는 게 무엇인가? 존재들 사이의 모든 차이들은 세계의 자기 동일성 속에 해소된다는 것이다.

이와 상관적으로 니시다 기타로의 어법에는 각각의 사실과 그것의 반대를 말하게 해주는 표현들——앞의 표현을 필두로——이 풍부하다. 예를 들어 보자.

세계 전쟁은 영구 평화를 위해(eien no heiwa no tame), 세계 전쟁을 부정하기 위해 세계 전쟁이어야 한다(sekai sensô wo hitei suru tame no (…) sekai sensô).[80]

결국 최후의 전쟁 같은 것(…) 따라서 우리는 니시다 기타로의 경우에서도 타자성은 동일성 속에 해소되고, 동일성은 타자성을 전제한다

---

79) 우리는 이 점을 다음 장에서 분명히 설명할 것이다.
80) *NKZ*, XI, p.439. 서양의 고귀한 영혼들이 너무 빨리 격렬하게 항의해서는 안 된다. 왜냐하면 사실 여기에는 엄격하게 말해서 우리가 '인도주의적 내정 간섭 권리'라 부르는 것 속에 있는 것과 동일한 논리가 있기 때문이다. 다시 말하면 우리 세계의 세계성은 사실 니시다 기타로적인 논리에 속하는 것이다(제5장 참조).

는 등의 관념을 어렵지 않게 발견할 수 있을 것이다. 그러니까 이 철학 속에 동일자와 타자의 위치에 대해서 무한히 논증할 만한 근거가 있다. 이러한 거울 유희 앞에서 간과해서는 안 될 것은 이와 같은 세계성이 그 자체에 갇혀 있는 절대적인 울타리이다. 사실 니시다 기타로는 '세계의 자기 결정(seikai no jiko gentei)'이라는 표현을 자주 사용한다. 이런 측면은 하나의 절대적 구성주의를 동반하는데, 이 구성주의에서는 각각의 현상 역시 자주적으로 결정되지만, 결국 모든 것은 '창조하는 것과 창조되는 것의 모순적인 자기 동일성'(tsurareta mono kara tsukuru mono e to mujunteki jiko dôitsuteki ni)[81]을 통해 스스로를 창조하고자 하는 의지를 부여받은 하나의 세계가 지닌 순환성으로 귀착된다.

모든 것은 토대 없이 스스로 결정된다(mukiteiteki ni jiko jishin wo gentei suru), 다시 말해 그것은 자기 결정 자체로부터 자기의 고유한 존재(jiko jishin wo motsu)를 획득한다.[82]

역사적 세계는 의지적-능동적 존재(ishi sayôteki u toshite)로서 자기 형성적으로 스스로 그 자체를 형성한다(jiko jishin wo keisei suru).[83]

세계는 (…) 우리의 자아와 대립되는 세계를 의미하는 게 아니다. 그것은 자신의-절대적 장소-안에 있는-존재(zettai no bashoteki u wo arawasô to suru)를 표현하고자 하는 것에 다름 아니다. 그렇기 때문에 우리는 그것이 절대이다(zettaisha)라고 말할 수 있다.[84]

세계가 이와 같은 자기 부정(jiko hitei)을 무한히 포함한다는 것, 바로 이런 이유 때문에 세계는 그 스스로 존재하고(sore jishin ni yotte ari), 그 스스로 움직이며, 우리는 세계를 절대적 존재(zettaiteki jitsuzai)로 간주할 수 있다.[85]

---

81) *NKZ*, XI, p.391.
82) *NKZ*, XI, p.390.

*

세계가 그 스스로에게 내리는 이와 같은 아름다운 자기 결론에 결핍된 것은 무엇인가? 그것으로부터 벗어나게 해줄 수 있고 다른 섬들이 가능하다는 것을 확인하게 해줄 수 있는 항구이다. 그러한 세계로부터 벗어나기 위한 항구는 사실 있을 수 없다. 왜냐하면 토대가 없이 그것은 무 속으로 흘러가기 때문이다. 내적인 비례(summetria)도 있을 수 없다. 왜냐하면 그 속에서 모든 것이 동일성으로 귀착되기 때문이다. 이 동일성이 모순적이라 할지라도 말이다. 이것이 니시다 기타로의 작품을 관통하는 다음과 같은 불교적인 표현, 끊임없이 반복되는 그 표현이 확인하는 것이다. "하나는 다수이고 다수는 하나이다(ichi soku ta, ta soku ichi)." 일본의 공식적인 사상처럼 되어 버린 그의 철학을 요약하기 위해 사람들은 이 표현을 학교의 어린아이들에게 암송

---

83) *NKZ*, XI, p.391. 세계가 의지를 부여받아 스스로 행동한다면, 단순하게 그 이유는 무적(無的)인 장소로서 세계가 개별적 존재들을 포섭하고, 따라서 그들을 특징 짓는 속성들을 스스로에게 부여하기 때문이다. 이런 입장이 정치적으로 함축하는 것이 무엇인지 강조할 필요가 없다. 그것은 안티고네가 크레온 앞에서 결코 일어설 수 없는 근본적 불가능성이다. 왜냐하면 크레온은(…) 절대적 무이기 때문이다! 내가 〈토쿄, 혹은 술어의 영역〉(*Techniques, territoires et sociétés*, 35, oct. 1998, p.99-106)에서 보여주었듯이, 니시다 기타로의 철학이 그 자체 안에 지니고 있는 것은 그의 시대의 군국주의가 명백하게 목표로 하고 있던 것, 즉 시민의 책임을 하이데거가 '사람들(das Man)'이라 부르는 것 속에 파묻어 버림으로써 그것을 무화시키는 일이다. 하이데거는 다음과 같이 쓰고 있다. "'사람들'이라는 말은 (…) 매번 현존재에게서 그의 책임을 벗겨 준다." 왜냐하면 '사람들'은 "우리가 그건 아무도 아니다라고 말해야 할 그것(das, von dem wir sagen müssen, keiner war es)이기 때문이다. *Sein und Zeit*, § 27, p.127. 그리스 신화에서 율리시즈가 폴리페모스에게: Oudeis!(아무도!)라고 말한 계략처럼 말이다(…).

84) *NKZ*, XI, p.403.

85) *NKZ*, XI, p.457. 존재의 토대로서 자기 부정의 근원은 우리가 보았듯이, 무(無) 자체에 의한 무의 부정이다.

시켰다. 나 자신도 타이완이 일본 식민지였을 때, 그것을 상기시켰던 늙은 타이완 사람들을 만난 바 있다.

그런데 이 표현이 상징하는 것은 모든 선착장(échelle)의 파괴이다. 왜냐하면 선착장은 하나가 다수가 아니고 다수가 하나가 아니라는 사실, 다시 말해 지도가 영토가 아니라는 사실이 인정되는 때부터만 다른 세계들을 향해 열리고 출항하게 해주는 항구이기 때문이다.

제3장

우 주

각하, 저는 그런 가정이 필요없습니다.

라플라스[1]

우리가 하나를 알 때, 모든 것은 완성된다.
하나를 아는 사람은 모르는 게 아무것도 없다.

게홍(Ge Hong)[2]

13. 규모[3]와 비례

극동 아시아의 '축소형의 세계들'[4]에 대한 연구에서 롤프 스타인은

---

1) "라플라스는 그의 《세계의 체계》에서 신의 역할에 대해 나폴레옹이 질문하자, 뉴턴 사후 1백 년이 지난 시점에서 신우주론보다는 자기 저서의 결정적 완벽성을 좋아했으므로 이렇게 대답했다. '각하, 저는 그런 가정은(…)' 그러나 신의 가정이 더 이상 필요하지 않았던 것은 라플라스의 《체계》가 아니라 그 속에 기술되었던 세계이다." Alexandre Koyré, *Du monde clos à l'univers infini*, Paris, Gallimard, 1973(1957), p.336.

2) Kristofer Schipper 번역, *Le Corps taoïste, corps physique, corps social*, Paris, Fayard, 1982, p.175. 게홍(葛洪, 285-343)은 연금술사였는데, 인용문이 담긴 그의 《포박자 *Bao pu zi*》는 도교의 고전 가운데 하나이다. 텍스트는 이렇게 계속된다. "하나를 아는 자는 알지 못할 게 아무것도 없다. 도는 우선 하나 속에 나타난다. 따라서 그것은 비교할 수 없는 가치가 있다." 최소한 이것은 보편성이 과학적 방식(이 방식은 사물들의 원리로부터가 아니라 사물들로부터 출발한다)과는 반대의 비전을 주장하면서 (…) 척도를 꺼린다는 점을 인정한 것이었다.

3) 우리가 '규모'로 번역한 'échelle'은 선착장의 메타포와 준거나 척도의 의미가 함축되어 있다. [역주]

이 지역에서 산 자들과 죽은 자들의 거처 형태에 대한 일반적 고찰로 귀착하고 있다.

무덤들은 협로에 있는 호리병박 용기들, 항아리들에 다름 아닌 불사자(不死者)들의 그 세계들식으로, 형상화될 수 있는 불멸의 세계를 포함하고 있다(p.108).

이 주제는 다양하게 표현된 오래된 도교적 주제이지만 가장 주목되는 표현은 아마 옛 중국과 베트남에서 모든 거주지를 동일한 성격으로 나타내고 있는 다음과 같은 유사점이라 할 것이다. 입구는 어렵게 만들고 폐쇄된 하나의 세계를 간직하는 그런 구조이다.

또한 신성한 돌과 나무들을 간직하고 있는 파고다들, 일부 불멸자의 장소들, 그리고 모든 무덤처럼 집은 병풍으로 둘러싸여 있다. (…) 집으로 통하는 길은 구불구불한 코스를 밟지 않을 수 없게 만들면서 접근을 어렵게 만드는 지그재그 형태로 구상된다(p.110).

이러한 모양새는 귀신들을 물리침과 동시에 주거지를 보호적인 은거지 속에 감추어 주며, 주거 공간의 이와 같은 울타리를 통해서 그것의 풍요와 영속성을 수월하게 해준다.

가족을 지키는 집은 산 자들의 삶이 폐쇄 회로 속에서 흘러가는 은거지이다. (…) 은거해 두문분출하고 사는 것은 그 사실만으로도 생명의 힘을 함축한다(p.110).

---

4) Rolf A. Stein, *Le Monde en petit. Jardins en miniature et habitation dans la pensée religieuse de l'Extrême-Orient*, Paris, Flammarion, 1987(1943년 *Bulletin de l'École française d'Extrême-Orient*에 처음 실린 연구의 결정판임).

동물들, 돌들 그리고 식물들은 산과 숲 깊이 은둔해 살아감으로써만 그들이 지닌 특출한 속성들의 완벽한 개화에 이르듯이, 인간도 외부에 폐쇄된 근거지에 숨어 지냄으로써만 자신이 지닌 생명력·순수성·전체의 충만함에, 다시 말해 자신이 지닌 심층적 자연(본성)의 신성함에 도달할 수 있다(p.111).

물론 이와 같은 배치의 상징적 특징은 누구나 쉽게 이해할 수 있다. 그것의 원리는 인간의 건축물들의 차원에서 유사하게 반복된다. 이 점은 우리가 앞장(章) 세계의 규모에서 살펴본 바 있다. 경계를 구획하고 울타리를 치는 것은 사실 크든 작든 세계를 존재론적으로 확립하는 것이고, 그 규모를 줄이면 그만큼 더 세계의 존재를 강화시키는 것이다. 스타인이 보여주고 있듯이, 바로 이 원리가 온갖 종류의 축소형들로 기우는 극동 아시아인의 성향을 설명한다. 예컨대 특히 일본의 **분재**가 그것이다.

그런데 내가 방금 기술했듯이, 여기서 중요한 것은 '규모'보다도 **조응**(correspondance)이다. 왜냐하면 문제의 관계는 계량적이 아니라 상징적이기 때문이다. 물론 어떠한 규모든 상징이 없는 게 아니다. **분재**의 작업은 그 자체로(에 의해) 사람들이 작게 하려고 애쓰는 나무의 자연적 크기에 대한 준거를 함축하고 있다. 이 준거는 이 경우 부정적이지만(자연적 크기는 바로 경계해야 할 대상이기 때문이다), 이 작업의 평가에서 여전히 중요하다. 그러나 규모에 의한 이와 같은 결정은 **분재**의 예술에서 한 측면에 불과하며, 이 예술의 본질은 공통의 척도로 측정불가능한 것에 속한다. 즉 자연의 힘과 아름다움을 누리기 위해 그것들을 집중시키는 것이다.

사실 이러한 관념은 척도와 관련이 있는 게 아니라, "하늘(다시 말해 자연)과 인간은 서로 상응한다(tian ren xiang ying)"는 중국어 표현이 요약하고 있는 원리와 관련이 있다. 이와 같은 상응은 **분재** 같은 예술들을 정당화할 뿐 아니라, 보다 특별하게는 그것을 구현하는 역할을 하는 천자의 권위를 확고하게 해준다. 천자를 지칭하는 왕(王)이라는 글자는 사실 하늘과 땅을 각기 나타내는 두 개의 요소와 왕이라는 인물을 나타내는 세번째 요소——두 요소를 연결하는 수직적인 선——로 구성되어 있다. 이와 같은 관계는 공통의 척도로 측정할 수 있는 특성/비례(summetria)와 관련 있는 것이 아니라, 공통의 척도로 측정 불가능한 두 개의 요소가 세번째 것에 의해 결합되는 상징적 체계와 관련이 있다. 과연 중국 글자 상(相)은 비례의 관념이 아니라 상호성의 관념을 표현한다. 그것은 계량적 관계가 아니라 유기적 관계의 표시(이 표시는 '응답한다'를 의미하는 다음 글자에 의해 부각된다)이다. 이와 같은 유기적 성격은 인간적인 것으로 귀결되는 의미에 의해 통합된 하나의 세계의 속성이다.

이제 세계를 바꾸어 건축가 모리스 소제의 다음과 같은 텍스트를 읽어보자.

기원전 5세기에 건축된 그리스의 신전 세게스타는 시칠리아의 언덕 꼭대기에 솟아 있다. B. 베런슨은 《이탈리아 여행》에서 이 신전을 '자연의 카오스 · 무심 · 무정부 상태 가운데 있는 이성 · 질서 · 지성의 증언'으로 묘사하고 있다. 이와 같은 묘사는 그리스 사상을 요약한다. (…) 자연은 무질서이다. 이 신전의 기하학적인 완벽성은 홀로 신성의 빛을 받아 떠오른다. 우리가 강조하지 않을 수 없는 것은, 시간과 인간들에 의해 다듬어진 황금빛 돌은 이 작품의 창조에서 눈에 띄지 않았다는 점이다. (…) 재료와 산의 그 관계는 존재하지 않았다. 강렬한 색깔이 부분적으로 칠해진 백대리석으로 덮인 순수하고 차가운 신전은 무질서와 무심 가운데에 수 · 기하학 · 기술의 승리로서 솟아 있었다.(…)[5]

세게스타가 이와 같은 대조를 통해서 상징하는 것은 수십 년이 지난 후 플라톤의 형이상학이 개념화시키게 되는 바로 그것이다. 즉 절대적 존재와 상대적 존재 사이의 초월적인 편차(chôrismos)이다. 상대적 존재의 불완전은 여기서 주변의 자연이 드러내는 무질서에 의해 표현되고 있다. 뿐만 아니라 신적인 질서와 인간적인 질서 사이에는 우리가 방금 중국에서 보았던 그 상호적 상응이 작용하지 않는다. 그 대신에 지상의 표면에 관념적인 질서가 투영되고 있다. 이 질서의 초월은 건축물에서 모든 것이 규모가 아니라 비례의 문제라는 사실에 의해 상징된다.

— 규모(échelle)가 아니라 비례(proportion)라니 그게 무슨 말인가?

— 비롤레 르 뒤크[6]는 자신의 《11-16세기 프랑스 건축 이론 사전》 (1854-1868)의 '규모'와 '비례'[7]의 항목에서 그리스인들은 로마인들과 달리 그들의 신전을 인간의 크기와 결부시키지 않았다고 주의를 환기시킨다. 그들은 신전을 신전의 내적 비례에 따라 구상했다. 예컨대 문과 계단의 크기는 인간의 크기를 참조한 게 아니라 건축물의 크기에 따라 달랐다. 그러나 이와 관련해 비올레 르 뒤크는 규모와 비례 사이의 명확한 차이를 확립하지 않은 채 '단위 치수'에 대해서만 언급한다. 그런데 필리프 부동이 보여준 바와 같이,[8] 이와 같은 차이는 건축에 본질적이다. 규모는 사실 건축물의 크기를 인간의 크기뿐 아니라 감각적 세계의 현실들에 연관시키는 것이다. 비례는 사정이 다르다. 그것

---

5) Maurice Sauzet, Augustin Berque, Jean-Paul Ferrier, *Entre Japon et Méditerranée. Architecture et présence au monde*, Paris, Massin, 1999, p.82.

6) 다음에 전개되는 내용의 골격을 위해 나는 Philippe Boudon, *Sur l'espace architectural. Essai d'épistémologie de l'architecture*, Paris, Dunod, 1971을 참조한다.

7) Boudon, *op. cit.*, pp.109-138에서 발췌.

8) *Op. cit.*, chap. 6. 부동에게 규모는 건축구상학(architecturologie)의 근본적 개념이다. 이 관념은 일련의 저서들, 특히 Ph. Boudon et al., *De l'architecture à l'épistémologie. La question de l'échelle*, Paris, PUF, 1991에서 구상되었고 Ph. Boudon et al., *Enseigner la conception architecturale*, Paris, Éditions de la Villette, 1994에서 체계화되었다.

은 형태를 그것 자체에 연결짓거나, 완전히 추상적일 수 있는 동일 체계에 속한 다른 형태들과 연결시킨다. 그 반대로 규모는 구체적인 것으로 귀결된다. 예컨대 재료의 저항을 고려하여 건축가는 규모가 커지면 비례를 바꾸어야 한다. 그래서 들보의 하중을 두 배로 할 경우, 그것의 두께는 두 배 이상이 되어야 한다.

이처럼 비례와는 달리 규모는 감각적 세계의 크기들, 인간 존재를 포함하는 그 크기들로부터 해방될 수 없다. 게다가 지도 제작법에 있어서 축적(échelle)은 우리의 육체가 움직이는 실제 크기의 영토를 도표적 재현과 연결시키는 바로 그것이다. 뒤에 가서 우리는 근대 건축과 관련해 이 문제들을 다시 다룰 것이다. 근대 건축의 오류들 가운데 하나는 비율을 위해 규모를 소홀히 했다는 점이다. 현재로선 세게스타의 가르침을 좀더 파고들어 보자.

이상한 일이지만, 베런슨과 소제 두 사람 모두 신전의 건축물과 관련해서가 아니라 주변 자연과 관련해 '무심'을 이야기하고 있다. 그런데 여기서 건축물이 서 있는 환경에 대한 무심을 증언하는 것은 바로 건축물 자체이다. 그리고 그것이 그럴 수 있는 것은 이 환경과 관련 있기 때문이 아니라, 이상적(관념적) 형태들의 초월과 관련이 있기 때문이다. 달리 말하면 신적인 기하학과 관련이 있기 때문인데, 이 신적인 기하학에서는 유일한 공통 척도(summetria)의 순수한 비례성이 지배한다. 감각적 세계의 무질서에 비해 신전의 기하학이 지닌 이런 초월성은 물론 그 자체로서 상징적 성격을 띤다. 즉 그것은 신성을 알리고 있는 것이다. 그러나 그것은 또한 존재론적으로 필연적인 편차, 다시 말해 2천 년이 지난 후 플라톤이 근대 과학으로 하여금 자동 경험 영역(empirie)[9]을 넘어서 보편성에 도달하게[10] 해주는 그 편차를 미리 나타낸다. 그리하여 갈릴레이는 세계에 직면하여 수의 상징 체계[11]보다 더

---

9) 인식 주체의 활동과는 독립적으로 자동 구성되는 경험 영역을 말한다. [역주]

강력한 이유들을 내세워[12] 자연의 위대한 책은 수학 언어 속에 씌어 있다고 말할 수 있게 된다.

우리가 알다시피, 예지적 세계와 감각적 세계 사이의 이러한 편차 속에 우리 물리학의 형이상학적 기원이 있다.[13] 이것은 우리가 반대된 추론을 통해서 이런 기원에 대한 풍경적 우의 속에서 확인할 수 있는 것이다.

[남부 유럽에서] 바람이 약하다는 것은 나무들의 형태를 통해 분명히 드러난다. 나무들은 식물학의 표본들처럼 반듯하고 따라서 균일하다(kisoku tadashii). 이런 측면은 특히 파라솔 소나무와 실편백의 경우에서 나에게 충격을 주었다. (…) 소나무로 말하면 필연적으로 비틀어진 줄기들과 필연적으로 옆으로 퍼진 가지들을 보는 데 익숙해진 우리들에

---

10) 이것은 《티마이오스》의 존재-우주론에서 세계의 영혼(psuchê)에 도달하는 것이다. 수학적 본성을 지닌 이 영혼은 세계 질서를 조정하는 원리이다. "신[다시 말해 조물주]은 육체[다시 말해 감각적 세계]에 앞서 영혼을 만들었다. 신은 그것을 나이와 미덕에서 육체보다 더 오래되게 만들었는데, 이는 그것이 지배하고 육체가 복종하도록 하기 위해서이다."(34c A. 리보 번역) 우리는 뒤에 가서(§18) 현대 물리학에서 이러한 견해의 현재성을 검토하게 될 것이다.

11) 이것은 아마 그 어떤 다른 곳에서도 견줄 수 없을 정도로 중국에서 절정에 다다랐다(이에 대해서는 Marcel Granet, *La Pensée chinoise*, Paris, Albin Michel, 1968 [1934]). 그러나 피타고라스 학파 이래로 근대 이전의 유럽은 이와 관련해 풍요로운 전통을 발전시켰다. 코페르니쿠스가 사망한 바로 그해인 1543년에 Girardus Ruffus는 이렇게 쓸 수 있었다. "나무(1500)와 풀(700)과의 관계는 목성(50)과 태양(70)과의 관계, 부집사(5)와 구마사(驅魔師)(7), 지배(5)와 힘(7)과의 관계와 같다(…); Pierre Quillet, "L'analogie et l'art des opposés selon Charles de Bovelles," dans A. Lichnerowicz, F. Perroux, G. Gadoffre(dir.), *Analogie et connaissance*, T. I, *Aspects historiques*, Paris, Maloine, 1980에서 재인용.

12) 이 이유들이 세계에 강제될 수 있었던 방식——이것은 우리가 오늘날 품고 있는 시대착오적인 관념과는 반대로 전혀 당연한 것이 아니었다——에 대해선 Isabelle Stengers, *L'Invention des sciences modernes*, Paris, La Découverte, 1993 참조.

13) 이 점을 가장 강력하게 보여주게 되는 것은 하이데거이다. 이에 대해서는 Alain Boutot, *op. cit.*, chap. 1, note 18 참조.

게 이런 대칭적 형태들(shinmetori[14] no katachi)은 얼마나 인위적으로 보이는가! (…) [이 나무들은] 인위적이다는 인상을 줄 뿐 아니라, 균일한 형태라는 이유로 인해 그리고 이론에 따라(rikutsu ni atta) 매우 합리적(gôriteki)이라는 인상을 준다. (…) 우리나라에서는 인위적인 것과 합리적인 것이 결합되어 있는 반면에 유럽에서는 자연적인 것과 합리적인 것이 결합되어 있다고까지 우리는 말할 수 있다. (…) 다시 말하면 자연은 압제적이 아니기 때문에 그것은 합리적 형태로(gôriteki na sugata) 스스로를 드러내러 온다.

그리하여 자연은 유순하다(jûjun)는 사실과 자연은 합리적이라는 사실 사이에 관계가 확립된다(renraku shite kuru). 사람들은 자연 속에서 규칙(kisoku)들을 쉽게 발견할 수 있다. 따라서 이런 규칙들에 따라 자연을 다루면 자연은 점점 더 온순하게 된다. 이런 측면 때문에 인간은 자연 속에서 보다 많은 규칙들을 찾도록 고무된다. 이러한 관점에서 볼 때, 유럽의 자연과학은 목가적 환경의 산물(bokujêteki fûdu no sanbutsu)이다는 점이 쉽게 이해될 수 있을 것이다.[15]

현상을 절대화시키는 사상적 전통과 몬순 기후로부터 비롯된 시각으로 보면, 이 현세적 세계는 이처럼 나타나고 있지만, 그 반대로 그리스인들은 이 세계의 기하학과 형이상학을 (추론하는 것이 아니라) **추상할**(abstraire) 필요성을 느꼈다. 그들의 시각으로 보면——그리고 그들

---

14) 이 낱말은 와쓰지 데쓰로가 여기서 일본어 taishô보다 선호하고 있는 symétrie라는 용어를 음성적으로 표기한 것이다.

15) Watsuji Tetsurô, op. cit., 서론, note 4(나의 번역은 1979년의 Iwanami Bunko판 pp.91-92에 따른 것임). 이 책은 몬순·사막·초원(유럽)이라는 세 유형의 환경을 다루고 있다. 마지막 유형은 특별한 변화가 없는 온화한 자연에 의해 특징지어진다. 주목해야 할 점은 교양인인 와쓰지 데쓰로가 유럽 풍경을 서양의 근대적 합리주의에 대한 자신의 지식을 통해 바라보고 있으며, 이런 의미에서 볼 때 이 풍경을 발견한 다기보다는 그것을 알아본다는 것이다. 이것이 바로 인간의 지각에서 근본적인 원리인데, 이 원리에 대해선 제6장에서 다시 다룰 것이다.

의 먼 자손인 베런슨과 소제의 시각으로 보면——사실, 지중해 유럽의 자연 환경은 비할 바 없는 불규칙성으로 인해 비례에 안 맞는 것처럼 나타났다. 히포크라테스는 이 점을 나름대로 증언하고 있다.

아시아인들이 유럽인들보다는 덜 호전적이고 보다 부드러운 성격을 지녔다면 그 원인은 특히 기후에 기인한다. 실제로 계절들은 큰 변화도, 더위도 추위도 겪지 않는다. 그것들의 불규칙성은 거의 느껴지지 않을 뿐이다. 그런 경우 활기찬 지성은 없다. (…) 인간의 지성을 일깨우면서 마비 상태로부터 끌어내는 것은 철저하게 변화이다. (…) 〔유럽〕에서는 뜨거운 열기, 혹독한 겨울, 많은 비 등, 변화가 엄청나며 자주 있다. 그 다음에는 기후의 교대를 증가시키고 다양시키기는 가뭄과 바람이 불어와 지속된다. (…) 유럽인들은 이런 이유로 그리고 제도들 때문에 더 호전적이다. 왜냐하면 그들은 아시아인들과는 달리 왕에 의해 통치되지 않기 때문이다. 왕국에 예속된 사람들의 경우, 내가 이미 지적한 것처럼 용기는 필연적으로 결핍되어 있다.[16]

동일한 사항——유럽의 기후——에 대한 두 시선, 즉 일본의 와쓰지 데쓰로와 그리스의 히포크라테스의 시선은 서로 교차하면서도 모든 것이 그것들을 대립시키고 있는 것 같다. 그러나 그들이 합치하는 어떤 공간은 없는 것일까?

---

16) Hippocrate, *Airs, eaux, lieux*(Pierre Maréchaux 번역). Paris, Payot & Rivages, 1996, pp.83, 96, 98. 그리스 사상이 기후 현상을 이해했던 방식에 대해 보다 명쾌한 설명에 대해선 Jean François Staszak, *La géographie d'avant la géographie. Le climat chez Aristote et Hippoctate*, Paris, L'Harmattan, 1995 참조.

14. 단일 버전

우주적인(보편적인) 것에 도달한다는 것은 기본적으로 자기 세계의 지평을 넘어서는 것을 요구한다. 그러나 또한 그것은 지평의 배후에 있는 것이 지평 이쪽에서 지배하는 다양한 가짜들을 대신할 만한 진리라고 설정하는 것을 요구한다. 이것이 앞장(章)(§10)에서 도연명의 시행이 예시한 것과는 반대되는 입장이다.

> Ci zhong you zhen yi   그 속에 진정한 의미가 있다.

게다가 이 시행을 보면 한정사가 없기 때문에 진정한 의미가 **하나의** 진리인지, **그의** 진리인지, **총칭적** 진리인지 알 수가 없다. 한편 univers (우주, 한 방향의)라는 관념(이로부터 보편성: universalité이라는 관념이 비롯된다)은 divers(다양한, 각양각색의)와 대립된다.[17] 진리는 단 하나만 있을 수 있기 때문에 나머지는 가짜이다. 라틴어 universus는 unus (하나)와 (…)쪽으로 방향을 잡다를 의미하는 vertere의 과거 분사 versus (혹은 vorsus)로 형성되어 있다. 따라서 어원적으로 볼 때 univers는 '하나를 향해 있는'을 의미한다. 일반적인 관념에 따르면, 문제의 '하나' 는 사물들 전체의 통일성을 의미한다. 따라서 우주는 자신의 품안에 모든 것을 받아들이는 바로 그것이다. 그러나 또한 어원이 보여주는 것은 우주적인(보편적인) 것의 이러한 통일성이 다양한 것의 부정을 상정하는 단일성이다는 점이다. 그러니까 현상들의 다양성, 이것이 바로 우

---

17) divers의 어원인 라틴어 diversus(혹은 대립, 반목을 의미하는 divortium과 가까운 divorsus)에서 di(dis)라는 요소는 갈라짐 · 분리 · 부정을 나타낸다. 그것의 복수 diversi 는 어원적으로 '대립된 혹은 상이한 방향들로 돌아선'을 의미한다. 이런 의미에서 diversus는 universus의 반대이다.

주적인(보편적인) 것에 도달하기 위해 극복해야 할 장애물인 것이다.

그런데 다양한 것의 폐기는 감각적 세계에 대한 폭력이다. 이와 같은 **단일 버전**――다양성을 하나로, 현실을 유일한 버전으로 귀결시키는 이런 환원――을 완수하기 위해서는 견고한 이유들이 있어야 한다. 과연 보편적인 것과 독단적인 것――이것 역시 단일성을 주장한다――의 경계는 어디를 통과하는가? 물론 이것은 지시대상들의 문제이다. 갈릴레이의 보편은 '**보편적인 기독교 공동체**'의 이름으로 그것을 판결한 종교재판의 보편이 아니다.(…)[18] 그러나 원용되는 이유들이 아무리 견고하다 할지라도, 보편의 확립은 본질적으로 여전히 단일 버전이다.

이와 비슷한 의미에서 한스 게오르크 가다머는 과학의 '독백'에 대해 말할 수 있었다.[19] 사실 보편의 요구는 모두가 대화의 부정이다. 가다머에 따르면 언어가 이런 단일 버전을 강제하는 수단에 불과한 근대 과학과는 반대로, 그리스인들은 자연의 질서를 이해하고자 하는 의지와 인간의 도시국가(cité)에 질서를 부여하고자 하는 의지를 분리하지 않음으로써 대화를 지킬 줄 알았다는 것이다.

이것이 모든 사람들의 손에 있는 그대로 쥐어 주어서는 안 되는 추론이다. 왜냐하면 즉시 다음과 같이 명시해야 하기 때문이다. 즉 여기에는 인간의 질서가 자연의 질서에 의거한다 할지라도 그것은 자연의 질서가 아니며, 특히 자연의 질서로 귀결되지 않는다는 점을 단번에 인정한다는 조건이 붙는다는 것이다. 왜냐하면 그렇지 않을 경우, 아주 나쁜 가능성이지만 그것은 과학주의에 지배되는 사회 영역의 단일

---

18) 갈릴레이의 소송에 대해서는 André Brahic, *Enfants du soleil. Histoire de nos origines*, Paris, Odile Jacob, 1999 참조. 특히 갈릴레이의 개심을 담은 텍스트가 수록된 부록 참조. 갈릴레이의 보편성과 종교재판의 보편성 사이의 차이는 전자가 물리적인 것의 측정 가능성과 관계가 있고, 후자는 정신적인 것의 측정 불가능성과 관련이 있다. 갈리레이가 패배한 것은 그의 보편성이 아직 세속적 권력이 없었기 때문이다.

19) 1985년 1월 3일자 *Le Monde*지에 실린 그와 자크 풀랭의 대담 참조.

버전을 수반하는 권력의 자연화에 문을 열어 놓기 때문이다. 그렇게 되면 인류에 대한 범죄는 아니라 할지라도 필연적으로 압제로 귀결된다는 점을 역사는 보여주고 있다.

의미심장하게도 플라톤 자신이 《국가》에서 저질러서는 안 되는 오류를 범하고 있다. 모델 도시국가에서 시인들을 추방함으로써──그리고 소크라테스의 논거들을 거론하지 않고──그는 대립된 추론을 통해 우리의 세계가 이상적인 형상들로 환원될 수 없는 그 불가능성을 상징화시킨다. 사실 단일 버전은 두 개의 길을 따라서만 가능하다. 하나는 측정 가능한 것을 위해 측정 불가능한 것을 제거하는 것이고(이것은 근대 실증주의의 길이다), 다른 하나는 모든 척도를 폐기하는 것이다(이것은 신비주의의 길이다). 두 경우에서 단일 버전은 외쿠메네의 본질적인 다양성을 이해하는 데 실패하거나 의도적으로 경멸한다. 외쿠메네는 우리가 다음 장들에서 보겠지만, 측정 가능한 것과 측정 불가능한 것이라는 이중의 영역에 존재론적으로 속하며, 이 때문에 그것은 무한한 다양성을 획득한다. 외쿠메네에는 지평선 이쪽과 저쪽에 **복수(複數)의** 진리들이 언제나 동시적으로 존재한다. 왜냐하면──이것이 첫번째 진리인데──우리들 각자는 고대 중국의 **왕**처럼 현실적이지만 동시에 관념적이기 때문이다. 사실, 물질적**이면서** 정신적인 게 우리의 인간 조건인 것이다.

우리는 이 문제를 다음 장들에서 다양한 접근 각도에 따라 다시 다룰 것이다. 여기서는 다만 위에서 언급된 '무한한 다양성'의 원리만을 인정하자. 우리는 앞서 와쓰지 데쓰로 텍스트와 히포크라테스의 텍스트를 대비시킴으로써 이 원리에 대한 설명을 검토했다. 동일한 물리적 환경에 대한 두 인간 존재의 해석은 온갖 중간적 입장들이 있을 수 있지만 완전히 반대일 수 있다는 것이다. 인간을 제거하지 않고는 이 주제에서 보편은 존재하지 않는다. 인간을 제거한다는 것은 자기 모순적이다. 왜냐하면 인간을 포함하지 않는 우주는 보편적이지 않기 때문이다. 그러나 이와 같은 부조리는 과학적 추상이 실천적일 수 있기 위해서 받아들여야 하는 픽션이다. 그것은 이러한 추상이 외쿠메네와 겹쳐지기 위해 전복될 때에만 그것의 진면목을 위해 드러난다. 사실 그것은 더 이상 이론에서가 아니라 실천에서 인간 세계의 인간성 자체를 만드는 타자성을 제거하게 되어 있다. 이 타자성은 타자를 압제 자인 유일한 나의 모델로 환원될 수 없음에 다름 아니다.

이것은 보편성의 어두운 측면이다. 그것의 밝은 측면은 규모의 문제 이다. 그것은 이전 세계들의 폐쇄성과는 반대로 개방성이며 해방이다. 과학의 위대함은 이와 같은 개방성에 있다. 우리가 보았듯이, 문제는 과학이 단일성의 동일한 주장을 교의 및 신비주의와 공유하고 있다는 점이다. 이런 이유로 과학은 그것을 병합하고 그것의 수단들을 이용하 는 이 둘과 분리되기가 어렵다.

실제로 역사가 보여주는 것은 단일 버전이 일탈자들에 대한 상징적 폭력에서부터 대량적인 집단학살까지 가는 규모로 타자의 제거를 흔 히 포함한다는 것이다. 《티마이오스》의 표현을 쓰자면, 이런 측면은 상대적 존재(la genesis)의 독특성을 절대적 존재의 보편성 속에 파묻 어 버리는 것과 같다 할 것이다. 그러나 그러기 위해서 덜 직접적으로 폭력적인 길이 있다. 그것은 전체적으로 볼 때 근대성을 추구한 길인 데, 존재론적으로 제네시스(genesis: 상대적 혹은 생성적 존재)에 필요 한 **코라**를 없애는 것이다. 달리 말하면 보편적인 공간을 위해서 외쿠 메네의 특이한 장소들의 전개를 중화시키는 것이다.

15. 사물들의 공간화

이상한 일이지만 《의식의 직접적 소여에 관한 시론》에서 하나의 동 질적 공간은 인식에, 그리고 보다 일반적으로는 인간 존재의 질(質)에 불가결하다고 가장 명쾌하게 주장한 것은 베르그송이다.

인간에 고유한 직관인 (…) 동질적 공간은 우리로 하여금 우리의 개념들을 서로와 관련시켜 외재화하게 해주고, 사물들의 객관성을 드러내 주며, 그렇게 하여 이중 작용을 통해서 사회 생활을 예고하고 준비한다. 이중 작용 가운데 하나는 언어를 조장하는 것이고, 다른 하나는 모든 지성들이 서로 공감하게 해주는 지각 속에서 우리와 매우 별개인 외부 세계를 우리에게 제시하는 것이다.[20]

사실 우리는 이런 '동질적 공간'이 하이데거의 구역(Gegend)이 지닌 단독성을 어떤 식으로든 초월하지 못한다면, 어떻게 동물성으로부터 인간 세계의 출현이 가능할 것인지 잘 이해가 되지 않는다. 실제로 베르그송에 따르면,

우리들과는 달리 아마 동물은 자기 자신과 아주 별개인 외부 세계, 모든 의식적 존재들의 공통적인 속성인 그런 외부 세계를 자신의 느낌 이상으로는 상상하지 못할 것이다(p.103).

우리가 알다시피, 베르그송의 문제 제기가 다분히 노리는 것은 비어 있는(그리고 사실 공간화된) 틀로서의 시간과의 관계 속에서 지속을 복원하는 것인데,[21] 이로 인해 지속은 공간/구역의 관계에 대한 예견으로부터 벗어나게 되었다. 우리는 이 관계에 대해 뒤에 가서 하이데거와 언급하면서 이야기할 것이다. 어쨌든 《직접적 소여》가 공간의 보편

---

20) Henri Bergson, *Essai sur les données immédiates de la conscience*, Paris, PUF, 1982(1888), p.177.

21) 이에 대해선 Frédéric Worms, "La conception bergsonienne du temps," *Philosophie*, 54, 1997, pp.73-91.

성(혹은 최소한 공동체) 문제가 근대성에 매우 선행한다는 점을 우리로 하여금 느끼게 해줄 만큼 이 문제를 포함하고 있다.

그러나 또한 분명한 것은 공간에 대한 견해들이 사상사에도 속한다는 점이다. 그것들은 인간이라는 종의 진화의 척도로 고찰되면 심지어 신속하게 변화한다. 제1장에서 우리가 지적했듯이, 그리스인들은 엄격하게 말해서 우리의 '공간'과 동등한 개념이 없었다. 우리는 기하학의 도형들을 가능하게 하는 명명되지 않은 조건에 불과했던 것을 '유클리드 공간'이라 부른다. 이 공간은 19세기에 바로 비유클리드 기하학의 발견이 있고 난 후에야 확인된다. 한편 공간에 대한 아리스토텔레스의 견해는 중세에 지배적이었는데, 그것 역시 엄밀하게 말해서 이와 같은 개념을 포함하고 있지 않다. 코이레가 규정했듯이, 그것은 '세계 내적 장소들의 분화된 전체'[22]를 공간으로 본다. 따라서 근대 이전의 공간은 정확히 우리가 '공간'이라 부르는 것이 아니다. 그것은 세계성과 관련이 있다. 그것이 (예컨대 아리스토텔레스의 경우 토포스로) 명명되는 한, 그것은 하나의 수평선 이쪽에서만 가치가 있다.

그런데 이것은 대단한 중세 연구가인 폴 줌토르가 강조하는 사실과 연관이 없지 않다.

인류의 초창기 인간들은 공간을 시간을 통해 측정했는 데 비해 후손인 근대적 인간은 시간을 공간을 통해 측정한다.[23]

우리는 이에 대한 단순한 예시를 '걸어서 한나절 거리'라는 옛 표현과 대조적으로 디지털 시계의 창은 말할 것도 없고 시계의 문자만을 통해 제시할 수 있다. 사실, 공간을 시간화한다는 것은 그것을 구체적인

---

22) Koyré, *op. cit.*, p.11, note 1.

23) Paul Zumthor, *La Mesure du monde. Représentation de l'espace au Moyen Âge*, Paris, Seuil, 1993, p.15.

인간의 실존, 행동과도 따로 떼어 놓지 않는다는 것에 다름 아니다. 그것은 구역(고장) 속에 머문다는 것이다. 예컨대 구제도하에서처럼, 밭을 하루에 한 사람이 경작할 수 있는 면적으로 측정한다는 것은 토양의 어떤 질에 따라서, 그리고 어떤 수레(일반적으로 소 두 마리가 끄는 수레)를 가지고 쟁기를 사용하는 한 인간이 하루에 경작할 수 있는 능력과 면적을 결부시키는 것이다. 따라서 그것은 구역에 달려 있다. 괭이로 가꾸는 논으로 말하면, 그것은 전혀 다른 면적을 나타내게 되었을 것이다.

반면에 논과 밭을 헥타르로 측정하는 것은 오로지 면적을 그 자체에 연결시키는 것이다.[24] 달리 말하면 공간을 절대화하는 것이다. 그리하여 역사가 진행되는 동안 공간은 점점 더 자율적인 역할을 획득하였으며, 급기야 근대성과 더불어 그것은 시간 자체를 균일하게 포착하는 조건이 되는 전복이 일어났다.[25] 당신이 예컨대 "한 시간에 백 킬로미터로 달린다"고 말할 때, 당신은 지속을 연장(거리)에 이중으로 연결시킨다. 지구의 원주와 어떤 시계의 원주에 말이다. 후자는 전자의 억만분의 1의 4분의 1의 2분의 1 차원의 규모와 같은 것이다.[26]

그러기 위해서 또한 필요했던 것은 공간이 모든 구체성을 벗어던져

---

24) 왜냐하면 우리가 상기할 수 있듯이, 미터법에서 지구 표면의 한 부분은 지구 자체의 크기와 결부되기 때문이다.

25) 공간(espace)이라는 낱말은 16세기에 비로소 우리 언어에서 사용하는 현재적 의미를 띠게 되었다. 그것은 다분히 시간의 경과를 지시했으며, 게다가 시간적인 것과 공간적인 것이 분리되지도 않았다. 공간이라는 낱말은 라틴어 spatium에서 왔는데, 이것 자체는 인도-유럽어의 어근인 pet로부터 비롯되었다. Pet는 무엇보다도 pas(걸음)와 passer(지나가다)를 낳은 개방과 전개의 관념을 표현한다. Spatium은 '공간'을 의미하지만 매우 구체적인 의미에서이다. 경마장, 무언가가 점유한 장소, 산책로 등 말이다(독일어 spazieren 참조). 시간의 경과처럼 역시 구체적인 의미로 말이다. 그것은 우리가 물리학에서 그 도입을 데카르트와 뉴턴에 빚지고 있는 근대인들의 추상적 공간이 전혀 아니다. 그래서 주베날(《풍자 Satires》, 4, 39)의 spatium admirable rhombi라는 표현을 '마름모꼴의 놀라운 공간'이 아니라 '가자미의 놀라운 크기'로 번역해야 한다.

야 했다. 달리 말하면 공간은 구역이 되는 것을 멈추어야 했다. 이 순수한 용기(容器)는 뉴턴의 물리학인데, 이 물리학은 그것의 도래를 나타내는——동질적이고, 등방성이며 무한한——절대적 공간을 수반한다.[27] 그러나 우리와 관련해 뉴턴의 보편적 시간과 공간——이것들은 사실 수순한 용기들, 다시 말해 사물들이 그 안에 담겨 있는 빈 틀들에 불과하다——보다도 결정적이었던 것은 데카르트의 이원론이 존재론적으로 가능하게 만들었던, 사물의 절대적인 공간화이다. 실제로 이 이원론은 '펼쳐진 사물'과 '생각하는 사물'을 떼어 놓음으로써 전자(다시 말해 대상)를 절대적으로 공간화했다.

데카르트의 문제 제기에서 중요한 것은 물질을 연장(延長: extensio)과 동일시한 것이다.

물체의 본성을 구성하는 것은 중량도, 경도(硬度)도 색깔 등도 아니고 오직 확장이다.[28]

그리고 상호적으로

장소와 공간이라는 낱말들은 우리가 어떤 장소에 있다고 말하는 물체와 진정으로 다른 아무것도 의미하지 않으며, 다만 우리에게 그 물체의 크기·형상을 나타내며, 그것이 다른 물체들 사이에 어떻게 위치하고

---

26) 극히 대략적으로 말하면 이것은 당연하다. 왜냐하면 문제의 시계 문자반이 1 센티미터의 원주만을 지닌다면 말이다! 그럼에도 불구하고 이 원주는 2분의 1 지구 원주와 유사한 모습일 것이다(12시간=지구의 2분의 1 자전=20000km). 디지털 시계들은 이와 같은 우주성(cosmicité)를 더 이상 지니지 않는다. 시간은 오로지 표시의 공간이 되어 버린 것이다.

27) "뉴턴은 (…) 《자연 철학의 수학적 원리》 첫 페이지에서부터 그것의 존재[다시 말해 공간의 존재]를 외적 사물들과 관계가 없는 절대적인 것으로 가정했다." *Le Trésor*, *op. cit.*, chap. 1, note 12, p.339.

28) *Principia philosophiae*, II, 4; Koyré, *op. cit.*, note 1, p.129에서 재인용.

있는가를 표시한다.[29)]

그리하여 데카르트의 이원론에서 공간과 장소는 사물이고, 사물은 공간과 장소이다. 근대 이전의 구역과 관련해 혁명은 완벽하다. 왜냐하면 문제의 공간은 순전히 수학적이기 때문이다. 그것은 데카르트 좌표들의 공간이다.[30)] 따라서 사물은 총체적으로 순수하게 측정 가능하다.

비록 이러한 견해가 허공의 부정을 함축한다는 점에서 물리학에 의해 반박되었지만, 그것은 외쿠메네의 차원에서 헤아릴 수 없는 결과들을 낳았다. 사실 그것은 모든 구역, 모든 인간 환경을 고전적인 근대 물리학의 유클리드 공간으로 귀결시키는 가상적 환원을 존재론적으로 수행한다. 뉴턴의 우주론이 보여준 순전히 계량적 · 동질적 · 등방적인 무한한 그 공간으로 말이다. 그것은 이와 상관적으로 장소들이 데카르트 좌표 체계에서 위치가 식별될 수 있는 점들에 불과한 공간이다.

바로 세계의 이러한 공간화−탈시간화−객관화의 의미에서 우리는 근대성의 단계를 **대상 정지**(arrêt sur objet)[31)]로 특징지을 수 있다. 우리가 영화 언어로 화상 정지에 대해 언급할 수 있듯이 말이다. 그러나 무엇의 정지인가? 우리의 존재를 사물들에 투자하고, 그리하여 사물들을 인간화하면서 그것들을 우리 존재의 구체적 형태로 삼는 실존적 운동의 정지이다.[32)] 역으로 대상 정지는 의식을 외쿠메네로부터 뿐 아니라 그것이 지닌 내용의 공간성으로부터도 떼어 놓음으로써 의식을 절대적으로 시간화하고−탈공간화하며−주관화했다.

생각하는 사물(의식)의 지속을 다시 구체화하고, 우리가 그것을 그것

---

29) *Id.*, Koyré, p.131에서 재인용.

30) 하나의 데카르트적인 공간은 세 개의 축(가로 좌표, 세로 좌표, 제3번 좌표)에 따라 구조화된다는 점을 상기하자. 이 축들과 관련하여 세 개의 수, 즉 한 대상의 위치를 규정하게 해주는 데카르트의 좌표들이 표시된다.

31) 문자 그대로 번역하면 대상에 대한 정지인데, 대상 정지로 번역한다. [역주]

32) 제4 · 5 · 6장 참조.

의 내용과 분리시킬 수 없음을 보여주기 위해선 베르그송을 기다려야 했다. 그 다음 단계는 하이데거의 **현존재**(Dasein)에 의한 존재의 재세계화였다. 현존재는 공간 속에서보다도 시간 속에서 훨씬 더 근본적으로 자기를 전개한다. 니시다 기타로의 철학은 동일한 경향을 표현하면서 생성으로서의 노에시스를 강조한다.

이 세 사람의 사상가는 각자 자기 방식으로 근대적인 대상 정지의 극복을 증언하고 있다. 시간적 차원이 현실을 재투자하고 있는 것이다. 대립된 추론을 통해 이 사례들은 얼마나 근대성이 공간화 지향적이었는지 드러내고 있다. 게다가 이러한 근대적 경향은 하이데거 추종자들이 존재자의 압제라고 비난하는 것으로 이끌었다. 과연 우리가 존재한다는 것은 그 어떤 것으로도 환원 불가능하게 시간적인(물론 공간적이기도 하지만)[33] 역동적 힘이라는 사실을 고려한다면, 대상 정지라는 절대적인 공간화는 세계를 존재자의 순수한 지배로 변모시킨다. 우리는 제5장과 8장에서 이로부터 비롯되는 존재의 절단[34]을 보게 될 것이

---

33) 이에 대해서는 Didier Franck, *Heidegger et le problème de l'espace*, Paris, Minuit, 1986 참조. 주목해야 할 점은 프랑크의 비판이 그를 귀결시키는 지점은 환경에 대한 와쓰지 데쓰로 유형의 문제 제기가 아니라 (와쓰지 데쓰로의 출발점 역시 하이데거가 공간보다는 시간에 부여하는 우위에 대한 비판이기 때문이다) 신체성에 대한 퐁티 유형의 문제 제기의 발단이라는 것이다. 이와 같은 차이는 두 저자 각자가 속하는 사상적 전통, 즉 유럽과 극동 아시아라는 전통에서 인간과 자연이라는 각각의 위상을 드러낸다.

34) 이 절단은 언어 자체에서 나타난다. 우리가 존재에 대해 말할 때 언어는 우리로 하여금 동사(관계적인 생성)보다는 다분히 명사(실체적 존재자)를 보도록 하는 경향이 있기 때문이다. 한편 일본어는 koto와 mono를 구분함으로써 이와 같은 혼동의 위험이 없다. aru(有)는 홀로 사용될 수 없기 때문에 반드시 aru koto, 즉 존재한다는 사실과 aru mono, 즉 (거기에) 있는 사물 사이에 선택되어야 한다. 융을 추종하는 정신과 의사 키무라 빈(Kimura bin)은 *Aida*(《사이-관계》), Tokyo, Kôbundô, 1988 그리고 *Seimei no katachi no seimei*(《삶의 형태들, 형태들의 삶》), Tokyo, Seidosha, 1992에서 koto/mono 관계에 대한 흥미있는 분석을 펼쳐냈다. 이 분석은 특히 (koto에 속하는) 시적인 제작 영역(poïétique)과 (mono에 속하는) 시적인 대상 영역(poïématique)의 관계를 밝혀 주고 있다. 데카르트의 이원론에서 펼쳐진 사물(res extensa)의 사물(mono)은 생각하는 사물(res cogitans)의 사실(koto)로부터 분리되어 있다.

다. 지금으로서는 우리가 앞장(章)에서 제사(題詞)로서 인용했던 성 어거스틴의 문장을 다시 생각한다면, 이와 같은 공간화가 세계의 노래를 침묵시켰다고 말하는 게 가능하다. 그런 공간화는 이 노래의 시에서 시정을 비워 버림으로써 시를 꼼짝 못하게 만들었다. 왜냐하면 대상 정지는 사물들을 모든 포이에시스(poiêsis)가 박탈된 순수한 **포이에마타**(poiêmata)[35]로 만들기 때문이다. 사실 이것이 특히 데카르트의 메커니즘이 지닌 의미이고, 보다 일반적으로는 근대성의 심층적인 경향이다.

16. 기하학의 착륙

근대적인 대상 정지, 다시 말해 세계의 탈시화(脫詩化: dépoétisation)는 막스 베버가 Entzauberung(탈마법화·탈미몽화, 환상에서 깨어나게 하기)이라 불렀고, 하이데거가 Entweltlichung(탈세계화)이라 불렀던 것에 다름 아니다. 전반적으로 볼 때 이런 현상들은 코이레가 '닫혀진 세계로부터 무한한 우주화로의' 이행이라고 밝혀냈던 것에 의해 유도되었다. 사실은 바로 코페르니쿠스의 혁명 결과로 모든 것이 장소를 탈구체화함으로써 보편적인 것은 세계적인 것을 제거하는 경향을 드러냈고, 공간은 구역을 대체하는 경향을 나타냈다. 이 모든 것은 새로운 우주론에서 공간의 무한성이 구(舊)세계를 성립시킨 지표들이었던 중

---

35) 그리스어로 '만들다'를 의미하는 poiein에서 유래된 것이다. To poiêma(복수는 poiêmata)는 이처럼 만드는 작업의 대상이다. hê poiêsis는 그처럼 만드는 행위이다. (어거스틴의 관점은 아니라 할지라도) 외쿠메네의 관점에서 보면, 세계의 노래(carmen mundi)는 이 노래를 노래하는 존재이자 세계 자체라는 그것이며, 이 둘은 분리 불가능하다. 시적인 제작 영역과 시적인 대상 영역 사이의 이러한 분리 불가능성은 노에시스와 노에마의 분리 불가능성에 대응한다. 노에마가 그것을 생각하는 노에시스의 근거를 설정하듯이, 외쿠메네에서 우리의 존재는 사물들을 시적인 제작의 입장에서 (poiétiquement) 사물들을 존재케 하며, 그 대신 사물들은 시적인 대상의 입장에서 (poiématiquement) 존재의 근거를 설정한다.

심점과 수평선을 철저하게 제거한 사실로부터 매우 논리적으로 귀결된다. 중심점도 수평선도 없는 것 이것이 근대적 공간이다.

코이레는 이와 같은 우주론적 혁명이 사상사로 볼 때 얼마나 짧았는지 강조하고 있다. 코페르니쿠스의 《천체의 회전에 관하여》(1543)로부터 데카르트의 《철학 원리》(1644)와 뉴턴의 《자연철학의 수학적 원리》(1687)에 이르기까지 겨우 한 세기 반이 흐른다. 그러나 이와 동일한 혁명이 공간과 장소에 대한 지식, 즉 실천의 모든 영역에서 동시에 결코 발생하지는 않았다. 지구의 면적에 대해 구체적으로 영향을 미치는 거주 공간의 학문들(건축학 · 도시공학 · 영토 정비 등)은 19세기 말엽에서부터 비로소 진정으로 그런 혁명의 영향을 입게 된다. 지구 면적을 연구하는 지리학은 더 늦다. 1950년대부터 '새로운 지리학'이라 명명되는 운동을 통해 그 영향이 나타나기 시작하기 때문이다.

이와 같은 운동은 모델들과 양적인 방법들의 실천을 통해 특징지어지는데, '공간'이라는 낱말을 풍부하게 사용했다. 그것은 무슨 뜻으로 사용되었는가? 그 뜻은 아주 정확히 데카르트의 연장(extensio)이 함축하는 것이다. 즉 모든 장소와 모든 구역을 순전히 객관적인 계량성(métricité)으로 귀결시키는 가상적 환원이다. 그리하여 의미심장하게도 우리는 프랑스어권의 지리학적(나아가 수량 역사학적이 아닌) 환경에서, 지구의 표면과 사람들이 그 위에서 하는 것을 지칭하기 위해 절대적으로 '공간'을 말하기 시작한다. 한편 '공간적'이란 낱말은 과학성을 함축하기 시작한다. 예컨대 1966년에 출간된 장 라바스의 아름다운 책 《공간의 조직》과 자클린 보죄 가르니에가 60년대말에 내놓은 《공간적 분석의 실험실》이 그런 것이다.

내가 기억하건대 이러한 제목들은 나에게 우선적으로 수수께끼처럼 나타났으며, 두번째 책 제목은 끔찍할 정도였다. 이상한 일이지만 이러한 반응은 파스칼이 '저 무한한 공간의 영원한 침묵' 앞에서 무신앙 '자유사상가'에게 부여하는 바로 그 반응이었다. 코페르니쿠스의 탈중심화와 과학적 혁명의 결과로서 다음과 같은 일이 벌어졌을 때 말이다.

지구가 그것의 중심적이며 나아가 유일한 상황(이 상황이 전혀 특권적
이 아니라 할지라도 말이다)을 상실하고 우주(Cosmos)가 파괴됨으로써
필연적으로 인간은 천지창조의 신(神)-우주적인 드라마에서 자신의 위
치를 상실했다. (…) 이와 같은 진화의 끝에서 우리가 발견하는 것은 파
스칼의 '자유사상가'가 말하는 침묵하는 끔찍한 세계이고, 근대적 과
학철학의, 의미가 박탈된 세계이며, (…) 허무주의이고 절망이다.[36]

내가 그런 반응을 나타낸 것은 나 자신이 공간은 항성 사이의 빈 공
간을 제외하면 아리스토텔레스의 **토포스**처럼 무언가의 공간일 수밖
에 없는 세계에서 살았기 때문이다. 공간은 여전히 구체성 속에 끼여
있고 수평선에 의해 보호되는 그런 구역이었던 것이다. (…) '공간'의
사방이 그 속에 흘러들어간 것은 말할 필요도 없다!
이것이 코페르니쿠스로부터 4세기가 지난 이후의 일이었으며, 《캐
나다 지리학자》지에 실린 한 논문[37]이 양적 혁명은 불가피했으며 마감
되었다고 선언한 이후 5년이 지난 때였다! 이 혁명은 순식간에, 즉 6
년도 안 되어 일이 끝났다. 그러나 그것 자체는 주거 환경의 학문들에
서 '공간'의 적용이 이루어진 지 반세기 이후에 매우 늦게 도래했다.
게다가 또한 물리학에서 그 공간의 도래 이후 얼마나 많은 시간이 흘
렀는가! 지구 면적의 연구 혹은 정비에서 선-'공간적인 것(pré-
spatial)'의 이런 지체, 이런 이력 현상은 무엇 때문인가?
존재론적으로 말하면,[38] 물론 그 이유는 우리가 비례가 아니라 규모
의 영역에 있기 때문이다. 건축학에서도 지리학에서도 원칙상 감각적

---

36) Koyré, *op. cit.*, note 1, pp.64-65.
37) Ian Burton, VII, 1963, pp.151-152; Paul Claval, *Histoire de la géographie*,
Paris, PUF(*Que sais-je* n° 65), p.98에서 재인용.

세계와, 이 감각적 세계의 척도인 인간 존재는 제외될 수 없다. 제외될 수 없을 뿐 아니라 지리학과 건축학에 동기를 부여하는 것은 이러한 규모 자체——인간적인 것과 지구적인 것 사이의 관계——에 대한 연구와 정비이다! 그런데 '공간'은 규모의 문제가 아니다. 다시 말해 그것은 하나의 영역에서 다른 영역으로(인간적인 것에서 지구적인 것으로, 영토적인 것에서 도표적인 것으로, 물리적인 것에서 사회적인 것으로 데생에서 건축된 것으로 등)의 이동의 문제가 아니라 비례의 문제이다. 그러니까 그것은 단일 버전에 의해 성립된 동일 영역 내에서 관계들의 문제이다. 여기서 이 영역은 '공간'의 계량성이라는 공통 분모로의 환원을 통해서 성립된다.

따라서 지리학과 주거에 관한 학문들에 '공간'이 침투하는 데는 매우 오랜 시간이 걸렸다. 풍경화법과 정원 예술도 마찬가지이다. 그것들에서는 단순히 근대적 운동이 없었다. 이것은 동일한 이유 때문이지만 이유가 선명하다. 왜냐하면 이 분야에서 규모가 비례로 귀결될 수 없다는 것은 너무도 명백하기 때문이다. 크기, 식물의 리듬과 욕구, 산책로에서 인간의 걸음은 어쩔 수 없이 구체적인 것으로 귀결되기 때문이다. 추상은 불가능하고 공간은 감각들과 연관될 수밖에 없다. 공간은 분위기 · 장소 · 구역일 수밖에 없다.[39]

---

38) 다른 관점들에서 보면 온갖 이유들이 있다. 주요 이유들 가운데 하나는 건축에서 근대적 운동이 지상에서 구체적으로 들어맞기 위해서 산업 혁명, 특히 승강기가 전제되었다는 점이다. 승강기는 진정 데카르트적인 공간에서 처음으로 건축을 하게 해주었다. 그 전에는 높이가 길이와 동일한 게 아니었다!

39) 당연한 것이지만, 이 말은 공간이 이 분야들에서 반드시 고도한 질에 도달하고 있다는 것은 아니다. 풍경화법에서 분위기의 문제——그리고 이 분위기가 모더니즘으로 환원될 수 없다는 것의 문제——는 특히 베르나르 라쉬에 의해 제기되었다. Bernard Lassus, "L'obligation de l'invention. Du paysage aux ambiances successives," dans Augustin Berque(dir.) Cinq propositions pour une théorie du paysage, Seyssel, Champ Vallon, 1994. 내가 여기서 주거에 관한 학문들이라 부르는 것을 지칭하기 위해 필립 니스가 사용하는 장소의 기예라는 표현 역시 중요하다.

물론 과거에도 역시 순전히 개념적인 공간들——그것들을 기하학들
이라 부르자——이 다소간 일률적 체계주의가 수반되면서 외쿠메네
의 정비에 적용될 수 있었다. 우리가 보았듯이, 그리스의 신전에 그런
측면이 있었다. 기원전 14세기 중반에 '태양판을 섬기는 자' 아크나
톤(아메노피스 4세)이 직각적인 모델에 따라 자신의 수도, 즉 '태양판
의 수평선'을 의미하는 아케트-아톤을 건축하게 한 이래로 세계가 경
험한 이상적인 도시들의 많은 생성40)에서 그런 측면이 있었으며, 이 모
델은 9세기가 지난 후 밀레토스를 설계한 히포다모스41)가 다시 채택하
게 되었다. 그러나 이런 모델들의 대부분은 결코 건설된 적이 없었다.
서양에서 성 요한이 〈묵시록〉에서 하늘에서 내려오는 것을 목격하는
천국의 예루살렘은 결코 착륙된 적이 없는 것 같다. 그것은 중심으로
방향이 잡힌 세 개의 문이 세 겹으로 된 사각형의 직선적 성벽으로 되
어 있는데, 이승 세계에서 그런 규모로 자리를 찾아내기에는 너무 완
벽하게 비례(균형)가 잡혀 있었다. 《주례(周禮)》에 의해 주나라에 신화
적으로 부여된 수도 역시 정확히 동일한 유형인데, 우리가 §9에서 보
았듯이, 모델이 정해진 지 천 년이 지난 후 당나라에 의해 장안에 실현
되었다.42) 서양에는 이만큼 할 수 있을 정도로 강력한 군주가 결코 없
었다. 베르사유, 그리고 상트페테르부르크마저도 동일한 차원의 크기
가 아니다. (…) 반면에 북아메리카 타운십(township)의 격자 패턴(grid
pattern)은 수백만 입방 킬로미터에 걸쳐 대륙을 직각화시키는 데 성공

---

40) 이에 대해서는 Virgilio Vercelloni의 탁월하게 설명된 책, *La Cité idéale en
Occident*, Paris, Félin, 1996(1994) 참조. 지리적인 차원의 고찰을 위해선 Jean-
Bernard Racine, *La Ville entre Dieu et les hommes*, Paris, Anthropos/Economica,
1993 참조. 그리고 건축의 측면에서는 Françoise Choay의 고전이 된 책 *La Règle et
le modèle. Sur la théorie de l'architecture et de l'urbanisme*, Paris, Seuil, 1980 참조.
41) 히포다모스는 페르시아의 다리우스가 밀레토스를 파괴한 후(기원전 494년) 주
민들의 요구에 따라 도시를 다시 설계했다. 아리스토텔레스에 따르면 그는 도시 구
획의 이론가이다[역주].
42) 물론 몇몇 세부적인 것들을 제외하고 말이다. 제2장, 주 34) 참조.

했다. 이것은 중국이 비록 그보다 2천 년 전에 정전법(jingtianfa)이라는 비견할 만한 모델을 구상했다 할지라도, 대규모로 결코 적용하지 못한 것이다. 중국의 농민들은 아메리카 인디언들보다 **기하학적으로-통제하기**가 더 어려웠던 것이다(…).

이와 같은 농담을 한 것에 대해 독자의 용서를 바란다. 왜냐하면 이 농담은 다음과 같은 것을 분명히 말하고 있기 때문이다. 즉 비례적 형태들에 따라 땅을 기하학화한다는 것(géométriser)은 컴퍼스와 불도저의 문제만이 아니다. 그러기 위해서 자신들의 세계에 집착하는 사람들에게 이런 형태들을 강제하기 위해서 그들을 통제해야 한다. 따라서 형태의 순수성과 규모는 압제의 기능들이다. 게다가 압제는 관점에 따라 다양한 측면들과 정도들을 취한다. 예컨대 북아메리카, 앵글로색슨계에서 본다면 격자형 패턴은 제퍼슨식 민주주의의 상징처럼 나타난다.[43] 그러나 아메리카 인디언 쪽에서 보면 그것은 약소 민족의 말살, 나아가 집단학살의 상징이며, 어쨌거나 박탈의 상징이다. 두 관점은 공통의 척도로 잴 수 없기 때문에 하나의 관점, 즉 보다 강한 자의 관점만을 고려하는 것이 합리적이다. 하물며 관점들이 다양할 때에야 말할 필요가 없다. 따라서 문제는 다음과 같은 것으로 되돌아온다. 즉 어떻게 다른 사람들의 다른 관점들과 비교해 하나의 관점을 강제할 수 있는가?

장안의 경우에서 권력은 그것이 영토에 부과하는 기하학 못지않게 절대적이었기 때문에 문제는 저절로 해결되었다. 세게스타에서도 역시 문제가 없었다. 기하학은 그것에 할애된 영토의 부분, 즉 **테메노스**(temenos)[44]를 넘어서지 않는다. 이 낱말은 우리가 §8에서 보았듯이 점복관이 하늘에 막대기로 잘라낸 공간이자 이 공간이 땅에 투영된 것을 말하는 라틴어 templum과 어근이 같다. 두 경우에서, 그리고

---

43) 이에 대해서는 Paul Claval, *La Conquête de l'espace américain*, Paris, Flammarion, 1990.

다른 많은 경우에서 구축된 형태들의 기하학은 이와 같은 우주론적 기능을 수행한다. 이 기능은 신적인 완전함, 즉 천체들의 완전함을 현세의 불완전함과 결합시키는 것이다. 여기에는 땅을 하늘에, 인간적인 것을 신적인 것에 연결시키는 실존적인 차원이 있다. 이것이 한 수평선의 특성이다.

그런데 다음과 같은 경우에 이러한 상징성은 어떻게 되는가?

새로운 우주론에서 무한한 우주, 지속과 연장에서 무한한 그 우주 속에서 영원한 물질은 영원한 필연적인 법칙들에 따라 영원한 공간 속에서 끝도 목표도 없이 움직이는데, 이 우주는 신으로부터 온갖 존재론적 속성들을 물려받았었다. 그러나 이 속성들뿐이다. 다른 것들로 말하면 신은 세계로부터 떠나면서 그것들을 가지고 가버렸다.[45]

달리 말하면, 기하학이 연장의 순수한 물질성 속에 구현됨으로써 그 자체에 폐쇄될 때 그런 상징성은 어떻게 되는가?

따라서 현재 일어나고 있는 일은 압제가 '공간'에 의해 직접적으로 실행되고 있다는 것이다. 이 공간은 그것을 감각적 세계와 연결시켰던 모든 규모, 모든 수평선으로부터 해방된 것이다. 그것은 단순한 비례, 다시 말해 기하학이 되었다. 물론 기하학은 신이 아니고 다만 상징이기 때문에 홀로서 자신을 강제할 수 없고 예언자들에 의해서도 강제될 수 없다. 그러나 적어도 그것은 수평선을 없애면서 자신을 지상에

---

44) 이 낱말은 라틴어 templum처럼 '자르다'를 의미하는 tem이라는 어근(우리는 이 어근을 atome, contempler 등에서 다시 만난다)에서 비롯되었다. 테메노스는 원래 지도자나 신에 바쳐진 영토 부분을 자르는 것을 말한다. 모리스 소제(p.103, 주 5) 참조)가 주목했듯이, 그리스인들과 기독교 공동체에서 종교적 건축물은 일본의 경우보다 훨씬 더 일상적 주거의 건축물과 다르다. 물론 이러한 측면은 각기 초월 및 내재와 무언가 관련이 있다.
45) 이와 같은 표현으로 코이레의 책은 마감된다. *op. cit.*, note 1, pp.336-337.

밀어붙이기 위해 점복관들과 통역관들(drogmans)⁴⁶⁾을 찾아내고 있다. 이것이 건축학과 도시공학에서 근대적 운동의 역사적 역할이었다.

이러한 사조로부터 우선적으로 인정해야 할 것은 이 사조가 근대성——이 근대성은 자연적이든 자연적이 아니든 억압, 전통이 인간 존재를 가두어 놓은 그 억압으로부터 그를 해방시키고자 하는 의지였다——의 위대함을 이룩하게 되는 이상에 의해 무르익었다는 점이다. 이 이상은 데카르트의 것인데, 우리의 것으로 남아 있게 된다. 그러나 이 분야에서 우리는 근대적 운동(그리고 근대성 전체)이 차례로 '공간'을 절대화시키면서 우리에게 강제했던 멍에로부터 해방되어야 한다. 이와 같은 절대화가 의미하는 것은 비례를 위해 규모를 망각했고, 따라서 수평선을 지워 버렸으며, 그로 인해 기하학이 구체적 연장(延長)과 인간사의 비(非)기하학과 유지해야 하는 관계——이 관계는 인간들에게는 대단히 중요하고, 건축학과 지리학에는 본질적이다——를 잘라 버렸다는 것이다. 땅은 하늘이 아니고 인간적인 것은 신적인 것이 아니다! 파스칼은 게다가 훌륭한 수학자였지만, '섬세한 정신'은 '기하학적 정신' 못지않게 불가피하다고 말하지 않았던가?

기하학의 모든 통역관들 가운데 가장 불꽃 같고 가장 대표적인 자는 샤를 에두아르 잔느레일 거라고 르 코르뷔지에(1887-1965)는 말했다. 따라서 나는 그를 언급하는 것으로 만족할 것이다. 왜냐하면 여기서 중요한 것은 하나의 경향을 예시하는 것뿐이기 때문이다. 사실 프

---

46) 이것은 마약 판매인이 아니라, 근동 지방의 항구들에 있었던 통역관(interprètes)을 의미한다. Drogman은 동일한 의미를 지닌 비잔틴 그리스어 drogoumanos에서 비롯되었다. 그러나 내가 낡아빠진 이 낱말(물론 이것은 영어와 아무런 관계가 없으며, 그것의 옛 철자인 droguement에 따라 발음되어야 한다)의 이같은 울림을 이용하는 것은 의도적이다. 왜냐하면 나는 신지리학에서처럼 건축학과 도시공학에서 근대주의적 이데올로기가 종교의 성격을 띠고 있고, 이런 의미에서 큰 딜러들과 작은 앞잡이들을 동원하여 국민에 파고드는 아편이었기 때문이다. 점복관과 통역관 사이의 관계에 대해서는 제2장 주 29) 참조. 점복관은 하늘을 해석하고(interprète) 그것을 templum처럼 땅에 투영한다.

랑수아즈 쇼아이가 강조하고 있듯이, "르 코르뷔지에의 개인적 기여는 특히 단순하고 직접적이며 인상적인 문체로 관념들을 체계화하고, 극단적으로 도식화하고 표현한 데 있는데, 이 문체의 놀라운 능변과 신랄함이 이런 작업의 성공에 적지 않게 기여했다.[47]

그러므로 기본적인 목표——불규칙성을 제거하는 것——를 통해 시작하면서 선집의 다음과 같은 인용문들(강조는 르 코르뷔지에가 한 것임)에 유념해 보자.

운동중인 힘의 현상인 대도시는 오늘날 위협적인 재앙인데, 그 이유는 기하학적 정신의 활력을 더 이상 부여받지 못했기 때문이다(p.234).

그런데 근대적인 도시는 실제로 직선으로 살아가고 있다. 건물들·하수구들·배관망들·차도들·인도들 등을 보라. 교통은 직선을 요구한다. 직선은 도시들의 영혼에도 역시 건전하다. 곡선은 파괴적이고 어려우며 위험하다. 그것은 마비시킨다(p.239).

구불구불한 길은 나귀들의 길이고, 직선은 인간들의 길이다(p.240).

철근 콘크리트 같은 차원의 **직각적** 태도는 **순수성**과 **올바름**에서 명백하게 되었다(p.240).

평평한 땅은 이상적인 땅이다. 문명이 강화되는 곳에서는 어디서나 평평한 땅이 정상적인 해결책들을 제공한다. (…) 강은 도시로부터 멀리 떨어져 지나간다. 강은 물 위에 있는 철길이다. 그것은 화물터미널이고 조차장이다. 잘 유지된 집에서 하인들이 쓰는 뒷계단은 거실을 통과하지 않는다(…)(p.245).

---

47) Françoise Choay, *L'Urbanisme, utopies et réalités. Une anthologie*, Paris, Seuil, 1965, p.233. 내가 앞으로 르 코르뷔지에를 인용할 때 사용하는 책은 이 선집이며 페이지 숫자는 이 선집에 따른다. 쇼아이는 다음과 같은 르 코르뷔지에의 저서들에서 인용문들을 끌어냈다: *Vers une architecture*(1923); *Urbanisme*(1925); *La ville radieuse*(1935); *La Charte d'Athènes*(1943); *Propos d'urbanisme*(1946); *Manière de penser l'urbanisme*(1946); *L'Unité d'habitation de Marseille*(1950).

우리 도시들의 현재 설계를 버려야 할 때이다(…)(p.234).

도시를 이처럼 직각화시키는 것은 인간을 직각화시키는 것을 동반한다.

인간적 규모, 인간의 기능을 탐구하는 것은 인간의 욕구를 규정하는 것이다. 이 욕구들은 별로 많지 않다. 그것들은 모든 인간들 사이에 동일하다. 왜냐하면 인간들은 모두 우리가 아는 가장 먼 태곳적부터 동일한 틀로 만들어졌기 때문이다. (…) 모든 생체는 골격이고, 신경계이며, 혈관계이다. 그리고 이것이 예외 없이 정확히 우리들 각자이다. **그 욕구들은 전형들이다.** 다시 말해 우리 모두는 동일한 욕구들을 지니고 있다(pp.235-236).

기하학화한다는 것은 인간 환경의 다양성을 단일 버전으로 만들어 주거 형태를 표준화하는 것이다. 또한 그것은 주거 형태의 기능을 보다 나은 생산성을 위해 기계 장치와 동일시하는 것이다.

표준을 확립하는 것은 모든 실천적·합리적 가능성들을 다 조사하는 것이며, 노임과 재료, 언어·형태·색깔·소리와 같은 수단들의 최소 사용, 최대 생산성, 그리고 기능들에 일치하는 하나의 인정된 전형을 도출하는 것이다(p.236).
집은 거주하는 기계이다(p.237).
'나의 지붕'이라는 생각은 사라진다(지역주의 등)(…) 전형-집, 전형-가구들(p.237).

이로부터 절대의 대리자인 기계-기하학적인 모델의 자동화가 비롯된다.

기계는 기계를 창조한다. 그것들이 이제 밀려오고 있으며 도처에서 빛나고 있다. 반들반들한 것은 절단면들이 있는 곳으로 간다. 절단면들은 모든 것을 조절하는 기하학을 보여준다. 우리가 절단면들을 반들반들하게 하는 것은 완벽한 기능들로 향하기 위해서이다. 완벽의 정신은 기하학적 완벽함의 장소들에서 표출된다(p.237).

기계의 교훈은 원인과 결과의 순수한 관계에 있다. 지혜를 향한 순수성 · 경제 · 긴장(p.237).

이렇게 하여 하늘과 땅에 연결된 모든 수평선, 모든 상징적 연결 장치는 평방미터를 위한 평방미터의 순수한 계량성 속으로 용해된다.

집의 무게는 더 이상 벽이 아니라 기둥(지붕이 덮인 표면의 1천분의 1도 안 된다)에 걸려 있다. 대지 전체를 손대는 게 아니다. 첫번째 천장은 집의 지하를 기둥들 사이에 남겨두면서 지상 3미터에 있다(p.235).

카페들, 유식처들 등은 보도를 좀먹는 그 곰팡이가 더 이상 아니었다. 그것들은 고급품점과 함께 지붕의 테라스[48]로 옮아갔다(왜냐하면 도시의 전체 면적이 다 사용되지 않고 슬레이트들과 별들을 위해 남겨진다는 것은 진정 비논리적이지 않겠는가?(…)). 이러한 생각은 도시의 순환적 표면을 세 배로 사용하는 것에 다름 아니었다(…)(p.241).

그리하여 지상에 기하학의 이상을 마침내 실현한 건축가의 즐거움, 그 대단한 즐거움이 나온다.

---

48) 르 코르뷔지에가 설파한 건축학적이고 동시에 도시공학적인 원칙은 지붕을 테라스로 바꾸는 것이었고 동시에 기둥의 사용을 통해 땅바닥 용지를 건물로부터 해방시키는 것이었는데, 이는 다양한 기능들에 해당 표면적을 할당하기 위한 것이다(다시 말해 용지 이용을 배가시키기 위한 것이다).

기하학의 강렬한 즐거움이 우리의 내부에서 갑자기 깨어난다. 왜냐하면 벼락처럼 전격적이기 때문이다. 이번에야말로 우리는 우리의 감각으로 이 즐거움을 느낀다(그런데 코페르니쿠스나 아르키메데스는 자신들의 머리 안에서 이 즐거움을 만들어 냈을 뿐이다)(p.237).

17. 우주의 세계성

근대의 고전적인 과학 패러다임에서 공간에 대한 이해가 실존의 현실에 근본적으로 낯설다는 점을 보여준 것은 하이데거이다.[49] 비판은 우선 데카르트를 겨냥하고 있다. 1927년부터 《존재와 시간》은 세계를 펼쳐진 사물의 단순한 연장(extensio)으로 귀결시킨 환원을 비판하고 있다. 그러나 하이데거가 공간에 대한 이와 같은 견해에 대항해 장소에 대한 자신의 사유를 펼치게 되는 것은 제2차세계대전 이후이다. 기본적으로는 《건축하고, 거주하고 사유한다는 것》(1951)[50]과 《예술과 공간》(1969)[51]에서 하나의 중심 테마를 심화시키는데, 게다가 이 테마는 그 이전에 쓴 여러 편의 글들에서 이미 윤곽이 잡혀 있었다.

하이데거는 근대인들이 데카르트적인 유형의 '공간(der Raum)' 혹은 '순수 공간(reiner Raum)'에 부여하는 선행성을 반박한다. 이와 같은 추상 이전에 세계(Welt)의 현상이 있으며 그 속에서 사물들은 그것들의 장소(Platz)에 있는 것이지, 이러한 순수 공간 속에서 규정될 수 있는, 다시 말해 이 공간의 선행성을 전제하는 '위치'나 '자리'(Stelle)

---

49) 다음에 내가 언급하는 것은 Jacques Dewitte가 "Monde et espace. La question de la spatialité chez Heidegger," pp.201–219 dans le collecif *Le temps et l'espace*, Bruxelles, Ousia, 1992에서 보여주는 뛰어난 종합에서 폭넓게 영감을 받았다.

50) Martin Heidegger, *Essais et conférences*, Paris, Gallimard, 1958, pp.170–193 에 재수록됨.

51) Saint-Gall, Erker Verlag.

에 있는 게 아니다는 것이다. 실존의 친근한 세계에서 사물은 자신의 장소에 '속하고(hingehört)' 이 장소는 하나의 '구역(Gegend)'에 구체적으로 끼어 있다. 그런 만큼 연장을 '손 안에(zuhanden)' 갖고 있는 장인처럼, 우리는 공간 속에서 사물의 위치를 탐지하기 위해 공간을 생각하는 게 아니다. 사물은 그것의 장소와 불가분의 관계에 있으며 장소는 사물인 것이다. 공간은 하이데거가 Entweltichung(탈세계화)라 명명하는 전복 과정에서, 이와 같은 근본적 현실에 입각해 부차적으로 그리고 추상을 통해서만 규정된다. 이런 과정이 끝나면 **위치들**(Stellen) 속에 있는 '손-앞의-존재자들(Vorhandenen)'만이, 다시 말해 공간 속에 위치되고 자신들의 자리로부터 완전히 분리될 수 있는 대상들만이 있다.

공간은 사물에 선행하지 않는다는 이런 착상으로부터 하이데거는 데카르트의 비전과는 정확히 반대되는 것에, 즉 작품은 그 나름의 공간을 창조한다는 관념에 도달한다. 작품은 그것의 지점으로부터, 하이데거가 Ort라 부르는 곳으로부터 '공간화한다(räumt).' 사물은 '공간' 내에서 한정되는 게 결코 아니라, 그 반대로 사물의 한계로부터 이와 같은 '공간화(Räumung)'가 전개된다.

한계는 무언가가 멈추는 지점이 아니라, 그리스인들이 주목했듯이 무언가가 존재하기 시작하게(sein Wesen begint) 해주는 출발점이다. (…) 따라서 공간들은 그것들의 존재를 '총칭적 의미에서의(le)' 공간으로부터가 아니라 장소들로부터 부여받는다.[52]

하이데거는 이와 같은 착상을 다리의 예를 들어 설명한다.

---

52) *Essai et conférences, op. cit.*, p.183. André Préau 번역(이 인용문은 *Bauen, wohnen, denken*에서 발췌되었음). 강조는 하이데거가 한 것임.

장소는 다리 이전에 존재하지 않는다. 물론 다리가 그곳에 있기 전에는 강을 따라서 이런저런 사물이 점유할 수 있는 많은 곳들이 있다. 결국은 이것들 가운데 하나가 장소가 되며, 이는 **다리 때문이다**. 그래서 다리가 먼저 하나의 장소에 자리를 잡아 그곳에 서 있는 게 아니라, 다만 다리로부터 하나의 장소가 태어난다.[53]

당연한 것이지만, 장소에 대한 이와 같은 문제틀은 인간 실존에 대한 하나의 철학이라는 범주 내에서 전적인 의미를 띤다. 그것은 **현존재**(Dasein)를 상정한다. 그러나 건축가는 그것에 직관적으로 이를 수 있으며, 풍경화가는 더 말할 필요도 없다. 이것이 한편으로 그것의 충격──그것은 근대적 운동의 주장들을 불신하게 만드는 데 적지 않게 기여했다──과, 다른 한편으로 그것이 지리학에서처럼 주거 관련 학문들에서 야기한 망설임을 설명한다. 사실, 필연적 결과로 객관성의 영역에서 주관성의 영역으로 넘어가지 않고는 그 선행성이 문제될 수 없는 '공간'의 관점에서 보면, 직관과 현존재는 수용될 수 없다. 하여튼 《건축하고, 거주하고 사유한다는 것》이 출간된 지 약 40년이 지난 후에도 이 책은 지리학계에서는 말할 것도 없고 건축학계에서 알려지지 않거나 이해되지 못하거나 받아들여지지 않는다. 물리학의 질리들과 해석학적 현상학의 난해한 것들 사이에서 사람들은 망설일 필요가 없다!고 흔히 생각한다.

그런데 하이데거의 주장은 보기보다 물리학에 그렇게 낯선 것이 아니다.[54] 그것이 아무리 이상하게 보일지라도, 사실 그것은 그 뿌리가 정밀과학에 있는 하나의 사조 속에 위치한다. 실제로 하이데거가 철저

---

53) *Op. cit.*, pp.182-183.
54) 이어지는 매우 간략한 설명을 위해 나는 *Trésor, op. cit.*의 다양한 글들, 예컨대 제1장 note 6, 특히 〈구부러짐〉, pp.230-234과 〈상대성〉, pp.825-831에 의거하고 있다.

하게 반대하는 공간은 고전적인 근대 물리학의 공간이다. 로바체프스키(1792-1856)·보여이(1802-1860)·리만(1826-1866)·벨트라미(1835-1900) 등의 업적들, 다시 말해 비유클리드 기하학들은 오래전부터 이러한 유클리드 공간이 유일하게 생각할 수 있는 것도, 유일한 현실도 아니라는 점을 이미 보여주었다. 물론 처음에는 순수한 수학적 유희였다(1826년 로바체프스키는 자신의 최초 발표를 '상상의 기하학'으로 내놓았다). 비록 매우 현실적으로 지구 표면이 유클리드 기하학을 넘어서고 있다(예컨대 하나의 구의 경우, 삼각형의 각들의 합은 180°와 같지 않다)는 사실이 매우 오래전부터 알려져 있었지만 말이다. 그러나 반세기가 지나자 새로운 기하학들은 물리학을 뒤흔들려 했다. 과연 리만의 업적은 1854년부터 뉴턴의 중력 법칙을 가상적으로 문제 삼는 공간의 구부러짐을 시사했다. 이것은 아인슈타인이 특수 상대성(1905)와 일반 상대성(1915)을 통해 실현시키게 되는 것이다. 이와 같은 새로운 우주론으로부터 우리가 우선적으로 다만 유념하는 것은 공간이 시간과 분리될 수 없다는 점이고, 공간-시간은 물질에 따라 구부러진다는 사실이다. "구부러짐은 물질에게 어떻게 움직이는지 말하고, 물질은 공간-시간에게 어떻게 구부러지는지 말한다."[55]

물론 이런 일들은 현세와 아무런 공통의 척도가 없는 크기의 차원들에서 일어난다. 설령 그것들이 우리의 실천적 규모와 관련이 있다 할지라도 말이다(예컨대 우주에 떠 있는 우리의 관측 장치들과 소통을 확립하기 위해서 우리는 태양의 질량에 의한 공간-시간의 구부러짐을 고려해야 한다).[56] 외관상으로 보면, 하이데거의 **공간화**(Räumung)는 아무

---

55) 이것은 미국인 물리학자 John Wheeler의 표현이다. *Le Trésor, op. cit.*, p.829에서 재인용.

56) 그래서 돌고 있는 몇 미터짜리 물체(펼쳐진 안테나)에 이르기 위해서는——가장 쉽지 않은 경우——지구로부터 수십억 킬로미터와 초당 수십 킬로미터를 정확히 겨냥해야 한다. 그런데 사실 빛의 속도로 가면 신호가 그 물체에 이르는 데는 한 시간 이상이 필요하다.

런 관계가 없다. 그러나 그렇게 생각하는 데 그친다면 근대성의 패러 다임에서 **연장**(extensio)이 물리학의 문제에 지나지 않으며, 또 결정적 이지만 존재론의 문제에 지나지 않는다는 사실을 망각하는 것이다. 데 카르트의 공간은 하나는 펼쳐진 것이고 다른 하나는 '생각하는' 것인 두 개의 실체를 이분화시키게 해준다. 달리 말하면 우리가 보았듯이, 하나는 공간적 차원이고 다른 하나는 시간적 차원이다. 하이데거는 《존재와 시간》에서 존재론적 이유들을 내세워 이와 같은 실체성을, 그리고 상관적으로 이러한 이분법을 반박한다. 그러나 그에게는 하나 의 물리학이 결여되어 있다. 그런데 이 물리학, 즉 우리 시대의 물리 학을 가져다 주는 것이 아인슈타인의 우주론이다. 존재론적으로 볼 때 과연 상대성이란 무엇인가? 그것은 데카르트적인 이원론이 근본적으 로 불가능하다는 것이다. 아인슈타인의 우주에서는 실제로 하나의 실 체를 **코기토**("나는 생각한다")의 시간적 차원 속에 배치시키고, 다른 하 나의 실체를 펼쳐진 사물의 공간적 차원 속에 배치하는 게 불가능하 다. 그것들은 상관적이며, 그것들에 의해 구부러짐이 결정되는 공간- 시간 속에서 서로 연관되어 있다. 달리 말하면 그것들은 어떤 **공간화** (Räumung)를 매우 물리적으로 생성시킨다(그래서 이와 관련해 내가 강 조하고자 하는 것은 공간화가 단순한 공간이 아니라 시-공간적 과정이라 는 사실이다). 반대로 우리는 "공간들은 그것들의 존재를 장소들로부 터 부여받는다"는 하이데거의 관념을 구부러짐이 질량에 비례하는 아 인슈타인의 공간-시간(환원하면 이러한 공간-시간은 각각의 천체의 주 변에서 변화한다)에 적용할 수 있다.

물론 물리적 공간-시간의 구부러짐과 이 **공간화**와 사이에는 본질 적인 두 가지 차이가 있다. 왜냐하면 공간화는 인간 존재를 상정하고 있고 구부러짐은 그렇지 않기 때문이다. 후자는 측정되고 전자는 측 정되지 않는다. 그러나 문제는 거기에 있는 게 아니다. 앞의 접근들을 시도하면서 나는 존재론적인 것을 물리적인 것으로 귀결시키려고 하는 게 전혀 아니다(설령 그 이유가 좀더 상세한 연구가 이루어질 때까지 의식의 문제는 질량으로 표현될 수 없기 때문이라 할지라도 말이다!).[57] 내가 단순히 강조하고자 하는 것은 상징 영역과 실용 영역을 분리시키는 지평의 양방향 모두로부터 우리 시대의 커다란 사상들의 일반적인 밀착을 시사하는 어떤 유사점들이다. 우리의 존재-우주론은 이제 결정적으로 데카르트-뉴턴의 패러다임이 말하는 것이 아니고, 그것은 언젠가 하이데거-아인슈타인의 패러다임처럼 나타날 것이라는 전망이 배제될 수 없을 것이다.

동일한 방향으로 가는 다른 유사점들도 있다. 사실 아인슈타인의 상대성——이 상대성 속에서 우리의 현재 우주론의 '표준적 모델,' **빅뱅** 이론이 특징지어지는 그 모델이 확립된다——은 '우주에 다시 울타리를 쳐야'[58] 할 필요성, 다시 말해 우주의 크기(공간-시간)가 무한하지 않다는 것, 좀더 정확히 말하면 그것이 어떤 '가장자리'가 있다는 것을 설정해야 할 필요성을 야기시켰다. 달리 말하면 우주는 하나의 수평선이 있다. 존재론적으로 말하면, 이것이 의미하는 바는 우주가 다시 세계화되었다는 것이다. 공간과 시간이 우리의 조상들의 구역(고장)에서 그랬듯이 다시 불가분의 관계가 된 만큼 우주는 더욱 재세계화되었다. 조상들은 일상적인 우주화 속에서 자신들의 들판을 날들로 계산했고, 자신들의 나날들을 태양의 리듬과 이 들판의 경작을 일치시키면서 계산했다.

물론 이런 측면이 규모의 문제들을 없애는 것은 아니다. 우주의 수평선은 우리 풍경들의 수평선이 아니다. 그러나 우리가 최소한 말할 수 있는 것은 그것이 우리 이성의 수평선(지평)이라는 점이다. 우리는

---

57) 질량이 에너지의 형태라는 점을 우리가 배제할 수 있다 할지라도 말이다. 질량이 에너지의 형태라는 것은 아인슈타인의 물리학에서 저 유명한 $E=mc^2$에 따라 형태가 질량으로 물질화할 수 있다는 것을 의미한다 할 터이다.

58) 이것은 코이레의 표현임. *Op. cit.*, note 1, p.206.

그 이상을 넘어서는 합리적으로 보고 생각할 수단이 없기 때문이다. 특히 그것은 우리 과학의 수평선이다. 우리가 § 7에서 개괄했듯이, 수리물리학으로서 과학은 우주를 완전히 객관화하는 게 근본적으로 불가능하다. 왜냐하면 우주는 그 자체 이외에 다른 아무것과도 연관지어질 수 없는 단위체이자 총체성으로 특이한 존재자이기 때문이다. 장 프랑수아 고티에가 **빅뱅**과 관련해 다음과 같이 언급했듯이 말이다.

> 확장은 공간 **안**에서 일어나지 않는다. 팽창하는 것은 공간이다. 그래서 **빅뱅**은 시간 **안**에서 일어나지 않는다. 왜냐하면 시간은 시작하기 때문이다. (…) 공간도 시간도 없다면 사건은 없다. 그래서 사건이 없다면 물리학은 더 이상 없다.[59]

따라서 고티에는 '보편주의자들(universistes)'[60]을 신랄하게 공격한다. 그가 예컨대 스티븐 호킹[61] 같은 사람들을 비난하는 것은 과학을 벗어나는 형이상학과 신비주의 신학에 속하는 영역을 수리물리학의 수단들을 가지고 다루고 있다는 점이다. 그렇게 함으로써 그들은 실체의 마법에 빠지고(그들은 수학적 형태들을 실체화한다), '국지적 장소의 양적인 역학과 전체의 질적인 구조 사이에서 거짓 추리'[62]에 떨어지고 있다는 것이다. 내가 덧붙이고자 하는 점은 하나의 순수한 존재론적 관점에서 볼 때, 이와 같은 과학주의적 보편주의가 존재의 단독성을 대상화된 물리적 존재자의 측정 가능성으로 귀결시키는 절대적 환원을 수행함으로써 근대적 기획을 급진화한다는 것이다.

---

59) *Op. cit.*, chap. 2, note 3, p.82 et p.103.
60) 이들은 과학과 과학적 방법의 우위, 도덕적 상대주의, 인본주의, 불확실성을 주창하면서 포스트모더니즘 철학들과 상대주의를 끌어안는다. [역주]
61) 하지만 호킹이 그의 *Commencement du temps et la fin de la physique*?(Paris, Flammarion, 1992)가 보여주듯이, 이런 문제들에 완전히 귀를 막고 있는 것은 아니다.
62) *Op. cit.*, p.178.

그러나 모든 보편주의자들이 단일 버전에 대한 이런 집착을 지닌 것은 아니다. 실제로 많은 이들이 이러한 부문에서 물리학이 넘어설 수 없는 지평을 인정한다. 그리하여 미셸 카세[63] 같은 어떤 사람들은 심지어 물질의 기원에 대해 말하기 위해 물리학자의 언어를 버리고 시인의 언어를 채택했다. 이런 결정은 의미심장하게도 하이데거의 것과 동질적이다. 하이데거는 《존재와 시간》의 마지막 부분에서[64] "논리-형식적인 '추상'의 수단들을 통해서는 우리가 존재 일반에 대한 '관념'의 기원과 가능성을 결코 탐구할 수 없을 것이다"라는 확신에 도달함으로써 시인들, 특히 횔덜린의 연구로 방향을 돌렸다.[65]

수평선으로부터 공통의 척도로 측정 불가능한 것으로의 이와 같은 이동에서 내가 보는 것은 우주의 물리적 구조에 대한 우리의 지식과 세계성의 존재론적 구조 사이에 또 하나의 유사성이 있다는 점이다. 우리가 3세기 이상 전부터 상실했던 우주성 속에서 우주는 이제 천체 물리학의 규모들에, 우리의 본질적인 유한성――풍경이나 생명 혹은 이 세상이 되었든――에 부합하고 있다. 그 속에서 또한 우리가 듣는 것은 땅과 하늘, 신적인 것들과 죽어야 하는 것들이 구성하는 하이데거적 '사원체(네 부분으로 구성된 것, Geviert)'의 반향 같은 것이다.

우리 언어의 오래된 낱말을 따르면, 결집은 thing으로 말해진다.[66] 다

---

63) 예컨대 그의 아름다운 책, *Du Vide et de la création*, Paris, Odile Jacob, 1993에서처럼 말이다.

64) Niemeyer판, p.437.

65) 이 점을 Luc Brisson과 Walter Meyerstein은 *Puissance et limites de la raison. Le problème des valeurs*, Paris, Les Belles Lettres, 1995, p.170에서 강조하고 있다.

66) 번역자 앙드레 프레오는 다음과 같이 지적한다. "주지하다시피, 이 게르만어는 공적인 혹은 법률적 집회를 나타냈고, 이어서 확장적으로 법률적 사건·소송·계약·계약, 혹은 계약이나 사법적 결정에 의해 조정된 조건 혹은 상황, 그리고 마지막으로 사물을 지시했다. 독일어로 thing은 Ding가 되었다." *Op. cit.*, note 46, p.181. 물론 이러한 어원은 영어의 thing도 같다.

리――이것의 의미는 우리가 방금 특징지었던 사원체의 그 결집이다
――는 하나의 사물(ein Ding)이다. 사실 사람들은 다리가 우선적으로
그리고 엄밀하게 말해서, 단순히 하나의 다리라고 생각한다. 그 다음에
경우에 따라서 그것은 또한 많은 것을 표현할 수 있다. 그것은 어떤 표
현인 한에서, 예컨대 우리가 방금 말한 모든 것을 위한 상징이 된다. 다
만 다리는 그것이 진짜 다리일 때 우선적으로 하나의 단순한 다리이고
그 다음에 하나의 상징이 되는 게 결코 아니다. 그것은 우선적으로도 조
금은 상징이다. 왜냐하면 그것은 엄밀하게 그것에 속하지 않는 무언가
를 표현할 수도 있기 때문이다. 엄밀하게 생각하면 다리는 하나의 표현
으로 결코 자신을 보여주지 않는다. 다리는 하나의 사물이고 **다만** 그것
이다. '다만' 이라고? 그것이 사물인 한 그것은 사원체를 결집시킨다(짜
맞춘다).[67]

다시 우주는 분리시키는 게 아니라 결집시키는 그 사물이다. 언젠
가는 근대성을 극복함으로써 우리는 인간사를 위해 그 결과들을 끌어
내야 한다. 이것이 이 책의 결론이 제안하려는 것이 될 터이다.

18. 수평선 이쪽에 그리고 그 너머에

사실, 일반 상대성이 우주에 물리학이 극복할 수 없는 수평선을 부
여했다는 사실이 동시에 초래하는 것은 세계를 물리학의 법칙들만으
로, 다시 말해 기하학만으로 환원시킬 수 없다는 그 불가능성이다. 이
법칙들은 그것들의 지배를 한정하는 수평선에 의해 그것들 스스로 특
징지어진다. 여기서는 내 역량을 벗어나는 문제를 일반적으로 다루지

---

67) *Ibid.*

않고 다만 나는 이와 같은 유한성의 두세 개 사례를 인용하고자 한다. 이 유한성은 형이상학적 혹은 신비주의적, 다시 말해 정신적인 넘어섬을 물리학에 필연적으로 부착시킨다. 그리하여 이 사례들도 앞서 제시된 유사함들의 방향으로 간다.

물리학은 사물들에 대한 정보이기 때문에 그것은 이른바 정보의 연산 이론, 즉 TAI[68]를 벗어나지 못한다. 힐베르트, 그리고 괴델과 튜링에 힘입은 집합에 대한 연구 개발인 이 이론은 **복잡성을 측정하게** 해 준다. 예컨대 그것은 공리들의 '복잡성 규모'와 이 공리들에 토대한 결론들의 복잡성 규모 사이에 관계를 확립한다. 그것은 확대 묘사들(예컨대 케플러가 '압축' 했던, 티코 브라헤의 관찰들)을 간결하게, 즉 연산 방식(예컨대 케플러의 법칙)을 통해 표현할 수 있게 되었을 때 '연산적 압축'이 있음을 보여준다. 규칙성이 없어서 정보가 압축될 수 없을 때 '연산적 비압축성'이 있다. 그때 정보는 너무 복잡하기 때문에 불확실하고 계산 불가능한 연속으로 제시된다. 그것을 분석하는 것은 그것을 전체적으로 재생하는 것이다. 그리하여 특히 TAI는 "공리들에 대한 과학은 존재하지 않을 것이다"라는 아리스토텔레스의 단언의 수학적 유효성을 입증하였다. 왜냐하면 공리들에 대한 모든 문제는 그 자체가 매우 복잡하기 때문에 새로운 공리를 도입하도록 유도하기 때문이다. 우주의 극(極)복잡성은 이런 종류의 압축 불가능성들을 나타낸다. 예컨대 은하들의 지류들이 회전하는 속도는 뉴턴의 법칙에 부합하지 않는다는 점을 '설명하기' 위해서 우주 물질의 99퍼센트 이상까지를 나타낼 수 있으리라 생각되는 그 '잃어버린 질량'이라는 '암흑' 물질에 대한 공리를 도입해야 했다. (…) 물리적인 것의 복잡성은 인간사가 덧붙여질 때 훨씬 더 커진다. 인간사는 그것을 초월적인 것

---

68) Gregory J. Chaitin, *Algorithmic Information Theory*, Cambridge University Press, 1987. 나는 이 책을 Brisson Meyerstein, *op. cit.*, note 60을 통해서 접하고 있으며, 나의 간단한 설명은 후자에서 직접적으로 도움을 받고 있다.

으로 설정하는 경우를 제외하면, 우주에 분명히 속한다(따라서 이런 측면은 우주의 복잡성에 자기 지시의 문제를 추가한다). 그래서 TAI는 현실의 연산적 비압축성을 인정하지 않을 수 없게 만든다. 우리는 이 점을 부분적으로만 설명할 수 있다. 나머지에 대해서 우리는 경험적인 관찰을 믿어야 한다.

그렇다면 관찰이란 무엇인가? 전혀 다른 길들을 통해서 양자물리학은 TAI의 것들과 유사한 확인들로 이끈다. 베르나르 데스파냐의 업적이 대중화시켰던 것은 베일에 가린 실재[69]라는 표현의 의미이다.[70] 이 표현이 의미하는 바는 우리가 알 수 있는 경험적 **현실**과 사물들의 진정한 본성이라 할 독립적인 **실재**를 구분해야 한다는 것이다. 이 실재는 '베일에 가려져' 있는데, 그 이유는 우리가 그것의 일반적인 어떤 구조들만을 알 수 있기 때문이다. 물론 이것은 특히 칸트가 제기한 해묵은 철학적 문제이다. 그러나 양자물리학은 많은 역설들을 통해서 그것에 측정 가능한 증거들을 가져다 준다. 예컨대 사물들의 장소를 다시 문제삼는 현상인 비(非)분리성을 통해서 말이다.[71] 따라서 철학적 관점

---

69) p.43, 주 28) 참조. [역주]

70) 특히 그의 종합적 저서인 *Le Réel voilé. Analyse des concepts quantiques*, Paris, Fayard, 1994 참조.

71) 이와 관련하여 *Le Trésor, op. cit.*, chap. 1, note 6, p.642를 인용해 보자. "어떤 동일한 원(源)이 발산하는 광자 쌍들에 대한 상관 조치들, 특히 1983년 알랭 아스페 팀이 수행한 조치는 분명하게 결단을 내린다. (…) 그것이 보여주는 것은 예견된 바와 같이 입자들의 분리할 수 없는 체계들이 확실하게 존재한다는 점이다. (…) 과거에서 상호 작용했던 두 입자들은 어떤 경우들에 있어서 그것들이 서로 매우 떨어져 있을 때조차도 분리할 수 없는 전체를 형성하는 것 같다. 따라서 그것들은 그것들이 형성하는 전체 속에서 개별적으로 구성된다고 생각하는 것은 허용되지 않는다." 이와 같이 장소의 재문제화는 초미의 존재론적 문제를 제기한다. 프랑스어와 영어 같은 언어들이 존재-본질과 존재-장소를 단 하나의 동사 'être'로 말하고 있다(반면에 스페인어에서는 ser와 estar가 그것들을 구분하고 있다)는 사실은 사소한 게 아니다. 이 동사는 '나는 이다, 나는 존재한다, 그리고 나는 여기(거기)에 있다'를 동시에 말한다. 그런데 양자물리학은 이러한 명백성을 전복시킨다. 그것은 그야말로 바깥-존재(ek-sistence)로서의 실존 문제를 입자들과 관련해 물리적 표현으로 제기한다.

에서 보자면, 양자물리학은 우리가 실재는 재현할 수 없고 다만 현실만을, 다시 말해 실재와의 어떤 관계만를 재현할 수 있다는 발상을 확인하게 해준다. 이것을 앙드레 코레는 '실재의 비-포착(a-préhension)'이라는 멋진 표현으로 요약했다.[72]

우리로서는 이와 같은 간단한 외도로부터 다음과 같은 발상을 간직한다.

나는 사물들을 **명명**만 할 수 있다. 기호들은 그것들을 표상한다. 나는 그것들에 대해 이야기만 할 수 있고, **나는 그것들을 발음할 수 없다.** 하나의 명제는 하나의 사물이 어떤 양태인지(comment) 말만 할 수 있지 그것이 무엇인지 말할 수 없다.[73]

사실 여기서 우리는 우리가 현실을 포착하는 표현들의 문제를 더 이상 미룰 수 없는 지점에 도달했다. 이 문제는 외쿠메네의 문제틀 중심으로 우리를 곧바로 인도한다. 이와 같은 문제틀의 구축은 이 책에서 남은 부분의 대상이다. 그러나 그 이전에 나는 《티마이오스》로 되돌아감으로써 이 일차적인 세 장(章)의 존재-우주론적인 틀을 마감하고자 한다. 사실 이것이 양자물리학의 가장 과감한 이론들 가운데 하나가 우리를 끌고가는 지점이다. 이 이론은 로저 펜로즈가 이러한 토대를 바탕으로 '의식의 과학'에 대한 윤곽을 잡으려는 시도이다.[74]

양자물리학의 가장 큰 역설은 그것의 법칙들과 이른바 고전적인, 다시 말해 '거시적인' ——이 말은 '플랑크 크기'인 10^{-33}cm(10억분의 1

---

72) André Coret, *L'A-préhension du réel. La physique en questions*. Amsterdam, OPA/Éditions des archives contemporaines, 1997.

73) "*Die Gegenstände kann ich nur* nennen. *Zeichen vertreten sie. Ich kann nur von ihnen sprechen, sie aussprechen kann ich nicht. Ein Satz kann nur sagen, wie ein Ding ist, nicht was es ist.*" Ludwig Josef Wittgenstein, *Tractatus Logico-Philosophicus*, 3.221. Coret, *ibid.*, p.124에서 재인용. 번역을 약간 수정했음.

의 10억분의 1의 10억분의 1의 1백만분의 1센티미터)[75]를 능가하는 크기
들로 관찰된 현상들을 의미한다——수준과 관련된 물리학 법칙들 사
이에 존재하는 격차이다. 이 크기 이하에서 관찰되는 것은 상태들의
겹침이다. 예컨대 살아 있으면서 동시에 죽은, '슈뢰딩거의 고양이'라
는 유명한 예가 있다. 여기에는 '파동 덩어리의 비환원'이 있다. 곧 두
개의 중력장과 시-공간의 두 개의 구부러짐이 공존하는 것이다. 이 두
개의 시-공간이 10^{-33} 이하로 차이가 날 때 두 개의 상태는 공존한다.
그 이상이면 고양이는 살아 있든지 죽었든지이다. '파동 덩어리의 환
원' 아니면 결어긋남(décohérence)이 있다. 펜로즈는 결정을 내리는 것
은 관찰이 아니라 자연 자체라고 생각하는 사람들 편에 속한다. 다시
말해 질량에 역비례적인 어떤 시간 내에 자연 발생적인 환원이 있다는
것이다. 거시적 대상들의 질량은 매우 크기 때문에 환원은 거의 순간
적이다. 따라서 고전(거시)물리학에서 관찰될 수 있는 것은 오로지 살
아 있는 고양이들이든지, 죽은 고양들이든지이다. 이것은 이항적 계산
에 적합하다. 그런데 뇌에서는 신경 단위들의 미소세관들의 차원에서
'레이저 효과'가 있을 것이란다. 겹쳐진 동일한 여러 개의 파동들 사
이에 양자적 응집이 있다는 것이다. 미세세관들은 망을 형성하고 의식
은 뇌의 양자적 응집(이것을 막는 것이 마취제들이라고 한다)으로부터
태어난다는 것이다.
　　이러한 가정들은 펜로즈를 두 종류의 결론으로 유도한다. 우선 이러

---

74) Roger Penrose, *Les Ombres de l'esprit. À la recherche d'une science de la
conscience*, Paris, Interéditions, 1995. 매우 흥미있는 이 책의 간력화된 소개(게다가 이
것의 일반적인 논지는 아주 이해하기 쉽다)를 보려면, Roman Ikonicoff, "La physique
qui veut expliquer la conscience," *Science et vie*, 945, juin, 1996, pp.60-67.
75) 이 한계는 물리학의 상수들에, 다시 말해 어떤 물리적 양들이 취하는 고정된
값들에 속한다. 허공 속의 빛의 속도와 같은 이 상수들은 물리학 법칙들이 확립되는
토양 같은 것이다. 그러나 그것들을 확인된다 할지라도 그것들이 왜 존재하는지는
설명될 수 없다.

한 응집에 의거하기 때문에 의식은 계산을 통해 포착 가능하고, 특히 컴퓨터의 이항적 기능 작용으로 환원될 수 있다는 것이다.[76] 따라서 인공 지능은 환상이다. 그러나——이것이 두번째 결론인데——제3의 세계, 즉 '수학적 형태들의 플라톤적 세계'[77](p.401)를 통해 정신적 세계와 물리적 세계 사이에 신비한 연관이 존재한다. 이 형태들은 필시 정신적 활동으로부터 나타난다. 그런데 유진 위그너가 1960년에 한 강연, 펜로즈가 해설한 문제의 그 강연 내용에 따르면, 경험으로 확인되는 것은 '물리 과학들에서 수학의 엄청난 효율성'(p.403)이다. 이미 뉴턴 우주론의 범주 내에서 정확성은 약 1천만분의 1이다. 오늘날 아인슈타인의 우주론에서 그것은 $1/10^{12}$이다. 따라서 우리는 '우주의 메커니즘들에서 사전에 존재하는(préexistente) 어떤 수학적 하부 구조'(p.403)에 대해 생각하지 않을 수 없다.

이와 같은 초시간적인 수학적 속성들은 플라톤의 세계 속에——탁월한 추리를 하면서 탁월한 발상들을 했던 사람들에 의해——발견되기를 기다리는 불변의 진리들 형태로 존재했다(p.404).

〔불완전성 정리〕에 대한 괴델의 논증이 말하는 것은 도달 불가능한 수학적 진리들이 존재한다는 게 아니라 인간의 직관이 형식적인 추론으로도, 계산 가능한 절차로도 환원 불가능하다는 것이다. 뿐만 아니라 그것은 플라톤적 수학 세계의 존재를 분명하게 긍정한다. 수학적 진리는 인간이 기원인 어떤 형식적 체계의 법칙들에 의해 임의적으로 결정되지 않는다. 그것은 연산 규칙들의 그 어떤 체계로도 환원 불가능한 절대적 성격을 지니고 있다(p.406).

---

76) 사실 펜로즈는 인간의 지능을 재생하고 넘어서겠다는 AI(인공 지능)의 포부에 이의를 제기한다.

77) 이것은 '세계의 영혼'을 상기한다. p.103, 주 5) 참조.

이로부터 '세 개의 세계'——정신적 세계, 물리적 세계 그리고 수학적 세계——사이의 상응 관계가 비롯되며, 그것들은 사실 '단 하나의 세계'에 불과하다(p.408).

인간이 지닌 각각의 의식적 뇌는 우리의 근본적으로 수학적인 우주 조직을 이용하게 해주는 미묘한 물리적 구성 요소들로부터 구축된다——그리하여 우리는 차례로 '이해'라는 이러한 플라톤적 특질 덕분에 우리 우주의 행동을 다양한 수준에서 직접적으로 지각할 수 있다(p.408).

*

우주의 틀 안에 들어온 것으로 이제 우리가 흥미를 느끼는 수준은 감각적 현실의 수준이다. 그것은 양자물리학의 수준도 아니고, 천체물리학의 수준도 아니다. 그것은 과학이 도달할 수 있는 이 두 종류의 크기 사이에 존재하며, 플라톤과 펜로즈가 그 존재와 신비를 동시에 시사해 주는 규모를 통해 그것들을 연결시킨다. 존재라고 언급한 이유는 이렇다. 즉 하나의 기호적(상징적) 체계——수학——가 물리학에서 $1/10^{12}$의 정확성에 도달하고 있다고 말하는 것은 말과 사물이 우주의 본성 속에 공통적 토대를 지니고 있으며, 의미가 기호의 자의성 원칙을 철저하게 넘어서고 있다고 말하는 것이다. 또한 신비라고 언급한 이유는 이렇다. 이와 같은 관계는 과학을 성립시키는 동일성 원리, 즉 "A는 비(非)A가 아니다"의 이원성과 단지 관계되는 것만이 아니라는 것이다. 왜냐하면 기호들의 상징성은 그 속에서 수취인이고, 이와 함께 예컨대 "S는 P이다"처럼 인간의 말을 통한 사물들에의 속성 부여라는 3원적 원리이기 때문이다.

달리 말하면 현실에서 A는 A('S')이자 동시에 비A('P')이다. 사물들은 그것들 자체에 대해 그리고 동시에 말에 대해 **공통 척도로서의 비례**(summetria)를 지니고 있다. 그리고 바로 이러한 규모 속에 그것들의 의미가 있다.

이제 외쿠메네적 관계에 대한 분석이 밝혀 주게 되는 것은 의미의 이러한 규모이다.

제2부
사물의 인간화

제4장
귀속유동성

Diu minne ist der natur,
daz si den menschen wandelt
in die dinc, die er minnet.[1]
마이스트 에크하르트

Panta chôrei kai ouden menei.[2]
플라톤, 헤라클레이토스에 대하여

19. 사물의 투과성(透過性)

'귀속유동성(mouvance)'을 언급하는 것은 소속과 운동성을 동시에
상기시킨다. 첫번째 의미는 중세의 봉건적 어휘에서 온 것인데, 이 어
휘에서 mouvance라는 낱말은 봉토가 그것이 속한(수동적 귀속유동성)
각별한 영지에 대해 종속됨을 의미할 수 있었든지, 봉토에 대한 이 영
지의 지배(적극적 귀속유동성)를 의미할 수 있었다. 두번째 의미는 움직
이는 것, 다시 말해 움직이고 변화하며 진화하는 것의 성격을 말한다.
내가 귀속유동성에 대해 언급하는 의미는 이 두 용법을 결합한다. 이

---

1) "사랑은 그 본성으로 인해 인간을 그가 사랑하는 사물들로 변모시킨다." Martin
Heidegger, "La chose," *Essais et conférence*, Paris, Gallimard, 1958, p.210에서 재
인용.
2) "모든 것은 자리를 이동하고 아무 것도 머물지 않는다," Platon, *Cratyle*, 402a.

를 통해 우선 내가 말하고자 하는 바는 외쿠메네적 관계가 수동적이면서 동시에 능동적이라는 점이다. 모태이자 자국인 플라톤의 **코라**처럼(§3), 우리의 환경은 우리와 관련해 수동적이면서 동시에 능동적인 귀속유동성의 상태에 있다. 그것은 우리가 영향을 미치는 영역이며, 우리 행동의 흔적을 지니는 영역이다. 그러나 그것은 또한 우리에게 영향을 미치는 영역이고 우리가 어떤 식으로든 소속되는 영역이다. 다음으로 내가 말하고자 하는 바는 외쿠메네가 수평선들처럼 유동적인 경계와 변화하는 초점화를 지닌 유동적인 관계라는 것이다. 이 관계는 끊임없이 진화하지만 갑작스러운 균형상의 변화들(예컨대 유행 현상들이 그렇듯이, 게슈탈트 심리학적 혹은 톰적인[3] '재앙들')을 경험한다.

우리가 단번에 인정해야 할 점은 이 귀속유동성이 주체/대상이라는 이원론으로 이해될 수 없다는 것이다. 인간의 환경은 하나의 관계이지 대상이 아니다.[4] 환경에 대해서 우리는 데카르트의 경우에서 보는 것과는 달리, 펼쳐진 실체(res extensa) 앞에 있는 생각하는 실체(res cogitans)가 아니다. 그의 경우 후자의 활동, 먼저 정신적이고 다음으로 의지적 행위를 통해 결과적으로 물질적이 되는 그 활동이 전자에 일방적으로 투영된다고 보는 것이다. 존재론적으로 우리는 우리 환경의 사물들이 그렇듯이, 이러한 관계의 특징을 띠고 있다. 이것이 의미하는 바는 우리의 존재와 사물들의 존재가 서로 겹치고 혹은 심지어 어느 정도 동일화된다는 것이다. 따라서 우리는 이 사물들과 주체/대상의 단순주의적 이원성과는 훨씬 복잡하고 더 유동적인 관계를 지니고 있다.

이번 장과 다음 장들에서 우리는 이 관계를 분명히 밝힐 것이다. 우선적으로는 우리에게 사물들이 무엇인지에 대해 집중할 것이고(제4,5,6장), 다음으로 우리 자신이 이 관계에서 무엇인지에 대해 전념할

---

3) 르네 톰의 복잡계의 카타스트로피 이론 참조[역주].
4) 개념적으로 지리학, 혹은 보다 분명히 말하면 **환경학**(mésologie: 인간 환경의 연구)과 같은 문화지리학의 경우를 제외하면 말이다. 인간 환경은 이 학문들의 대상이다.

것이다(제7,8장). 즉 우리는 불꽃이 그럴 수 있듯이 유동적인 중심점이고, 우리의 동류 인간들——이들은 우리를 닮아 있지만 우리는 그것들이 결코 될 수 없을 것이다——이라는 그 다른 중심점들에 훨씬 복잡한 방식으로 결합된 중심점이다.

하나의 단순한 사례를 통해서 이 사물들에 접근해 보자. 나는 1999년 8월에 한 일본 호텔의 복도에서 천체물리학자 케네스 브레셔와 가진 토론에서 이 사례를 얻었다. 토론의 대상은 현실의 위상이었다. 다소 땅 중심적인 나의 논증에 반발했던 브레셔는 문제를 상세히 검토했다. "좋습니다. 이 연필을 보세요. 이게 무엇입니까?"

따라서 연필, 이 연필을 예로 들어 보자. 이 천체물리학자는 우선 먼저 그것을 시-공간 속에서 위치를 확정한 뒤 분석을 시도한다. 외형적 형태·질량·구성 요소들 등을 말이다. 마지막으로 그는 그것을 '연필'이라 명명하고 이렇게 말한다. "하나의 연필, 그것은 이것이다!" 그렇다면 우리는 '연필'이라는 대상의 모든 것을 알게 되는가? 아마 '암흑 물질,' 즉 천체물리학을 벗어나는 잃어버린(결여된) 그 질량을 제외하면 그럴 것이다.[5] 한편 지리학자는 연필을 손에 쥐고 검토하고, 다루어 본 뒤 이렇게 결론을 내린다. "이것은 글을 쓰기 위한 사물이군!"

이러한 두 가지 방식은 다르다. 두번째 방식은 외쿠메네를 신뢰하는데, 첫번째 방식은 외쿠메네가 없다. 그러나 둘은 그것들이 말하지 않는 것, 즉 잃어버린(결여된) 질량을 통해서 서로 닮고 있다. 이 질량이 없으면 우리는 연필이라는 존재를 부분적으로만 포착한다. 그렇다면 두 경우에서 연필의 존재에 결여된 질량이란 무엇인가? 그것은 지리학자의 행동이 압축하고 있는 모든 암묵적인 것이다. 이 암묵적인 것은 그가 그의 연필과 함께 그 특성을 띠고 있는 환경, 즉 연필과 지

---

5) 최근 소식에 의하면, 이 질량은 전보다 훨씬 더 총체적으로 결여되어 있다. 그러나 엄밀하게 말하면 우리는 더 이상 전혀 결여되지 않을 때에야 비로소 결여된 질량이 무엇인지 알 수 있을 것이다.

리학자의 존재에 필요한 환경-기술-상징적인 관계적 조직이다. 천체 물리학자의 방식은 이 환경를 자신의 원리 자체에서 배제시킨다. 그런데 지리학자는 그것을 객관화할 수 있기가 어렵다. 왜냐하면 그 자신의 존재가 그 속에 투여되어 있기 때문이다.

이러한 관점에서 하나의 연필을 정의한다는 것은 존재론에 도움을 청하라고 요구한다. 이 문제에 관해 존재론은 하이데거가 항아리와 관련해 썼던 글을 통해 진가를 드러냈다. 게다가 이 글은 매우 지리학적이기도 하다.

항아리를 항아리로 만들어 주는 그 무엇은 사람들이 제공하는 것을 부어 따르는 데(im geschenk des Gusses)서 자신의 존재를 펼쳐낸다. (…) 부어 따라진 물 속에 샘은 지체한다. 샘 속에는 바위들이 존재하고 있으며 이 바위들 안에는 하늘로부터 비와 이슬을 받는 대지의 무거운 잠이 있다. 하늘과 땅의 결합은 샘의 물 속에 존재한다. 그것은 포도나무의 과일이 우리에게 주는 술 속에 존재한다. 이 과일 속에서 땅에서 영양을 주는 실체와 하늘에 있는 태양의 힘은 서로를 맡긴다. 물 따르기, 술 따르기 속에 하늘과 땅은 매번 존재한다.[6]

이 글 속에는 우주적 질서의 나타남(cosmophanie),[7] 신성한 무엇의 나타남(hiérophanie)[8]이 있다. 이런 나타남을 하나의 연필과 관련해 설명하기는 어려운 것 같다. 설령 어떤 천체물리학자에 의존한다 할지라도 말이다. 따라서 우리는 하이데거가 항아리와 관련해 드러내는 것과는 다른 방식으로 할 것이다. 우리는 우리 연필의 장소 · 세계 · 우

---

6) Martin Heidegger(André Préau 번역), "La chose," *Essais et conférences*, Paris, Gallimard, 1958(*Vorträge und Aufsätze*, 1954), pp.203-204.
7) Cosmophanie는 어떤 우주적 질서의 나타남을 말한다.
8) Hiérophanie는 성스러운 어떤 것의 나타남을 말한다.

주가 어떤 것인지 자문할 것이다. 왜냐하면 사물들의 존재를 말할 수 없을 때 그것들이 어디에 있는지 안다는 것은 그것들을 한정하도록 돕기 때문이다.

우주를 대충 다루어 보자. 천체물리학은 그것이 이런 관점에서 말하지 않을 수 없었던 것을 우리에게 이미 간략하게 묘사해 주었다. 연필들은 인공물이기 때문에 우리의 실존과 관련해 그것들의 장소, 그것들의 세계가 무엇인지에 대해 탐구하는 것이 보다 흥미롭다. 이런 점을 고려할 때 하나의 연필은 아리스토텔레스 방식으로 그것의 **토포스**를 통해서, 혹은 플라톤식으로 그것의 **코라**를 통해서 포착될 수 있다 (그러면서 그것의 이데아는 제쳐둘 수 있다. 왜냐하면 여기서는 세계성이 문제이기 때문이다).

아리스토텔레스 같으면 연필의 **토포스**는 그것이 지닌 부동의 윤곽이라고 말할 것이다. 이 윤곽이 연필의 경계를 한정한다. 다시 말해 그것의 존재를 한정한다. 이와 같은 규정 속에는 사물들의 동일성에 대한 아리스토텔레스의 견해, 서양에서 배중율의 논리를 확립한 견해가 드러난다. 연필의 존재 혹은 연필이라는 논리적 주어의 동일성은 그것의 **토포스**를 벗어날 수 없다. 그것을 벗어난다는 것은 그것을 변경하는 것이 될 것이다. 왜냐하면 토포스는 부동의 한계이기 때문이다. 동시에 그것을 벗어난다는 것은 토포스의 동일성을 바꾸는 것이 될 것이다. 그러면 사물은 동일한 형태를 더 이상 지니지 않을 것이고, 따라서 동일한 존재도 아닐 것이다. 왜냐하면 아리스토텔레스 철학이 말하고 있듯이, 형태는 존재에게 사물을 부여하는 것(forma dat esse rei)이기 때문이다. 우리가 알 수 있듯이 이와 같은 견해는 사물들을 측정하도록 유도한다. 그리고 바로 이러한 측면에서 주어의 동일성 원칙과 나란히 아리스토텔레스의 사유는 근대의 과학적 합리주의의 두 원천 가운데 하나이다(다른 하나는 우리가 보았듯이 플라톤의 형이상학이다). 우리가 연필의 **토포스**가 위치하는 공간을 규정할 수 있는 가능성을 이러한 견해에다 덧붙인다면, 근대성을 구성하는 모든 요소들을 갖게 될 것이다. 그러기 위해, 그리고 시대착오에 대한 두려움 없이 우리가 말할 수 있는 것은 이 **토포스**가 '손 앞에 있는(vorhanden[9])' 대상, 하이데거가 24세기가 지난 후 비판하게 될 **연장**(extensio) 속에 있는 대상으로서의 연필 위치(Stelle)의 잠재태이다는 점이다. 실제로 거기에 오직 결여되어 있는 것은 우리로 하여금 '펼쳐진 사물,' 다시 말해 물질의 윤곽을 엄격하게 그리게 해줄 수 있는 데카르트적인 좌표들이다. **토포스**는 '연필'이라는 대상이 물질적으로 어디에 있는지 규정해 준다. 그 이상 그 이하도 아니다. 따라서 그것은 이 대상의 물질적 장소라고 말하자.

그렇다면 이제 우리 연필의 **코라**는 어떻게 되었는가? 우선 우리가 기억해야 할 것은 이 **코라**가 우리로 하여금 연필을 하나의 고정된 동일성이 아니라 하나의 탄생, **제네시스**(genesis)로, 다시 말해 되어지는 무엇으로 간주하지 않을 수 없게 할 것이라는 점이다. 동일성은 연필의 **이데아**가 지닌 동일성이다. 따라서 여기서 그것은 우리와는 관계가 없다. 우리가 또한 상기해야 할 점은 **코라**가 사물의 실존에 필수불가결하다는 것이고, 그것이 이 실존과 불가분의 관계에 있다는 것이며, 끝으로 그것이 이 실존의 자국이자 모태라는 점이다. 이 모든 것이 우리에게 분명히 말하는 바는 연필의 **코라**가 연필의 **토포스**로 귀결될 수 없다는 것이다. 그것은 그러한 물질적 장소와 이 장소의 윤곽으로 환원될 수 없다.

그렇다면 연필의 물질적 장소로 환원 불가능하며 그것의 윤곽을 초월할 수 있는 이 장소는 무엇일 수 있는가? 그것의 환경이다. 다시 말해 관계적 직물/조직이며 이 조직 안에 연필이 존재하고, 그것이 없다

---

9) 하이데거는 《존재와 시간》에서 '손 안에(zuhanden)' 있는 것을 '손 앞에(vorhanden)' 있는 것과 구분한다. 전자의 경우 자신의 습관적 장소에 있는 친근한 사물을 말하고, 후자의 경우는 공간 속의 어딘가에 있는 어떤 대상을 말한다.

면 연필은 존재하지 않을 것이다. 사실 우리 지리학자의 정의는 우리를 바른길로 인도했다. "글을 쓰기 위한 사물"이라는 것은 우선적으로 문자 언어(글쓰기)라는 상징적 체계를 상정한다. 글쓰기는 차례로 그것이 재현하는 또 다른 상징적 체계, 즉 음성 언어(말)를 함축한다. 두 체계는 인간 관계, 즉 이 체계들을 통해서 소통하는 사람들의 관계를 함축한다. 다른 관점에서 보면 문자 언어는 하나의 기술적 체계인데, 이 체계는 이번에는 매우 물질적인 자연적 혹은 인위적 사물들을 함축한다. 연필용 나무를 생산하기 위한 숲, 연필의 심을 생산하기 위한 결정화된 탄소, 종이를 생산하기 위한 제지 공장(연필은 허공에다 글을 쓰는 게 아니다)이 필요하며, 또 우리가 글을 쓸 때 종이를 놓을 수 있는 테이블이 필요하다.

따라서 이런 기술적 · 상징적 체계들은 우리가 지상에 있기 때문에 환경적이기도 한데, 연필의 실전적 장소를, 즉 그것이 존재하기 위해 필요한 것을 형성한다. 그렇다면 대체 연필은 어떤 면에서 **제네시스**(생성)인가? 왜냐하면 우리가 상기 조건들이 연필이라는 실존의 모태라는 점을 분명히 이해한다면, 그것들이 어떻게 연필의 자국이 될 수 있는지 의문이 들기 때문이다. 대답은 단순하다. 넓은 의미에서 연필이 없다면, 다시 말해 글을 쓰기 위한 사물들이 없다면 문자 언어(글쓰기)는 존재하지 않을 것이기 때문이다. 또한 연필을 생산하게 해주는 기술적 체계들도 존재하지 않을 것이다. 왜냐하면 이 체계들은 바로 이런 목적을 위해서 구상되었기 때문이다. 숲 자체도 최소한 연필 원료의 보고로서는 존재하지 않을 것이다. 그것은 다른 관계로 다르게 존재할 것이다.

— 그 모든 것은 매우 상대적이군!

— 물론이죠, 본질적인 것은 바로 그 속에, 그러니까 그 상대성 속에 있죠. 인간 환경과 관련해 포착해야 하는 것은 바로 이 점입니다. 연필은 그것이 편입되는 현실을 **전제하고, 그것을 생성시킨다**는 점을

이해해야 합니다. 이러한 존재 방식이 환기시키는 것은 실체라기보다
는 귀속유동성입니다. 보다 정확히 말하면 이 방식은 귀속유동성을 실
체에 덧붙이고 결합시킵니다.

요약해 보자. 연필의 존재는 그것의 물질적 장소 안에 있으면서 **동
시에** 그것의 실존적 환경(장소) 안에 있다. 그러니까 그것은 그것의 **토
포스**와 **코라** 안에 있다. 되풀이하지만 이런 측면은 주체나 객체, 객관
성이나 주관성의 용어로는 포착되는 게 결코 불가능하다. 연필을 그
것의 **토포스**로 한정하는 것이 객관적일 수는 없을 것이다. 왜냐하면
연필이 존재하기 위해서는 어떤 **코라**가 객관적으로 필요하기 때문이
다. 이 코라가 주관성에 속한다고 주장하는 것도 허위일 것이다. 왜냐
하면 숲과 제지 공장은 객관적으로 존재하며 연필의 실존에 객관적으
로 필요하기 때문이다. 그러나 또한 사실인 것은 연필의 실존에 역시
필요한 상징적 체계들(문자 언어·음성 언어 돈 등)이 많은 주관성의
매개물들이라는 점이다. 문학·사랑의 편지·지폐·투기·상상력 등
을 통해서 말이다.

따라서 사물들의 존재론이 인정하지 않을 수 없게 만드는 것은 존
재의 외쿠메네적 방식——다시 말해 단순히 현실——이 객관적 영역
에도 주관적 영역에도 본래 속하지 않는다는 점이다. 나는 이 방식을
투과성(trajectivité)이라 부른다.[10] 연필의 존재는 외쿠메네의 모든 사물
들의 존재가 그렇듯이 투과적(trajectif)이다. 이것이 의미하는 바는 연
필의 존재가 주관적인 것과 객관적인 것을 포갠다는 것이고, 그것이
자신의 물질적 장소를 필연적으로 전제하면서 그것을 넘어선다는 것

---

10) "Milieu, trajet de paysage et déterminisme géographique," *L'Espace géogra-
phique*, XIV(1985), 2, 99-104 참조. 그리고 보다 심화된 전개를 위해서는 *op. cit.*,
서론 note 6 참조. 또한 논문 "Trajection"(pp.85-86) in Augustin Berque *et al.*, *La
Mouvance. Du jardin au territoire, cinquante mots pour le paysage*, Paris, Éditions
de la Villette, 1999 참조.

이다. 마찬가지로, 환경은 물질적**이면서도** 비물질적이고, 주관적**이면서도** 객관적이다. 외쿠메네 전체가 그런 식으로 작용한다.

이것이 전부가 아니다. 왜냐하면 외쿠메네에서 현재는 과거 없이는 그리고 미래 없이는 아무것도 아니기 때문이다. 현재 순간에 나의 연필이 (기호 세계나 정신 세계에서) 상징적 이동을 통해서만 스칸디나비아의 숲을 "가리킨다(renvoie)"[11]고 할지라도 그 이전에 필연적으로, 스칸디나비아의 소나무 한 조각이 결국은 내 책상 위의 연필로 다시 나타나게 했던 물질적 이동들의 연쇄가 일어난다. 다른 한편으로 내가 알고 있듯이, 이 연필의 심은 마모될 것이고 연필은 짧아질 것이다. 언젠가 연필은 쓰레기통에서, 그리고 공공 소각로를 통해 대기 속에서, 따라서 대지 위의 거의 도처에서 그리고 바다 속에서 소멸할 것이다. 그것은 많은 것들을 글로 썼을 것인데, 이것들은 원칙상 정신 세계에 속할 것이지만, 여전히 종이 위에 물질적으로, 그리고 그것들을 읽은 사람들의 신경 세포들 속에 생물학적으로 존재할 것이다. 이것이 연필의 실존이 펼치는 **투과 도정(trajet)**이다. 그래서 바로 이 점에서 또한 그것은 투과적이다. (가장 덜 물질적인 것들을 포함해) 외쿠메네에 있는 모든 사물의 투과성이 그렇듯이, 내 연필의 투과성이라는 이러한 존재론적(보다 정확히 말하면 존재발생론적) 길잡이는 조금씩 세계의 기원으로 거슬러 올라가며, 그것이 차츰차츰 끌고 가는 것은 세계의 종말이다. 여기 있는 연필을 통해서 투과성은 기원과 종말 가운데 하나에서 다른 하나로 필연적으로 간다. 따라서 연필의 **토포스**만을 고려하는 이러한 길잡이(실)를 자른다는 것은 연필을 세계로부터 떼어내는 것일 뿐 아니라 세계를 꿰맨 실을 풀어헤쳐 버리는 것이다.

그리하여 외쿠메네의 시-공간에서 사물들의 투과성은 이중적 가치

---

11) '지시'(Verweisung)의 문제틀은 하이데거가 《존재와 시간》에서 자세히 다루고 있다.

가 있다. 공간적으로 사물들의 **토포스**와 **코라**는 서로를 지시하고 있 듯이, 마찬가지로 시간적으로 그것들의 현재는 미래 못지않게 과거도 **포함한다.** 매순간 각각의 사물이 구현하는 것은 하나의 이야기이고, 그것이 자기 환경의 귀속유동성 속에서 끌어들이는 것은 내일들이다. 투과성이라는 낱말이 어떤 상태나 속성을 개념화한다면, 그때 또한 중요한 것은 어떤 과정, 즉 **투과**(trajection)[12]이다. 이 용어는 시-공간 속에서 (테크닉을 통한) 운반들과 (상징을 통한) 은유들[13]처럼 물질적 · 비물질적 이동들의 역동적인 상황을 표현한다. 사물의 현실, 즉 그것 의 구체성을 만들어 주는 것은 이 모든 것이 하나의 동일한 중심점을 향해 가는 수렴이다.

20. 구체성, 존재의 귀속유동성 그리고 인간 환경체

사물이 지닌 제1의 구체성, 다시 말해 사물이 우리한테 진정으로 존 재하게 해주는 그 구체성은 사물이 그것의 **코라**가 지닌 관계적 직물/ 조직을 하나의 **토포스**로 결집시킨다는 것이다. 이런 사실로 인해 사물 은 우리를 끌어들인다. 왜냐하면 우리 역시 사물의 방식은 아니지만 우리 식으로 이와 같은 관계적 직물/조직에 속하기 때문이다. 능동적 이면서 동시에 수동적인 우리는 이 조직 속에 우리의 실존을 **투과시킨 다**(trajectons).[14] 그리고 바로 그렇기 때문에 우리 환경의 사물들은 투과 적이다.

---

12) 이 낱말은 횡단이나 이동을 의미하는 라틴어 trajectio에서 비롯되었다. 예컨대 16세기 몽테뉴 작품에서 프랑스어는 동사 trajecter를 이전하다/운반하다라는 의미로 사용했다.

13) 우리가 상기해야 할 점은 그리스어 metaphora가 '운반, 이동'과 엄격하게 동 일한 것을 의미한다는 사실이다. 그런 만큼 오늘날 그리스 도시들에서 공공 운송(교 통) 수단은 정확히 metaforai라 불린다.

우리가 앞에서(§2) 보았듯이, 구체적(concret)이라는 형용사의 어원은 '함께 자란다'를 의미하는 concrescere이다. 이 낱말에 포함된 관념은 요소들이 한 사물의 형성 과정에서 서로 결집하고, 서로를 서로에게 추가하며 함께 서로를 지탱한다는 것이다. 예컨대 콜루멜라[15]는 《농학론》에서 '계곡들을 형성한 충적토에 대해' valles quae fluminum adluvie concreverunt, 3, 11, 8) 이야기한다. 내가 이 어원을 강조하는 것은 외쿠메네와 관련해서 볼 때, 다음과 같은 사실을 염두에 두는 게 매우 중요하기 때문이다. 즉 모든 사물은 그것의 근본적 구체성인 그 무엇 안에 다양한 물질적·비물질적·생태적·기술적·상징적 영역들이 함께 지탱되도록 하기 위해 이 영역들에 대한 지시들을 하나의 묶음으로 결집한다는 것이다. 그 반대로 우리는 구체성(concrétude)을 사물의 물질적이고 정적이며 제한된 측면으로, 영어에서 '베통'의 의미(콘크리트, concrete)가 되고 말았던 의미로 생각하는 경향이 있다. 이보다 더 허위인 것, 아니면 최소한 편협한 것은 없다. 그것은 사물의 **토포스**에 불과한 것이다. 다만 그것은 사물의 현실이 지닌 하나의 측면인 것이다. 사실 하나의 사물은 우리가 그것의 현재 모습을 만들어 주는 데 협력하는 특질들·과정들·이야기·목적들 전체에서 그것을 분리시키지 않을 때 구체적이다. 이것은 물질적인 것 이외에도 많은 비물질적인 것을 의미한다. 생태적인 것과 기술적(技術的)인 것 이외에도 많은 상징들을 의미하며, 현재 속에서 흘러가는 많은 시간을 의미한다.

하이데거의 어휘에서, Geviert, 즉 우리가 §17에서 이미 만났던 그 사원체는 하나의 사물이 그 모든 것을 결집한다는 관념을 상징한다. 항아리처럼 말이다.

---

14) 강조할 것은 이것이 대상에 대한 주체의 일방적인 투영이 아니라는 사실이다. 제5장은 이 투과를 보다 분명하게 다룰 것이다.

15) 에스파냐 출신의 로마 작가로 세네카와 동시대의 인물이다. [역주]

따른다는 것은 (용기에) 옮겨 붓는다거나 흘려보낸다는 것만이 아니다. (…) 제공된 액체의 붓기에는 땅과 하늘, 신적인 것들과 죽어야 하는 것들이 **함께** 존재한다. 이 모든 것들은 그것들 자체에 입각해 결합되어 있다. 네 범주는 서로를 지탱한다. 모든 현재적 사물을 예고하는 그것들은 하나의 유일한 사원체의 단순성 속에서 포착된다. 그런데 항아리로서의 항아리는 붓기에서 자신의 존재를 완성한다. 이 붓기는 붓는다는 것에 속하는 것을 결집한다. 이중적 포함하기, 그릇, 비어 있음 그리고 증여로서의 붓기가 그것이다. 붓기 속에 결집되는 것은 그것이 사원체를 붙잡고 나타나게 한다는 점에서 그것 자체가 스스로 결합된다. 다양한 방식으로 단순한 이러한 결집은 항아리의 존재 자체이다.[16]

우리가 버려야 하는 환상은 이런 것이다. 즉 사물들의 물질적 측면을 알 수 있고, 그러고 나서 이름을 시작으로 상징적(기호적)인 것을 그 위에다 붙일 수 있다고 보는 천체물리학자들처럼 사물들 앞에 우리가 있다는 환상 말이다. 우선 대상이 있으며, 그런 뒤에 표상되고 언급되고 사회적으로 의미 있는 사물이 있다는 것 말이다. 이것이 근대적인 환상이다. 이 환상은 세계를 우주(단일 버전)로 전복시킨다. 마치 우리가 살아가기 이전에 물리학을 실천하고 있듯이 말이다. 그 반대로 하나의 사물은 그 근본적 구체성에서 언제나 상징적이다. 특히 그것은 언제나 이미 하나의 이름을 지니고 있다──설령 이 이름이 모든 것 같은 가장 일반적인 '어떤 것'이라 할지라도 말이다.

— 맞는 말이다. 하지만 우리가 아직 알지 못하는 사물들에 직면할 때는 어떤 일이 벌어지는가? 많은 세계들의 발견자들, 예컨대 자크 카르티에[17] 같은 자들이 처음으로 자신들이 만나는 장소들과 존재들 가

---

16) *Op. cit.*, note 1, pp.205-206.
17) 프랑스의 16세기 탐험가, 특히 북아메리카 몬트리올 부근을 탐험, 프랑스의 캐나다 통치에 기틀을 마련하였다. [역주]

운데 어떤 것들을 그들 스스로 명명할 때 말이다. 게다가 갓난아기들은 사물들을 만지는 것보다 훨씬 뒤에 말하는 것을 배우고, 하물며 지각하는 것은 더 말할 필요도 없지 않은가?

— 그런 식으로 추론하는 것은 외쿠메네의 귀속유동성을 고정시키는 것이다. 그것은 대상 정지를 통해 이 귀속유동성을 고정된 동일성들의 수집(collection)으로 응결시키는 것이다. 그리하여 여기에다 위치+물리적 모습+이름+사용 등이 덧붙여질 수 있을 것이다. 냉동된 것들의 이런 창고는 외쿠메네의 현실이 아니다. 이 현실은 사물들뿐 아니라 이 사물들과 함께 우리 자신들의 영속적인 **생성**(genesis)이다. 새로운 세계들의 사례는 기만적이다. 왜냐하면 그것은 근대로 옮아가는 상황에 있던 유럽이 그 나름의 보는 방식들을 자기 것이 아닌 현실들에 확대하고 과중하게 부과했던 매우 특별한 경험이기 때문이다. 게다가 대발견들과 아메리카의 식민지화가 근대적 시선의 점진적 생성 속에 포함되는 것은 다 이유가 있다.[18] 이 시선 앞에서 사물들은 대상들로 변했다. 혹은 하이데거 같으면 손 안에 있는 것들(Zuhandenen)이 손 앞에 있는 것들(Vorhandenen)로 탈세계화되었다고 말할 것이다. 자신의 환경을 이처럼 박탈당한 민족들의 존재는 이러한 대상 정지의 첫 번째 희생물이었다.[19]

한편 자라나는 어린이의 사례가 그 반대로 드러내 주는 것은 **함께 자라기**라는 구체성의 본질이다. 최초로 말을 배우는 갓난아기는 우리가 컴퓨터에 소프트웨어를 집어넣거나 냉장실에 소고기 덩어리들을 넣듯

---

18) 이것은 프랑수아즈 쇼아이가 《유산의 알레고리》(Paris, Seuil, 1992)에서 뛰어나게 보여주었듯이 고대의 발견과 짝을 이룬다. 르네상스 시대에 다른 장소들과 다른 시대들의 사태 앞에서 점진적으로 정착하게 되는 것은 거리화된 시선이다.

19) 이런 측면은 세대들을 거쳐 새로온 자들이 차례로 뿌리를 내렸고, 역사가 그들 가운데 어떤 사람들에게 동일한 박탈을 강제했다는 것을 전혀 배제하지 않는다. 캐나다 남동부 식민지에서 아카디아인들이 프랑스인들과 결별한 후 18세기에 영국인들에 의해 추방된 것처럼 말이다.

이 어휘를 집어넣어야 하는 빈 용기가 아니다. 어린아이는 통일적인 되어감 속에서 자기 세계의 사물들과 자기 자신을 생성하고 있는 중심점이다. 이 되어감 속에서 말하고 행하는 그의 능력은 인팬스(infans)[20] 상태로부터 자신의 육체와 함께 성장한다. 그리하여 낱말들은 그의 세계가 전개되듯이 그와 함께 자라나는 단 하나의 유일하고 동일한 현실로 그의 육신과 사물들의 자연에 응집된다. 구체적으로 말이다.

각각의 인간은 구체성 속에서 이와 같은 전개를 다시 시작하는데, 인류는 이러한 전개를 자신의 초창기에 실현했다. 예컨대 르루아 구랑이 《몸짓과 말》에서 뛰어나게 입증했듯이,[21] 우리의 조상들은 자신들의 종(種)이 영장류로부터 출현했던 바로 그 과정에서 기술과 상징을 창안해 냈다. 따라서 동시에 이 과정은 외쿠메네가 생물권으로부터 출현했던 과정이다. 그리하여 삼중적인 상호적 생성이 **인간화**(hominisation, 동물에서 인간으로의 신체적 변형), **인류화**(anthropisation, 기술을 통한 사물들의 변형), 그리고 **인간성 부여**(humanisation, 상징을 통한 사물들의 주관적 변형)를 구체적으로, 다시 말해 불가분하게 펼쳐냈다.

새로운 발견들이 기존의 도식들을 끊임없이 다시 문제삼고 있는 영역에서 르루아 구랑의 고생물학적 자료들은 다소 시대에 뒤처진 게 사실이다. 그러나 여기서 우리의 관심을 끄는 점은 그의 명시적 주장들 가운데 이런저런 것이 유효성을 다소간 간직하고 있다는 게 아니다. 그것은 그의 해석 전체의 논리이다. 예컨대 언론은 최근에[22] 미네소타 주립대학교의 팀이 이룩한 업적을 이야기했다. 이 업적에 따르면 불의 사용은 우리가 지금까지 생각했던 것, 다시 말해 북경인 시기의 대략

---

20) 이 낱말에서 프랑스어의 '어린아이(enfant)'가 나왔는데, 어원적으로 보면 그것은 이야기하다, 말하다를 의미하는 fari에서 파생되어 '말하지(fans) 못하는(in) 자'를 의미한다.

21) André Leroi-Gourhan, *Le Geste et la Parole*, vol. I *Technique et langage*, vol. II *La Mémoire et les rythmes*, Paris, Albin Michel, 1964.

22) *Kahoku Shinpô, yûkan*, 1999년 8월 12일, p.3.

50만 년 전보다 훨씬 오래된다는 것이다. 사실 그것은 1백90만 년 전으로 거슬러 올라간다는 것이며, 오스트랄로피테쿠스의 계승자들이 그보다 덜 발달된 턱을 지녔다는 점을 설명하는 게 그것이라고 한다. 왜냐하면 익힌 것들은 씹기에 덜 질기기 때문이다. 동시에 이런 양상은 그들의 두개골 발달을 자유롭게 해주었으며, 반면에 보다 풍요롭고 보다 다양한 식단이 그들의 몸을 크게 만들었다. 르루아 구랑이 이런 자료들을 지니지 못했지만, 거기에 그의 주장들을 약화시키는 건 아무것도 없다. 사태는 이렇게 혹은 저렇게, 좀더 일찍이 혹은 좀더 늦게 일어날 수 있었지만, 분명히 인간화/인류화/인간성 부여라는 동일한 삼원적·상호적 생성이다.[23]

사실 이와 같은 삼원적 변화는 외쿠메네적 관점에서 본질적이라 할지라도, 르루아 구랑의 사유에서 가장 독창적인 것도 아니고, 이 사유가 외쿠메네의 존재론을 확립하는 데 가장 직접적으로 기여하는 부분도 아니다. 우리에게 가장 결정적인 것은 다음과 같은 대목 속에 있다.

인간이 진화되는 동안 손은 작동적 과정에서 그것의 행동 방식들을 풍요롭게 했다. 영장류의 **조작 행동**에서 동작과 도구는 하나로 뒤섞여 있는데, 이 행동 다음에 오는 것이 최초의 인류가 **직접적인 발동 상태로 드러내는 손**의 조작적 행동이다. 이 행동에서 손으로 다루는 도구는 발동 동작과 분리될 수 있게 되었다. 아마 신석기시대 이전에 넘어섰을 다음 단계에서 손으로 다루는 기계들은 동작을 병합했고, **간접적인 발동 상태의 손**은 운동의 추진력만을 가져다 준다. 역사 시대가 진행되는 동안 추진력 자체는 인간의 팔과 결별하고, **손은** 동물적 기계 장치들이나 풍차처럼 자동 발동 기계들에서 **운동 과정을 가동시킨다.** 끝으로 마

---

23) 우리가 이 인간성 부여를 뇌의 크기와 연결시키는 한 말이다. 왜냐하면 이것은 우리가 우리의 가장 먼 조상들이 지닌 상징화 능력에 대해 지닌 유일한 징후이기 때문이다.

지막 단계에서 손은 자동적인 기계들에서 **프로그램화된 과정을 가동시킨다**(…)(II, p.41-42).

커다란 원숭이들의 작동적 행동을 고찰해 보면 이를 통한 충격, 조작 그리고 반복적 운동의 긁기 사이에 배분된 분산된 잠재적 기술성이 있다는 인상을 받는다. 인간의 기술을 만들기 위해 필요한 모든 것은 이미 존재하고 있으며 도구가 나타나는 순간으로 수렴하고 있다.

어떻게 앞니가 자르는 도구(chopper)[24]로 바뀌는지, 다시 말해 턱 끝에 달린 유일한 기관적 도구가 톱니 모양 조약돌의 예리한 작용을 통해 손으로 이동되는지 자료가 없어 상상하기가 어렵다. 하지만 오스트랄로피테쿠스 때부터 가장 태초의 단계에서 재주조가 행해진 것 같다. 직립 보행은 여기서도 또한 결정적이다(II, p.44).

여기서 "모든 도구들을 인간 밖으로 조금씩 몰아내는 과정"(II, p.47)이 시작되고 있다. 다시 말해 "인간에게서 생리학적 신체를 대신하는 외적 조직"(II, p.48)이 탄생하고 있다. 르루아 구랑은 이 대체 조직을 '사회적 신체'라 부르게 된다. 이 신체는 '동작'과 '말'의 역동적인 결합——다시 말해 인간이 되어 가는 종(種)의 기술적·상징적 기관들의 개발[25]——을 통해 생성되는데, 애초에는 '동물적 신체' 속에 포함되어 이 신체에 의해 직접적으로 수행되었던 기능들의 '외재화' 과정에 다름 아니다. 그리고 조금씩 이 사회적 신체는 끊임없이 성장하면서 다양화된다. 이로부터 동물적 신체에 비해 점점 더 자율적인 진화

---

24) 우리가 알다시피, 고생물학자들은 단 한쪽 면만을 깨트려서 **만들어진 조약돌**(galets aménagés)을 자르는 도구(chopper)라 부른다(둘은 동의어임)(chopper는 영어로 '도끼'를 의미한다. 연인들이 타는 긴 핸들의 오토바이와 혼동하지 말 것).

25) 여기서 잊어서는 안 되는 것은 이런 기관들이 신체의 생리학적 기관들, 예컨대 변형을 통해서 생리학적으로 말을 가능하게 하는(말은 커다란 원숭이들의 경우 생리학적으로 불가능하다) 발성 기관과 수행하는 상호 작용——이 상호 작용은 우리가 보았듯이 르루아 구랑의 이론 중심에 있다——이다.

가 비롯된다.

인간의 진화는 동작적이고 언어적인 기술성(技術性)을 지닌 두 가지 근본적 특성에 따라 일관되게 나타났다. 그러나 이 기술성은 다음과 같은 두 차원에서 이를테면 분리되어 있다. 하나는 현재의 인류를 신체적 특성들, 다시 말해 3천 년과 별로 달라지지 않은 특성들을 지닌 개인들의 집단으로 만들어 주는 계통발생적 진화의 차원이다. 다른 하나는 인간을 외재화된 신체로 만들어 주는 윤리적 진화의 차원인데, 이 신체의 전반적 속성들은 빠르게 변화하고 있는 중이다(II, p.79).

르루아 구랑이 여기서 '사회적 신체'라 명명하는 것은 내가 '인간의 환경'이라 부르는 것에 부합한다. 그리고 그것을 낳는 외재화 과정은 외쿠메네의 탄생에 다름 아니다. 그러나 우리가 분명히 해야 할 점[26]은 인간의 환경들이 르루아 구랑에 따른 사회적 신체의 속성인 두 기술적·상징적 차원에 생태학적 차원을 필연적으로 추가한다는 것이다. 따라서 외쿠메네의 관점에서 나는 생태적인 것을 기술적인 것 및 상징적인 것, 다시 말해 사회적인 것과 결합하면서 **인간 환경체**(corps médial)[27]에 대해 이야기할 것이다.

그런데 르루아 구랑 덕분에 우리는 이제 외쿠메네를 활기차게 움직이고 그것을 본질적으로 인간적인 귀속유동성으로 만들어 주는 그 무엇을 **구체적으로** 포착할 수 있다. 다시 말해 수천 세기 동안 지속된 생성 속에서 외쿠메네는 우리 자신의 육신으로부터 나왔다. 그것은 **우리**

---

26) 우리는 뒤에 가서 이와 같은 명시화가 본질적이라는 점을 보게 될 것이다. 왜냐하면 바로 그것이 세계와 외쿠메네를, 단순한 구성주의와 외쿠메네적 관점을 구분시켜 주기 때문이다.

27) 나는 médial을 인간 환경과 관련된다는 의미로 사용한다. 이것은 인간 환경의 연구와 관련된다는 의미인 mésologique(환경학적)와 가깝다.

의 신체성을 우리 환경 안에 있는 사물들 속에 이동시킨 투과——물질적 혹은 비물질적인 이 사물들은 그때부터 우리가 인간으로 존재하고 살아가기 위해 우리의 육체만큼이나 필요하다——이다.

그리하여 사물들은 우리로 하여금 인간이 되도록 해준 그 무엇을 구체성 속에서 결집한다. 몸짓과 말을 통해서 사물들과 우리는 이 사물들에 우리 인간성을 부여한 교류를 확립했다. 그렇기 때문에 우리의 이웃인 영장류와는 달리 우리는 사물들에 집착하고 있다. 영장류는 경우에 따라 사물들을 이용할 만큼 상당히 교활하며 능란하고——심지어 자신들의 집단에 따라 그런 이용을 하는 전형화된 방식들, 다시 말해 문화들을 발전시켰으며[28]——매번 작업을 한 후 사물들을 버리며, 따라서 진정한 도구들을 결코 만들지 않았다. 그 이유는 도구들이 거의 필요하지 않기 때문이다. 그들의 놀랍도록 적응된 신체만으로도 충분한 것이다. 많은 것들에서 능력이 없는 우리의 신체는 우리의 **생성**(genesis)이 지속된 수천 세기 이래로 더 이상 충분치 않으며 나날이 점점 더 충분하지 않게 되고 있다. 그렇기 때문에 우리는 사물들이 필요하고 그것들에게 우리 자신의 부분적 역할, 끊임없이 더 커지는 역할을 부여한다. 반면에 우리의 인간 환경적인 신체는 세계의 경계를

---

28) 한 국제적인 영장류학 연구팀은 1999년 6월 영국의 과학지 《네이쳐 *Nature*》에 하나의 보고서(이 보고서는 1999년 6월 28일자 Kahoku Shinpô, chôkan, p.9에 압축되어 실림)를 발표했는데, 이것은 3년에서 38년까지 여러 기간 동안 아홉 개의 침팬지 집단에 대해 이루어진 관찰들을 종합하고 있다. 그 속에는 예순다섯 개의 서로 다른 행동 유형이 집계되어 있다. 동류의 주의를 끌기 위해 나뭇가지 흔드는 것과 같은 아홉 개 집단에 공통적인 행동들 이외에도 이런저런 집단에 고유한 서른아홉 개의 행동 유형이 들어 있다. 예컨대 개미들을 유인하기 위해 나뭇가지를 사용한다거나, 돌로 과일 껍질을 깨는 것 등이 그것이다. 각각의 집단은 그것에 특유한 행동들의 배합이 있다. 달리 말하면 그 나름의 문화가 있다. 우리가 알고 있듯이, 다른 동물 종들의 경우에 동일한 종 내에서 집단들에 따라 행동의 변화들, 예컨대 어떤 새들의 노래에는 '방언들'이 있지만, 이런 변화들은 단 하나의 특수한 행동과만 관계가 있다. 인간들을 제외하면 침팬지들은 말하자면 '윤리적' 입장들에 따라 많은 행동들을 배합할 줄 아는 유일한 동물이다.

밀어내면서 사물들과 함께 끊임없이 성장한다. 이것이 바로 외쿠메네의 인류를 만드는 것, 우리 존재의 그 귀속유동성이다. 그러나——우리의 인간 환경적인 신체의 무한한 발전이 낳는 전능의 환상과는 반대로——이런 측면은 우리 어린 시절의 초창기와 인간이라는 종의 초창기에서처럼 우리의 동물적 신체라는 중심점을 못지않게 전제한다. 우리는 이 점을 제7장에서 다시 다룰 것이다.

21. 외쿠메네 전개의 세 원천

따라서 외쿠메네는 인간화 · 인류화 그리고 인간성 부여 사이의 상호 작용 과정에서 생물권으로부터 태어났다, 다시 말해 출현했다. 나는 하이데거의 공간화(Räumung)——예술 작품으로부터 공간의 전개(§16)——라는 개념에서 착상을 얻어 이 과정을 '외쿠메네적 전개'라 부른다. 사실 물질적 관점에서와 마찬가지로 비물질적 관점에서 외쿠메네라는 인간의 이 작품은 공간의 전개로 표현되었다. 예컨대 물질적으로 보면 1헥타르의 논이 그렇고, 하물며 맨해튼의 1헥타르의 땅 용지는 더 말할 필요도 없다. 이런 것은 홍적세의 1헥타르 대초원보다 더 중요하다. 비물질적으로 보면 르누아르의 〈샘〉, 혹은 이백의 〈독좌경정산: 홀로 장경산에 올라〉는 그것들을 지탱하고 있는 천이나 종이의 면적을 넘어선다.

그런데 이 과정은 인간화(hominisation)가 안정화되었다는 사실에 의해 근본적으로 변질된 반면에 이 과정의 다른 두 측면은 저항할 수 없는 가속화를 가동시키지 않았는가? 사실 무스테리안기(구석기시대 중기)까지(유럽에서 네안데르탈인의 활동과 연관된 시기인 기원전 7천 년에서 3천5백 년 전까지) 신체적인 진화가 석기의 진화와 함께 간다 할지라도(중기 구석기), 그 다음에 후기 구석기시대에 (동굴 벽화에 의해 특징지어지는 순록시대) **호모 사피엔스 사피엔스**의 도래와 더불어 이와 같은 상관 관계는 사라진다. 르루아 구랑에 따르면, 기술적인 진보가 이전과 동일한 리듬으로 계속되었다면, 마그달레니아기의 수준(여기서 도구를 위한 것이든 조각과 새김을 위한 것이든 동굴벽 예술과 골각기 작업이 개화한다)은 인류가 출현한 지 20만 년에서 40만 년 만에 도달되었을 것이다. 하지만 후기 구석기시대는 기원전 3만 5천 년 전경에서 시작해 기원전 1만 년 전경에 마감되었다. 르루아 구랑이 다음과 같이 쓰고 있듯이 말이다.

'앞이마 사건'[29]은 인간을 종들의 정상적인 행동 법칙들에 지배되는 동물학적 존재로 만들어 주었던 생물학적 진화의 곡선을 끊어 버린 것 같다. 기술은 호모 사피엔스의 경우 세포적인 진보에 더 이상 연결되어 있지 않고 완전히 외재화되고, 이를테면 그것 자체의 고유한 삶을 살아가는 것 같다(I, p.195-197).

따라서 그때부터──게다가 여기서 정확한 시기는 별로 중요하지 않다──외쿠메네의 진화는 우리의 상징적·기술적 기관들의 발전 추세에 오로지 기인하는 것 같다. 이것은 이러한 발전 자체가 사람들의 혼합에 유리한 조건을 만들고 가장 약한 자들의 제거를 막아 줌으로써 종들의 진화에서 두 주요한 요소, 즉 가장 적응력이 뛰어난 자들의 고립과 선택을 중화시켰기 때문에 더욱 그렇다. 실제로 현재 세계에서, 그리고 당분간은 유전 조작의 문제(§42)를 제쳐두면, 모든 게 더 이상 동물적 신체의 진화가 아니라 사회적 신체의 진화에서 이루어지고 있는 것 같다.

---

29) 이것은 "치근이 점차로 축소됨으로써, (…) 그리고 부피는 증가하지 않은 채 (뇌가) 이마 영역으로 점진적으로 침투함으로써 이마가 점진적으로 드러난 것"을 말한다(I, p.169).

그러나 나는 이러한 시각에 오늘날 지배적인 문명, 즉 근대 유럽에서 나온 문명의 특징을 감안해야 한다고 생각한다. 이 문명은 우리의 내적 삶과 신체성을 시작으로 우리의 존재를 지배하고자 하는 고심보다는 사물들을 통제하고자 하는 염려에 의해 규정지어질 수 있다. 모든 문화들이 사물들의 지배와 자기 지배 사이의 결별로 실질적으로 이끌었던 이와 같은 성향을 지녔던 것은 아니다. 전자는 지수곡선을 따라가고 후자는 뒤처져 있다. 물론 모든 살아 있는, 혹은 역사적으로 알려진 문명들은 르루아 구랑이 지적한 대립의 하류에 위치한다. 신체의 지배를 통한 자기 지배는 생물학적인 것에 속하는 것이 아니라 사회적인 것에, 다시 말해 기술과 상징에 속한다. 그러나 사물들의 조작에서 앞으로 전진하는 것을 분명히 거부하는 것은 인간 발전의 방향이다. 이 점은 인도인식으로 '세속을 단념한 자'의 인간 유형(예컨대 요가 수행자)과 **미국식 생활 방식** 사이의 대립을 통해 쉽게 설명될 수 있다. 이 두 가지 선택이 외쿠메네에 대한 매우 상이한 해석을 낳는다는 것은 말할 필요도 없다.

여기서 제기되는 것은 규모의 문제(방금 지적된 두 사례는 물리적 크기가 동일한 차원이 아니기 때문이다)뿐 아니라, 단독적인 것과 보편적인 것, 질적인 것과 양적인 것, 내적 세계와 외적 세계, 동물적 신체와 인간 환경체 등의 사이에 선택이라는 다양한 근본적인 문제들이다. 현재의 지점에서 보면, 우리가 이런 것들을 다루기에는 아직 너무 이르다. 이 문제들은 외쿠메네적 관계의 중심점과 관련해 제7장에서 접근될 것이다. 그러나 이러한 관계의 발전이 외부 쪽으로, 다시 말해 인간 환경체의 성장 쪽으로만 향한 것이 아니라는 점을 이미 인정해야 했다. 왜냐하면 이 관계는 동물적 신체의 심층들에 대한 탐사와 그것들의 지배와 못지않게 관련되어 있고, 이와 같은 또 다른 길 역시 우주 쪽으로 이끌기 때문이다. 이러한 의미에서, 그리고 은유적으로 내가 감히 말하고자 하는 것은 인간화(hominisation)의 지속적 추구이다.[30] 사실 우리는 자연이 우리의 신체에 부여한 자원들의 이용을 끝내지 않은 것 같다.

외쿠메네적 전개의 다른 두 원천, 즉 인류화와 인간성 부여는 비록 변화하는 관계에서이지만 상호적으로 서로를 풍요롭게 해준다. 여기서 우리는 인문과학들이 끊임없이 논의하는 문제들에 직면한다. 기술과 상징에서 어느 것이 다른 것에 선행하며 그것에 영향을 주고, 나아가 그것을 결정하는가? 우리가 구체성과 관련해 앞에서 보았듯이(§ 20), 외쿠메네적 관점이라는 원칙적 입장은 이 두 영역 사이에 끊임없이 상호 작용과 상호 침투가 있다는 것이다. 뿐만 아니라 그것들을 우선 순위로, 하물며 인과 관계의 질서로 분류하려 한다는 것은 헛된 일이라는 것이다. 왜냐하면 하나의 기술이 낳은 결과가 객관적으로 측정될 수 있다면, 하나의 상징이 낳은 결과는 어떤 정도를 넘어서면 주관적으로만 해석될 수 있기 때문이다.

그렇다면 이런 원칙이 정의상 인정하는 것은 기술의 효율성과 상징의 그것이 동등한지의 문제가 성립될 수 없다는 것이다. 사실 두 영역 사이에는 공통의 척도로 측정할 수 없는 불가능성이 존재한다. 즉 가능한 공통의 척도(summetria)가 없는 것이다. 그런 만큼 외쿠메네적 관점은——게다가 환원적이 아닌 그 어떠한 다른 관점도——인간 환경들의 귀속유동성에서 단호한 결정을 결코 내릴 수 없을 것이다. 그것은 역사에 나타나는 단독성들을 존중하고 경우에 따른 유연성이라는 그 목표 자체에 적절한 방식에 만족하는 것으로 그칠 수 있다.

그러나 정황적으로 볼 때, 나는 기술적 혹은 생태적 결정론 앞에서 상징적 영역의 복원으로 기울어진다(이것은 외쿠메네적 관계의 해석에서도 흔히 마찬가지이다). 사실 근대 서구 문명은 측정 가능한 물리적

---

30) 나는 은유적이라고 분명히 한다. 왜냐하면 우리가 제7장에서 보겠지만 사실 문제가 되는 것은 우리가 우리 육체를 물리적 대상으로 다루는 게 아니라 이 육체와 맺는 관계를 인간화하는 것이기 때문이다.

존재자(사물의 **토포스**)를 강조함으로써 존재에 필요한 관계적 직물/조직(사물의 **코라**)을 과소평가했고, 나아가 완전히 소홀히 했다. 이와 같은 경향은 역사적 유물론에서 예증되었다. 이 유물론의 두 지도적 흐름은 1846년 《독일 이데올로기》[31]에서 마르크스와 엥겔스에 의해 그려지고 있는데, 그 가운데 하나를 보면 관념의 형성을 설명하는 것은 물질적 행동이지 그 반대가 아니라는 것이다. 근대 유럽 사상의 이 고전에서 다른 하나의 흐름은 한 시대를 지배하는 관념들이 경제적으로 재배적인 계급의 것들이라는 것이다. 이런 측면이 다음과 같은 점을 설명하는 데 기여할 수 있다고 생각해 볼 수 있다. 즉 두 세기 전부터 경제적 · 군사적으로 이 지구를 지배하고 있는 영미 세계가 물질적 행동들과 이것들의 생태적 조건들을 통해 외쿠메네적 사실들을 설명하려는 강한 경향을 지적으로 나타내고 있다는 것이다. 피에르 부르디외의 어휘를 빌려 달리 말하면, 영미 세계는 외쿠메네적 사실들을 '의미관계들의 인공두뇌학'에서 '구분의 상징적 논리'에 토대한 '사회적 현상학'을 통해서보다는 '힘관계의 역학'에서 '희귀성의 물질적 논리'에 토대한 '사회적 물리학'[32]을 통해서 설명하려 한다.

이와 같은 성향은 지리학에서 결정론의 인상을 주는데,[33] 문화인류학과 선사학에서 매우 분명하다. 하여튼 현대 지식 세계의 나머지로부터 나온 수많은 주장들은——나 자신이 여기서 하고 있듯이——반작용을 통해 반대의 성향을 나타내고 있다. 예컨대 필립 데스콜라의 논문은 아마존 밀림계에서 '상징 체계와 실천'의 관계를 다루고 있는데,[34] 밀림계가 이해되는 상징적 장치의 중요성을 강조하고 있다. 우리가 다음 두 장(章)에서 보게 되겠지만, 게다가 상징적인 것과 현상적인

---

31) Éditions sociales, Paris에서 나온 이 책의 프랑스어 번역본(éd. 82) p.87 참조.

32) Pierre Bourdieu, *Le Sens pratique*, Paris, Minuit, 1980, p.234 및 243. 한편 부르디외는 이런 두 유형의 설명 사이의 대립이 드러내는 무익함을 고발한다. 외쿠메네적 관점은 이 주장과 완벽하게 일치한다.

것의 이와 같은 복원은 20세기 하반기에 구성주의의 이름으로 유물론적 경향, 우리가 앞에서 비판했던 그 경향의 과장된 반대편으로 이끌 수 있었다. 이런 현상이 이제부터 나로 하여금 분명히 하지 않을 수 없게 만드는 점은 외쿠메네적 관점이 다시 한번 말하건대 원칙상 그런 표류와는 대립될 수밖에 없다는 것이다. 사실 이런 표류는 실증주의적인 환원주의——우리 문명의 무거운 경향——의 거꾸로 된 반영에 지나지 않기 때문에 그것은 이 환원주의를 강화시키는 데 못되게 기여하고 있다. 되풀이하지만 외쿠메네는 생태-기술-상징적 관계이고 이 관계는 그것이 출현한 것, 즉 자연을 필연적으로 전제한다.

상징적인 것의 복원은 인식론적 쟁점이고, 문명적 쟁점이며, 실존적 쟁점인데, 현재의 외쿠메네를 성립시킨 사건, 즉 비어 고든 차일드가 '신석기시대의 혁명'이라 명명했던 것[35]이 진행되는 동안 인류가 생산경제로 넘어가는 그 이동을 심층적으로 다시 생각하도록 만든다. 자크 코뱅이 다음과 같이 쓰고 있듯이, 과연 혁명이 있었다.

33) 그렇기 때문에 결정론은 특히 비달 학파의 가능주의(possibilisme)에 의해 다른 사회과학들에서보다 지리학에서 더 시기상조적으로, 그리고 보다 주기적으로 반대에 부딪혔다. 게다가 이 학파의 반작용은 어떤 상징적 논리를 내세운 게 전혀 아니고 실증주의적 합리주의를 내세웠다. 이 학파는 반(反)결정론적 **학파**이다. 왜냐하면 필립 및 주느비에브 팽슈멜이 《지구의 얼굴. 지리학 요강》(Paris, Colin, 1988, p.26)에서 표현하고 있듯이, 폴 비달 드 라 블라슈 자신은 사실 '가능주의의 암묵적인 이론가'에 불과했다. 실제로는 역사가 뤼시앵 페브르가 자신의 저서 《지구와 인간 진화》(1922, rééd. Paris, Albin Michel, 1970)에서 이러한 해석을 부각시켰다. 비달의 제자들은 이러한 강조를 계속했고 확대했다. 게다가 바로 그들이 과도한 역사학적 수련을 통해 우연성에 관심을 갖게 됨으로써 프랑스 지리학자들은 결정론으로부터 전반적으로 이탈되었다.

34) Philippe Descola, *La Nature domestique. Symbolisme et praxis dans l'écologie des Achuar*, Paris, Maison des Sciences de l'Homme, 1986. 'Domestique'가 의미하는 바는 아추아 부족이 자연을 자신들의 가족 관계에 상징적으로 동화시킨다는 것이다.

35) 특히 그의 종합적 저서, 《선사시대로부터 역사시대로》(1942)에서.

2백만 년 전 아프리카 자갈(pebble) 문화의 조잡한 조약돌 도구를 돌이나 뼈로 훨씬 더 정교하게 구상된 산업과 분리시키고, 마그달레니아기의 예술적 생산물들과 분리시키는 그 엄청난 기간이 얼마나 되든, 1만8천 년 전에는 이 두 극단 사이에 공통적인 특징이 존재한다. 즉 인간 집단들이 사냥하고, 고기를 잡으며, 채집을 한다는 것이다. 다시 말해 그들은 모든 포식류와 마찬가지로, 자신들의 필요에 따라 생존의 기본 식량을 선취한다. 매우 푸짐하고 1년 내내 잘 배분된 이러한 야생적 자원이 계절에 따라 다양한 획득 전략들이 교대하는 안정된 정착을 이미 허용하고 있지 않는 한, 가족적인 '소집단(microbandes)'은 한 장소에서의 이 자원의 일시적 고갈을 그들의 유동성을 통해 보충한다.[36]

한편 근동에서 약 1만2천 년 전에 시작된 하나의 과정에 따라 농업과 가축 사육의 발명은 외쿠메네를 완전히 급작스럽게 변화시킨다. 이와 같은 재구조화는 다음과 같은 것에 토대한다.

이제부터 '생산된' 자원들, 다시 말해 대부분 환경 속에 자연발생적으로 존재하는 식(이것은 부분적이다. 왜냐하면 기후도 자연 재앙도 결코 지배되지 못했기 때문이다)의 우연성에서 대부분 벗어난 자원들 말이다. 식량 비축분은 '가정에서 기르는' 동식물류들로 구성된다. 따라서 그것은 끊임없이 수가 늘어나는 공동체의 기술적인 가능성과 필요에 따라 인간의 단순한 이니시어티브로 늘어날 수 있고 재확보될 수 있다. 이처럼 경작된 식물류들 가운데 곡식 같은 것들의 선별이 나타내는, 시간 지속에 대한 전대미문의 지배가 이루어진다. 계절에 따른 식량보급이 조절되면서 곡식이 저장될 수 있다. 자연적으로 서식적이고 쉽게 이동하는

36) Jacques Cauvin, *Naissance des divinités, naissance de l'agriculture. La révolution des symboles au néolithique*, Paris, CNRS, 1997, p.13.

일부 동물들은 사육으로 인해 움직임을 통제되고 지배될 때, 목가적인 유목 생활이 이용하게 되는 공간의 증가된 지배를 가능케 한다(p.14-15).

고든 차일드가 수행한 것처럼 이와 같은 창설적 사건에 대한 전통적 해석에 따르면 근동의 사회들로 하여금 생산적이 되도록 이끌었던 것은 경제적인 이유들(자원의 품귀)이며, 이런 이유들 자체가 기후의 변화(기원전 1만 2천5백 년에서 1만 년 사이인 나투프문화[37] 시기의 한발 현상)에 의해 결정되었다는 것이다. 그런데 코뱅이 보여주고 있듯이, 이와 같은 전환점 직전에, 다시 말해 키암시대(le Khiamien)[38](기원전 약 9천5백 년 전후)에, "아직은 교환 경제가 이루어지지 않은 수렵 채집 경제의 맥락에서"(p.48), 예술에서 나타나는 것은

여자와 황소라는 두 지배적인 상징적 형상인데, 이것들은 동방에서 신석기시대 전체와 청동기시대 동안 인기를 누렸다(p.48).

예컨대 사탈 휴이우크(아나톨리아에 있으며 기원전 7천 년경)에서 "황소들을 낳는 여신[39]이 양각(陽刻)으로 새겨진 가정의 성소"(p.52)가 발견되어 재구성될 수 있었다. 이러한 상징들은 새로운 종교의 출현을

---

37) 근동의 카르멜 산 근처의 지역에서 발견된 신석기시대 직전의 문화를 말한다 (역주).

38) 나투프문화 이후에 흑해 연안을 중심으로 신석시시대 초기 문화를 일구어 냈다(역주).

39) 이것은 이 여성 형상――이것은 "다산성·모성성·왕권 그리고 야수에 대한 지배의 관념들"(p.51)을 상징한다――이 명백하게 지배적이며 여신에 대해 이야기하게 해준다는 사실을 의미하는데, 여기서 여신은 "이스라엘의 남성적 일신론이 출현할 때까지 동방의 신전을 지배하게 되는 대모신"(Ibid.)을 말한다. 구석기시대의 동굴 벽화 예술은 이러한 계층화를 증언하지 않는다. 동물들은――매머드처럼 가장 인상적인 것들조차도――이 예술에서 대개의 경우 집단적으로 표현되고 있는데, 이런 측면으로 볼 때 우리가 최고의 어떤 존재를 생각한다는 것은 불가능하다(p.101).

증언하며, 이런 현상은 "순수한 정신적 변화"(p.54)를 나타낸다. 왜냐하면 이 출현이 기술(技術)-경제적 변화로부터 비롯되었다고 추정하게 해주는 게 아무것도 없기 때문이다.[40] 그것은 우선 도래하고 있는 것이다.

신적인 것의 이러한 인격화(황소는 여신의 남성적 동반자(Parèdre)를 상징한다)[41]는 코뱅에 따르면 "신의 권력과 인간의 유한성을 두 연대적 중심축"(p.104)으로 하는 수직적 위상학에서 '하나의 역동적인 극작법'(p.103)을 확립한다. 외쿠메네를 변화시키면서 인간의 조건을 변화시키고자 하는 욕망을 낳았다고 생각되는 것은 '신과 인간 사이의 이와 같은 새로운 벌어짐'(*ibid.*)이 지닌 역동적 힘이며, 이 힘은 구조적 불만족의 원천이라 할 것이다. 이러한 측면은 여신이 인간의 형태를 하고 있기 때문에 더욱 그렇다.

아나톨리아에서 아기 인간과 어린 동물이 공통의 근원과 연결되어 있다는 점으로 미루어, 여신에 의해 인류와 자연이 이 근원으로부터 생긴다는 사실은 이 시대의 새로운 형이상학적 사유 방식을 여실히 말해 줄 수 있을 것이다. 역사적으로 볼 때 신석기시대의 여신은 그 다음에 오는 창조론적 신학들의 전위에 위치할 뿐 아니라 인간은 어떤 식으로든 이제 그를 둘러싸고 있는 모든 것을 통해 자신을 알아본다. 왜냐하면 하나의 인격화된 통일적 원리가 경험적 인간과 그가 대결하는 자연을 그들의 상징적인 생성의 차원에서 화해시키고 있기 때문이다(p.105).

---

40) 코뱅에 따르면 고고학적 유적의 상태는 간접적이든(인구 증가 압력) 직접적이든(자원의 절대적인 감소) '희귀성'이라는 유물론적 가설을 물리치게 만든다.

41) Parèdre는 옆에 있는 자를 의미한다. 황소의 원시적 힘과 대결하는 인간 형상의 남성신의 형상화가 나타나기 위해서는 아직도 1500년을 기다려야 한다(기원전 8천 년경). 이 신은 전쟁을 하고 문명을 전파하는 영웅의 상징이며, 오늘날에도 이 상징은 투우에 의해 영속화되고 있다.

그런데 인간 존재가 하나의 형이상학적 형상의 방법을 통해서 자신의 환경과 자신이 닮아 있음을 알아본다는 사실은 외쿠메네의 근본적인 존재론적 구조를 나타낸다. 우리의 인간환경적 신체가 세계의 끝까지 확장되어 있다는 구조 말이다.

22. 석회암과 교사

플라톤의 형이상학이 세계적 존재자와 초세계적 존재 사이에 확립한 편차인 **코리스모스**(§12)를 코뱅이 말하는 '새로운 벌어짐'과 접근시킨다면 흥미롭다 할 것이다. 이 편차는 우리가 보았듯이(§13) 하이데거에 따르면, 근대 과학의 먼 기원이다(왜냐하면 근대 과학은 존재를 정확히 형이상학의 사변에 남겨 놓은 채 그것에 대해 더 이상 신경 쓰지 않고 존재자들을 측정할 수 있었기 때문이다). 따라서 농업 혁명과 근대성의 혁명이라는 두 혁명의 출발점에 초월적 모멘트[42]의 성립이 있다 할 것이다. 이런 현상은 최소한 서양과 서양의 동방적 기원들의 경우에서 그렇다. 왜냐하면 세계적으로 탐지될 수 있었던 식물들의 이용 진원지들, 매우 상이한 문명들의 기원에 자리한 그 진원지들[43] 각각을 위한 비교적인 해석 도식이 필요하기 때문이다. 예컨대 비옥한 초승달 지역의 변두리들에서 목가적인 유목 생활의 기술적인 장치와 멜라네시아인들에게서 괭이로 참마속 식물을 재배하는 기술적 장치 사이에는 공통적인 면이 거의 없다. 상징적 장치들의 대조도 마찬가지이

---

42) 기계적 의미, 즉 움직이는 힘의 의미에서 말이다.

43) Erich Isaac, *Geography of Domestication*, Englewood Cliffs, N.J., Prentice Hall, 1970에서 p.51의 지도 참조(이 지도는 N. I. Vavilov의 작업에 의한 것임). 이 지도는 Paul Claval, *La Géographie culturelle*, Paris, Nathan, 1995, p.298에 재수록됨. 그것은 멕시코로부터 케냐를 거쳐 파푸아까지 농업이 자율적으로 나타난 것 같은 열 개 정도의 권역을 보여주고 있다.

다. 이 주제에 대한 사색은 풍부하다. 예컨대 앙드레 조르주 오드리쿠르는 다음과 같이 쓸 수 있었다.

명령하는 신들, 지시하는 도덕들, 초월하는 철학들이 양이라는 동물과 어떤 관계가 있지 않을까. (…) 또 설명하는 도덕들과 내재성의 철학들이 참마속 식물, 타로토란 그리고 쌀과 어떤 관계가 있지 않을까 자문하는 것은 터무니 없는 것일까(…).[44]

오드리쿠르에 이어서 자크 제르네는 이렇게 말하고 있다.

유대인들과 기독교도들의 신은 목자들의 신——성서의 은유들을 생각하자——이고 이 신이 말하고, 명령하며, 요구한다. 중국인들의 하늘은 말하지 않는다. 그것은 계절들을 생산하고 계절적인 영액(靈液)을 통해 지속적으로 작용하는 데 그친다.[45]

상징적 · 기술적 장치들 사이의 이와 같은 상호 작용들은 그것들의 환경적 토대들과 함께 외쿠메네적 관계의 원리 자체가 된다. 그것들을 인과 관계, 다시 말해 필립과 주느비에브 팽슈멜이 환기한 다음과 같은 풍자적 표현이 요약하고 있는 결정론적인 착오 유형의 인과 관계와 혼동하지 않는 것은 더없이 중요하다.

"화강암은 신부를 만들어 내고 석회암은 교사를 만들어 낸다(방데 지방 보수적인 늪지와 푸아투 지방의 전면적인 평야를 대립시키자면 말이다)."[46]

---

44) 오드리쿠르(Haudricourt), "Domestication des animaux, culture des plantes et traitement d'autrui," in L'Homme, II, 1(1962), 40-50. Jacques Gernet, Chine et christianisme, Paris, Gallimard, 1982, pp.206-207에서 재인용.

45) Op. cit, note 39, p.206.

사실 언제나 이 상호 작용들은 부분적으로 은유적이다. 왜냐하면 언제나 그것들은 부분적으로 상징 영역에 속하기 때문이다. 따라서 오드리쿠르가 제안하는 것 같은 접근들은 경우마다 항상 분명히 해야 하고, 다음과 같은 근본적인 인류학적인 원칙을 고려할 때, 매우 일반적인 가치를 지닐 수밖에 없다. 즉 인간 사회들이 자신들의 신화를 통해서 자연 안에서 보도록 유도하는 것은 이 사회들 자체이다.[47] 이런 측면의 이유는 우리가 앞에서 식별해 낸 존재론적 구조이다. 즉 인간 환경체는 환경 속으로 인간의 투과(trajection)[48]라는 것이다. 이로 인해 바로 이 환경은 **인간적** 환경이 된다.

필립 데스콜라의 논문[49]은 인간 환경체의 이러한 인간성에 대한 매우 의미심장한 사례를 제공한다. 아마존의 대밀림 속에 사는 아추아 부족에게 자연은 그들의 사회와 동일한 항목들에 따라 조직화되어 있다. 그것은 특히 가정의 가족적인 모델의 관계와 유사한 친족 관계에 의해 구조화되어 있다. 이로부터 데스콜라의 논문 《가족적 자연》의 제목이 비롯되었다. 이 대가족은 아추아족의 상징 체계에 고유한 기준들에 따라 계층화되어 있는데, 이 상징 체계는 그 세계의 정상을 점유하고 있는 것이 그 세계의 유일한 인간들인 아추아 부족이라는 사실 이외에 우리의 자연과학과는 아무런 관계가 없다. 그들 아래에는 식물들과 동물들이 말하자면 다소간 아추아 부족의 특성(achuarité)에 따라 질

---

46) *Op. cit.*, note 30, p.205.

47) 이 원리는 문화인류학 연구들을 통해서 많이 확인되었다. 그러나 우리는 다윈설과 관련한 마르크스의 언급에서 그것에 대한 관념을 이미 만난다. 마르크스는 이 진화론에서 그것이 나온 시대의 영국 사회의 반영을 보았던 것이다. 이차적으로 보면, 이런 측면이 또한 설명하는 데 도움을 주는 것은 영미 세계에서 허버트 스펜서 같은 인물의 사회적 진화론의 출현과 성공이고, 예컨대 대처 수상의 대처주의에 나타난 그 여파이고, 오늘날 미국에서의 지배적인 이데올로기이다.

48) 나는 투사(projection)가 아니라 투과(trajection)라고 말하는데, 그 이유들은 §19에서 제시되기 시작했으며, 다음 장에서 심화될 것이다.

49) p.170, 주 34) 참조.

서가 잡힌다. 이에 따라 우리가 보기에 어떤 난해한 해석학에 속하지만 부족에게는 지극히 정상적인 예의와 품위의 법칙들에 속하는 이유들로 인해 카사바속 식물이 개보다 털이 많은 원숭이가 개처럼 짖는 원숭이보다 높은 곳에 위치하고, 아나콘다는 재규어와 마찬가지로 샤먼과 접촉하는 배타적 영역에 위치한다(…).

  동일한 관점에서 볼 때, 유대인들의 인간 형상적 신이 외쿠메네적 관계의 은유일 수 있다는 점은 이해될 만하다. 이 은유는 역사 시대 초기에 비옥한 초승달 지역의 목가적인 변방지대에서 지배적이었다. 그러나 반복해서 말하지만 이러한 투과는 결정론과, 이 경우에는 사막이 일신론을 창출한다는 그 잘 알려진 비전과 아무런 관계가 없다.[50] 새로운 직관적 인식에서 기후학과의 이러한 어이없는 연쇄적 충돌을 들고 나온 저자들은 왜 야훼가 칼라하리 사막에서도, 타클라마칸사막에서도, 애리조나 사막에서도, 그란차코에서도, 오스트레일리아의 레드센터에서도, 심지어 사하라 사막에서도 태어나지 않았는지 한번이라도 자문한 적이 있는가? 사하라 사막은 하늘에서 내려다보았을 때, 모든 건조한 사막들 가운데 가장 훌륭하다 할 수 있는데도 말이다.[51]

---

  50) 다소간 순진한 이런 발상은 유럽에서 인기를 누린 후, 오늘날 일본에서 지리학자 수주키 히데오에 의해 확신 있게 수용되고 있다. Suzuki Hideo, *Chôetsusha to fûdo* (*Le transcendant et le milieu*), Tokyo, Taimeidô, 1976. 수주키는 이런 터무니없음을 믿고 나가 기독교의 확산을 한발과 연관시키기까지 하고 있다. 예를 들어 보면, 한국은 일본보다 비가 좀 덜 오는데, 이런 현상으로 인해 일본인보다 훨씬 더 많은 한국인이 기독교로 개종했다는 것이다. (…) 종교과학은 이제 우량계만 갖추면 될 일이다!
  51) 기후가 차가운 사막들에서도 이식된 경우를 제외하면 일신론은 존재하지 않는다. 그러나 북극광은 초월에 유리하게 작용할 수 있을 텐데 말이다(…).

23. 전수와 환경

지금까지 우리는 외쿠메네의 귀속유동성을 본질적으로 시간적인 관계 속에서 고찰했다. 그러나 우리가 §19에서 보았듯이, 이 귀속유동성에서 사물들의 투과성은 시간적일 뿐 아니라 그 못지않게 공간적이다. 게다가 인간 환경을 대상으로 할 수 있는 잠재적 지식 분과인 환경학(mésologie)(그리스어로 meson은 환경을 의미한다)[52]은 역사보다는 다분히 지리학으로 향하는 경향이 있다. 이 용어를 만든 인물인 의사이자 인구통계학자이며 통계학자인 루이 아돌프 베르티용(1821-1883)은 환경학을 (인간을 포함한) 유기체와 (관습·제도 등 사회적인 것을 포함한) 그것의 환경 사이의 관계에 대한 연구로 정의했다.[53] 이와 관련해 오늘날 우리는 인간생태학과 사회학의 결합을 말할 수 있을 것이다. 환경학이라는 개념이 생태학(écologie)(이 용어는 그후에 나온 것이다)이라는 개념에 의해 추방됨으로써 한 번도 부각될 수가 없었던 만큼 더욱 그렇다.

---

52) 나는 피에르 라루스의 《19세기 대보편사전》 제1판(1866-1876)이 환경학(mésologie)에 대해 긴 항목을 할애하고 있는 내용을 보고 이 용어를 발견했다. 나는 그것을 《미개인과 기교 Le Sauvage et l'Artifice》(서론 주 6) 참조)와 그후의 다양한 글들에서 사용했다. 그러나——일본을 제외하면——나는 지리학의 범주 속에 머물면서 일반적으로 다만 '외쿠메네적 관점' 혹은 '인간 환경(사회와 환경과의 관계: 풍토성)의 관점'에서 말하고 싶다. 일본에서 내가 가르치는 것은 풍토론(fûdoron)(이것은 환경학으로 번역될 수 있다)인데, 별로 보급되지 않은 용어이다. 사실 주요 관심축들의 유동적인 측면들에도 불구하고 지리학은 외쿠메네를 연구하는 전형적인 분과 학문이다.

53) 예컨대 1873년 사회학회에 발표된 그의 논문 〈우리의 사상과 관습에 미치는 환경의 영향에 대하여〉 참조. in La Philosophie positive, XI, 3(nov.-déc. 1873), 468-473. 환경학이라는 용어는 같은 학술지(X, 4)에 베르티용의 제자 E. 주르디가 그보다 몇 달 전에 게재한 글 〈환경의 영향론 혹은 환경학〉의 제목에 나타난다. 자주 그런 경우가 있듯이, 이 제자는 여기서 스승의 사상을 도식화하고 보다 단호하게 결정론에 빠지고 있다.

이러한 실패의 이유는 무엇인가? 아마 그 이유는 환경학이 인문과학과 자연과학을 겹치게 함으로써 시대적으로 볼 때 너무 복잡한 것을 대상으로 삼았기 때문일 것이다. 오늘날은 더 이상 같은 상황이 아니다. 이는 베르티용의 시대에는 존재하지 않았던 현상학과 문화인류학의 기여 덕분이다. 그렇다고 환경학이라는 용어를 부활시킬 필요가 있는가?[54] ('인간 환경의 연구와 관련된'이라는 의미에서) 환경학적(환경학의: mésologique)이라는 형용사가 다소의 유용성이 있다 할지라도 이 이름을 지닌 분과학문의 확립을 옹호한다는 것이 불가피한 것 같지는 않다. 환경학을 잠재적인 영역의 상태로 놓아두는 게 더 낫다. 왜냐하면 이 영역에 대한 검토는 현존하는 학문들로부터 나올 수 있기 때문이다. 예컨대 우선 지리학이 있을 뿐 아니라 역사학·사회과학들·생태학 같은 학문들이 있다. 게다가 이들 각각의 분야는 철학으로 방향을 틀 수 있기 때문이다. 예컨대 본서가 환경학을 하고 있다면, 우리가 서론에서 제시했듯이, 지리학과 존재론의 공통 영역으로서 하고 있다. 그러나 그것은 전혀 배타적인 게 없다.

그러나 분명히 해두어야 할 점은 환경학과 미디올로지(매체학 혹은 매개학: médiologie)의 관계이다. 레지 드브레는 《일반 미디올로지 강의》[55] 이후로 이 용어를 광범위하게 알려 왔다. 일차적으로 보면 환경학이라는 용어가 환경의 연구에 적용되는 데 비해 미디올로지라는 용어는 매체의 연구에 적용된다. 그러나 드브레는 그것에 훨씬 더 넓은 영역을 부여하고 있다. 실제로 "완전히 별도로 하나의 비평적 영역을 열고 **전수 현상들**(faits de transmission)을 다루는 독자적인 연구 분야

---

54) 사실 이 용어가 완전히 사라졌던 것은 아니다. 왜냐하면 몇몇 저자들이 물리지리학과 생태학의 경계에서 그것을 아직도 간헐적으로 사용하고 있기 때문이다. 그것을 부활시키게 되면 그 속에 훨씬 더 야심적이었던 베르티용의 의도를 다시 불어넣게 될 것이다.

55) Régie Debray, *Cours de médiologie générale*, Paris, Gallimard, 1991.

가 인정되기를 요구하자는 것"[56]이다. 드브레에게 이 현상은 소통 (communication)보다 더 많은 의미를 담고 있다. 전수한다는 것은 사실 소통에서보다 훨씬 더 뚜렷한 3중적인 물질적 · 통시적 · 정치적 특징을 함축한다. 그리고 특히

전수 과정은 필연적으로 소통 현상들을 포함한다. 그 반대는 이루어질 수 없다. (…) '전수한다'는 것에 대해 고찰하는 것은 '소통한다'는 것을 밝히는 것이지만 그 반대는 유효하지 않다.[57]

이와 같은 포괄성을 통해서 미디올로지는 환경학의 영역과 분명하게 유사하다. 사실 전수하기 위해서는 적절한 환경이 필요하다. 그렇지 않으면 정보는 상실된다. 이 환경은 동시에 물질적이며 비물질적이고, 기술적(技術的)이며 사회−정치적이다. 그것은 도구들과 제도들을 포함한다. 드브레는 **조직화된 물질(M.O.)/물질화된 조직(O.M.)**이라는 표현 속에 이 이중적인 측면을 결합하고 있다.

'도구화' 쪽(M.O.)에 우리는 **소통의 설비들**을 배치할 수 있을 것이다. 이것들에서 분석을 위해 우리는 **기호학적 방식**에 속하는 것(사용된 기호 유형으로 텍스트 · 이미지 · 소리), 보급 **장치**(일직선적 · 방사상적 · 상호 접속적) 그리고 물리적 **매체**(돌 · 나무 · 파피루스 · 종이 · 파장)를 구분할 수 있을 것이다. 뿐만 아니라 인간과 메시지의 **운반 수단**(길 · 탈것 · 하부 구조 · 망 등)을 구분할 수 있을 것이다. (…) '제도화' 쪽(O.M.)에 우리는 **공동체적 설비들**, 즉 인간이 만든 전수 조작자들을 통합하는 다양한 결속 형태들을 위치시킬 수 있다. (…) 그리하여 우리는 요약하

---

56) Régie Debray, *Transmettre*, Paris, Odile Jacob, 1997, p.12. 강조는 저자가 한 것임.

57) *Op. cit.*, note 51, p.23.

자면 전수하는 혹은 문화를 만드는 기교가 하나의 **전략**과 하나의 **기호논리학**, 하나의 **실천**과 하나의 **테크네**를 총합하는 데 있다고 말할 수 있을 것이다(…)(p.30-31).

이러한 논지는 우리의 것과 매우 가까운 탐구로 이끌고 있다.

역사가는 도로(M.O.)가 없는 제국(O.M.)은 없다고 주장하며, 지리학자는 제국 없는 도로는 없다고 주장한다. 시간과 공간의 이런 활용 노력에서 '궁극적으로' 조작적 영역은 어디에 있는가?(p.31)

그러나 이 논지는 외쿠메네적 관점에서 제시될 수 있다고 보이는 것보다 더 단정적인 대답들로 인도하고 있다.

아마 축적적이고 건설적인 집단적 개체성(도로로 보면 십장인 국가)이리라. 전수에 있어서 주체인 **누가**는 **무엇을**과 관련된 동인이다(*ibid.*).

사실 투과와 인간 환경체 같은 개념들은 행동하는 주체와 피동적 대상을 그렇게 분명하게 구분하는 것을 금지한다. 우리는 다음 장들에서 이 두 축을 선명하게 구분하지 않는 다른 이유들을 보게 될 것이다. 그것들을 소홀히 하거나 혼동하자는 게 아니라 인간 환경의 귀속유동성이 언제나 수동적이면서 동시에 능동적이라는 사실을 강조하자는 것이다. 게다가 우리가 앞으로 보겠지만, 그렇다고 인간 환경이 하나의 중심점을 갖지 않는 것은 아니며, 이 중심점은 근대적 주체와 동의어로 이해되어서는 안 된다. 근대적 주체는 대상들로 이루어진 환경에 자신의 활동을 투사하는 데 비해 이 중심점은 사물들로 이루어진 환경에 자신의 실존을 **횡단시킨다**(trajecte). 따라서 우리가 다음 장에서 보겠지만, 사물들은 그의 존재가 지닌 **고유한 실존론적 존재 방**

식(ek-sistence)이다.

이렇게 명확히 할 때(아니면 아직 더 명확히 해야 하겠지만), 환경학과 미디올로지는 분명 다양한 공통적 특질들을 지니고 있다. O.M./M.O. 의 관계는 투과와 상당히 유사하다. 그래서 당연한 것이지만, 외쿠메네에서 전수에 속하는 모든 것은 미디올로지의 시각에서 직접적으로 밝혀질 수 있다. 뿐만 아니라 우리는 다음 장에서 이와 같은 유사성이 언어 현상들의 위상을 문제삼는 차원에 위치함을 보게 될 것이다.

24. 벼 재배자의 목욕과 가축 사육자의 머리 모양

식민지화보다 더 대량적인 전수 현상은 없다. 따라서 지구와 그 기후 이외에, 이전(transfert)은 식물·동물·인간·기술·제도·상징 등 외쿠메네를 구성하는 모든 것과 관련된다. 그러므로 식민지들은 예외적인 환경학적 실험실이라고 우리는 생각할 수 있다. 나는 이런 종류의 한 현상, 다시 말해 '아이누 모시리(Ainu Moshiri; 인간의 땅)'가 '북쪽 바닷길(Hokkaidô)'이 되게 만든 현상과 관련해 나의 학위 논문을 썼다. 문제는 일본의 북쪽에 위치한 이 커다란 섬의 명백하게 독특한 그 환경이 어떻게 형성되었는지 아는 것이었다. 1970년대초에 현장에서 작업하면서도 나는 내가 여기서 개진하는 외쿠메네의 문제틀을 아직 구상해 내지 못했다. 그러나 거의 30년이 지난 후, 나는 이제 홋카이도의 경우에서 나에게 가장 흥미있었던 것이 이 문제틀을 설명해 주는 데 도움이 될 수 있을 것이라는 사실을 잘 알고 있다. 사실 식민지화는 이전 그 이상을 의미한다. 그것은 하나의 사회가 새로운 영토로 이전해가는 투과를 통해서 새로운 환경이 태어나는 것이다. 이것이 내가 여기서 두 보완적인 사례들의 도움을 받아 보여주고자 하는 것이다. 하나는 서양으로부터 도입된 것들과 대립되는 이른바 '전통적인

(zairai nôhô)' 농업적 기술들을 혁신시키는 힘을 증언한다. 반면에 다른 하나는 이 두번째 영역에서 선택된 것이다.[58]

비록 일본인들이 12세기에 그곳에 발을 들여놓았지만, 홋카이도(이 섬을 현재의 이름으로 부르도록 하자)는 메이지유신(1868) 직전까지는 아직 진정으로 식민화되지 않았었다. 다시 말해 개간되지 않았고 사람들이 이식되지 않았었다. 그 이유는 아이누족의 존재 때문이 아니었다. 아이누족의 마지막 반항은 18세기에 진압되었다. 마쓰마에의 한(봉건 부족)의 지배하에 정착된 제도는 자연 자원의 활용, 특히 어업에 의존하고 있었다. 다른 모든 곳에서는 봉토들의 힘이 쌀의 부아소(곡물을 재는 용량 단위)로 측정되고 있었는 데 비해, 이곳에서 청어는 커다란 부(富)가 되고 있었다. 섬의 영주는 막부에 대해 다른 다이묘들의 알려지지 않은 자유를 누리고 있었는데, 섬이 공통적 제도로 들어간다고 해서 얻을 게 아무것도 없었다. 바로 이 점이 식민지화의 지체를 설명한다. 특히 일본인들은 '미개한 땅 Ezo-chi,' 다시 말해 남서쪽 바닷가 가장자리를 제외하곤 섬 전체에 정착하는 게 금지되어 있었다. 이러한 사실로 인해 농업은 매우 부차적이었다.[59] 특히 몇몇 불행한 시도에도 불구하고[60] 벼농사는 부재하였다.

그런데 메이지의 왕정복고는 진정으로 식민지화를 추진하기 때문에 결정적 변화를 나타내지만, 새로운 정부는 원래 식민 병사들(tondenhei)에게도 벼농사를 금지함으로써 이것을 장려하지는 않았다. 이는 두 가지 이유 때문이었다. 하나는 이 정부가 홋카이도를 서양식 근대화의 모델로 만들고자 했고, 다른 하나는 벼농사가 이 북쪽 섬에서 불가능

---

58) 앞으로 나는 나의 학위 논문의 여러 대목들을 압축하여 언급할 것이다. *Op. cit.*, au 제2장, 주 9).

59) 아이누족은 (개간의 형태이긴 했지만) 농업을 모르고 있진 않았다. 그러나 그들에게 농업은 매우 부차적인 역할밖에 수행하지 않았다.

60) 1866년에 다시 한번 남쪽 핫코다테의 작은 벌판에서 발견된 몇몇 논에서의 수확은 추위로 인해 소멸되었다.

하다고 확신했기 때문이다. 우리가 언급하지 않을 수 없는 것은 생물지리학적으로 말하면 홋카이도의 주요 부분이 북반구의 대침엽수림지대, 러시아인들의 침엽수림지대에 속한다는 점이다. 개간위원회 위원장이었던 구로다 기요타카의 미국인 고문들은 그곳에서 하지 않으면 안 되는 것이 신(新)영국을 모델로 하는 밀·감자·젖소 사육이 중심이 된 농업이라는 점을 어렵지 않게 설득시켰다. 그 다음의 역사는 이와 같은 방침에도 불구하고 벼농사가 반세기만에 거의 섬 전체에 확대되어 가고 있음을 보여준다. 그리하여 기타미 지역에서는 겨울이면 빙산(이것은 두세 달 동안 해안의 물길을 막는 오호츠크 해의 빙산이다)을 배경으로 보이는 논이라는 그 희귀한 풍경이 관찰된다. 1930년대에 (섬의 동쪽에 있는) 네무로에서도 벼가 재배되었다. 여름에 네무로는 스카네(스웨덴 남부)보다 덜 따뜻한데도 말이다(…).

이러한 위업의 달성은 오늘날 북부 섬의 대량적인 수확 앞에서 보이는 것처럼 그렇게 수월한 게 아니었다. 그것이 가능했던 것은 식민화사업을 하는 사회의 상당한 양의 에너지 부분이 정비된 논들에 투자되게 해주었던 제도의 정착이 점차로 이루어졌기 때문이다. 예를 들면 압류와 특혜 금융의 권리를 누렸던 수리조합(dokô kumiai), 순회 교사, 모든 부(bu)(수십 가구에 해당하는 말단 영토 단위)에 의무적인 상호 부조계약(moshiawase kiyaku) 같은 것들이다. 정부의 최초 선택이 남겨 놓은 이미지에도 불구하고 역사적 연구가 보여주는 것은 전반적으로 볼 때, 건조한 땅에서의 재배와 젖소 사육보다는 논을 위해 더 많은 일이 수행되었다는 사실이다. 그러나 우리가 여기서 언급해야 하는 것은 (우리가 보았듯이, 처음에는 그 다음에 이어지는 것과는 반대의 정책이 펼쳐졌던 바) 농업 정책의 성공보다는 외쿠메네의 재전개이다. 왜냐 하면 이 현상이 훨씬 더 일반적이기 때문이다. 완전히 우발적으로 그리고 하나의 역사를 전적으로 창조하는 가운데 진통을 겪는 것은 개인들에서 제도들과 기후까지[61] 사회와 환경의 관계 전체이다. 사실 이런 측면은 특히 민중에 의한 일련의 창안들에 토대한다. 예컨대 구로다 우메타로라는 한 땜장이가 1905년에 만들어 낸 이른바 '낙지-발(takoashi)'이라는 그 매우 신기한 파종기[62] 같은 것을 들 수 있다. 정부적 차원의 농학적 연구가 이런 흐름을 이어받은 것은 1900년에 홋카이도 노지 시켄조라는 대규모의 농학연구센터가 설립된 후에, 보다 정확히는 1915년부터 새로운 다양한 벼 품종 선별에 특별 예산이 배정된 후, 타이쇼 시대사(1912-1925)에 와서야 이루어졌다. 자연 자체도 1895년에 이른바 '승려(bôzu)'라는 모종을 탄생시켰던 변화를 통해 그 나름으로 기여했다. 이 이름은 대머리 같은 이삭 때문에 붙여진 것이다.[63] 이 모종은 추위에 매우 강하기 때문에 논을 북쪽과 동쪽으로 엄

---

61) 1930년대에 일련의 추위가 논의 확장에 결정적인 중단을 가져왔고, 그리하여 논은 특히 북부와 남부에서 후퇴했다. 그 다음에 그리고 특히 1969년 이후 논을 만드는 것을 제한하는 정책이 자리잡은 후에는 미각적 질에 대한 노력이 점차로 기울여졌다. 오늘날 키라라와 같은 홋카이도의 가장 좋은 모종들은 나이치('본토,' 다시 말해 일본의 나머지)의 모종들에 뒤지지 않는다. 그러나 명성 있는 노린(nôrin) 20("MAF〔농림부〕no 20)은 전후 어려운 시기에 의지 수단이었는데, 여전히 그 무맛으로 유명했다.

62) "그것은 부채 모양으로 된 여덟 쌍의 관으로 귀결되는 구멍들이 바닥에 뚫린 하나의 상자로 되어 있다. 이 관들은 맨 밑부분에서 부표들이 갖추어진 틀 속에 삽입되어 있다. 상자를 허리 높이로 유지하고 자기 앞쪽으로 이 도구를 밀면서 단 한 번의 움직임으로 완벽하게 일직선인 여덟 줄의 모를 심을 수 있었다." *Op. cit.*, 제2장, 주 9), p.166. 삽화 설명을 보려면, 나의 《일본 의학 *Nihon no fûdosei*, p.41 그리고 이 작은 소책자에 딸린 비디오(카세트 1, 제4과), 도쿄, **NHK**, 1995 참조.

63) 이런 현상은 인간 환경의 투과를 전형적으로 나타낸다. 변화가 일어나기 위해서는, 그리고 어찌 되었든 그것이 주목받기 위해서는 홋카이도에 논들이 있지 않으면 안 되었다. 카이타쿠시의 정책이 추구되지 않았다면 승려 모종은 없었을 것이다. 왜냐하면 동일한 변화가 다른 곳에서 일어났다면 그것은 아마 아무에게도 관심을 유발하지 못했을 것이기 때문이다. 일본의 농부들은 우연히 얻게 되는 것들을 뽑아내는 데 시간을 보내곤 했다. 승려 모종의 발견자는 코토니(오늘날의 삿포로)의 단순한 병식민 병사(tondenhei)인 에가시라 쇼타로였다. 그러나 그는 그의 발견이 그랬듯이, 동기가 부여되어 있었다. 달리 말하면, 그것은 의미가 충만한 하나의 사건이었다. 승려 모종의 탄생이라는 생물학적 사실과 이 탄생이 가능하게 해준 논의 확장이라는 지리적 사실은 분명 하나의 외쿠메네적 관계로부터 비롯되었다. 이러한 구체성을 분리시킨다는 것은 현실 이외의 다른 것에 대해 말하는 것이다.

청나게 확대토록 해주게 된다. 이른바 '급증하는 승려(hashiri bôzu)'라는 이름의 극단적 조생종 형태로 이 모종은 1930년대말까지 가장 많이 재배되었다. 그러나 처음에 일본 이민자들이 말하자면 생명력이 강한 논을 지니지 않았더라면 이런 일은 전혀 가능하지 않았을 것이다. 그들은 하나의 개발 방식이라기보다는 존재하는 방식을 지니고 있었던 것이다.

요컨대 이것이 나카야마 큐조(1828-1919)의 이야기가 드러내는 것이다. 이 농부는 카와치(오늘날 오사카에 있음) 출신인데, 1873년에 이시카리 평원에서 쌀을 수확하는 데 최초로 성공한 사람이다. 이 평야는 그후 섬의 첫 생산 지역이자, 일본의 모든 첫번째 생산 지역 가운데 하나가 되었다. 그렇게 되자 도청은 그로 하여금 그가 개발한 방법들을 향상시키는 임무를 부여하게 되었다. 그러나 그는 아무런 도움도 받지 않고 독자적으로 최초 시험들을 수행했다. 삿포로에서 치토세로 가는 도로에서 멀지 않은 시마마추에서는 그가 건설한 논을 아직도 볼 수 있다. [64] 넓이가 몇 평방미터인 이 논은 오늘날 오래된 진흙탕 저수지를 닮아 있을 뿐이다. 그게 무슨 중요성이 있는가! 중요한 것은 약 130년 전에 그곳에서 일어났던 일이다. 에니와 화산에서 급격하게 내려오는 이웃한 급류인 시마마추 가와는 너무도 차가운 물을 공급하고 있었는데, 나카야마는 이것을 가정의 목욕물로 미지근하게 만들었다. 일본인이 홋카이도 땅에서 자신을 투자하여 이 땅을 자신의 인간 환경체로 만드는 투과의 상징이 이보다 더 강한 것을 나는 알지 못한다. 사실 일본에서 따뜻한 물(yu)은 단순히 데워진 물(mizu)이 아니다. [65] 그 개념은 요(yo)(생명의 공간, 이 세계, 일정한 시간의 간격에 부여되는 생명력)의 개념과 서로 얽혀 있다. 이를 입증하는 것이 혼슈 북

---

64) 왜냐하면 일본어로 논은 '건설' 되거나 '만들어' (tsukuru)지는 반면에 들판은 '가꾸어' (tagayasu)지기 때문이다.

부 지방에서 유(yu)가 요(yo)로 발음된다는 사실이다. 반면에 남부의 섬들에서는 요가 유로 발음된다. 미야코(오키나와)에서 축제일들에 쌀과 붉은 강낭콩(azuki)은 풍요와 생명력의 상징들인데, 유(yu)로 말해진다. 토사(시코쿠)에서 요는 수확을 지시한다. 유 역시 다양한 의료적 용법이 증명하고 있듯이 정화하는 힘을 포함하고 있다. 마찬가지로, 하루 일과가 끝날 때 따뜻한 목욕(furo)은 위생적인 기능에 해당할 뿐 아니라 정화의 의지에 해당하며, 이 의지 자체가 탄생의 관념으로 이끈다. 이를 드러내는 것이 특히 황제의 목욕 의식(儀式)이고, 간사이(오사카 지역)에서 어린아이들의 언어를 보면, 오부(obu)라는 동일한 용어로 따뜻한 물과 목욕이 지칭되고 있다는 사실이다. 이 용어는 토사에서 생명의 정신, 곧 영혼이라는 의미를 띤다. 요컨대 따뜻한 물의 매개를 통해서 나카야마가 자신의 논에 불어넣고 최초의 수확에서 구현시키고자 했던 것은 바로 생명의 힘(tamashii)이다.

주목해야 할 점은 이러한 해석이 외쿠메네적 관점에 속한다는 것이다. 이 해석은 귀속유동성과 투과를 함축한다. 나카야마 자신의 관점에서 볼 때, 그 반대로 전유된 관행을 통해서 쌀의 정신(Inadama)으로 하여금 새로운 땅에 거주하러 오도록 설득하는 게 중요했다. 인간 환경체의 이와 같은 인격화는 우리가 §21에서 보았던 대모신의 탄생과 동일한 관계가 있다. 그것은 필연적으로 종교적인 것의 문제로 귀결된다. 우리는 다음 장에서 이 문제를 다룰 것이지만 우리의 두번째 사례가 이것을 도입하게 될 것이다.

우리가 이미 검토했듯이, 정부는 애초에 북부 섬의 이와 같은 일본화와는 전혀 다른 길을 선택했었다. 개간위원회인 카이타쿠시가 맡았던 서양주의적 정책은 농민 계층의 노하우뿐 아니라 주민의 식생활 습

---

65) 다음의 내용을 쓰는 데 내가 착상을 얻은 책은 Araki Hiroyuki, *Nihongo kara Nihonjin wo kangaeru(Du japonais aux Japonais)*, II.2, *Yu ron(De l'eau chaude)*, Tokyo, Asahi shinbunsha, 1980이다.

관마저 빼고 생각한 '개념적인 농학'(rinenteki nôhô)을 함축하고 있었다. 특히 농학적인 만큼 종교적인 이유들로 인해, 우유 제품들의 소비는 물론이고 고기의 소비는 예외로 여겨졌다.[66] 큰 가축은 별로 보급되지 않았고 짐을 싣거나 마차 따위를 끄는 데 사용되었다. 우유는 결핵이나 매독에 대한 치료제로, 탈수 형태로 엘리트층에 의해 소비되었다. 치즈는 나라시대(8세기)에 다이고(daigo)라는 이름으로 중국으로부터 수입되었는데, 까맣게 망각되어 문자 그대로 '치즈맛'을 나타내는 다이고미(daigomi)라는 낱말은 세월이 흐름에 따라 추상적인 미묘함(예컨대 붓다의 가르침이 지닌 미묘함)의 의미를 띠게 되었다.

따라서 우리는 메이지 치하에 젖소 사육이 홋카이도에서 성공적으로 확산되지 못했다고 해서 놀랄 필요가 없다. 메이지의 재위말(1912)에 섬은 젖소가 3천 마리밖에 없었고, 모두 해서 1만 9천 헥토리터의 우유를 생산했다(이 양은 오늘날 같으면 대략 30마리를 이용한 생산량에, 혹은 1년에 한 사람당 1.3리터에 해당한다). 일본에서 유제품의 보급은 제2차 세계대전 이후에 가서야 경제적으로 주목되는 현상이 되었으며, 학교 구내 식당에서 우유·버터의 이용을 확산시킨 미국 점령군과 관계가 없지 않다. 그러나 젖소 사육이 특히 홋카이도의 동부와 북부 지역들(토카치·콘센·템포쿠)에서 비약적인 발전을 할 수 있었던 것은 그것이 일부 선구자들의 노력에 힘입어 섬에 이미 이식되어 있었기 때문이다. 20세기에 일본에서 젖소 사육의 보급은 넓은 의미에서 문화적 현상이며, 여기서 이 현상을 추종하는 자들의 종교적인 확신의 역할이 적지 않았다. 이들 가운데 많은 이들이 기독교도들이

---

66) 전사들(bushi)은 외진 산간 지방에 사는 농민들이 보충으로 그랬듯이, 사냥을 했고 사냥한 고기를 소비했다. 심지어 특히 사냥으로 먹고 살았던 마타기들(사냥꾼 무리) 같은 개별 집단들도 있었다. 그러나 이러한 현상들은 부차적이었다. 홋카이도의 식민화가 정확히 드러내고 있듯이, 일본에서 외쿠메네는 주로 괭이로 재배하는 아주 작은 경작지들에서의 벼농사로 방향이 잡혀 있었다.

었다. 당시의 일본 사회가 처한 상황을 고려할 때, 한 종교의 추종자들이 동시에 일단의 종교 외적인 관행을 추구하는 자들이었다는 점에 놀라서는 안 된다. 사실 기독교들의 신을 믿는다는 것은 또한 상당한 정도로 서양과 서양의 가치들 그리고 기술들을 믿는다는 것이다. 사실 우리가 공적인 사육장들의 전문가들——이들 가운데 많은 사람들이 에드윈 던이나 윌리엄 브룩스처럼 외국인들이었다——을 제외하면, 젖소 사육의 선구자들은 서양 문화에 매우 강력하게 영향을 받은 개인들이나 가정들이었다.

예컨대 '덴마크 농학'(Denmâku nôhô)의 아버지인 우쓰노미야 센타로가 그런 경우였다. 그가 비록 미국에서 공부했지만, 사실 그는 특히 젖소 사육이 견실한 협동적 조직을 필요로 한다는 발상에 있어서 덴마크를 모델로 삼았다. 이러한 이전의 매체는 아마 홀스타인 젖소였을 것이다. 왜냐하면 이 젖소가 비록 카이타쿠시가 도입한 에어셔 종보다 지방질이 풍부하지 않지만 보다 많은 우유를 제공한다는 사실을 그가 알게 된 것은 미국에서였기 때문이다. 제1차 세계대전 이전에는 에어셔종이 홋카이도 가축의 3분의 2를 나타냈다. 어쨌든 미국에서 돌아오자마자 우쓰노미야는 1897년 홋카이도에 최초의 협동조합을 설립했다. 그는 같은 시기에 최초의 사료 창고를 만들었는데, 그후 이 모티프는 홋카이도 풍경의 상징이 되었다. 훗날 1921년에 그는 자신의 사위를 덴마크에 유학보냈고 1926년에 두 명의 덴마크인 전문가를 초청했다. 이러한 교류의 흐름은 도초(홋카이도의 도청)에 의해 계속되고 확대되었다. 내가 1970년 7월 홋카이도의 한 우유가공 공장을 방문했을 때 찬탄을 금할 수 없었던 것은 덴마크의 기계들이었다. 이것들은 오비히로 근처의 오토후케의 한 협동조합에서 태어난 '네잎 클로버' 회사인 요츠바의 기계들이다.

청교도적인 성향의 기독교도인 우쓰노미야의 정신 속에서 중요했던 것은 덴마크의 기술들로 자신의 능력을 키우는 것뿐 아니라 특히 보다 개인주의적이고 보다 민주적인 하나의 존재 방식으로 철저하게 전환하는 것이었다. 그는 메이지시대에 근대성의 이상들을 전파한 위대한 전파자인 후쿠자와 유키치의 표현인 독립성과 자기 존중(dokuritsu jison)을 자신의 신조 가운데 하나로 삼았다. 이것이 의미했던 것은 우선 가축 사육자들이 자신들의 힘을 믿어야 했다는 점이다. 이로부터 협동조합들이 나타나 증가되었으며 1926년 이후에는 라쿠렌(낙농연합)이 결성되었다. 그러나 그것은 또한 하나의 생활 양식을 함축했다. 그리하여 우쓰노미야가 1대 회장직을 맡았던 라쿠렌의 내규를 보면, 술과 담배가 금지되어 있고, 여자들에게는 화장이 금지되었으며, 심지어 남자들이 머리를 배코로 미는 것도 금지되어 있다. 사실 전통적 농민 집단에 속한다는 이런 기호는 사육자들을 대상으로 한 동기 부여를 약화시킬 수도 있었기 때문이다.

이처럼 모든 것으로 볼 때, 우쓰노미야의 사례와 나카야마의 사례는 서로 대립하는 것 같다. 후자는 전통을 더 진척시키고자 그것에 집중했고 전자는 외국 모델을 도입하기 위해 전통을 벗어던졌다. 그러나 두 사람 모두 하나의 본질적인 점에서 서로 만나고 있다. 즉 육체와 영혼, 위생과 종교가 하나로 되어 그들은 각자의 시도에 자신을 완전히 던져 성공했던 것이다. 다른 많은 사람들은 그들만큼 동기를 총체적으로 부여받지 못했기 때문에 실패했다. 이로부터 우리가 짐작할 수 있는 것은, 자신의 환경 속에 개입하는 것은 인간의 총체일 뿐 아니라 이런 개입의 총체성이 위대한 시도들의 필요한 조건일 것이라는 점이다. 이런 측면은 우리가 고찰하는 지역을 넘어서고 포괄하며 미래로 전망하는 무언가가 아닐 수 없다. 그것은 근대적 방식에 따라 결코 기능들로 귀결될 수 없을 것이다. 우쓰노미야의 성공은 자기 생활을 홋카이도에서 젖소 사육의 생활 속으로 이동시키는 투과에 다름 아니었다.

여기서 다시 한번 주목해야 할 점은 우리가 알고 있는 한 우쓰노미야가 의식하지 못했던 무언가에 대한 외쿠메네적 해석이 중요하다는 것이다. 그가 볼 때, 머리를 기른다는 것은 홀스타인 젖소로 가득하고 절대자 앞에서 성경적 이미지들에 의해 정당화되는 덴마크식 풍경에 단순히 속했던 것이다. 이런 측면은 또한 의식(儀式)에 대한 일본인의 경향을 담아냈다. 어떤 기능들(나아가 어떤 기능들 이상으로), 어떤 형태들에 대한 경향 말이다. 이러한 구체성에 직면할 때, 결어긋남(décohérence) 이전의 양자역학의 '파동 덩어리' 앞에서처럼 직선적인 인과 관계로 추론하는 것은 헛된 일일 것이다. 물론 머리를 배코로 밀지 않는다고 해서 그 필연적 결과로서 홀스타인 젖소들이 풍요롭게 번식하는 것은 아니며, 그런 일은 두부를 좋아하는 사람들로 하여금 치즈를 사도록 설득시키는 데 오히려 부정적으로 작용한다. 그러나 인간 환경과 함께 가는 데 있어서 이러한 다양한 현상들이 나타내는 것은 기술(技術)·상징·기후를 결합시키는 어떤 방향이 한 사회와 이 사회의 환경이 맺는 관계 전체에 영향을 미치고 그것이 이 방향을 통해서 전개되도록 한다는 점이다.

*

이러한 방향 없이는 어느 정도 규모의 그 어떠한 인간적 시도도 아무런 결과를 얻지 못할 것인데, 우리는 이제 이 방향을 그 자체를 위해 구상해야 할 것이다. 왜냐하면 이 장(章)에서 제시된 사례들이 인간 환경의 귀속유동성과 투과성을 밝혀 줄 수 있다 할지라도 다음과 같은 본질을 말하는 것은 아니기 때문이다. 왜 그것은 저 방향보다는 이 방향인가? 인간 환경과 함께 가기에서 왜 지평이 있으며 왜 역사가 있는가, 다시 말해 왜 그것은 아무데로가 아니라 어딘가로 가고 있는가?

제5장

의 미

그리고 보다 큰 숨결이 우리 내부에서 일어나
라, 우리에게는 바다 자체와 같고 이국 여인으로
서의 큰 바닷바람 같은 숨결이.[1]

생 종 페르스

시간과의 관계에서 대칭적인 하나의 세계는 인
식 불가능한 세계일 것이다.[2]

일리아 프리고진

25. 의미의 세 토대

의미의 문제는 언어의 문제와 분리될 수 없지만 언어의 문제로 귀결
되지는 않는다. 그 반대로 언어를 포용하고 그것에 앞서는 것이 의미
이며, 언어가 더 이상 존재하지 않을 때에도 존속하는 것이 의미이다.
이것이 의미에 대한 외쿠메네적 접근뿐 아니라 외쿠메네적 관계의 관
념 자체를 성립시키는 전제이다. 사실 이러한 관계의 전개는 어떤 특
정한 의미(방향)로 가는 의미의 전개이다. 우리가 보았듯이 그것은 인
류의 상징적 기능들의 전개를 포함하며, 우리는 이 기능들 가운데 우
선하는 언어(langage)를 간단하게 다음과 같이 정의할 수 있을 것이다.

---

1) Saint-John Perse, *Amers*, Paris, Gallimard, 1970, p.47.
2) Ilya Prigogine, *La Fin des certitudes*, Paris, Odile Jacob, 1996, p.177.

그것은 인류가 발성적 기호 체계(혹은 언어체: langue)를 통해 소통하는 특수한 능력이다. 이 체계는 복잡한 육체적 기술을 작동시키고, 유전적으로 전문화된 피질 센터들과 상징적 기능에 전제한다. 그것은 일정한 사회 집단(혹은 언어적 공동체)에 의해 사용되는데 개별적 언어체를 구성한다(…).[3]

그러나 그러한 관계의 전개는 우리의 기술적 기능들의 전개를 포함하며, 우리의 육신 속에 구현되고, 어떤 환경 체계(écosystème) 속에 뿌리 내리고 있다. 이 환경 체계는 유동적이지만 그렇다 해도 역시 지각·정신에 강하게 호소한다. 우리는 그것을 생명권의 물리적 한계 밖으로 연장할 수 있지만 그것 없이 지낼 수는 없다.

이러한 관점에서 의미의 문제는 그것이 성립되는 범주(그것의 **코라**), 다시 말해 외쿠메네적 관계에서만 유효하게 제기될 수 있다. 오직 언어(그것의 **토포스**)에 입각해서 그것을 연구한다는 것은 부당하고, 하물며 사물들의 의미에 언어적 기호들과 관련해 펼쳐진 의미 분석 기술들을 적용한다는 것은 말할 것도 없다──왜냐하면 이것은 현실을 추상으로 대체하는 것이기 때문이다. 그러한 접근은 부분적일 뿐 아니라 그 원칙상 허위이다. 왜냐하면 그것은 지도를 영토로 간주하는 오류를 범하기 때문이다. 사물의 기호는 사물이 아니고, 따라서 기호학은 사물들을 설명할 수 없다. 그런데 사물들은 의미를 지니고 있다.

이처럼 이런 원리들을 불시에 제기하는 것은 차례로 환원적이 될 위험이 있다. 사실 기호론 혹은 기호학[4]이 기호들의 지식뿐 아니라 사물들의 지식에 많은 기여를 하고 있다는 명백한 점을 부인하자는 게 결

---

3) Jean Dubois et al., *Dictionnaire de lingustique et des sciences du langage*, Paris, Larousse, 1994, p.264, art. "langage."

4) 나는 여기서 학파의 문제를 다루지 않으며, 기호론과 기호학을 기호 체계들을 연구하는 학문들이라는 동일한 의미로 일률적으로 이해한다.

코 아니다. 그게 아니라 우리가 강조하고자 하는 생각은 외쿠메네적 관계에서, 다시 말해 현실에서 사물이 언제나 필연적으로 상징적이고, 따라서 기호 체계들을 끌어들이며, 역시 필연적으로 언제나 다른 무엇이고, 이 다른 무엇은 기호들에 앞서고 기호들 속에 숨어 있다는 점이다. 이러한 잠재성과 이러한 선행성은 기호에 의해 포섭될 수 없다. 달리 말하면 의미 속에 있는 태생적 · 근본적인 그 무엇은 기호적인 것으로 환원될 수 없으며, 그 반대로 기호적인 것은 이로부터 자신의 존재를 획득하고 그것이 전개하는 의미를 얻는다. 이런 측면은 외쿠메네가 생명권보다 나중에 위치하며 생명권을 전제하고 그 반대는 사실이 아니라는 점과 같은 이치이다. 생명권과 지구의 관계도 마찬가지이다. 따라서 지구로부터 생명권으로, 그리고 생명권으로부터 외쿠메네로 가는 하나의 의미(방향)가 있으며 그 반대는 아니다.

여기서 우리가 알 수 있는 것은 외쿠메네적 관점의 전제가 시간의 관념을 의미의 관념과 연결시키고 있다는 점이다. 사실 의미는 기호들 사이의 순전히 공간적, 따라서 순전히 자의적 관계로부터 태어난다. 그것은 필연적으로 외쿠메네의 시간-공간 안에서 전개된다. 이것이 말하는 바는 우리가 '자연적인' 상징적 체계들(언어학자들은 '자연언어들'이라 말한다)을 사물들의 자연과 분리해 생각할 수 없다는 점이다. 이 체계들은 이 자연을 이런저런 의미(방향)로 전개하지만, 이 의미는 추상적인 기호 단독에 의해 확립되는 게 아니다. 그것은 구체성 속에서 태어나며 이 구체성 안에 결집되는 것이 사물들의 자연이고, 이 자연을 표상하는 기호들이며, 기호들과 사물들이 존재하는 명분을 주는 사람들의 삶이다.

기호들 · 사물들 · 사람들이 이와 같이 함께 성장하기의 관점 속에 의미의 문제를 위치시킨다는 것은 의미가 역사의 문제임을 말하는 것이다. 우리는 대상 정지를 통해서 의미를 보여줄 수 없다. 무엇보다도 필요한 것은 그것의 흐름을 파악하는 것이다. 동시에 이런 주장은 우리가 의미를 그것의 자연적인 배경(틀)과 떼어내 생각할 수 없다는 정립하기 위한 것이며——왜냐하면 역사는 선사로부터 나오고 선사는 자연으로부터 나오기 때문이다——이 자연적 배경은 삶이고 삶을 넘어 우주이다.

의미와 문제에 있어서 외쿠메네적 관점은 사실 본래적인 것(선행하는 것)의 관점뿐 아니라 유래적인 것(감추어져 있는 것)의 관점에서 의미가 다양한 토대를 가지고 있다고 간주하는 것이다. 첫번째 토대는 순전히 물리적이다. 그것은 우주의 전개이다. 두번째 토대는 생명권의 전개이다. 세번째는 외쿠메네의 전개이다. 첫번째에서 의미는 시간 속에서 흐름임과 동시에 공간 속에서 방향이다. 그것은 사물들의 어떤 상태가 어떤 다른 상태로 진화하지 그 반대가 아니라는 것이다. 예를 들면 중력과의 관계로 인해 침식이 산들을 마모시키고, 서양삼나무들이 위쪽으로 성장하고, 육신이 아래쪽으로 무게가 실린다는 것은 의미가 있다. 반면에 그 반대는 상식에 어긋난다. 두번째에서 의미는 하나의 살아 있는 유기체가 자신이 처해 있는 사물들의 상태를 아는 방식이다. 예컨대 우리의 내적 귀를 통해서 수직을 기준으로 위치할 수 있는 능력을 우리는 갖고 있다. 용설란속 식물의 꽃대가 위쪽으로 곧게 자라는 능력이 있듯이 말이다. 세번째에서 의미는 사물들의 어떤 상태가 그것이 존재하지 않는 지점에서 표상을 통해 인지되는 방식이다. 예컨대 본서에서 '위쪽을 향해서 곧게 자란다(pousser droit vers le haut)'는 다섯 단어가 본 텍스트에 존재하지 않는 용설란속 식물에 관한 것을 나타내는 방식이다. 따라서 표상과 관련된 일련의 새로운 문제들은 제기될 수 있지만 이 문제들은 외쿠메네적 관점에서 필연적으로 의미의 세 가지 일차적 측면들을 토대로 지닌다.

따라서 바로 이런 차원에서 우리는 이 문제에 접근할 것이다.

26. 의미의 기원에: 우주와 생명

가장 먼 시간적 측면과 가장 심층적 측면에서 의미의 문제는 우주의
기원 문제에 다름 아니다. 우리가 §16에서 보았듯이, 이 문제는 이성
적 탐구의 영역을 벗어난다. 그렇기 때문에 의미의 기원은 모호하다.
우리가 그것에 대해 알 수 있는 것은 **그것의 양태들이 이미 있는** 순간
부터 이 양태들이다. 그러나 이 기원에 대해 밝힐 수 있다고 주장하는
것은 헛되고 허위이다. 의미는 원인에 입각한 결과처럼 산출되는 게 아
니다. 우리는 이 '있다'는 것 그 이상으로 거슬러 올라갈 수 없다. 왜
냐하면 의미에 대해 탐구가 있을 수 있는 것은 **그것 안에서**, 의미 안
에서일 뿐이지, 바깥에서가 아니다.

물리적인 보편성의 의미에 관해서 우리가 알고 있는 것은 과학이 '시
간의 화살'이라는 문제에 의해 양분되고 있다는 것이다. 뉴턴의 모델
에서 이 문제는 존재하지 않는다. 왜냐하면 현상들은 가역적이고 과거
와 미래 사이에 대칭이 있기 때문이다. 아인슈타인은 자신도 이 원리의
옳음을 확신했으며, 그가 다음과 같이 쓴 편지가 이 점을 드러낸다.

확신에 찬 물리학자인 우리 다른 사람들에게 과거·현재·미래의 구
분은 그것이 설령 집요하다 할지라도 환상에 불과하다.[5]

그 반대편에 '인간 활동에 의한 원리'[6]라는 이름으로 알려진 주장이
위치하는데, 브랜던 카터와 같은 천체물리학자들이 이것을 지지한다.
이 주장에 따르면 우주에는 일종의 궁극목적성이 있다는 것이다. 우리

---

5) *Le Trésor, op. cit.*, chap. 1, note 6, p.500에서 재인용.
6) 이에 대해서는 J. Demaret et Dominique Lambert, *Le Principe anthropique. L'Homme est-il le centre de l'Univers?*, Paris, Armand Colin, 1994 참조.

가 우주를 관찰하기 위해 여기 있다면, 우리가 그 일을 하기 위해 여기에 있을 수 있을 만큼 바로 우주가 그렇게 되어 있기 때문이다. 따라서 최초 개연성이 미미한 어떤 연쇄가 있으며, 이 연쇄가 **빅뱅**의 사태를 우리가 알고 있는 상태로 이끌었다.

　엄밀하게 이 두 주장들의 물리학적인 근거가 어떤 것이든——나는 이를 논의할 만한 적임자가 아니다——그것들 가운데 어느 쪽도 내가 방금 제기한 의미의 문제틀과 양립할 수 없다. 첫번째 주장은 이 문제틀에서 그것의 물리적 토대를 없애 버리기 때문이다. 이 차원에서 우리가 사물들의 한 상태로부터 다른 한 상태로의 이동을 뒤집을 수 있다면, 이것이 말하는 바는 모든 게 우연의 결과이고, 사물들이 어떤 의미를 가지고 있다 할지라도 이 의미는 보다 높은 차원에서 임의적으로 결정될 수밖에 없다는 것이다. 우리가 뒤에 가서 보겠지만, 사실 이와 관련해 데카르트적인 대상 정지인 뉴턴 역학과 기호에 대한 소쉬르 이론의 전개 사이에는 그것들의 근대성을 나타내는 어떤 유사성이 존재한다. 즉 자연은 근본적으로 의미가 결여되어 있다는 관념이 존재한다. 한편 두번째 주장(인간 활동에 의한 원리)이 의미의 외쿠메네적 접근과 양립할 수 없는 이유는 그것이 이 접근의 흐름을 시대착오적으로 뒤집기 때문이다. 인간의 존재를 이 존재를 낳은 것의 토대로 삼음으로써 이 주장은 베르나르댕 드 생 피에르 같은 사람의 섭리주의에 대한 물리학자적 해석에 불과하다. 달리 말하면 그것은 사건들 사이에 연속만이 있는 상황 속에 어떤 의도를 투사한다.

　반면에 의미에 대한 외쿠메네적 접근과 일치하는 주장들은 특히 볼츠만 이후로 근대 물리학의 대칭적 비전에 이의를 제기했고 시간의 불가역성을 주장했지만 그렇다고 궁극목적론에 빠지지는 않는 것들이다. 이와 관련해 나는 일리아 프리고진——그는 이러한 불가역성의 주창자들 가운데 가장 잘 알려진 인물이다——이 자신의 과학철학을 설명한 책 《확실성의 종말》[7]에서 한 대목을 인용하겠다.

고전적 역학은 고립된 운동들을 고찰하지만, 사실 불가역성이 의미를 지니는 것은 우리가 상호 작용들이 집요한 환경 속에 던져진 입자들을 고찰할 때 뿐이다(p.133).

사실 이 대목은 이번 장(章)이 전개시키고자 하는 것의 원리 자체를 포함하고 있다. 즉 환경을 통해 추론한다는 것——달리 말하면 사물들의 **토포스**뿐 아니라 그것들의 **코라**를 고려한다는 것——은 데카르트적인 대상 정지나 뉴턴적인 가역성을 비의미만을 용인하는 상황에서 의미를 포착하게 해준다.

물론 프리고진 같은 인물이 구상한 현실들은 인간 환경들을 만드는 현실들과 동일한 범주에 속하지 않는다. 그것들은 내가 앞에서 의미의 첫번째 토대라 부른 것, 다시 말해 지구의 존재 차원의 질서인 물리-화학적 질서에 속한다. 그러나 바로 존재의 이 차원에서 '물리적인 자동 조직의 행동'으로, 그리고 '삶에 고유한 자동 조직의 출현'으로 이끄는 '대칭의 균열'과 '비균형'(p.150)이 시작된다. 그런데 삶에 고유한 자동 조직을 통해서 우리는 의미 작용의 의미, 다시 말해 정보를 전달하기 위한 기호들의 작동화의 의미와 이미 근본적으로 유사한 의미의 조직 차원에 있게 된다. 바로 이와 같은 특징을 토대로 새로운 학문인 생명기호학(biosémiotique)의 최근 도약이 이루어졌다. 우리가 생명기호학의 창시자로 간주할 수 있는 인물로 코펜하겐대학교 분자생물학 연구소 교수인 제스퍼 호프메이어에게 **기호권**(sémiosphère)이라는 개념은 그것으로 하여금 생명과 동일한 외연을 갖게 만들어 주는 의미를 띤다.

기호권은 대기권 · 수권(水圈) · 생명권과 같은 권이다. 그것은 소통

---

7) Ilya Prigogine, *La Fin des certitudes*, Paris, Odile Jacob, 1996.

의 모든 형태들을 통합시키면서 모든 구석구석에 이 다른 권들을 침투시킨다. 소리 · 냄새 · 운동 · 색깔 · 전기장 · 열복사 · 온갖 파동 · 화학 신호 · 촉각 등. 요컨대 생명의 신호들을.[8]

이로부터 '의미 작용의 자연사'를 구축하고자 하는 발상이 비롯된다. 왜냐하면 자연은 호프메이어에 따르면 근대 과학, 특히 신다윈설이 공언한 것보다 훨씬 더 우리와 가깝기 때문이다. 신다윈설의 세계관은 창조성이 결여된 근본적으로 어리석은 어떤 자연에 의해 특징지어질 수 있다. 그 반대로 호프메이어에게 자연은 기호적이다. 그것은 스스로 점점 더 복잡한 소통적 · 의미적 활동의 구조들을 전개하는 경향이 있다. 이러한 구조들을 연구하기 위해서 호프메이어는 찰스 S. 퍼스(1839-1914)의 기호학적 삼각 구도에 토대했다. 이 삼각 구도는 '해석소' '전달체' 혹은 '일차적 기호'(해석이 관계하는 것), 그리고 '대상'(해석이 파악해 내는 것)으로 이루어져 있다. 특히 해석소는 세포와 이것의 환경 사이에 이루어지는 교환 속에 있는 이 세포일 수 있다. 이러한 관점은 호프메이어로 하여금 사람들이 생물학에서 DNA에 부여하는 주도적 역할에 이의를 제기하도록 만든다. 그보다 그가 볼 때, 사실 살아 있는 생체들이 포함하고 있는 수십억 개의 막들에 이런 역할을 인정해야 한다는 것이다.[9]

이러한 문제는 물론 우리의 소관이 아니다. 그보다 우리와 관계 있는 것은 호프메이어의 생명권이 그를 진정으로 환경적인 성격의 문제들로 인도하고 있다는 점이다. 이 문제들은 여러 번에 걸쳐 프란시스코 바렐라의 업적을 참조케 한다. 사실 그는 《정신의 육체적인 새김》[10]에

---

8) Jesper Hoffmeyer, *Signes of meaning in the universe*. Bloomington & Indianapolis, Indiana University Press, 1996(1993), p. Ⅶ.

9) 이것은 호프메이어가 "Surfaces inside surfaces. On the orgine of agency and life," *Cybernetics and human knowing*, 5, 1, 33-42(1998)에서 개진하는 발상이다.

대해 작업하고 있다는 점에서 우리와 관련이 있는 저자이다. 이렇게 명명된 책에서 바렐라는 "의미 작용의 지점이 특정한 상징들 속에서 탐지되는 게 아닌" "연결주의적인 접근"을 내세운다. "의미 작용은 체계의 전반적 상태에 달려 있다."(p.148) 보다 특별하게 바렐라는 이와 관련해 그가 에낙시옹(énaction)이라 명명한 것에 대해 이야기한다. 즉 그것은

이원론과 일원론 사이의 중간적 길이다. [이 길은] 구별되면서도 동시에 분리할 수 없는 두 축, 즉 동물과 이 동물의 환경 사이의 변증법적인 공동 결정(codétermination)이 존재한다는 사실에 토대한다(p.274).

꽃들의 색깔과 벌들의 시각 사이의 공동 진화처럼 말이다. 그리하여

일정한 환경은 사전에 미리 주어지는 게 결코 아니고, 결합의 역사를 통해 생성되거나(énactées) 이루어진다(p.273).

그때 인식은 에낙시옹으로 간주될 수 있기 때문이다.

에낙시옹은 세계를 출현시키는 [주체와 그의 환경 사이의] 구조적 결합의 역사이다(p.278).

우리는 여기서 생물리학 및 인지과학의 영역(여기에는 자동 로봇의 제작과 같은 기술적인 연관이 수반된다) 속에 있다. 그러나 이러한 고찰은 우리의 관심 영역에서 직접적으로 활용될 수 있다. 물론 바렐라의

---

10) Francisco Varela, *L'Inscription corporelle de l'esprit. Sciences cognitives et expérience humaine*, Paris, Seuil, 1993.

관점이 있는 그대로 옮겨질 수는 없다. 설령 단지 그것이 외쿠메네에서 무엇보다도 중요한 규모(échelle)에 대한 관심을 (최소한 이 책에서) 나타내지 않기 때문이라 할지라도 말이다. 그리하여 내가 볼 때 바렐라는 우리가 §31에서 다시 다루게 될 테마인 **행동유도성(affordance)**에 대한 깁슨의 개념에 너무 급진적으로 이의를 제기한다. 그래서 그의 관점은 그를 여기서 설명되는 시각들과 접근되는 시각들로 유도하고 있다. 그 방향은

> 비객관주의적 방향이며 〔이 방향에서〕 지식은 우리의 이해 능력들로부터 떠오르는 항구적인 해석의 결과이다. 이러한 능력들은 우리의 생물학적인 신체성의 구조들 속에 뿌리내리고 있다. 그러나 그것들은 합의적 행동 및 문화사의 영역 내에서 체험되고 느껴진다. 그것들은 우리로 하여금 우리의 세계에 의미를 부여하게 해준다. 그것들은 우리가 '하나의 세계를 소유하는' 방식에 따라 존재하도록 해주는 구조들이다(p. 211).

우리는 제7장에서 이러한 신체성의 문제를 다시 다룰 것이다. 지금으로서는 그것이 의미 문제의 중심 자체에 있다는 점을 강조하는 데 만족하자. 왜냐하면 그것은 또한 외쿠메네의 문제에서 핵심이기 때문이다. 우리에게 중요한 것은 인간의 신체성이다. 그러나 이 신체성의 분명한 토대는 우리의 동물적 육체이고 이것이 환경과 맺는 관계이다. 이러한 측면은 직접적으로 바렐라의 문제틀과 관련이 있다. 우리는 한편으로 그가 생명-물리학적 관점에서 '구조적 결합'이라고 부르는 것과 다른 한편으로 인간 환경의 결정적인 존재론적 구조 사이에 어떤 본질적인 상동 관계가 확립될 수 있다는 사실을 보게 될 것이다. 이 존재론적 구조 때문에 우리의 세계는 생물-물리학적인 것을 필연적으로 전제하면서도 이것으로 환원될 수 없는 이유들로 인해 의미를 지닌다.

그러나 그 전에 나는 신다윈설의 또 다른 이의 제기자로 생물학자이

자 영장류학자인 이마니시 킨지(1902-1992)가 열어 놓았던 관점들과 에낙시옹(énation)의 문제를 접근시키고자 한다.[11] 그는 '환경의 주체화, 주체의 환경화'(kankyô no shutaika, shutai no kankyôka)라는 표현을 자주 사용한다. 야마다 케이지 같은 저자들은 이런 견해의 비유교주의적인 특징을 강조한다. 니와 후미오에 따르면 이것은 자연에 대한 일본인의 비전이 지닌 일원론(ichigenron)의 성향을 말한다. 이 일원론에서 번역 불가능한 onozukara no shizenkan[12]을 어떻게든 번역해 본다면, 자연주의자가 자연을 관찰하는 운동 속에서 스스로를 관찰하는 것은 자연 자체이다. 이런 측면은 이마니시 킨지로 하여금 반다원설을 근대적 비전과 완전히 반대되는 궁극목적론으로까지 밀어붙이게 만들고 있다. 이 궁극목적론에서 나는 인간 활동에 의한 원리가 우주의 원리와 맺는 관계를 생명권의 차원에서 상동적으로 맺고 있음을 보고자 한다. 다윈에게 진화는 살아 있는 존재가 환경에 적응하는 것이고 이로 인해 이 존재는 종속적 위치에 처하는 데 비해, 이마니시 킨지에게는 둘 사이에 상호성이 존재한다. 주체화와 적응은 서로에 달려 있다. "환경은 신체를 연장하고 신체는 환경을 연장한다."[13] 이로부터 그리고 두번째 운동을 통해(이 운동은 사실 첫번째 운동과 일체를 이루지만 나는 앞으로 보게 될 이유로 인해 그것들을 구분하고자 한다), 이마니시

---

11) 여기서 내가 의거하는 것은 Imanishi Kinji가 뒤늦게 여러 글들을 모아서 내놓은 작은 책인 *Watakushi no shizenkan(Ma vision de la nature)*, Tokyo, Kôdansha, 1978, 그리고 Niwa Fumio의 *Nihonteki shizenkan no hôhô. Imanishi seitaigaku no imi suru mono(Méthode de la vision japonaise de la nature. Ce que signifie l'écologie d'Imanishi)*, Tokyo, Nôbunkyô, 1993이다.

12) 이 표현은 Niwa가 *op. cit.*, note 11, p.15 및 이하에서 사용하고 있다.

13) *Shintai no enchô ga kankyô de ari, kankyô no enchô ga shintai de aru.* Niwa, *op. cit.*, note 11, p.44에서 재인용. 이와 같은 이해는 바렐라의 것과 매우 유사한데, 규모의 문제 제기가 똑같이 부재함으로써 과오를 범하고 있다. 상호성이 있다는 것은 맞지만, 하나의 유기체와 심지어 하나의 종이 지닌 질량이나 관성은 그것의 환경이 지닌 질량이나 관성과 동일한 크기가 아니다. 우리는 §31에서 이 문제를 외쿠메네적 관점에서 다시 다룰 것이다.

킨지는 자연이 변화되었던 것(ce qu'elle est devenue)으로 변화되어야 할 일종의 필연성을 자연에 부여한다. 이것을 그는 예컨대 우리의 사람과(科) 조상들의 직립 및 두 발 지님과 관련해 한 표명, "우리는 (무언가) 되어야 하는 것이 된다(naru beku shite naru)"[14]를 통해 나타낸다.

바로 이와 같은 두번째 운동에서 이마니시 킨지는 주관주의 혹은 세속성 속에 떨어지게 되는데, 우리는 이것을 인간 활동에 의한 원리와 신유교와 관련해 비판할 수 있다. 세계에 대한 자신의 시선이 지닌 관점을 세계 자체의 성향으로 만들고 있다고 말이다. 이런 점에서 그의 주장들이 비과학적이라고 간주된 것은 당연한다. 그러나 그렇다고 바렐라의 것과 매우 유사한 그것들의 최초 움직임, 즉 주체/환경의 관계를 역동적인 결합으로 간주하는 움직임이 지닌 합당성 자체가 무효인 것은 아니다. 요컨대 이마니시 킨지의 자연관은 옹호자들이 있는데, 이들이 모두 전근대에 대한 향수에 사로잡힌 민족주의자들은 아니다.[15] 니와 후미오의 책은 비의미와 궁극목적론 사이의 중간적 길을 찾는 데 있는 그러한 관점 속에 들어가며——이 점에서 이 관점은 바렐라나 호프메이어의 작업과 유사하다.

27. 풍토성(médiance), 인간 존재의 구조적 계기

여기서 우리는 인간 환경과 모든 살아 있는 존재들이 지니는 단순한 환경을 구분시켜 주는 것을 다룰 것이다.[16] 내가 방금 인용한 것들과 같은 업적들에서 인간 환경(milieu)과 자연 환경(environnement)의 구분

---

14) Niwa가 *op. cit.*, note 11 p.48 및 이하에서 설명한 것을 재인용함.

15) 이마니시 킨지의 사상은 니시다 기타로의 사상과 명백한 유사성이 있다(§ 12 참조). 그것 역시 주관적인 것과 객관적인 것 사이의 지표 제거로 유도하고 있으며, 이러한 제거는 과학적 관점의 중대한 결함이다.

이 발견되지 않는다. 의미심장하게도 호프메이어는 자신이 '감각적 세계'라 명명하는 것의 분석에서 생물학자 야고브 폰 윅스쿨(1864-1944)의 Umwelt(주위 세계)라는 개념을 참조한다. 후자의 《의미 작용의 이론》(1942)[17]은 이 용어에 대략적으로 말해 '동물 자신이 포착하는 생태적 지위/집'이라는 의미를 부여하고 있다.[18] 진드기의 환경(폰 윅스쿨의 유명한 사례임)과 인간의 환경 사이에는 어떤 개념을 부여받을 만한 질적인 도약은 없으며, 다만 복잡성에서의 진전이 있을 뿐이다.

달리 말하면 우리는 여기서 생명권의 문제들 속에 있다. 그런데 생태계들에 기술적이고 상징적인 체계들이 형성되려 올 때 질적인 도약이 분명히 일어난다──이것이 바로 외쿠메네와 생명권을 구분시켜 주는 것이다. 도약에 대해 이야기한다는 것은 물리적인 불연속성을 함축한다. 인류의 상징적인 체계들이 수반되는 경우가 그렇다. 이 상징 체계들에서 표상과 그것의 대상 사이에는 그 어떤 종류의 것이든 물리적인 연속성이 없다. 내가 '화성(Mars)'이라 쓰고 당신이 그것을 읽을 때, 화성이라는 천체는 여기에 없으며, 이 낱말의 의미 이외에는 아무것도 이 종잇장을 그것과 연결시키지 못한다. 반면에 호프만이 생각한 '기호적 자연'의 퍼스적인 삼각 구도에서 기호의 물리적 운반체는 해석되는 사물로부터 해석하는 사물로 단절 없이 가고 있다. 예컨대 페로몬들은 물질적으로 방출 유기체로부터 수용 유기체로 간다.

와쓰지 데쓰로(1889-1960)는 《풍토. 인간학적 연구》에서 인간적 환

---

16) 여기서 나는 동물들이 어떤 정도 내에서 사유할 수 있는지 아는 문제는 끌어들이지 않을 것이다. 그런 문제는 외쿠메네의 문제와 직접적인 관계가 없다. 당연한 것이지만 비록 그것이 후자의 토대를 밝혀 주고, 우리가 제7장에서 접근하게 될 신체성이라는 주제를 밝혀 준다 해도 말이다. 이에 대해서는 다만 Joëlle Proust의 훌륭한 책, *Comment l'esprit vient aux bêtes. Essai sur la représentation*, Paris, Gallimard, 1997을 참조 바람.

17) Jacob Von Uexküll, "The Theory of Meaning," *Semiotica*, 42/1, 25-82, 1982(1942).

18) 이 규정은 호프메이어에 의해 받아들여지고 있다. *op. cit.*, note 8, p.54.

경과 자연적 환경을 분명하게 구분한 최초의 인물이다. 1935년에 출간된 이 책은[19] 1928년부터 씌어진 글들을 재검토하고 있다. 이 시점은 사소한 게 아니다. 왜냐하면 그것은 와쓰지 데쓰로가 《존재와 시간》(1927)을 읽고 얼마나 신속하게 반응하고 있는지 나타내고 있기 때문이다. 그는 독일에 체류하는 동안을 이용해 이 책이 출간되자마자 읽었다. 사실 이 독서는 그에게 창조적 사유를 가동시킨 사건이었으며, 게다가 나는 50년 후 이 사유에서 외쿠메네에 대한 나 자신의 이론을 출발시키는 원천을 얻었다. 사실 나는 풍토성(fûdosei: médiance)이라는 개념을 와쓰지 데쓰로로부터 획득했으며, 이 개념을 중심으로 본서의 모든 이론이 유기적으로 구성되고 있다. 나는 처음으로 그것을 접한 뒤 30년이 지났지만, 지금도 그가 그것에 부여하는 정의의 풍요로움과 깊이에 끊임없이 감탄한다.

이 개념과 그것의 정의는 《풍토》의 처음부터 나타난다. 실제로 와쓰지 데쓰로는 이렇게 쓰고 있다.

이 책이 목표로 하는 것은 인간 존재의 구조적 계기(ningen sonzai no kôzô keiki)로서 풍토성을 밝히는 것이다. 이로 인해 여기서 문제는 자연 환경이 인간의 삶을 어떤 면에서 결정하는지 아는 것이 아니다. 우리가 습관적으로 자연 환경(shizen kankyô)으로 간주하는 것은 그것의 구체적 토대, 즉 인간의 풍토성(ningen no fûdosei)을 객관화함으로써 도출해 낸 것이다. 우리가 그것과 인간의 삶 사이의 관계에 대해 숙고하게 되면 우리는 이미 인간의 삶 자체 역시 객관화한다. 따라서 이러한 관점은 두 대상 사이의 관계를 검토하는 것이다. 그것은 인간 존재를 주체성(sub-jectité) 속에서 고려하지 않는다. 그런데 이 주체성 속에 우리의 문제가

---

19) 여기서 내가 참조하는 것은 1979년 Tokyo, Iwanami bunko에서 재판되어 나온 문고판이다.

있다. 설령 이 책에서 인간 환경들의 형태들(fûoteki keishô)이 끊임없이 문제된다 할지라도, 주체적으로 간주된 인간 존재의 표현들로서 문제가 되며, 이른바 자연 환경으로서 문제가 되는 게 아니다. 나는 이에 관해 모든 혼동을 예방하고자 한다(p.3).

이 책의 이론적 서론의 그 다음 부분[20]이 보여주는 것은 와쓰지 데쓰로가 본질적으로 현존재(Dasein)의 관점 속에 위치하고 있다는 점이다. 그가 하이데거를 존재의 구조화에 있어서 사회적인 것의 부분과 공간의 부분을 과소평가하고 있다고 비난하고 있지만 말이다. 이러한 비판은 그로 하여금 오래된 낱말인 후도(fûdo: 風土)로부터 접미사 sei를 덧붙여 후도세이(fûdosei: 풍토성)라는 개념을 구상하게 만들었다. sei는 독일어의 -keit, 영어의 -hood, 프랑스어의 -ité에 해당한다. 후도는 '바람(風)'과 '땅(土)'이라는 두 개의 중국 글자로 구성된 낱말인데, 다분히 물리학적 관점에서 본 한 고장의 특징들 전체(기복·기후·수리(水理) 등)를 의미한다. 그러나 때로는 그것은 사회적 관점에서 본 것들, 다시 말해 이 고장의 관례와 풍습을 포함한다. 따라서 후도세이(풍토성)는 이런 특징들 전체를 개념화하고 있다. 우리는 이것이 문제의 고장이 지닌 특이성이라고 말할 수 있을 것이다.

요점은 이러한 특이성이 고장 주민들이 자연 환경의 현상들에 지닌 시선을 전제한다는 것이다. 그들은 이 현상들을 어떤 특정한 방식으로 느끼고, 해석하며 체험한다. 바로 이것을 포착해야 하는데, 이런 일은 하이데거의 세계성(Weltlichkeit)과 마찬가지로 해석학적인 방법을 전제한다. 이러한 입장은 자연주의의 입장과 근본적으로 다르다. 자연주의는 측정 가능한 대상들을 밖으로부터 고찰하기 때문이다. 여기서는

---

20) 즉 서론과 제1장을 말한다. 나는 이 부분을 《철학》지 51호, p.3-30(1996년 9월)에 해설을 달아 프랑스어로 번역해 실었다. 그러나 p.3에서 발췌해 실은 위의 인용문은 몇 군데에서 이 번역과 차이가 난다.

그 반대로 어떻게 그것이 의미를 띨 수 있는지 안으로부터 포착해 이 의미를 특징화하는 게 중요하다. 와쓰지 데쓰로가 인간 환경과 자연 환경을 구분하면서 표현하고자 하는 바가 바로 이 점이다.

한편 책의 나머지를 구성하는 사례들――일본·중국·인도·아라비아·지중해·남부 유럽·서유럽――에 이 방법을 적용하는 작업이 보여주는 것은 이상한 혼동이며, 이 혼동은 와쓰지 데쓰로의 방침을 역설적으로 취소시키고 그것을 고전적인 환경적 결정론으로 슬며시 이동하는 결과를 낳는다――이 결과는 그가 책의 서두에서 물리치고 있는 점인데도 말이다. 우리는 이러한 오류의 사례를 §13에서 유럽 기후의 이른바 합리성과 관련해 검토한 바 있다. 이런 혼동은 환경적 관계에서 문제의 주체(shutai)와 관련되어 있다. 와쓰지 데쓰로는 사례 연구에서 자신의 경험――일본에서 유럽으로 가는 여행 동안, 그리고 그가 체류하는 동안 받았던 인상들――과 그가 말하는 민족들의 체험을 구분하지 않고 있는 게 명백하다. 달리 말하면 그는 타자의 주체성(subjectité)을 자신의 주관성(subjectivité)으로 대체하고 있다. 이렇게 하여 풍토는 해석학을 성찰로 귀결시키고, 관련된 인간 환경들의 풍토성을 와쓰지 데쓰로 자신의 관점으로 귀결시키고 있다.[21]

그러나 적용에 있어서 이러한 오류는 저서의 이론적인 부분에서 설명된 원리들의 유효성을 대조적으로 부각시키고 있다. 와쓰지 데쓰로 자신이 쓰고 있듯이, 문제는 '주체성으로 본 인간 존재(shutaiteki na ningen sonzai)' 속에 있다. 이와 관련해 그가 풍토성에 대해 제시하는

---

21) 이러한 오류는 여러 차원에서 설명된다. 도식적으로 보면 그것은 (특히 언어에서 두드러진) 일본 문화가 주어보다는 술어를 확인하려 하고 주어에서 개인적인 영역과 집단적 영역을 구분하지 않는 성향에 기인한다. 무의식적으로 와쓰지 데쓰로는 일본어의 나/우리의 암묵적인 귀속유동성을 이와 아무런 관계가 없는 외국의 사례들에게 옮겨놓았다. 보다 자세한 내용에 대해서는 나의 글 "Identification of the self in relation to the environment," pp.93-104, in Nancy Rosenberger(dir.), *Japanese sense of self*, Cambridge, Cambridge University Press, 1992 참조.

정의는 눈부시다. 왜냐하면 그것은 문제의 구조를 직접적으로 암시하기 때문이다.

풍토성을 '인간 존재의 구조적 계기'로 정의하는 것은 사실 인간 존재 속에 움직이는 어떤 힘이 있다는 것을 말한다. 물리학이 예컨대 '짝힘 모먼트' '운동 모먼트' '자장 모먼트'라 부르는 것에도 그런 힘이 있듯이 말이다. 이른바 계기(keiki), 움직이는 힘은 거리에 달려 있다. 예컨대 짝힘의 지렛대 손잡이에서 그런 사례를 볼 수 있다. 와쓰지 데쓰로는 자신이 역학을 환기시키는 그런 정의에 어떻게 도달하게 되었는지 아무데서도 그 이유를 분명히 설명하지 않는다. 특히 그는 계기라는 용어를 명료하게 설명하지 않는다. 그러나 이 이유는 그가 이론적인 서론 다음 부분에서 사용하는 개념적인 형상들의 분석에서 드러난다. 주요 이유는 '바깥으로 나온다(soto ni deru)'는 것인데, 이것은 하이데거에게서 직접적으로 빌린 것이다. 하이데거의 경우, 그것은 '자기 자신의-바깥에-있음(Ausser-sich-sein),' 다시 말해 우리가 보았듯이, '바깥에(ex)' '있다(sistere)'인 existere의 문자 그대로의 어원적 의미를 말한다. 이것이 말하는 바는 **현존재**(Dasein)의 존재는 자신의 육체적 겉모양이 지닌 자기 동일성(auto-identité)에 의해 한정되지 않는다는 것이다. 이 존재는 그를 몰두케 하는 사물들과의 관계 속에서 바깥에 있다. 그것도 이 사물들이 더욱 그를 몰두케 하면 그만큼 더 강렬하게 말이다. 바로 이로부터 와쓰지 데스로는 구조적 계기라는 관념에 다다랐다고 우리는 생각할 수 있다. 사실 바깥으로 나온다는 것은 바로 그런 계기를 구성하는 것이다. 그것은 지렛대의 손잡이를 설치한다는 것이다. 나아가 그것은 길이에 따라 강렬함이 비례하는 어떤 벡터를 통해 자신을 표상한다는 것일 수 있다.

이러한 은유는 여기서 멈추자. 우리의 목적은 하나의 텍스트를 해석하는 것이 아니다. 그것은 이 텍스트를 이용하여 단순한 이미지보다 더 확고한 토대들을 바탕으로 풍토성의 현대적 이론을 새로운 노력을 통해 확립하는 것이다. 이 토대들을 우리에게 가져다 준 것은 르루아 구랑의 인류학이다. 하이데거도 와쓰지 데쓰로도 당연한 것이지만 이 인류학을 확보할 수 없었다. 우리가 §20에서 보았듯이, 외쿠메네는 인간적이 되는 신체의 기능들이 자연 환경 속에 외재화되는 투과 과정을 통해 태어났다. 그렇게 하여 우리의 인간 환경체가 형성되었다. 이렇게 하여 정착된 구조는 인간이라는 존재를 말하자면 두 개의 절반으로 나눈다. 하나는 우리의 동물적 신체이고, 다른 하나는 우리의 인간 환경체이다. 두 절반으로 이러한 분할은 우리의 존재를 동물적 신체의 중심점으로부터 우리 세계의 지평으로까지 확대하는데, 이것이 우리 실존의 구조적 계기이다. 이것이 우리의 풍토성이다.

여기서 우리가 분명히 알 수 있는 것은 풍토성이 본질적으로 인간적이라는 점이다. 와쓰지 데쓰로의 경우 발상은 주체성(shutaisei)이라는 개념[22]에 의거하고 있다. 이것만으로는 풍토성의 관념을 확고하게 확립할 수 없다. 왜냐하면 물론 주체성은 다양한 수준에서 모든 살아 있는 존재들에게서 재발견되기 때문이다. 예컨대 우리는 이마니시가 살아 있는 존재 일반의 자연 환경과 관련해 주체화(shutaika)에 대해 이야기하는 것을 방금 살펴보았다. 한편 폰 윅스쿨은 동물의 Umwelt(주위 세계)에서 자극이 감각이 되면서 띠는 '개인적 톤(Ich-ton)'에 대해서까지 언급하게 된다.[23] 자연 환경과 우리의 생태학적 관계도 마찬가지이다. 이 관계는 우리의 동물적 신체와 연관이 있기 때문이다. 따라서 주체성은 풍토성에 필요한 조건이라 할지라도 그것이 충분 조건은 아니다. 풍토성의 존재론적 구조를 특수하게 확립하는 것은 인류에게 고유한 기

---

22) **주체성**(subjectität, subjecthood, shutaisei)과 **주관성**(Subjectivität, subjectiveness, shukansei)을 혼동하지 말자. 주체성은 주체라는 특질이고 주관성은 주관적이라는 사실이다. 《풍토》의 사례 연구에서 와쓰지 데쓰로의 오류는 그가 말하는 민족들의 주체성을 자신의 주관성 속에 뒤섞어 버림으로써 이 주체성을 우롱했다는 점이다.

23) 영어판, p.45 및 이하 note 17 참조.

술적·상징적 체계들을 통해 우리의 신체성을 외재화하는 작용이다.

이러한 구조는 어원에 의해 밝혀진다. '메디앙스(médiance: 풍토성)'는 반(半)·중간, 매개적 자연을 의미하는 라틴어 medietas로부터 직접적으로 파생된다. 풍토성(fûdosei)을 번역하기 위해 이러한 신조어에 의존하지 않을 수 없었을 때, 나는 특히 'milieu(인간 환경)'를 생각했다. 왜냐하면 바로 이 용어로 풍토(fûdo)(이와 대조되는 게 '자연 환경'을 의미하는 kankyô이다)를 번역하기로 결정했기 때문이다.[24] 이러한 관점에서 풍토성은 어떤 계(界)의 의미나 특이성, 다시 말해 한 사회가 그것의 자연 환경과 맺는 의미나 특이성으로 규정되었다. 그런데 이 의미는 바로 문제의 관계가 비대칭적이라는 사실로부터 비롯된다. 사실 이 관계는 우리의 존재를 두 개의 '절반'으로 양분시키는 데 있다. 이 두 절반은 동등하지 않으며, 하나는 기술과 상징을 통해 자연 환경 속에 투자되고 다른 하나는 우리의 동물적 신체로 구성된다. 그것들은 동등하지 않지만 통합되어 있다. 그것들은 동일한 존재에 속한다. 이러한 사실로 인해 이 존재론적 구조는 이 두 절반에 입각해 역동적인 동일성을 확립하면서 그 자체에 의해 의미를 띤다. 한쪽의 반은 내적이고 심리적으로 개별화되어 있으며(우리의 동물적 육체라는 **토포스**), 다른 한쪽의 반은 인간 환경 속에 확산되어 있다(우리의 인간 환경체라는 **코라**). 이러한 관점에서 메디앙스에 대한 와쓰지 데쓰로의 정의는 전적인 의미가 있다. 풍토성은 인간 존재에 특수한 양분, 즉 동물적 신체와 인간 환경체 사이의 양분을 통해 성립되는 구조적 계기인 것이다.

우리는 제7장에서 이 구조적 계기의 역학 작용이 어떻게 하나의 중심점에 의해 통합되는지 보다 특별히 검토할 것이다. 여기서는 이 역학 작용 자체가 우리와 관련이 있다. 이 역학은 §19에서 사물들과 관

---

24) 내가 이러한 결정을 하는 데 *Mondes asiatiques*, 16, p.289-309(1978)지에 실린 "La notion de fûdo"와 *Le Sauvage et l'Artifice. Les Japonais devant la nature*(Paris, Gallimard, 1986) 사이에서 거의 10년 동안의 모색이 필요했다.

련해 이미 설명된 바 있는 투과에 다름 아니다. 우리를 둘러싸고 있는 현실이 투과적이라면, 그 이유는 현실이 우리의 풍토성에 의해 구조적으로 포위되어 있기 때문이다. 그것은 이러한 관계 속에서만 존재하며 우리 자신은 우리의 인간 환경체를 구성하는 이러한 포위 속에서만 존재한다.

이러한 입장은 근대적 존재론과 철저하게 상이하다. 근대적 존재론에서 인간 주체라는 존재는 절대의 반영인 자신의 의식 속에서 자동 성립된다. 자연 환경과 그는 투사(projection)의 관계, 따라서 독단적인 관계만을 갖는다. 이러한 존재론의 역사를 도식화하는 것은 어렵지 않다. 그것은 파르메니데스가 존재를 부각시킴으로써 시작된다. 플라톤으로 오면 상대적 존재 속에 투사되는 절대적 존재의 관념이 자리잡는다. 성 어거스틴에 와서는 절대(신)의 이러한 투사는 배타적으로 의식의 전유물이 된다. 끝으로 데카르트와 더불어 의식 자체가 절대화되며, 이를 통해 의식은 자유롭게 자연 환경 **위에**(sur) 자신을 투사한다.

그 반대로 풍토성에서 자연 환경은 구조적으로 존재에 속한다. 이것은 무차별적으로 우리가 우리를 둘러싸고 있는 사물들이자 우리 자신의 육체임을 말하는 게 아니다. 인간 환경체는 동물적 신체가 아니다. 그렇지만 그것은 또한 단순하게 동물적 신체의 투사가 아니다. 그것은 그것의 투과(trajection)이다.

— 이 tra(ns)는 무엇을 의미하는가?

— 그것이 의미하는 바는 이 지점에서 르루아 구랑의 인류학적 모델과 풍토성을 분리시켜야 한다는 것이다. 그에게 동물적 신체의 외재화되는 상징에 의해서 뿐 아니라 기술에 의해서도 이루어진다. 이러한 관점에서 우리가 말할 수 있는 것은 사회적 신체 속으로의 동물적 신체의 투사가 있다는 점이다. 그런데 내가 볼 때 상징은 거기서 기술과 반대 방향으로 작용한다. 분명히 기술은 우리의 신체성을 세계의 끝까지 우리의 신체 바깥으로 연장시키는 외재화이다. 그러나 상징은 그 반

대로 우리의 신체 내부로 세계를 송환시키는 내재화이다. 소저너라는 탐사 로봇이 저 화성에 있는 돌을 집을 때, 그것은 기술 덕분에 **호모하빌리스**라는 조상의 동작을 연장한다. **호모하빌리스**는 2백만 년 전에 그 당시까지 오로지 입 안에서 앞니에 의해 실행되었던 하나의 기능을 팔 끝에 유지된 다듬어진 조약돌에 투자했다.[25] 그러나 그 반대로 바로 나의 입을 통해서, 지금 여기서 나는 공간 속에서 멀리 떨어져 있는 화성과 소저너, 그리고 시간적으로 아득히 멀리 떨어진 **호모하빌리스**에 대해 이야기한다. 나는 상징적 기능을 통해서 이런 일을 수행할 수 있다. 따라서 이 상징적 기능은 이러한 관계를 통해, 물리적으로 멀리 떨어져 있는 사물들을 내 신체 안에 존재케 하는 것이다. 그것은 투사가 아니다. 그것은 그 반대로 내사(內射: introjection)이다.

투과는 기술적인 투사와 상징적인 내사라는 이런 이중적 과정이다. 그것은 풍토성에 활기를 불어넣으면서 세계가 우리에게 중요성을 띠게 만드는 실존적 맥박이고 왕래이다. 그것은 우리에게 육체적으로 중요하다. 왜냐하면 그것은 기술의 형태로 우리의 육신으로부터 비롯되었고, 상징의 형태로 육신으로 되돌아오기 때문이다. 바로 이러한 측면에서 우리는 인간이고, 바로 거기에 외쿠메네가 존재하며, 그로 인해 세계는 의미를 띤다.

28. 풍토성과 종교

풍토성의 존재론적 구조는 어떤 특정한 의미로 우리의 존재를 소유

---

25) 물론 이것은 도식화한 것이다. 여기서 말하는 것은 도구의 특수한 제작과 더불어 체계적이고 규칙적인 사용에 해당하는 엄밀하게 말해 도구이다. 제작되지 않은 조약돌의 경우에 따른 사용은 우리와 이웃한 영장류들로부터 유추하여 판단하건대 그보다 수백만 년은 더 앞선다.

하고 있다. 이 의미는 우리의 동물적 신체와 인간 환경체가 맺는 관계에서 태어난다. 따라서 그것은 인간 환경들에 따라 다르다. 왜냐하면 생태계들, 기술들 그리고 상징들은 모든 외쿠메네에서 동일한 게 아니기 때문이다. 그러나 이 의미는 우리가 §25에서 보았던 세 개의 토대 원리에 따라 도처에서 구조화된다. 그것은 지구라는 천체, 생명권 그리고 외쿠메네 사이의 관계에 다름 아니다. 세번째 토대는 두번째를 전제하고 두번째는 첫번째를 전제하는데, 그 역순은 맞지 않다. 마찬가지로 의미는 물리-화학적인 것으로부터 생명체의 방향으로, 생명체로부터 인간의 방향으로 출현하여 생성된다. 우리가 보았듯이 상징적 체계들의 출현이 하나의 도약, 즉 물리적인 연장(延長)에 대한 철저한 해방의 도약을 나타낸다 할지라도, 이로 인해 상징성이 의미를 독점할 수 있는 게 전혀 아니다. 왜냐하면 풍토성은 생명을 전제하고 생명은 우주를 전제하는데, 이러한 연쇄적 전제를 상정하는 풍토성의 존재론적 구조 속에만 의미가 있을 수 있기 때문이다. 상징성이 가져다 주는 것은 의미를 무한히 보다 자유롭게 생성시키는 능력이다. 그러나 상징성이 의미를 창조하지는 않는다. 그것은 역사의 실마리를 통해서, 우리들 각자의 동물적 신체를 통해서, 우주의 시작에 있는 불가사의한 어둠으로부터 태생적·근본적으로 의미를 획득한다.

달리 말하면 살아 있는 육신이 느끼는 감각들과의 어떤 연관 속에서만 충만하게 의미 작용이 있을 수 있다. 왜냐하면 이 감각들 자체가 물리적인 우주의 법칙들에 의해 성립되기 때문이다. 상징의 힘은 바로 이런 연관을 물리적 연장(延長)으로부터 해방시키고, 그리하여 우리 각자로 하여금 사물들의 무한한 다양성을 넘어서 세계를 자신의 신체로 송환시키게 해주며, 자신을 대(大)전체와의 관계 속에서 신비하게 느끼게 해주는 능력 속에 있다.

이러한 관점에서 풍토성의 존재론적 구조는 종교적 감정의 기원과 직접적으로 연관되어 나타난다. 자신의 인간 환경체인 세계가 없다면 인간 존재는 존재의 반쪽에 불과하기 때문에 그는 연장을 가득 채우고 있는 존재자들, 다시 말해 자연의 사물들과의 환원 불가능한 관계 속에서 특수하게 존재를 해석하지 않을 수 없게 된다. 달리 말하면 그는 그 관계 속에서 무언가 초자연적인 것을 느끼지 않을 수 없고, 자연의 사물들이 이루는 그 초자연체와 존재론적 관계를 상징의 방법을 통해서 표현하지 않을 수 없는 것이다.

따라서 이러한 관계에서 초자연적인 것은 인간 환경체의 은유처럼 나타난다. 다시 말해 그것의 사회성처럼 나타난다. 왜냐하면 우리의 인간 환경체는 명백히 사회적이기 때문이다(여기서 우리는 종교적인 것에 대한 뒤르켐의 해석과 다시 만난다). 초자연적인 것은 이중적 의미에서 종교(religio)이다. 왜냐하면 그것은 우리의 동물적 신체들이 물질적으로 분리시키는 사회적 존재를 **결집시키고**, 또 사물들의 물질적 형태를 **성스러운 영성**의 차원을 향해 초월하기 때문이다.

이러한 차원과 관련해서 보면, 인간은 구조적으로 존재의 결여 상태에 있다. 왜냐하면 우리들 가운데 어느 누구도 이 차원을 자신의 동물적 신체의 **토포스**로 귀결시킬 수 없기 때문이다. 우리가 타고난 풍토성으로 인해 우리는——역사가 진행되는 동안 우리의 상징적 체계들의 무한한 귀속유동성 속에서 종교가 어떤 형태를 취하든——종교를 통해서만 충만하게 존재할 수 있다. 일부 사회들은 이러한 존재 결여를 토테미즘의 형태로 말하고, 또 다른 사회들은 유일신론의 형태로 말한다. 한편 근대성은 이 존재 결여가 존재자들 자체의 소비를 통해서 메워질 수 있다는 믿음을 낳았다(우리는 §48에서 이러한 믿음이 어떤 면에서 터무니없는 것인지 보게 될 것이다).

그렇다면 대체 왜 인간 환경체의 성화(聖化)가 이루어져 현재 사용되는 의미에서의 종교가 성립되었는가? 그럴듯한 해석은 베르나르 스테방이 니시타니 게이지의 《종교란 무엇인가?》[26]에 대해 수행한 해석일 것이다. 니시타니 게이지는 종교적인 것의 기원을 우리의 유한성 속에서 본다.

우리의 삶은 유한(yûgen)하지만, 이 삶의 본질은 우리를 일종의 무한한 충동(mugen shôdô)으로서의 의식으로, 우리 자신의 내부로부터 우리를 무한히 부추기는 무언가로서의 의식으로 끌어올린다. 우리의 삶이 지닌 유한한 성격은 그것의 본질을 무한한 유한성(mugen na yûgensei)으로 나타낸다.[27]

이것을 스테방은 하이데거의 '부채가 있는 존재/부채가 있음(être-en-dette, Schuldigsein)'과 접근시킨다. 불교가 스며든 니시타니 게이지의 어휘에서 그것은 카르마(업)와 윤회를 통해 표현된다. 그러나 모든 종교의 은유들(신화)에 속하는 이런 언급 방식을 넘어서 신화의 핵심을 구성하는 실존론적 요소들을 보아야 한다고 스테방은 쓰고 있다. 중요한 것은 모든 인간 존재의 '무한한 유한성'이다.

나로 말하면 우리가 우리의 풍토성으로부터 획득하는 무한한 불완전성에 대해 말하겠다. 이러한 존재론적 구조로부터(구조를 통해) 우리들 각자는 실제로 무한을 향해 열려진다. 종교적인 것의 특질인 성스러움은 우리 존재의 물질적 형태들의 유한성 속에 무한의 그 현존이다. '유한성'은 시간적으로 이해될 수 있다. 니시타니 게이지, 스테방의 경우가 그렇고 하이데거의 '죽음을 향한 존재(Sein zum Tode)'가 그렇다. 이러한 시간적 차원을 포함하면서도 풍토성은 여기다가 공간적 차원을 덧붙인다. 인간 존재의 구조적 계기는 와쓰지 데쓰로가 강조하고 있듯이, 근본적으로 보더라도 시간적이기보다는 더 공간적이다. 우리의

---

26) Nishitani Keiji, *Shûkyô to wa nanika*, Tokyo, Sôbunsha, 1961. 이 책을 나는 Bernard Stevens의 "La thématique du nihilisme chez Heidegger et Nishitani," in A. Berque(dir.), *op. cit.*, chap. 2, note 63, vol. I, p.328을 통해서 간접적으로만 참조한다.

27) Nishitani, p.242, B. Stevens 번역.

유한성은 우리의 삶이 언젠가 끝난다는 사실에만 기인하는 게 아니다. 그것은 우리가 세계와 맺는 모든 관계에 새겨진다. 왜냐하면 우리 인간 환경체의 잠재적 유한성은 우리의 동물적 신체의 유한성을 매순간 느낄 수 있게 만들기 때문이다. 이러한 사실 자체로 인해 그 반대로 종교는 이 유한성을 초월할 수 있는 가능성을 각자에게 준다. 나는 이러한 의미에서 "그리스도는 생명이다"라는 가톨릭의 표현과 와쓰지 데쓰로가 죽음을 향한 존재에 대립시키는 표현인 '삶을 향한 존재(sei e no sonzai)' [28]를 접근시키고자 한다. 사실 일본 철학에서 볼 때, 인간 존재의 사회적 차원은 각 개인의 사멸성을 초월한다.

인간의 풍토성은 죽음이 우리를 지상으로 되돌아오게 하는 순간에 가장 현저하게 느껴진다. 그리하여 과연 인간 환경체의 삶은 동물적 신체의 삶이 소멸함으로써 고양된다. 동물적 신체가 매장됨으로써[29] 인간 환경체의 상징성은 대지에 침투하고 대지를 풍요롭게 한다. 대지는 성스러워지며, 이것을 일부 언어들은 묘지들과 관련하여 문자 그대로 표현할 수 있다(예컨대 이탈리아어에서 campo santo). 그러나 그것은 우리들 각자의 살아 있는 신체 속으로 상징을 통한 '세계의 송환'이라 불렸던 것의 성격을 띠는 훨씬 더 일반적인 현상이다. 사실 살아 있는 존재들은 자신들의 사회적 신체와 이 신체의 투자를 통해서, 신성한 것의 형태로 대지에 의해 소유된다. 다시 말해 그들의 풍토성은 이른바 성소 속에 응축되고 결정화(結晶化)된다. 성소는 온갖 종류의 것들이 있다. 그러나 필립 뮈레가 훌륭하게 표현해듯이, 기본적으로

---

28) 나는 이 대립을 *Être humains sur la terre*, Paris, Gallimard, 1976, p.205 및 이하에서 해설했다.

29) 물론 종교에 따라서 엄밀하게 말해 매장이 없을 수 있다. 그러나 장례식들이 어떤 형태이든, 그것들은 한 존재가 본래의 대(大)전체로 돌아간다는 유일한 주제에 대한 은유적 변형들에 불과하다.

'성소'는 일반적으로 영웅적인 오래된 어떤 사건이 불멸화되는 장소이다. 이것이 명확히 의미하는 바는 여러분이 그 밑에서 시체를 발견할 가능성이 많다는 것이다.[30]

내가 앞에서 쓴 바 있듯이, 중요한 것은 '소유'이다. 왜냐하면 우리의 내부로 세계가 상징적으로 송환됨은 이 경우 자신의 인간 환경체의 장소들 가운데 하나에로 인간 존재가 예속됨을 통해 표현되고 있기 때문이다. 이 예속은 어떤 장소에 산 자들을 제물로 바치는 정도까지 갈 수 있다. 그들이 이 장소의 신성성을 침해했든, 아니면 종교가 인간을 제물로 바치기를 요구해서든 말이다. 이 일에서 동물적 신체를 죽이는 것은 인간 환경체의 생명에 보다 직접적으로 자양을 준다.

바로 이런 의미에서 나는 TFU(Théorie de la forme urbaine: 도시 형태 이론)의 지라르적 토대를 해석할 것이다. 파리와 관련해 가에탕 데스마레와 같은 기호학자들과 지리학자들이 질 리쵸에 이어서 이 이론을 발전시켜 왔다.[31] TFU는 도시들과 건축물들의 배치를 추상적인 형태적 구조를 통해 결정된 공간적 위치 관계를 통해 설명하는데, 이 구조 자체는 비공간적이다. 왜냐하면 그것은 삶/죽음·권력·구원 등과 같은 근본적인 인류학적 동기들에 의해 생성되기 때문이다. 이 동기들 사이의 조정은 기호학적 자연의 역동적 과정들을 통해 이루어진다. 이 모든 것은 리쵸가 '바쿰(진공: vacuum)'이라 부르는 중심원에 입각해 유기적으로 구성된다. 왜냐하면 이 중심원은 신성한 성격으로 인해 거주지의 금지를 통해 표현된다고 생각되기 때문이다. 파리의 경우에 데

---

30) Philippe Muray, "La métamorphose par l'art," in *Autrement* n° 115, *Hauts lieux. Une quête de racines, de sacré, de symboles*, mai 1990, p.79.

31) Gaëtan Desmarais, *La Morphogenèse de Paris. Des origines à la révolution*, Paris, l'Harmattan, 1995. 리쵸 자신의 독특한 견해에 대해서는 Gilles Ritchot et Claude Feltz, *Forme urbaine et pratique sociale*, Montréal, Le Préambule/Louvain-la-Neuve, Ciaco, 1985 참조.

스마레는 시원적 바쿰을 (생드니에 있는) 랑디 평야에 위치시키고 있다. 그것의 존재는 희생양의 신성한 살해에 대한 지라르의 관념을 참조하여 설명된다.

문화는 언제나 묘(墓)처럼 형성된다. 결국 묘는 의미 작용들 가운데 가장 기본적이고 가장 근본적인 최초의 층위인 희생양을 중심으로 세워지는 최초의 인간 기념물에 불과하다.[32]

여기서 나는 문화의 기원에 관한 르네 지라르의 이론에 대해서도, 엄밀하게 지라르의 가정을 넘어서는 TUF의 내용이 지닌 풍요로움에 대해서도 논의하지 않겠다. 다만 나는 앞서 언급된 구조화의 원리가 '비공간적'일 수 있다는 관념에 이의를 제기할 것이다. 이러한 관념은 내가 볼 때 매우 근대적인 것으로 생각된다. 왜냐하면 그것은 인간 존재에게 무엇보다도 중요한 일들(삶/죽음 등)이 연장(延長)과 무관하다는 점을 전제하기 때문이다. 생각하는 주체(res cogitans)가 외부 현실(extensio)과 무관하듯이 말이다. 그리하여 데스마레의 책에 쓴 서문에서 장 프티토는 "추상적인 조직 형태들, 그러니까 비공간적인 실체들이 어떻게 공간화될 수 있고 물질적으로 구체화될 수 있는지 이해하는 일"[33]에 대해 언급한다. 우선 공간적인 것은 물질적인 것으로 귀착되지 않는다(이것은 극단적인 데카르트적 입장이다). 다음으로 특히 풍토성의 존재론적 구조에서 단번에 인간 존재는 바깥에-있는-자기 존재를 통해, 자신의 인간 환경이 지닌 형태들 속에 투과를 통해 공간화되고 구체적으로 육화된다. 삶/죽음 · 권력 · 구원 등의 관계도 틀림없이 마

---

32) René Girard, *Des Choses cachées depuis la fondation du monde*, Paris, Grasset, p.1978, p.117; Desmarais, p.79에서 재인용.

33) Desmarais, *Ibid.*, p.13. 사실 프티토는 이 비공간성을 데스마레 자신보다 더 강력하게 주장하고 있다.

찬가지이다. 상징들은 바로 이러한 개념들이 더없이 순수한 초월과 관련된다 할지라도, 그것들이 대지의 어떤 장소들 속에 구체화되게 해주는 그 무엇이다. 일신교들은 그들 나름의 성소들이 있지 않은가?

게다가 우리가 마르셀 고셰를 믿는다면,[34] 기독교를 '종교에서 벗어나는 종교'[35]로 만든 것은 그리스도의 강생 자체라는 것이다. 왜냐하면 이 강생은 신화적 사유에서 '과거-근원'과 '현재-모사'[36] 사이에 존재하는 괴리를 없앴기 때문이다. 사실 각자에게 그리고 각자 안에서 창조주는 영성체 속에 존재한다. 풍토성의 관점에서 보면, 이러한 관념은 세계의 송환이라는 관념으로 귀결된다. 이 송환은 더 이상 인간 환경체에 의한 소유가 아니라, 그 반대로 인간 주체로 하여금 세계를 자신의 지배하에 통합하게 준비토록 하는 것이다. 사실 성찬식을 통해 신 안에서 일체가 된다는 것은 성소에서 인간을 제물로 바치는 제사와 완전히 반대되는 것이다. 그것은 또한 대지 전체를 사실상 세속으로 환속시키는 것이다. 그러나 이런 과정이 종착점에 이르기 위해서는 근대성이 우리의 존재 자체를 세분화하러 와야 할 것이다.

종교적인 것을 이처럼 간단하게 살펴보는 일을 마치기 전에, 풍토성의 관점이 신적인 것의 부정이 아니라 이동이라는 사실을 경건한 신자들에게 확실히 해두겠다. 정의상, 인간 존재의 구조적 계기는 외쿠메네와 관련된다. 사물들의 기원이나 의미의 기원에 대해서는 그것이 모호하다는 것 말고는 할 말이 아무것도 없다. 모호하다는 것은 아마 신적이라는 의미일 것이다. 그러나 나는 모호성으로 만족하겠다.

---

34) Marcel Gauchet, *Le Désenchantement du monde. Une histoire politique de la religion*, Paris, Gallimard, 1985.

35) *Ibid.*, p.II.

36) *Ibid.*, p.XV.

29. 기호의 물신숭배와 존재의 축출

풍토성의 관점에서 볼 때, 세계는 의미가 있으며 사물들은 우리에게 감동을 준다. 왜냐하면 **우리가 그것들을 존재케 하기** 때문이다. 우리의 존재는 사물들을 우리의 육신과 함께 동일한 존재론적 구조 속에 통합시킴으로써 사물들 속으로 투과된다(trajecté). 이와 같은 투과성(trajectivité)(실존적 맥박, 우리 육체성-세계성의 '기술적 투사: 상징적 내사')으로 인해 사물들은 우리를 내면 깊숙이 감동시킬 수 있다. 그리고 근본적으로 그런 투과성이 사물들을 표상하는 기호들에 의미를 부여한다. 사실 기호들은 우리가 알지 못하는 어떤 초자연적인 의지를 통해 전적으로 의미가 각인된 채, 무(無)부터 나타난 게 아니다. 그것들은 우리가 §26에서 보았듯이, 삶과 더불어 조금씩 진화해 왔으며, 수천 세기 동안 외쿠메네가 형성되는 기나긴 과정에서 인류의 환경을 투과를 통해 포위해 왔다(§20-21).

우리가 강조하고자 하는 점은 인간화-인류화-인간성 부여의 과정이 **수천 세기**에 걸친다는 것이다. 이 과정 동안에 외쿠메네에 알맞은 상징적 체계들이 펼쳐졌으며, 기호들은 이 체계들의 매체들이다. 이 기간을 결코 간과해서는 안 되는 것이 매우 중요하다. 왜냐하면 그것은 기호들의 의미, 따라서 그것들이 기호가 되는 가능성과 관련이 있기 때문이다. 또한 매우 중요한 것은 각각의 인간 존재가 인팬스(infans: 말을 할 줄 모르는 자-어린아이)의 상태(§20)로부터 기호들을 배우는 것은 자기 신체성이 발달하는 동안이라는 사실을 간과하지 않아야 한다는 것이다. 신체성이 시간 속에서 한 생명의 차원에서, 그리고 인류의 진화 차원에서 이처럼 펼쳐지는 현상을 제외하고 생각하는 것은 기호들의 성격을 근본적으로 훼손하는 것이다. 왜냐하면 그것은 그것들에 의미를 부여하는 것으로부터 그것들을 단절시키는 것이기 때문이다.

사물들과 우리의 육신을 동일한 존재론적 구조 속에 통합시키는 실존적 맥박으로부터 말이다. 사실 우리의 동물적 신체 내에서 사물들의 대체물인 기호들이 기호로서의 기능을 수행하는 것은, 다시 말해 그것들이 의미 작용하는 것은 이와 같은 투과적 관계를 통해서 뿐이다. 내가 '화성'이라고 말할 때, 이는 나의 입을 통해서이고 나의 육체로부터 비롯된다. 여러분이 '화성'이라는 말을 들을 때, 그것은 여러분 육신의 귀와 뇌를 통해서이다. 이런 현상들이 그러한 의미(물리적으로 볼 때, 나의 입 속에도, 당신의 머릿속에도 존재하지 않는 한 천체의 의미)를 지닌다고 한다면, 모든 시간적 지속이 배제된 어느 화창한 날에 어떤 알 수 없는 형이상학적 존재들 사이에 **자의적으로** 합의가 이루어졌기 때문이 아니다. 그것은 프랑스어의 구체적이고 육체적인 역사, 여러분의 삶의 역사, 그리고 내 삶의 역사(이 역사는 프랑스어를 나의 모국어로, 다시 말해 나의 인생이 지속되는 동안을 위해 나의 혀와 나의 귀 속에 육화된 언어로 만들었다)를 통해서 필연적으로 그렇게 되기 때문이다. 이러한 삼중적 역사의 아리아드네의 실이 없다면, '화성'은 아무것도 의미하지 않을 것이다. 그런데 이 실은 바로 시간의 실이다.

이것이 바로 언어학자들이 '자연 언어들'이라 부르는 것의 현실, 다시 말해 전범적인 상징적 체계이다. 우리는 다른 모든 체계들을 이 상징적 체계에 대한 다소 고심하여 구상된 은유들로 간주할 수 있다. 그런데 내가 아리아드네의 실이라는 이미지를 통해 상징하고 있듯이, 이런 현실은 역사의 특이한 방식으로만 존재한다. 설령 언어의 보편성을 시간을 벗어나 고려할 수 있는 게 **추상을 통해** 가능하다 할지라도 말이다. 자연 언어들의 구체성 속에는 각 개별 언어의 역사, 각 개별 화자(locuteur)의 역사, 각 개별 파롤(pqrole)의 역사라는 세 차원에서 특이성이 있다. 이 세 차원의 교차는 모든 인간 현실과 모든 언어(langue)의 육체성-세계성(풍토성)에 일치한다. 언어(langage), 다시 말해 의미를 전달하는 음성적 기호 체계가 있을 수 있는 것은 사실 어떤 인간 환경체의 역사적 전개가 이 집단체에 속하는 각 개인으로 하여금 기호들을 통해 그것을 자신의 동물적 신체 속으로 송환토록 해주기 때문이다. 이 기호들은 그로 하여금 이 환경체의 공동체적 의미를 개인적으로 느끼게 해준다. 이 의미가 추상적이 아닌 것은 그것이 육신으로부터 태어나고 육신으로 돌아가기 때문인데, 이처럼 의미가 추상적이 아니기 때문에 기호들이 근거 없는 게 아니다. 화폐적 기호들의 가치가 어떤 '보물'(예컨대 금괴)에 인정된 가치를 통해 보장되듯이, 음성적 기호들의 가치는 인간 환경체라는 세계를 구성하는 사물들의 투과성에 의해 보장되며, 이 세계의 거주자 각자의 동물적 신체와 이 사물들이 맺는 실존적 관계를 전제한다. 이와 같은 존재론적 구조 바깥에 있는 가능한 의미, 따라서 기호들은 없다.

달리 말하면 이른바 기호의 지시대상이라는 것은 기호를 통해 표상된 사물이 이 사물 속에 인간 존재가 지나가는 투과를 통해 존재론적으로 성립될 때에만 지시대상이 될 수 있다(그렇기 때문에 기호는 의미가 없다). 이 사물은 물 자체가 아니고 기호가 표상하는 것도 그런 물 자체가 아니다. 그것은 사물의 투과성이다. 다시 말해 그것은 사물이 인간 존재의 성격을 띠게 하는 그 무엇이다. 바로 이러한 조건을 통해서만 기호에 의해 전달된 의미는 의미를 띤다. 다시 말해 그것은 화자(locuteur)의 동물적 신체를 감동시킨다. 그것은 그것이 이 동물적 신체 속에 인간 환경체를 송환한다는 점에서, 오로지 그런 점에서만 공감을 통해(다시 말해 함께-느낌을 통해) 이 신체를 감동시킨다.

여기서 어떤 독자는 인간은 사물들의 실체에 접근하지 못하고 자신을 중심으로 빙빙 돌고 있다는 동어반복적 순환논법만을 볼 수 있는데, 이런 독자에게 되풀이해 말하고 싶은 것은 의미의 토대가 우주이며, 이 우주는 각각의 인간 신체에 생명력을 불어 넣는 생명을 가로지르고, 이런 생명을 가능하게 만들어 주는 생명권 안에 있다는 사실이다. 우리가 사물들에 접근하는 것은 바로 이를 통해서, 다시 말해 우리가 이 의미에 대해 지닌 의미들을 통해서이다. 인간의 신체성이 지닌 동물성과 풍토성은 태생적이자 근본적인 이런 토대화를 함축한다.

이러한 관점에서 볼 때 다시 한번 말하건대, 언어적 기호들은 어떤 형이상학적 협약을 통해 의미가 있는 게 아니다. 그것들이 의미를 지닌 것은 오로지 그것들의 의미 작용이 언어사(言語史) 속에 뿌리내리고 있기 때문이다. 이 언어사는 인류의 진화에 뿌리내리고 있으며, 이 진화는 생명의 전수에 뿌리내리고 있다. 이 전수는 우주의 전개에 뿌리내리고 있다. 바로 이것이 나와 여러분이 '화성'이라는 낱말을 말하고 들을 때, 언어적 행위의 모호한 심층에서, 지금 여기서 작용하고 있는 것이다.

풍토성의 관점에서 볼 때, 의미와 관련한 언어들의 분화는 생명과 관련한 종들의 진화와 상동적이다. 우리가 고려하는 일반성의 차원들에 따르면, 이러한 분화의 시간적 규모는 대략 수천 년 혹은 수만 년이다. 반면에 인류 진화의 시간적 규모는 1만 년 혹은 10만 년이다. 두 경우 모두에서 질적으로 결정적인 순간을 정한다는 것은 순전히 자의적이다. 인류가 성립된 정확한 날짜가 없듯이 언어가 성립된 날짜도 없다. 존재하는 것은 전체가 외쿠메네를 형성하는 다양한 귀속유동성들의 정의(定義) 속에서, 인간-되기들, 낱말-되기들, 사물-되기들의 진화적 흐름이고, 함께-성장이다.[37] 그리하여 수천 세기의 이러한 되기의 끝에서 나온 대략 4천 개의 언어가 있으며, 이 언어들은 인류의 유산을 형성하고 있다.[38] 인간의 육체성-세계성을 나타내는 4천 개의 표현들의 역사에서 그 어떤 순간에도——어린아이가 자신의 돌 때 모국어를 결정하는 게 아니듯이, 또 동물들의 경우 과거의 어떤 일정한 순간에

---

37) 나는 이 '사물-되기'라는 이 이상한 것을 §30에서 설명할 것이다.

38) 물론 사어(死語)들도 우리가 다소라도 그것들의 문어적 흔적을 간직하고 있다면 이 유산에 포함된다. 사실 하나의 언어는 문자 덕분에 다시 태어날 수 있으며, 따라서 중요한 것은 이러한 잠재력이다.

"tu seras loup(너는 늑대가 될 것이다)" "tu seras coccinelle(너는 무당벌레가 될 것이다)" 등 이름이 결정된 게 아니었듯이——그 어떤 자연언어의 경우에도 "우리는 세계를 타갈로그어로 이야기하게 될 것이다, 오케이?" "우리는 세계를 프랑스어로 이야기하게 될 것이다, 오케이?"라고 결정된 적이 없었다. 그 어떤 언어의 경우에도 결코 그렇지 않았다. 그런 일은 인간의 진화가 이루어지는 수천 세기 동안, 분해할 수 없는 구체성 속에서 그리고 외쿠메네의 귀속유동성 속에서 감지될 수 없게 저절로 이루어졌던 것이다. 엄밀하게 말해 바로 이 점에서 이 언어들은 자연적이다.

그런데 외쿠메네 내에서 언어들의 이와 같은 자연사의 구체성 앞에서 근대적인 태도는 어떠했던가? 모든 현실 앞에서 그랬듯이 대상 정지의 태도였다. 이런 문제에서 (곤충학자가 나비를 가지고 그렇게 하여 나비를 죽이듯이) 언어들을 공간 속에 핀으로 꽂고, 그것들에 의미를 부여했던 엄청난 시간의 지속(왜냐하면 가장 최근의 것들을 포함해 모든 언어들은 수천 세기의 역사를 지니고 있기 때문이다)[39]을 그것들로부터 떼어내는 것은 그것들을 절대적으로 자의적으로 만드는 것이다. 그러므로 사실 동일한 대상을 말하는 4천 개의 방식이 있다 할지라도, 낱말과 사물의 관계, 다시 말해 의미 작용은, 실제적으로 물질적인 흔적 없는 경우를 제외하고는 원칙상 날짜가 추정될 수 있는 어떤 최고의 행위에 의해 성립되었을 수밖에 없다.

기호의 자의성에 대한 소쉬르의 전제는[40] 20세기 사상의 다양한 영

---

39) 모든 자연 언어들은 인간 언어의 나이를 지니고 있다. 그 어떠한 언어도 날짜를 확인할 수 있는 어떤 순간에 창조되지 않았다. 이런 사실은 예컨대 우리가 라틴어로부터 프랑스어로의 이동을 연구할 때 분명히 나타난다. 또 아주 최근의 사례인 이 경우에서, 구어의 역사는 문어의 개입을 통해 우회되고 있다. 그러나 수천 세기 동안 그렇게 된 것은 아니다.

40) Ferdinand de Saussure, *Cours de linguistique générale*, Lausanne, Payot, 1972(1916).

역들에서 구조주의적 후계 구도를 만들어 냄으로써 이러한 대상 정지를 전범적으로 표현하고 있다. 우리가 보았듯이, 이러한 대상 정지는 펼쳐진 사물(실체)과 생각하는 사물(실체) 사이의 존재론적 이원론에 다름 아니다. 이러한 존재론에게 의미는——우리가 블룸필드의 행동주의처럼[41] 의미의 문제를 무조건적으로 철수시키지 않은 한——기호들·사람들·사물들 사이의 역사적 관계가 아니라 기호들 사이의 공간적 관계가 된다.

— '공간적'이라니 어떻게?

— 종이 위에서처럼 말이다. 사실 의미에 대한 이러한 견해는 전문가들이 책상에 앉아서 글로 씌어진 사물에 대해 수행하는 고찰로부터 매우 구체적으로 비롯된다. 그들에게 낱말들은 우선적으로 종이 위에 펼쳐진 사물들이다. 문자 그대로 그것들은 어떤 숨결로부터 나온다기보다는 눈앞에 배열된 펼쳐진 사물들(res extensae)이다. 따라서 내가 필생(筆生)의 환상이라 부르고자 하는 것을 통해 이 펼쳐진 사물들은 물신화되었다. 다시 말해 그들이 전달체 역할밖에 하지 않았던 것, 곧 의미의 위력이 그것들에 부여되었던 것이다.

이와 상관적으로, 동일한 관점이 사물들로부터 의미를 비워냈다. 그것이 사물들을 대상들로 귀착시키듯이, 낱말들과 이 대상들 사이의 지시 관계가 사실상 자의성에 속하고 낱말들의 의미는 그것들의 대비적 관계에 부여됨으로써 사실상 사물들은 낱말들이 말하는 것밖에 의미하지 않는다. 사람들은(on) 낱말들에게 의미를 말하게 한다.

— 'on'이라니 누구 말인가?

— 언어(langage)이지. 이 모든 것은 펼쳐진 사물(근대적 대상)과 존재론적으로 별개인 생각하는 사물(근대적 주체)이 자유롭게 이 사물에 자신을 투사한다는 확신에서 비롯된다. 자기 존재의 이와 같은 투사에서

---

41) Leonard Bloomfield, *Le Langage*(*Language*, 1933), Paris, Payot, 1970.

생각하는 사물은 의미를 창조하고, 낱말들은 이 의미의 형상들이며, 언어는 그것의 성막(聖幕)이며, 기호 체계는 그것이 지닌 율법판이다. 사실 이러한 비전은 근대성에 숨겨진 신학적인 은유에 속하며, 이 은유의 효과를 통해서 인간 주체는 예전의 신의 역할, 곧 창조주의 역할을 자신에 부여하게 된 것이다. 성서의 신화에서 신은 자신의 이미지에 따라 인간을 창조했고, 그를 동반할 다른 생명의 종들을 어떤 순간에 창조했는데, 우리가 §3에서 보았듯이, 전문가들은 이 순간을 기원전 4004년 10월 26일 아침 9시(그리고 그 다음 6일 동안에 걸쳐)로 고정할 수 있었다. 이와 마찬가지로 구조주의 쪽에서는,

동물적 삶의 계통 체계에서 언어가 출현하는 시점과 상황이 어떠하든, 언어는 갑자기 나타날 수밖에 없었다. 사물들은 점진적으로 의미를 나타나기 시작할 수가 없었다. 사회과학이 아니라 생물학과 심리학의 연구 대상인 어떤 변화에 이어 하나의 이동, 즉 아무것도 의미가 없었던 단계로부터 모든 것이 의미를 지닌 단계로의 이동이 이루어졌다.[42]

이와 같은 창조주의가 내세우는 궁극적 논거는 낱말이 사물이 아니라는 것이다. 이런 식으로 생각하는 방식은 사물이 순수한 대상이라는 이원론적 입장에서 비롯된다. 사실 하나의 순수한 대상은 의미로 얼룩져 있지 않다. 그것은 그것의 현존재, 즉 객관적인 존재에 불과하다. 한편 의미는 우리가 페티시에서 보았듯이 기호이다. 그리하여 기호들의 의미와 대상들의 비의미를 자유롭게 병치하면서 인간의 언어는 4천 개의 상이한 방식으로 단 하나의 메시지, 즉 사물들은 아무것도 의미하지 않는다는 메시지를 변조해 낸다는 것이다.

---

42) Claude Lévi-Strauss, *Introduction à l'œuvre de Marcel Mauss*, p.XLVII. Sylvain Auroux, *La Philosophie du langage*, Paris, PUF, 1996, p.45에서 재인용.

이와 상관적으로, 시대의 동일한 분위기 속에서 자연과학은 인간의 언어가 의미를 이처럼 창조하기 이전에는 "아무것도 의미가 없었다"고 확언했다. 사실 자크 모노가 《우연과 필연》에서 다음과 같이 쓰고 있을 때 주장하는 것도 다른 게 아니다.

오직 우연만이 생명권에서 모든 새로움, 모든 창조의 근원에 자리잡고 있다.[43]

우리는 이러한 입장이 무엇보다도 다음과 같은 사실을 어떻게 설명할 수 있을지 의문이 든다. 즉 수천만 년의 시간차를 두고 공룡과 포유류 사이에 진화를 통해 동일한 생태계적 틀들 내에서 매우 유사한 종들이 탄생되었다. 즉 날개 달린 공룡과 박쥐들(익수류), 세뿔 공룡과 코뿔소(초식동물), 티라노사우르스와 사자(육식동물), 어룡(魚龍)과 돌고래(육지가 기원인 헤엄치는 동물들) 등 말이다.[44] 따라서 그러한 경향에서 아무것도 의미가 없다면, 사실 단 하나의 다음과 같은 설명만이 있다. 즉 기원전 1000004년[45] 10월 26일 아침 9시에 "언어를 통해 의미가 있을 지어다, 오케이?"라고 결정되었다는 것이다!

그런데 기호를 물신화시킴으로써 이 구조주의적 창조주의가(이로부터 파생된 구성주의적 · 해체주의적 주장들과 함께) 수행한 것은 이원론의 결과 인간적인 것이 더 이상 없었던 곳에, 즉 연장(延長)에 인간적인 것을 상징적으로 다시 불어넣은 것에 불과했다. 그것은 이 일을 당

---

43) Isabelle Stengers, *L'Invention des sciences modernes*, Paris, La Découverte, 1993, p.122에서 재인용. 강조는 원문에 의한 것임.

44) 이와 관련하여 호프메이어(*op. cit.*, note 8)가 p.34에 Edward Wilson *et al. Life on Earth*, Stanford, Sinaur, 1973, p.852에서 복사하여 실은 삽화는 명확한 설명을 해주고 있다.

45) 실제로 통상적인 견해에 따르면 언어는 약 1백만 년 전에 나타났다고 간주된다. 예컨대 Pierre Lamaison(dir.), *Généalogie de l'Europe*, Paris, Hachette, p.252 참조.

장 사용할 수 있는 방법들을 통해 수행했다. 다시 말해 그것은 사물들이 대상의 내재적 비인간성에 속하기 때문에 중요한 것은 인간의 주관성을 사물들에 투사하는 것이라고 전제했다. 물론 구성(해체)주의에서 이와 같은 투사성(projectivité)[46]은 데카르트적인 외양을 거의 지니지 않는다. 왜냐하면 그것은 대상에서 실체를 비워내기 때문이다. 그러나 이러한 구성(해체)주의가 분명히 의거하는 것은 근대적 존재론의 결론이다. 즉 생각하는 사물은 현실을 사유하는 데 더 이상 만족하지 않고, 현실을 창조한다는 것이다. 그렇게 함으로써 그것은 페티시를 절대화시킨다. 이 페티시는 소라게[47]처럼, 우리가 **코라**에 대한 데리다의 해석과 관련해 보았듯이(§5), 펼쳐진 사물의 묻혀진 실체를 대신함으로써 그 자신만을 의미하게 된다.

이러한 물신화를 통해 근대성은 그것이 주체와 대상을 이원화시킴으로써 열어 놓은 심연을 상당한 정도로 짚으로 덮어 놓았다. 그러나 이처럼 짚으로 덮어 놓는다고 해도 그 심연을 진정으로 메우는 것, 다시 말해 사물들의 의미를 재발견하는 것은 구조적으로 불가능하다. 왜냐하면 그런 일 자체가 의식 비연장(延長) 속에 인간 존재를 한정시키는 하나의 존재론으로부터 비롯되기 때문이다. 풍토성의 관점에서 볼 때, 이러한 조치는 존재의 축출이다. 그것은 현실적으로 우리 실존의 존재론적 구조인 것, 동물적 신체와 인간 환경체의 역동적 커플을 대상의 외부적 어둠 속으로, 바깥으로 내쫓는 것이다. 그것은 인간 존재가 지

---

46) 나는 이 용어를 Jean-Louis Le Moigne, *Les Épistémologies constructivistes*, Paris, PUF(Que sais-je n° 2969, 1995)에서 빌린다. 그는 이 용어를 '이성의 지향적 실천'(p.57)이라고 규정한다. 이러한 관점에서 '투사적 실현 가능성'은 '객관적 진리'를 몰아내며(p.118), 과학은 그것의 대상보다는 다분히 그것의 기획에 의해 규정된다고 한다.

47) 소라게속이라고도 할 수 있다. 우리의 해안가에 매우 일반적인 이 10각의 갑각류는 생태계의 변천으로 사전에 연체가 빠져나간 조개껍질 속에 자신의 배를 집어넣음으로써 그것을 보호한다.

닌 신체성-세계성을 부정하는 것이다. 종말을 고하는 근대성의 그 환상, 즉 기호의 현실적 절대화(hypostasie)[48]가 이 비의미의 심연에서 출현했을 때, 이와 같은 축출은 해소할 수 없는 존재 결여를 야기했다.

30. 현실이 지닌 '로서'의 성격[49]

근대적 비전은 존재의 축출 속에 꼼짝달싹 못했는데, 이 축출이 낳은 결과는 고야의 연작 판화 〈변덕〉에서 이성의 잠처럼[50] 환상들을 만들어 낸 것만이 아니다. 이 축출은 사물들과 우리의 관계에 돌이킬 수 없이 소외의 낙인을 찍는다. 다른 문화들의 국민들이 서양의 근대성에 직면했을 때, 그들에게 가장 충격을 준 것은 바로 서양 근대성의 이러한 측면이다. 역사적으로 볼 때, 근대 분명에 돌진한 최초의 비서양 사람들인 일본인들을 필두로 해서 말이다. 그런 만큼 근대의 존재론에 가장 철저하게 이의를 제기한 것은 일본 철학이다. 그리하여 이 철학은 니시다 기타로를 통해 이 존재론을 넘어선다는 명목으로 그것과 일관성 있게 정반대의 입장까지 취했다.

이미 우리는 세계성과 관련하여 §12에서 이와 같은 사유의 몇몇 측

---

48) 그리스 철학에서 hupostasis(문자 그대로 그것은 아래에 있다는 사실을 말한다)는 실체(이 낱말 substance의 라틴어 어원 sub-stare: 아래에 있다는 정확히 같은 것을 의미한다)를 의미하는데, 이 개념은 phantasma(유령·꿈·허깨비)라는 개념과 반대된다. 이로부터 비롯된 것이 기독교 신학에서 삼위일체의 삼위 각각은 다른 두 위격들과 실체적으로 구분되는 위격, 즉 신의 통일성에서 한 위격(hypostase)이라는 교리이다. 여기서 나는 hypostasie라는 용어를 다음과 같은 뜻으로 사용한다. 즉 현실적으로는 의미가 풍토성의 존재론적 구조에 의거하는데, 이 의미를 물신주의를 통해 기호 안에서 본다는 것이다. 절대적 현실로 실체화(hypostasié)된 환상, 이것이 페티시이다.

49) '현실이 지닌 로서의 성격(en tant que de la réalité)'에서 '로서'는 우리가 예컨대 '환상으로서 현실'이라는 표현에서 '로서'와 같은 의미를 지닌다. [역주]

50) 《로스 카프리초스》의 유명한 동판부식화의 완전한 제목은 "El sueño de la razon produce monstruos(이성/지성이 잠잘 때 괴물들이 나타난다)"이다.

면들을 검토한 바 있다. 여기서 나는 현실 파악과 관련해 그것의 또 다른 측면을 부각시키겠다. 이와 관련해 니시다 기타로는 《선에 대한 연구》(Zen no kenkyû)에서 순수 경험(junsui keiken)이라는 테마에서 출발하여 자신의 전 작품의 마지막 단계에서 '장소의 논리(basho no ronri)'라는 테마에 도달한다. 이 논리는 그가 아리스토텔레스 이후로 서양 사상의 근본적 방식을 계승하게 하고 싶은 '술부의(동일성의) 논리'라고도 언급된다. 그것은 배중율에 토대한 합리적인 추리의 논리로서 모순의 원칙 또는 주체 동일성의 원칙이라고도 말해진다.[51] 장소의 논리라는 테마는 아마 니시다 기타로의 사상에서 가장 관심을 끄는 측면이라 할 것인데,[52] 그의 제자들이 열렬한 관심을 갖고 심화시킨 측면이기도 하다.[53] 왜냐하면 그야말로 이상하게 보이긴 하지만, 니시다 기타로 자신은 문제의 논리를 체계적으로 다룬 적이 결코 없기 때문이다. 다만 그는 여러 번에 걸쳐, 특히 자신의 마지막 저서의 제목에서 장소의 논리라는 표현을 사용하고 있다.[54]

그렇긴 하지만 이 표현이 포괄하는 전체적 주제는 충분히 명쾌하게 규정될 수 있다. 니시다 기타로 자신은 《장소의 논리》에서부터[55] 주체

---

51) 이에 대해서는 Robert Blanché et Jacques Dubucs, *La Logique et son histoire*, Paris, Armand Colin, 1996(1970), chap.II 참조.

52) 그 증거를 들자면, 약 15년 전부터 많은 저자들이 내놓은 다양한 출간물들 가운데 Saeki Mamoru의 최근 저서 *Bashoteki to iu koto(Ce qui est du lieu)*, Kyoto, Kôyô Shobô, 1999를 들 수 있다. 이 책은 니시다 기타로의 사상과 들뢰즈의 사상이 공명하게 하고 있다.

53) 예컨대 Mutai Risaku, *Basho no ronrigaku(Logique du lieu)*, Tokyo, Kobushi Shobô, 1996(1994)이 그런 경우이다.

54) *Op. cit.*, chap. 2, note 67.

55) 이와 관련해 서양 언어로 된 글로는 특히 Arisaka Yôko, "System and existence: Nishida's encounter with modernity"; Andrew Feenberg, "Expérience et culture: le cheminement de Nishida vers les choses elle-mêmes"; et Suzuki Sadami, "La philosophie vitaliste de Nishida Kitarô," dans Augustin Berque(dir.), *Logique du lieu et dépassement de la modernité*, Bruxelles, Ousia, vol. I, 2000 참조.

와 대상이 분열되기 이전의 통일성을 포착하려는 노력을 명료하게 드러낸다. 이를 위해 그는 작품이 진행되는 동안 일련의 개념들, 특히 '절대적으로 모순적인 자기 동일성(zettai mujunteki jiko dôitsu)'이란 개념을 개발하게 된다. 그러나 모든 게 분명해지는 것은 《장소》(Basho, 1927)를 통해서이다. 내가 이 책 가운데 §12에서 번역한 대목은 니시다 기타로가 어떤 관계의 장소를 의미한다는 사실을 분명히 보여주고 있다. 사실 관계의 항들이 무엇이든간에, 관계는 그것이 일어남(avoir-lieu)을 상정한다. 그리고 이 장소는 그 항들에 존재론적으로 선행한다. 사실, A는 비A가 아니다를 확립하기 위해서는 이러한 확립의 장소를 전제해야 한다. 이 장소는 비A의 성격뿐 아니라 A의 성격을 우리에게 언급해 주는 암묵적인 술부이다. 예를 들어 "A는 이것이다," 그리고 "비A는 저것이다"에서 술부 "이것이다" "저것이다"는 우리로 하여금 A는 비A가 아니다라는 사실을 확립하게 해주는 선결적인 장소이다. 그리하여 니시다 기타로는 술어의 동일성은 주어의 동일성에 존재론적으로 선행한다는 점을 보여준다.

그런데 (논리적) 주어는 사물이다. 그것은 있는 것이다. 그리고 이러한 있음(有: u 혹은 yû)의 장소로서 술부 자체는 있음이 아니다. 그것은 있지-않음(無: mu)이다. 그러나 그것은 상대적인 있지-않음(sôtai mu)이다. 사실 술부 "이것이다" 자체는 "이것"의 본성을 우리에게 언급하는 보다 넓은 술부를 전제한다. 예를 들면 "소크라테스는 사람이다"는 "사람은 포유동물이다"라는 술부의 술부를 전제하며, 그런 식으로 이어진다. 각각의 수준에는 보다 포괄적인 술부 속에 상대적인 있지-않음의 포섭이 있다. 다시 말해 있지-않음의 있지-않음이 있다. 이러한 되풀이되는 포섭은 니시다 기타로에 따르면 절대적인 있지-않음(절대적인 무(無): zettai mu)에 귀결된다.[56]

---

56) 우리가 제2장 주 73)에서 보았듯이, 여기에는 논리적인 결점이 있다.

그리하여 말하자면 도식화하기 위해 니시다 기타로는 있지-않음(이 것은 불교의 공(空)이나 도가의 무(無)에 다름 아니다)이 서양의 선택인 존재보다 선행한다는 주장에 논리적인 골격을 제공한다. 나카무라 유지로[57]에 따르면, 이와 같은 장소의 논리는 은유·상징·정신분열증에서 작동하는 '옛논리(paléologique)'이다. 사실 주어의 동일성보다 술부의 동일성에 선행성을 부여한다는 것은――나카무라 유지로는 이 사례[58]를 한 젊은 여성 정신분열증 환자와 관련해 아리에티[59]로부터 취한 것이다――(주어의 동일성이 담겨 있는) 다음과 같이 삼단논법을 대체하는 것이다.

1. 모든 처녀들은 성모 마리아가 되는 것을 꿈꾼다.
2. 그런데 나는 처녀이다.
3. 그러므로 나는 성모 마리아가 되는 것을 꿈꾼다.

이 삼단논법은 (술부의 동일성이 담겨 있는) 이렇게 은유로 대체된다.

1. 성모 마리아는 처녀이다.
2. 그런데 나는 처녀이다.
3. 그러므로 나는 성모 마리아이다.

우리는 동일한 의미에서 엘뤼아르의 유명한 이미지 "지구는 오렌지처럼 푸르다"를 분석할 수 있을 것이다. 이 이미지는 《지리와 문화》라

---

57) Nakamura Yûjirô, *Nishida Kitarô*, Tokyo, Iwanami Shoten, 1983, 그리고 이 저자의 여러 후속 저들 참조.
58) *Op. cit.*, p.102 및 이하.
59) 아리에티(Silvano Arieti, 1914-1981): 이탈리아 출신의 정신과 의사로 한때 세계적인 명성을 날렸음. [역주]

는 잡지의 표지에 실렸다. 사실 지구와 오렌지 사이의 은유적 동일화
는 다음과 같은 일련의 동일한 술어들의 연쇄에 근거한다.

1. 오렌지는 둥글다.
2. 그런데 지구는 둥글다(ronde).
3. 그런데 동그라미는 오(O)이다.
4. 그런데 오는 물(eau)이다.[60]
5. 그런데 물은 푸르다.
6. 그러므로 오는 푸르다(랭보의 〈모음〉이라는 시 참조).
7. 그러므로 둥근 것은 푸르다.
8. 그러므로 오렌지는 푸르다.
9. 그러므로 지구는 오렌지처럼 푸르다.*

〔* 이것은 닐 암스트롱이 1969년 7월 21일 달로부터 유명한 경험에
서 확인한 것이다.〕

한편 무테가 강조한 바에 따르면[61] 대립(A는 비A가 아니다)을 통해
규정되는 항들을 전제하는 배중율의 논리는 진리의 통일성에 언젠가
다다르는 것을 금지하는 '아니다(n'est pas)'의 무한한 후퇴를 함축한다
는 것이다. 그 반대로 장소의 논리는 이것을 가능케 한다는 것이다.
　나로 말하면, 나는 매우 일반적인 방식으로 주어의 동일성 논리는
사물 자체의 논리인 데 비해 장소의 논리를 사물이 이해되는 방식의 논
리로 해석하고자 한다. 한편으로 나카무라 유지로가 보여주고 있듯이,
장소의 논리는 본질적으로 은유적이다. 사실 사물이 이해되는 방식은

---

60) Eau의 발음이 '오'이다. 〔역주〕
61) *Op. cit.*, note 52, p.286 및 이하.

사물 자체가 아니다. 사물 자체를 이 방식과 동일시하는 것은 은유이다. 다른 한편으로 무테가 보여주고 있듯이, 배중율의 논리는 사물을 파악하는 것을 영원히 금지한다. 사실 그것을 파악한다는 사실 자체가 이 논리를 위반한다. 이것은 주어를 술부에 포섭함으로써 장소의 논리로 되돌아가는 것이다.

　내가 보기에 분명한 것은 이 두 논리가 보완적이고, 우리가 그것들을 무의식적으로 결합함으로써 현실이라는 것이 태어난다는 점이다. 이 두 논리 가운데 어느 한쪽을 택한다는 것은 비현실주의적이다. 우리가 §12에서 보았듯이, 니시다 기타로의 선택이 그런 경우였다. 이 선택은 다시 세계성을 그 자체에 폐쇄시키게 되고 이로부터 벗어나게 해주는 수단을 조금도 확립할 가능성이 전혀 없다. 사실 우리가 사물들을 파악하는 방식은 우리의 세계에 다름 아니다. 그래서 이 '방식'이 그것 자체 이외에 다른 토대를 가지고 있지 않다면(왜냐하면 그것은 결국 절대적 있지-않음에 근거하기 때문이다), 이것이 의미하는 바는 이 세계의 세계성이 절대적으로 자족적이다는 점이다. 이 방식은 사물들의 본성에는 관심이 없다. 왜냐하면 그것은 그것의 술어성(prédicativité) 속에 이 본성을 절대적으로 포섭하기 때문이다. 사물은 우리가 그것에 대해 말하는 그 무엇이며, 이것이 전부이다. 반면에 주어(주체) 동일성의 논리는 세계 같은 게 있을 수 있다는 것을 막는다. 이 논리에서는 사물들의 물 자체, 우리 존재로부터 영원히 소외된 물 자체만이 가능하다. 이것이 순수 보편성의 논리라 할 것이다. 이 논리에서 사물들은 절대적으로 아무것도 의미하지 않는다. 왜냐하면 조그만 의미만 부여되어도 그것들은 세계성으로 전환될 것이기 때문이다.

　언뜻 보면 이 두 논리는 상호 배타적이다. 그러나 사실 어느 하나를 선택하는 것은 다른 하나에 떨어지는 것이고 이는 상호적이다. 예컨대 첫번째 논리는 세계성의 '무(無)근거'(니시다 기타로의 어휘에서 mu kitei)를 전제하는 반면에 두번째는 그 반대로 사물들의 물자체가 지닌 절대적 실체성[62]을 전제한다. 그런데 우리가 §29에서 보았듯이, 사물들이 의미를 지니고 있다는 것을 부정하는 근대주의적 입장은 기호의 자의성을 전제해야 할 필요성을 야기한다. 달리 말하면 의미를 기호들의 의미에, 그리고 기호들의 의미를 그것 자체에 토대하여 성립시켜야 할 필요성을 야기한다. 세계가 있도록 만드는 게 의미이기 때문에, 세계는 그것의 세계성이 근거-없다는 무근거에 토대한다는 말이 된다. 한편 세계를 무근거를 통해 특징지음으로써, 기호들을 사물들과 그리고 사물들을 기호들과 무한정 동일시함으로써, 세계를 절대화하는 반(反)근대주의적 입장은 사물들에 도달하는 것을 영원히 금지하는 정신분열로 귀결된다. 사물을 파악한다는 것은 그것의 있지-않음을 확립하는 것이다. 달리 말하면 그것은 사물들의 비의미의 전제인 (파악이나 확립이) 그게 그것이라는 사실에 귀착하는 것이다. 그런 식으로 악순환이 계속된다.

풍토성의 관점에서 보면, 이러한 두 입장 각각이 드러내는 부조리는 분명하다. 왜냐하면 인간 존재의 구조적 계기는 우리와 세계의 관계를 필연적으로 주어(주체)의 논리와 술부의 논리를 결합시키지 않을 수 없게 만들기 때문이다. 우리의 인간 환경체가 세계성에 속한다 할지라도, 그것은 여전히 우리들 각자의 동물적 신체를 전제하며, 이 동물적 신체는 사물들의 자연에 속한다. 뿐만 아니라 인간 환경체가 사회적 집단인 것만은 아니다. 또한 그것은 그것을 사물들의 자연에 연결시키는 생태계들을 전제한다.

육체성과 관련해서 우리는 이 문제를 제7장에서 다시 다룰 것이다. 여기서 나는 그보다 '세계'(술부의 논리)와 사물들의 자연(주어의 논리)의 관계를 분명히 하고자 한다. 이 관계는 **토포스**와 **코라**의 구분과 밀

---

62) 실체성(substantialité)은 사실 무근거의 반대이다. 우리가 p.230, 주 48)에서 보았듯이, substantia는 '아래에 있다,' 다시 말해 무언가의 토대에 있다를 의미하는 substare로부터 왔다.

접하게 연관되어 있다. 사실, **토포스**로서의 장소에 대한 아리스토텔레스의 견해는 그것의 논리와 많은 관계가 있다. 사물을 둘러싸는 부동의 외양인 **토포스**는 주어(주체)의 동일성이 지닌 공간적 형상이다. 사물을 이동시킨다는 것——하나의 **metaphora**를 수행한다는 것——은 그것의 장소를 바꾸는 것이다. 마찬가지로 주어의 동일성을 이동시킨다는 것——하나의 은유를 수행한다는 것——은 그것의 **토포스**를 바꾸는 것이다. 한편 플라톤의 **코라**는 니시다 기타로의 **바쇼**(basho)와 관계가 많다. 모태이자 동시에 자국인 코라는 '절대적으로 모순적인 자기-동일성'의 주제를 설명하고 있는 것 같다. 이 점은 놀라운 게 전혀 없다. 왜냐하면 우리가 §12에서 보았듯이, **바쇼**와 마찬가지로 **코라**도 예지적 세계가 아니라 감각적 세계에 속하기 때문이다. 그 반대로 **토포스**의 개념은 그것이 주어 동일성의 논리와 일치한다는 점에서 감성보다는 이해성에 속한다. 사실 그것은 아리스토텔레스의 합리주의를 예시하며, 이런 의미에서 우리가 보았듯이, **Stelle** 같은 장소에 대한 과학적 견해를 예고하고 있다(§16).

이와 같은 문제 제기는 하이데거가 《예술 작품의 기원》[63]에서 세계와 대지 사이의 '투쟁'(Streit)이라 불렀던 것과 접근될 수 있다. 과연, 이 텍스트에서 세계(di Welt)는 술부 논리의 표현으로, 대지(die Erde)는 주어 논리의 표현 혹은 사물들의 자연 논리의 표현으로 나타난다. 현실이 이 두 논리 가운데 어느 하나로도 귀결될 수 없으며, 두 논리가 그것들이 결합되는 바로 그 순간에 서로를 역설적으로 배척하면서도 결합된다는 것은 하이데거의 견해에서 분명하다. 하이데거의 난해한 문체에서 이 점은 대지가 예술 작품(사원)이 하나의 세계를 전개하면서

---

63) 이 텍스트는 *Chemins qui ne mèment nulle part*(Holzwege, 1949), Paris, Gallimard, 1962에 재수록되어 있다. 문제의 주제에 대한 개진으로는 Michel Haar, *Le Chant de la terre. Heidegger et les assises de l'histoire de l'être*, Paris, L'Herne, 1985 참조.

대지를 다시 부각시키는 동일한 운동 속으로 물러나 숨는다는 관념을 통해 표현된다.

　작품이 은거하는 그 방향, 그것이 이러한 은거를 통해서 부각시키는 것, 우리는 그것을 대지라 명명했다. 작품은 드러나면서 자신의 품안에 다시 뿌리를 내리는 그 무엇이다(das Hervorkommende-Bergende). (…) 하나의 세계를 설치하면서 작품은 대지를 오게 만든다(Indem das Werk eine Welt aufstellt, stellt es die Erde her). (…) 작품은 한 세계가 지닌 열려진 것 속에 대지 자체를 지니고 유지한다. **작품은 대지가 하나의 대지가 되도록 대지를 해방시킨다.**[64]

　여기서 하이데거가 (패러다임적인) 예술 작품에 대해서만 이야기하고 있지만, 그가 환기시키는 과정은 내가 볼 때 훨씬 더 일반적이다. 그것은 생명권으로부터 외쿠메네를 떠오르게 하는 투과에서 일어나는 것이다. 사실 외쿠메네는 가장 보편적인 인간 작품이다. 그러나 그것이 세계들(이것들은 그만큼의 문화들이다)을 정착시킨다 할지라도, 그것은 동시에 그것의 세계성을 세계성이 아닌 것, 곧 자연 속에 확립하는 그 무엇이다. 다른 한편으로 자연은 우리의 세계를 나타내는 표현을 통해서만 우리에게 나타난다.
　풍토성의 관점에서 보면, 사실 현실은 세계와 사물들의 자연(대지), **코라적 성격**(chorésie)과 **토포스적 성격**(topicité),[65] 술부의 논리와 주어의 논리를 불가분하게 결합한다. 우리는 이것을 기억술의 방법을 통해 다음과 같은 공식으로 상징화할 수 있을 것이다.

　현실(Réalité)=대지(terre)/세계(monde)

---

64) Heidegger, *op. cit.*, pp.49-50. Wolfgang Brokmeier 번역.

혹은

현실=토포스적 특성/코라적 특성

혹은

$R=lgS/lgP$

이러한 공식들에서 사물들의 토포스적 특성(주어의 논리: lgS)은 사물들이 그것들이 지닌 토포스의 폐쇄된 동일성 안에서 사물들 자체가 된다는 점에 있는 그 무엇이다. 그것은 사물들에 술어가 부여되지 않는 그 무엇이며, 따라서 극단적으로 말하면, 그것들의 물 자체를 파악할 수 없는 포착 불가능성이다. 반대로 그것들의 코라적 특성(술부의 논리: lgP)은 그것들이 우리의 감각들과 우리의 지성에 의해 술어가 부여되고 파악되며, 우리가 그것들과 맺는 관계에 의해 명명되며 특성이 부여되고, 우리의 손을 통해 구축된다는 점에 있는 그 무엇이다. 요컨대 그것은 인간의 작품처럼 그것들이 우리의 세계를 전개한다는 데 있는 그 무엇이다.

코라적 특성과 토포스적 특성 사이에 외관상의 모순이 있지만, 현실적인 통일성이 있다. 이 역동적인 통일성은 우리 존재의 구조적 계기에서 우리 인간 환경의 귀속유동성이다. 그 속에서 사물들은 변전의 상태에 있다. 그것들은 그것들의 유일한 **토포스**의 동일성 속에 영원히 고정되어 있지만 언제나 어떤 의미(방향)의 역동적 움직임 속에 개입되

---

65) 이 두 용어에 대해서는 *Le Sauvage et l'Artifice, op. cit.*, note 24와 보다 최근에는 나의 "Chorésie," *Cahiers de géographie du Québec*, XLII, 117(déc. 1998), 437-448 참조. 'Topocité'는 당연히 topos와 이에 상응하는 형용사 topikos로부터 나온 것이다. 'Chorésie'는 물론 chôra로부터 나왔지만, 특히 문자 그대로 '코라를 만드는' 행동을 의미하는 chôrêsis에서 비롯된 것이다. 사실 그것은 하나의 과정이고 역동적 움직임이다. 그것은 사물의 현실이 그것의 유일한 **토포스**를 넘어서게 해주는 그 무엇이다. 이 개념은 하이데거의 공간화(Räumung)라는 테마(§16 참조)와 보다 일반적으로는 내가 외쿠메네의 전개라 부르는 것과 접근시킬 수 있다.

어 있는 바, 말하자면 '사물되기들'(우리는 이것을 제네시스(genesis), 곧 생성으로서의 상대적 존재에 대한 플라톤의 이미지와 접근시킬 수 있을 것이다)이다. 이와 같은 코라적 특성은 그것들의 실존론적 존재 방식(ek-sistence), 즉 사물들로서 그것들의 존재 전개에 다름 아니다.

실제로, 우리는 '(…)로서(l'en-tant-que)'를 통해 사물들을 파악하는데, 외쿠메네에서 사물들은 이러한 '로서'를 통해 존재한다. 그러나 이 '로서'는 단순한 세계성(lgP)이 아니다. 왜냐하면 그것은 사물들이 그 자체로 그것들의 존재 모습이다(lgS)는 점을 전제하기 때문이다. 사물들은 정의상 영원히 우리가 파악할 수 없는 순수한 물 자체의 비의미 속에 존재하는 게 아니다. 왜냐하면 우리는 그것들을 진정으로 파악하지만, 그것들을 파악한다는 유일한 사실로 인해 우리는 우리의 세계를 나타내는 표현을 통해 그것들에 필연적으로 '술어를 부여하기' 때문이다.

이 '로서'는 언어에 선행한다. 왜냐하면 그것은 우리 신체의 동물성에 뿌리내리고 있기 때문이다. 이러한 토대에 따라서만 우리는 언어를 통해서 그것의 의미를 구상해 낸다.[66] 다시 한번 말하건대, 언어가 기원전 1000004년 10월 26일 아침 9시에 사물들의 의미――예컨대 호

---

66) 여기서 나는 Jean-Marc Ghitti, *La Parole et le lieu. Topique de l'inspiration*, Paris, Minuit, 1988과 합류한다. 그는 구조주의 언어학(나아가 언어학 일반)이 파롤을 이해하는 데 실패했다고 비난한다. 왜냐하면 그것은 파롤을 "랑그의 특이한 실현, 언어적 행위"로만 보고 있기 때문이다. (…) 그런데 파롤은 **오직 귀결점만을 랑그 속에 두고 있는 이동**이지 출발점이 아니다."(p.9, 저자의 강조임) 이로부터 "파롤이 출현하는 장소"에 대해 생각할 필요성이 비롯된다. 이 장소가 없다면 우리는 "로고스를 그 자체에 폐쇄시키는 견해들"(p. 14) 속에 꼼짝달싹 못하게 된다(이것이 우리가 보았듯이, 특히 대문자 코라(Khôra)에서 데리다의 경우이다). 기티는 이 장소를 대지·카오스·신체의 '원사시대의 성격(proto-historialité)'(p.30)에서 추구하고 있다. 이와 같은 전반적 논지에 대해서는 깊이 있게 동의한다 할지라도, 나는 그가 **코라**와 **토포스**에 대해 수행하는 접근에 대해서는 동의하지 않는다. 왜냐하면 카오스로서의 **코라** 속에 어떤 '장소론'을 확립한다는 것은 내가 볼 때 술부의 논리와 주어의 논리를 혼동할 위험이 있기 때문이다.

두의 의미──를 확립한 게 아니다. 그 이전에 우리의 사촌 영장류들처럼 우리는 이미 그것이 호두이고, 그것은 조약돌처럼 깨진다는 사실 따위를 이미 알고 있었다. 우리는 호두가 지닌 의미의 모든 것을 이미 알고 있었다. 수천 세기가 흐르는 동안 혀 안에서 낱말로 된 랑그에 대한 취향으로 인해[67] 그것이 결국 '호두'라 불리게 되었고, 호두가 없는 곳에서도 언어 활동을 통해 언급되고 표상될 수 있게 되었다는 점을 제외하면 말이다. 그 전에 호두는 어떤 맛을 지닌 먹을 수 있는 사물로서 존재하고 있었다. 그 다음에 호두는 어떤 맛을 지니고 먹을 수 있을 뿐 아니라 인간 환경에 따라 어떤 식으로 언급되는 사물로서 존재해 왔다. 호두의 '로서'(그것의 투과성)는 그렇게 하여 개발되고 명확하게 되었으며, 다양화되고 한마디로 전개되어 왔다. 그러나 변하지 않은 것은 호두가 무언가로서(en tant que) 계속해서 존재하고 있다는 사실이다. 따라서 '호두'라는 낱말의 구체적 지시대상은 이러한 역사적 · 투과적인 현세적 '로서(en-tant-que)'이지, 호두의 존재가 지닌 어떤 형이상학적인 물 자체가 아니다. 차례로 '호두'라는 낱말은 이 사물, 다시 말해 그것의 현실의 이러한 '로서'의 한 측면──언어적인 '로서'──에 불과하다.

그리하여 외쿠메네가 드러내는 '로서'의 성격을 띤 랑그들은 투과적이다. 이것이 또한 의미하는 것은 그것들이 특이하다는 점이다. 그

---

67) 시는 이러한 감각적 관계가 명백해질 수 있는 영역이다. **Michel Collot**가 *L'Horizon fabuleux*, Paris, José Corti, 1988, 2 vol에서 분명히 보여주고 있듯이 말이다. "소리의 조화가 상상적 영역이나 환상의 차원에서 즉각적으로 울릴 수 있는 것은 그것이 이런 것들과 동일한 매체, 신체를 지니고 있기 때문이다. 언어는 궁극적으로 '발성적인 몸짓'을 토대로 확립되며, 이 몸짓은 신체적 행동의 다른 측면들과 필연적으로 관계를 맺는다. (…) 언어가 음소와 의미 사이에 확립하는 자의적 관계는 분절적 속성들, 감각적 특질들 그리고 충동의 발현들 사이의 그 조응을 뒤죽박죽 뒤섞어 버리는 경향이 있다. 그러나 시는 언어적 기호를 재동기화하는 성향을 통해서 의미 · 느낌 · 환상을 상호적으로 상징화할 수 있는 그 가능성을 재발견한다. 시인은 세계를 자신의 입으로 보고 체험한다."(vol. p.123)

것들은 언어의 순수한 보편성, 하나의 추상인 그런 보편성으로 귀결될 수 없다. 보다 정확히 말하면 그것들은 어떤 보편적인 잠재성의 현실화(실현)가 지닌 필연적인 특이성을 나타낸다. 혹은 또는 그것들은 랑그들(langues)의 특이성이 지닌 잠재적 보편성인 언어(langage)의 보편성이 지닌 현실적인 특이성이다.

사실 하나의 랑그는 주어와 술어를 결합하여 작동한다. 이것은 lgS/lgP이라는 공식, 다시 말해 현실이 드러내는 예시 자체이다. 한편 언어는 그것의 추상적 보편성을 통해서 lgP에 불과하다. 그것은 사물들에 술어를 부여하는 것에 불과하며 사물들의 성격을 전혀 띠지 않는다. 이러한 사실로 인해 언어는 다음과 같은 공상이다. 즉 어떤 순수한 세계성의 근거 없는 보편성이다. 그런데 한편 랑그들은 현실적임으로 언제나 역시 대지를 전제한다. 언어는 다만 코라적 특성이다. 왜냐하면 그것은 사물들의 토포스적 특성이 제외되어 있기 때문이다. 그 반대로 랑그들(그리고 하물며 파롤들)은 사물들과 함께 간다. 그것들 각각은 어떤 인간 환경과 함께 가기의 성격을 띤다. 이 인간 환경처럼 그것은 한 세계의 지평을 소유한다(이 점은 아무나 또 다른 랑그와의 만남을 통해 확인할 수 있는 것이다). 그러나 이 지평은 넘어설 수 없다. 니시다 기타로의 절대적 세계성(§12)과는 달리, 그것은 사물들의 계층 체계를 받아들인다. 사실 사물들은 로제타석처럼, 랑그들이 그것들과 공유하는 투과성 속에 언제나 거기 있다. 랑그들은 이 투과성으로부터 사물들의 의미를 획득하고, 이 의미를 이 세계의 낱말들에 알린다. 랑그들의 이와 같은 투과성을 배제하는 것은 더 이상 아무것도 의미하지 않는 무근거(근거 없음)의 천상에 언어를 위치하는 것이다. 왜냐하면 그런 언어는 우리와 아무 관련이 없기 때문이다. 그것은 랑그들을 **포함해** 사물들의 현실이 아니다. 죽은 것이라 할지라도 외쿠메네의 모든 사물처럼 랑그들은 사실 어떤 인간 환경의 풍토성 안에서 끊임없이 존재해 왔다. 하나의 랑그는 외쿠메네의 '로서(en-tant-que)'만 존재한다.

모든 현실도 마찬가지이다. 이 '로서'의 생성 변전은 외쿠메네가 전개되는 역사이자 지리이다. 다음 장에서 우리는 그것의 다양한 구체적 사례들을 분석할 것이다. 그러나 그 이전에 이 장을 마감하기 위해 우리가 상기해야 할 것은 우주 속에서 성립되듯이, 이러한 전개가 태생적·근본적으로 생명권 내에서 성립된다는 것이다. 그것의 각각의 단계는 대지에 대해 세계를, 토포스적 특성에 대해 코라적 특성을, 주어의 논리에 대해 술부의 논리를 해방시키는 데 있어서 보다 상위에 있는 자유의 단계이고 등급이다. 그러나 그것은 모든 현실을 구성하는 이 커플들의 분리가 전혀 아니다. 의미를 전개한다는 것은 그것을 기원에서 떼어내는 것이 아니며 무(無)로부터 그것을 성립시키는 것은 더욱 아니다. 우리가 그것을 분명히 밝히고 보다 멀리 끌고 간다 할지라도, 의미는 이미 필연적으로 언제나 거기, 우리 자신 안에 사물들 속에 있다. 바로 이로부터 무한정하게 우리 존재의 구조적 계기는 사물들의 자연을 하나의 세계 속으로, 이 세계를 사물들의 자연 속으로 계속적으로 횡단시키며 이런 작용을 끊임없이 보다 멀리 진척시킨다. 그렇게 하면서──필생(筆生)의 환상에는 미안하지만──바로 우주의 의미, 인간 존재의 숨결이 전파하는 그 의미가 말을 한다.

제6장

접 속[1]

31. 외쿠메네의 동기

라이프니츠는 뉴턴 지지자들에 대항해 쓴 《영국 황태자비에게 보낸
서신》의 다섯번째 편지에서[3] 동기와 원인을 먼저 구분했다. 그에게 동
기는 "결정하지 않고 어떤 방향으로 기울며, 그리하여 주체의 자유와
자발성을 간직하고," 반면에 원인은 "필연적으로 결과를 낳는다." 이
로부터 "어떤 메커니즘의 필연성, 자유가 박탈되고 수동적인 그런 필
연성에 의해 완전히 동기화된 행동으로부터 도덕적——다시 말해 자

---

1) 역자가 접속이라 번역한 'prises'는 외쿠메네적 관계의 구현과 구체성을 나타내
는 용어인데, 접속(점)·잡기·잡는 곳·영향 등의 의미를 복합적으로 지니고 있다.
〔역주〕

2) Wang Wei(699-759), *Secrets pour l'étude de la peinture*, Nicole Vandier-
Nicolas 번역, *Esthétique et peinture de paysage en Chine*(des origines aux Song),
Paris, Klincksieck, 1982, p.69.

3) 라이프니츠는 클라크 박사의 이름을 내세워 절대적 시간과 공간에 대한 뉴턴의
관념에 반대했다. 그에게 공간은 "물체들이 공존하는 질서 이상의 것이 전혀 아니었
고" 시간은 "사물들과 사건들이 연속되는 질서"에 불과했다. 여기서 나는 라이프니
츠 자신의 텍스트를 인용하는 게 아니라, Alexandre Koyré, *Du monde clos à
l'univers infini*, Paris, Gallimard, 1973(1957), p.296에 나오는 해설을 인용한다.

유로운──필연성을 분리시키는 무한한 거리가 비롯된다."[4]

외쿠메네에서 원인과 동기는 현실의 투과에서 결합한다. 따라서 현실은 도덕적 필연성과 물리적 필연성 사이의 중간에 있다. 그러나 와쓰지 데쓰로가 강조했듯이, 자신의 인간 환경을 해석하는 것은 궁극적으로 존재이다. 이러한 사실로 인해, 우리의 지각을 위해 현실을 나타내는 현상들은 언제나 결국은 원인보다도 동기에 속한다. 그러니까 그것들은 행동의 **요인들**이라기보다는 행동하는 **이유들**(raisons)을 야기하는데, 이 이유들은 동기화에 의해 지탱됨으로써 창조적이다. 비달의 지리학[5]이 예감했던 것은 이런 유형의 관계인데, 이와 관련해 뤼시앵 페브르는 **가능주의**(possibilisme)에 대해 언급하지 않을 수 없었다. [6]

이러한 의미에서 풍토성의 관점은 과학주의 일반에 대해서와 마찬가지로 행동주의와 결정론에 대해서도 매우 낯설다. 이것들은 요인들과 원인들을 통해서밖에 생각할 줄 모르기 때문이다. 그렇다고 우리가 앞의 장들에서 보았듯이, 이 관점은 인간의 지각과 행동에 원인들과 자연적인 요인들이 결여되어 있다고 주장하는 게 전혀 아니다. 다시 말해 그런 지각과 행동이 인간을 신적인 창조자의 은유로 만들어 버리고 마는 어떤 무(無)근거의 순수한 세계성 속에서 성립된다고 주장하는 것이 아니다. 사물들의 투과성은 이 사물들에 대한 인간의 주관성의 순수한 현상성이 아니며, 단순한 투사는 더욱 아니다. 그것은 사물들의 물리적 차원과 연결되는 **접속점**을 우리에게 부여해 주며, 이 차원이 지닌 토포스적 특성은 세계보다는 대지(지구)와 우주에 속한다(§30). 이와 같은 투과성을 통해서 대지와 우주는 우리의 동기화들과 **직결**되

---

4) Koyré, *op. cit.*, p.315.

5) Paul Vidal de la Blache, *Principes de géographie humaine*, Paris, Utz, 1995(1992).

6) Lucien Febvre, *La Terre et l'évolution humaine*, Paris, La Renaissance du Livre, 1922. 이러한 설에 대해서는 Paul Claval, *Histoire de la géographie française*, Paris, Nathan, 1988, 특히 p.143 및 이하 참조.

어 있다. 이것은 우리의 동물적 신체에 대한 단순한 물리적 효과와는 다른 것이다.

따라서 인간 환경들에 대한 연구는 다양한 사회들로 하여금 사물들의 현실을 이해하고 이용하게 해주는 **투과적인 접속들**이 어떻게 이루어지는지 알아보는 데 집중된다. 이 접속들은 그것들의 역사가 드러내는 구체성과 특이성 속에서 동기들로 형성되며, 이 동기들은 지방들에서 집결되어 지리학자의 관점에서 뿐 아니라 거주자의 관점에서 지역들과 나라들에 특징을 부여하고 그것들을 동일화하게 해준다. 이와 같은 **외쿠메네적 동기들**(motifs)은 시공간적이다. 다소간 'motif' 라는 동일한 용어가 건축에서 어떤 공간적인 것(예컨대 원기둥 프리즈의 모티프)과 음악에서 시간적인 어떤 것(어떤 멜로디의 모티프)을 지시하듯이 말이다. 외쿠메네적 동기들은 공간 안에서 형상들이고 동시에 시간 속에서 동기화들이다. 달리 말하면 그것들은 우리가 외쿠메네에서 보는 것(숲·도시·산 등)이자, 동시에 우리 내부에서 이런저런 방식으로 행동하는 이유들을 야기시키는 어떤 것이다. 그 이유는 그것들이 투과적이기 때문이다. 다시 말해 그것들이 우리 존재의 구조적 계기, 즉 우리의 풍토성에 기여하기 때문이다.

이러한 관점에서 볼 때 외쿠메네적 동기들은 자국들이자 동시에 모태들이다. 그것들이 **자국들**인 이유는 그것들이 물질적으로든(예컨대 중국의 만리장성이나 프랑스 방데 지방의 풍경) 비물질적으로든(예컨대 동일한 자연 환경을 매우 상이하게 지각하는 토박이 원주민의 방식이나 오지[7]의 방식) 인간 존재의 흔적을 지니고 있기 때문이다. 그러나 대개의 경우는 양쪽 모두이다(근대 이원론의 물질적 결과나 지진의 심리적

---

7) Aussie(s)는 o를 매우 벌려진 개음으로 하여 ozi(z)로 발음되는데, 유럽 토박이의 오스트레일리아인들이 자신을 부르는 명칭이다. 한편 본토박이 원주민들은 그들의 언어를 통해서 자신들의 이름을 부르는데, 예컨대 실비 푸아리에가 연구한 경우를 보면 **아난구**(Anangu)를 들 수 있다(제1장, 주 30) 참조)

결과처럼 말이다). 일반적으로 볼 때 외쿠메네적 동기들은 인류의 기술적 체계들의 흔적을 지니고 있다. 그것들은 우리 인간 환경체의 가시적인 구현이다. 그러나 동시에 그것들은 이 인간 환경체의 상징적 부분이다. 이 상징적 부분은 우리가 보지 못하지만, 세계를 우리 내부에 송환함으로써 기호들을 통해 우리의 동물적 신체를 동요시킨다. 이러한 의미에서 외쿠메네적 동기들은 우리가 지닌 감성의 **모태들**이며, 이 감성을 통해서 우리 행동의 모태들이 된다.

우리가 보다시피, 이런 측면은 인과적 결정론에만 속하는 게 아니지만 자의성에만 속하는 것도 아니다. **툰다르(tundar)**(이 랩랜드어 낱말이 러시아어 툰드라를 낳았다)의 생태계는 순록의 사육에 토대하는 핀족 문명의 원인이 아니지만, 이 문명은 툰다르가 없었다면 존재하지 않았을 것이다. 그것은 이 문명의 토대적인 동기이기 때문이다. 마찬가지로 아도브 벽돌(짚이 섞인 날벽돌)은 건조한 인간 환경에서 주거 형태의 매우 확산된 모티프이다. 그래서 그것은 그로부터 비롯되는 건축적 형태들(예컨대 지주 사이의 거리가 넓은 궁륭이 부재한 형태)을 부분적으로 설명한다. 그러나 나머지에 대해서 말하면 다른 요인들이 작용하고 있으며 아도브 벽돌 자체는 어떤 건조성을 전제한다 할지라도 이런 건조성에 의해서만 설명되는 게 아니다. 이런 관계에서는 원인들·이유들·요인들이 뒤섞여 있으며 형태이자 동인인 복잡한 동기화 내에서 상호 호응하는데, 이 동기화는 문제의 인간 환경의 풍토성에 다름 아니다.

이렇게 하여 **세계의 시**[8]가 씌어지며, 우리는 이 시를 부분적으로 풍경 속에서 의식적으로 읽을 수 있지만, 그 시는 동시에 우리가 모르는 사이에 우리의 신체 내부에서, 그리고 생명권 안에서 노래로 울린다. 고대 그리스–로마 세계로부터 우리에게 오는 그 표현을 나는 풍토성

---

8) 제2장의 제사(題辭) 참조.

의 동의어로 이해한다. 이 시의 낱말들은 **대지문자들**(géogrammes)이며, 곧 흔히 지명에 의해 동일화되는 동기들이다. 이 동기들은 인간의 의식이 다다를 수 있는 의미(우리 세계가 지닌 코라적 특성, lgP의 의미)에 속하고, 이 세계의 토포스적 특성(lgS) 속에 묻혀 있는 차원인 대지에 고유한 차원에 속한다. 대지문자들은 우리 자연 환경의 지각 가능한 형태들일 뿐 아니라, 이 환경 속에서 우리를 안내하고 우리를 그것에 붙들어 매며, 우리로 하여금 그것을 어떤 방향으로 정비하게 만드는 무의식적인 동인들이다.

사실 대지문자들은 어떤 지방에서 외쿠메네의 '로서(en-tant-que)'를 구체적으로 구현한다. 자원들·제약들·위험들·매력들을 말이다. 자연 환경은 이것들의 형태로,[9] 오직 이것들의 형태로만 우리에게 나타나며 이것들은 이 환경이 주는 동기들이다. 하나의 동일한 대지문자——예컨대 발레 지방의 눈——는 어떤 사람들(스키장 개발자들)에게는 자원일 수 있고, 또 어떤 사람들(가축 사육자들)에게는 제약일 수 있으며, 또 다른 많은 사람들에게는 매력일 수 있고, 각자에게는 눈사태의 위험일 수 있다. 이것은 끊임없이 진화하는 관계 속에 있다. 이른바 원시 사회들은 일반적으로 근대 사회들보다 자신들의 대지문자들에 훨씬 더 집착하고 있으며, 장 피에르 레종에 이은 프랑스의 열대주의자들은 '지리적 사회들'에 대해서, 나아가 '장소-인간들'에 대해서까지 언급할 수 있을 정도였다. 조엘 본느메종이 멜라네지아와 관련해 언급했듯이 말이다. 왜냐하면 한 인물의 동일성은 여기서 어떤 특정 장소의 동일성과 불가분의 관계에 있기 때문이다.[10] 그러나 근대 사회들조차도 자신들 나름의 대지문자들을 계속해서 지니고 있다. 새로운 의미로 옛 동기들을 다시 받아들이든, 자연에 입각해 그것들을 확립

---

9) 초자연적인 것이나 초월적 존재와의 관계를 제외하면 말이다. 이 관계는 사회에 따라 외쿠메네적 모티프 전체에 다소 어렴풋이 새겨지고 있으며, 경우에 따라서는 이 모티프들이 성소의 신성한 차원에 이르도록 해줄 수 있다(§28).

하든 말이다. 예컨대 와이메아[11]에서 거대한 겨울 파도는 20세기 와서야 비로소 인류의 새로운 제한적 일부 사람들에게 매력과 자원이 되었다. 이 거대한 파도에서 서핑하는 사람들(surfeurs de gros),[12] 긴 서핑보드 공급자들, 구경꾼들 말이다. 그 반대로 카야(kayas: 남미 팜파스의 풀)는 수천 년 동안 집의 지붕을 위한 자원이었는데, 일본에서는 오늘날 풍경의 멋에 불과하다. 가을이 오면

Ishiyama no   이시야마에서
ishi yori shiroshi   돌보다도 하얗게 빛나는 것은
aki no kaze[13]   가을 바람이다

어떤 고장에서 대지문자들의 투과적 논리(lgS/lgP)는 의식 자체의 기능 작용과 비교될 수 있는데, 이 기능 작용에서 노에시스와 노에마는 상호적으로 자극과 모태로 작용한다. 노에시스(정신적 활동)는 노에마

---

10) Jean Pierre Raison, "Perception et réalisation de l'espace dans la société Mérina," *Annales ESC*, 1977, 3, 412-432. Joël Bonnemaison, *Les Fondements d'une identité. Territoire, histoire et société dans l'archipel du Vanuatu*, Paris, ORSTOM, 2 vol., 1986. 지리학적 사유를 드러낸 이 엄청난 작업(최근에 보다 풍요롭게 재출간됨)보다 쉽게 접근할 수 있는 것으로 읽을 수 있는 책은 동일 작가의 *La Dernière Île*, Paris, Arléa/ORSYTOM, 1986 참조. 이 섬(île)은 바누아투에 있는 타나 섬인데, 주민들은 본느메종 자신이 요절하였을 때, 그를 자신들의 **맨플들**(manples)(비슬라마어로 man-place를 의미하는 '장소-인간들') 가운데 한 사람으로 알아보았다.

11) 와이메아는 하와이의 협곡을 말한다. [역주]

12) Un surfeur de gros는 파도가 20피트 이상이 될 때에만 흥미를 느끼기 시작하는 사람으로 규정된다.

13) Bashô, Sekiguchi Takeschi, *Karà kishô saijiki*(*Saisonnier météorologique en couleurs*), Tokyo, Yama to Keikoku sha, 1975, p.158에서 재인용. 여기서 바쇼는 흰색의 **수수키**라는 초본(팜파스 초본, *Miscanthus sinensis*)의 소국화꽃과 이 꽃이 바람에 넘실대는 모습 사이에 종합을 이루어 내고 있다. 게다가 이 이미지는 고상하다. 왜냐하면 이시야마('돌투성이의 산'을 의미하는 지명)는 **수수키**의 소국화를 저명한 죽은 자들의 영혼과 동일화시키는 환기를 통해 역사적 성소이기 때문이다. 물론 이것은 술어의 논리에 속한다. 그러나 우선 가을과 **수수키**가 있어야 한다.

(이것은 정신적 활동이 생각하는 것을 말함)를 전제하면서 동시에 산출한다. 반면에 노에마는 노에시스로부터 비롯됨과 동시에 노에시스에 근거를 제공한다. 마찬가지로 세계의 시에서 인간 작품의 생성적(poïétique) 차원(작업중인 행위자의 차원)과 피생성적(poïématique) 차원(만들어지는 사물의 차원)은 소용돌이 모양으로 상호 구성된다. 이러한 논리 때문에 사회들은 자신들의 인간 환경을 그것들이 정비하는 방식에 따라 지각하는 반면에, 그것들은 이 인간 환경을 그것들이 이것을 지각하는 방식에 따라 이것을 정비한다. 이런 현상은 어떤 순전한 세계성의 악순환에서처럼 돌고 도는 게 전혀 아니다. 왜냐하면 이 시——어떤 인간 환경의 풍토성——를 구현하는 대지문자들은 서로에게 환원될 수 없는 두 논리, 즉 코라적 특성의 논리와 토포스적 특성의 논리를 모순적으로 구성하기 때문이다.

그런데 바로 이와 같은 환원 불가능성 자체가 외쿠메네의 전개를 가능하게 만든다. 왜냐하면 그것은 외쿠메네에 하나의 **논리적 궁지**(aporie)[14]를 토대로서 지속적으로 제공하기 때문이다. 이 논리적 궁지는 우리가 기대할 수 있는 무엇이다. 왜냐하면 우리는 모면할 수 없기 때문이다. 우리가 별로 깊지 않은 물 속에 발을 바닥에 대고 있듯이, 우리가 우리를 사랑하는 사람들의 사랑에 대해 희망을 걸듯이, 의식이 무의식의 대양 위에서 표류하듯이 말이다.

이번 장은 구체적인 사례들을 통해서 풍토성의 이와 같은 작용에 풍

---

14) 논리적 궁지는 "해결책이 없는 것처럼 나타나는 합리적 성격의 어려움"(《프티 로베르 사전》)을 말한다. 형용사 aporétique는 모순에 부딪친 추론에 적용된다. 그리스어에서 온 이 낱말들의 기원은 통로가 없다(a-poros)는 관념이다. Poros(통로)는 프랑스어의 pore(작은 구멍)와 poreux(다공질의)를 낳았다. 여기서 나는 이 어원적인 이미지를 다음과 같은 발상을 표현하기 위해서 활용한다. 즉 인간 존재가 있을 수 있는 것은 모든 것이 관념적 측면으로 다 환원될 수는 없다는 정도 내에서 뿐이고, 세계 혹은 의식의 관념적 측면이 대지 혹은 무의식의 어둠을 당연히 전제까지 한다는 정도 내에서 뿐이다. 나는 제7장에서 이런 문제들을 보다 폭넓게 다시 다룰 것이다.

부한 이미지를 부여하는 데 목적이 있다. 그 전에 우리가 환기해야 할 것은 이 해석이 위치하는 인식론적 귀속유동성——이 귀속유동성은 특히 현상학과 생태학에 의해 풍부해졌다——이다. 사실 대지문자들은 현대 과학들에서 유사한 게 없지 않다. 근본적으로 중요한 것은 우리가 데카르트로부터 물려받은 이원론을 초월함으로써 인간 존재와 그를 둘러싸고 있는 사물들 사이의 관계를 이해하는 것이다. 나는 다음과 같이 이에 대한 두 개의 대표적 사례를 들겠다.

1. 풍토성의 관념이 와쓰지 데쓰로로부터 나에게 왔다 할지라도, 투과의 발자취로 나를 데려다 준 것은 제임스 깁슨[15]에서 빌린 **행동 유도성**(affordance)이라는 개념이다. 이 개념은 자연 환경이 지각에 제공하는(affords) 접속점들과, 동시에 이 지각이 이런 접속점들에 대해 영향력을 행사하는 능력이나 그것들과 연결되는 능력을 말한다. 따라서 이 접속점들은 상대적이다. 동물 혹은 인간 존재가 자연 환경과 맺는 관계를 구현하는 것은 바로 그것들이다. 그것들은 엄밀하게 말해 주관적이지도 객관적이지도 않다. 그렇지만 이 접속점들은 단지 현상적인 것만은 아니다. 사실 그것들은 또한 물리적 현실이다. 이런 사실로 인해 그것들은 사물에 결부된 불변 요소들, 우리가 더 이상 사물을 지각하지 못할 때조차도 끊임없이 존재하는 그런 불변 요소들이다.

이러한 관념은 프란시스코 바렐라에 의해 비판되었다.[16] 그가 볼 때, 동물과 동물의 자연 환경 사이의 구조적 결합(§26)은 이 자연 환경의 모든 불변성을 배제한다. 나로 말하면 깁슨 쪽에 선다. 왜냐하면 풍토성의 관점에서 보면, 외쿠메네적 관계에는 작용중인 하나의 단계가 항상 존재하기 때문이다. 이 경우에서는 이 단계는 무기력의 단계이다.

---

15) James J. Gibson, *The Ecological approch to visual perception*, Boston, Houghton Mifflin, 1979.

16) Francisco Varela, *L'Inscription corporelle de l'esprit. Sciences cognitives et expérience humaine*, Paris, Seuil, 1993.

우리의 자연 환경은 우리에 비해 상대적으로 안정적이기 때문에 우리에게 접속점들을 제공한다. 이것은 자연 환경이 꼼짝하지 않는다는 것이 아니라 그것의 무기력이 우리의 무기력보다 더 크다는 것을 의미한다. 이와 같은 단계는 우리에게 논리적 궁지의 토양(여과기의 반대)을 제공하며, 이 토양 때문에 우리는 어떤 절대적인 세계성의 무-근거 속에서 무중력 상태가 되지 않는다. 그리하여 사회는 개인에 대해서 보증되는 것을 지니고 있고, 대지는 사회에 대해 보증되는 것을 지니고 있다. 이처럼 '보증되는 것'은 풍토성의 투과적 접속점들과 동기들을 통해 제공된다. 예컨대 어떤 암벽이 암벽 등반자에게 접속점들을 제공한다(affords)면, 이것이 당연히 전제하는 것은 암벽 등반의 존재이다(암벽 등반이 없다면 그것들은 아무에게도 접속점들이 되지 못할 것이다). 그러나 또한 이것이 무엇보다도 전제하는 것은 바위의 형성물이고, 이 형성물의 지각 변동이며 풍화 작용이다. 암벽 등반자/암벽이라는 쌍에서 두 항 사이에는 시간적인 지속과 단단함의 단계가 필요하다. 이 단계가 없다면 암벽 등반은 없다. 이러한 의미에서 대지문자들(예컨대 제네바 근처에 있는 살레바의 암벽)은 깁슨의 **행동유도성**처럼 불변성과 귀속유동성을 투과적으로 결합시킨다.

뿐만 아니라 풍토성의 관점은 우리가 지각하는 것이 대상의 속성들이 아니라 그것의 **행동유도성들**[17]이라는 깁슨의 생각과 완벽하게 일치한다. 사실 우리가 이와 같은 의미에서 살펴보았던 것은 외쿠메네에서 우리의 낱말들이 사물들의 토포스적 특성(lgS)이 아니라 그것들의 투과성(lgS/lgP)을 지시한다는 점이다. 외쿠메네의 동기들은 매력·위험·자원·제약과 같은 '로서(en-tant-que)'라는 점에서 우리의 자연 환경이 지닌 **행동유도성들**이다.[18] 우리가 접속하는 것은 바로 이러한 측면이지 사물들이 지닌 내재적인 것이 아니다. 비록 그런 측면이 이 내재

---

17) Gibson, *op. cit.*, p.134.

적인 것을 언제나 전제한다 할지라도 말이다.

2. 나는 제7장에서 신체성의 관점에서 **아비투스**(habitus)의 문제를 다시 다룰 것이다. 여기서 다만 언급할 것은 피에르 부르디외 사회학의 이 요소가 외쿠메네의 이론을 튼실할 정도로 풍요롭게 해준다는 점이다. 설령 그가 이 요소를 너무도 사회학적으로 집중된 관점에서 구상했기 때문에 그것이 풍토성과 투과라는 관념들과 일치하지 않는다 할지라도 말이다. 사실 아비투스들은 "지속적이고 전환 가능한 성향 체계들이고, 구조화시키는 구조들처럼 기능하는 성향을 지닌 구조화된 구조들"[19]이다. 이와 같은 정의는 외쿠메네적 동기들의 본성인 자국-모태의 본성을 상당히 밀접하게 환기시킨다.

이러한 관점의 최근 전개는 신체와 대상 사이의 접속이 '완전히 상징적이지도, 전적으로 물질적이지도' [20] 않다고 전제함으로써 이 관점을 풍토성의 시각과 실질적으로 접근시켰다. 이와 같은 주장의 저자들인 크리스티앙 베시와 프랑시스 샤토레이노는 전문가들이 예술 작품들을 확인하는 능력을 분석했는데, 그들이 볼 때 "접속점은 지표들과 주름들의 만남으로부터 출현한다."(p.243) 지표들은 다분히 대상에 속하는 것이고 주름들은 다분히 주체에 속하는 것이다. 그러나 보다 정확히 말하면 접속점은 그것들의 중간으로부터 출현한다. "하나의 성공한 접속점은 한편으로 인간 행위자들에게 적합한 지표들과 다른 한편으로 신체들이 낳는 주름들 사이의 관계를 구축한다."(p.245) 그래서 "지표들과 주름들 사이의 지속적인 관계"(p.245)가 성립되면 접속점은 공고해진다.

---

18) 그런데 깁슨의 관점은 **생태학적 접근**(ecological approach)이라는 명칭이 나타내듯이, 외쿠메네적 접근의 본질적인 중요한 측면, 즉 상징성과 관련된 모든 것에는 폐쇄적이다.

19) Pierre Bourdieu, *Le Sens pratique*, Paris, Minuit, 1980, p.89.

20) Christian Bessy et Francis Chateauraynaud, *Experts et faussaires. Pour une sociologie de la perception*, Paris, Métailié, 1995, p.252.

여기서 우리는 투과성의 개념과 멀리 있는 게 아니다. 그러나 이 접속점 이론은 본질적으로 개인의 신체와 개별적 대상의 관계를 고려하면서 이 신체에 집중되어 있다. 풍토성의 관점에서 볼 때 본질적인 시공간적인 차원의 관계는 이 이론에 나타나지 않는다. 그렇다면 '지표들'과 '주름들'의 관계가 제기하는 문제들은 인간 환경체와 동물적 신체의 관계가 제기하는 본질적으로 외쿠메네적 문제들에 유익하게 통합될 수 있다.

32. 야만성의 탄생

사회과학, 특히 구조주의적 경향은 자연과 문화의 대립이라는 관념에 우리를 익숙하게 만들었다. 그런데 많은 인간 환경에서 그런 관념은 아무런 의미가 없다 할 것이다. 도가사상에서처럼 이와 같은 대립은 도덕적 관점에서 비판되거나 보다 급진적으로는 그런 대립 항들이 이해되지 않기 때문이다. 사실 이 대립 항들은 매우 상대적인 가치만을 지닌다. 그것들은 역사와 문화에 의해 표현된다. 예컨대 자연(shizen)의 개념은 일본에서 8세기가 되어서야 중국어 지란(ziran)에서 차용되어 나타난다. 유럽에서 그것은 소크라테스 이전의 철학자들이 그와 유사한 의미로 **푸지스**(phusis)를 사용하기 시작하는 기원전 6세기로 거슬러 올라간다. 그러나 호메로스 작품에서 푸지스는 아직 약초의 속성이라는 의미밖에 없다(phusis pharmakou, 《오디세이아》, 10, 303). 사실 자연이라는 용어는 식물들이 그렇듯이 자라고 성장한다는 의미의 phuô로부터 온 것이다. 로마인들은 자연이라는 개념을 갖지 못했는데, 몇 세기가 지난 후 이 그리스어 용어를 태어나다를 의미하는 nasci의 미래분사인 natura로 번역했다. 따라서 Natura는 어원적으로 말하면 살아 있는 사물들이 '태어나게 되어 있는' 상태를 말한다.

이와 같은 번역의 유일한 사례가 보여주고 있듯이 분명한 것은 '자연'이 문화에 따라 매우 상이하게 이해될 수 있고 언급될 수 있다는 점이다. 우선 매우 많은 문화가 자연이라는 개념을 알지 못했다. 이 개념은 자연 환경을 가득 채우고 있는 다(多)형태적인 존재들의 보편적인 성격을 추상한다는 것을 전제한다. 과연 비(pluie) · 여우 · 큰곰자리 · 메뚜기 혹은 지의(地衣) 사이에 어떤 공통점이 있는가? 직접적으로는 아무런 공통점이 없다. 그리하여 중국화되기 이전에 일본의 시는 우리가 오늘날 '자연'이라 부르는 것에 대해 대단한 감성을 나타내지만, 이 자연은 결코 언급되지 않는다. 사람들이 말하는 것은 다만 자연을 구현하는 다양한 현상들, 예컨대 산 · 구름 · 달 · 가을 단풍나무 따위이다. 이 현상들은 한 인간 환경의 통일성을 지니고 있지만 그것들의 공통적 속성, 즉 자연적이라는 속성은 고려되지 않는다.

사실 우리는 민족들이 자연의 직접적인 품안에서 살고 있는 이상 그들이 그것을 있는 그대로 개념화하지 못한다고 생각할 수 있다. 왜냐하면 이와 같은 개념화는 어떤 거리두기나 매개를 요구하기 때문이다. 이러한 매개는 문명의 영향을 받아 환경이 인류화되는 현상과 짝을 이룬다. 그때 '자연'은 이와 같은 인위성에 속하지 않는 무엇으로 그려진다.

그러나 이러한 형상이 형성되기 이전부터 각각의 사회는 언젠가는 '자연'이 될 그 무엇에 대한 특이한 태도 속에 이미 자리잡았다. 이런 태도 또한 문화들이 존재하는 만큼이나 다양하다. 실제로 이 문화들 각각은 그것에 고유한 표현에 따라 자연을 이해하고 지각하며, 해석하고 이용한다. 이와 같은 인간 현실은 예컨대 조르주 기유 에스퀴레로 하여금 자신의 책 하나의 제목을 《사회들과 그것들의 자연들》[21]이라 붙이도록 했는데, 이 책에서 그는 사회적인 현상들과 생태학적 현상들의

---

21) Georges Guille-Escuret, *Les Société et leurs natures*, Armand Colin, 1989. 이 주제에 대한 고전으로는 Serge Moscovici, *Histoire humaine de la nature*, Paris, Flammarion, 1968 참조.

상호 작용에 대해 탐구한다. 또한 이 책은 이른바 이 상호 작용에서 가장 객관적으로 파악 가능한 측면들에만 집착하며, 윤리적·미학적·정치적·형이상학적 측면들을 심층적으로 다루지 않고 있다. 그러나 이러한 측면들은 인간의 표상들은 엮어내고 있으며 자연 환경과의 물질적 관계에 필연적으로 개입한다. 그것들을 고려하는 것은 인간이 자연과 맺는 관계가 드러내는 다양성의 명백성을 강화시킬 뿐이리라.

그리하여 기유 에스퀴레는 이러한 관계에서 생태학적 제약 요소들이 사회적 제약 요소들과 분리시킬 수 없다고 결론짓는다. 자연적인 현상들과 사회적인 현상들의 불가분성이 존재한다. 따라서 '자연적 아니면 사회적'이라는 낡은 양자택일보다 고려해야 할 점은 "생태학적 문제들이 사회학적이기 때문에 결코 사회학적으로 부수적이지도 근본적이지도 않다"는 사실이다. 그것들이 사회학적인 이유는 경제적·정치적 따위의 체계들에 의해 필연적으로 매개되기 때문이다.

이러한 결론(기유 에스퀴레는 비교사회학의 입장을 단호하게 고수한다)이 아무리 사회학자적으로 보인다 할지라도, 풍토성의 관점에서 비판되어야 할 것은 아무것도 없다. 우리의 생태학적 환경은 사실 우리의 인간 환경체이며, 이 인간 환경체는 필연적으로 사회적이다. 따라서 그것의 성격과 작용을 이해하기 위해서는 사회학의 접근, 그것도 사회과학 일반의 접근이 불가결하다. 풍토성의 관점이 비판하는 것은 사회적인 것의 중요성이 아니다. 그것이 비판하는 것은 사람들이 사회적인 것을 그 자체에 머물도록 한다는 점이다. 우리 존재의 존재론적 구조가 우리의 동물적 신체를 **언제나** 함축한다는 사실은 우리와 자연 환경과의 관계에 대한 해석, 오직 사회적일 수밖에 없는 그런 해석은 사실상 모두 배제한다. 반면에 우리 안에 있는 가장 동물적인 것은 이같은 구조를 통해서 언제나 역시 다소간 사회적이다.[22] 우리를 둘러싸고

---

22) 우리는 이 점을 제7장에서 다시 다룰 것이다.

있는 자연도 마찬가지이다.

따라서 이와 관련해 긍정해야 할 점은 언제나 '자연'이 우리가 우리 자신에게 표상하는 자연이라는 사실이다. 그것은 우리가 그것을 지각하고 나아가 그것을 구상한다는 사실 자체로 인해 언제나 매개되고, 사회화되며, 문화화된다. 달리 말하면 그것은 객관적이 아니고 투과적이다. 이 원리는 우리 존재의 구조적 계기로부터 비롯된다. 따라서 그것은 환경에 관한 근대적 과학들에게까지도 적용된다. 그러나 근대적 과학들은 반대 방향으로 자연을 문화화하고 있다. 즉 그것들은 우리가 자연을 완전히 객관화할 수 있다고(다시 말하면 그것을 우리의 존재로부터 떼어낼 수 있다고) 전제한다. 이것은 자연의 현실을 이해하는 것을 스스로에게 금지하는 것이다. 왜냐하면 이 현실은 투과적이기 때문이다. 이와 같은 문화적 선택은 서양 근대의 고전적인 패러다임의 선택이다. 그런데 그것은 단순히 말해 바로 주관성을 나타내는 것이다. 왜냐하면 우리가 존재할 때 존재를 모른다는 것은 객관적이 아니라 다만 객관주의적이기 때문이다. 그것은 자연이 자기 자신을 필두로 언제나 인간 존재들과 관련되어 있다는 사실을 보지 못하는 것이다. 따라서 그들의 주관성을 객관적으로 항상 고려해야 한다. 사실 엄밀한 의미에서 과학(과학주의가 아니다)은 앞에-있는-존재자들(§16)만을, 즉 순수 공간 안에 있기 때문에 의미가 비어 있는 대상들만을 고려할 수 있으며 고려하지 않을 수 없다. 이와 같은 추상을 넘어서 자연에 대해, 사물들이나 삶의 의미에 대해 이야기한다는 것은 우리의 존재 자체에 대해 이야기하는 것이다. 모르는 것보다는 아는 게 더 낫다.

따라서 '자연'은 우리를 끊임없이 끌어들인다. 이는 우리가 자연을 자연으로, 다시 말해 순수하거나 때묻지 않은 것으로 생각하기 때문에 더욱 그렇다. 사실 지상에 때묻지 않은 자연은 존재하지 않는다. 이러한 개념은 하나의 표상인데, 이 표상은 역사, 즉 그것을 구축한 역사가 있다. 이러한 구축은 문화들에 따라 다르다. 예컨대 모리스 고들리에가 지적한 바에 따르면[23] 중앙 아프리카의 음부티라는 소인족은 우리가 '처녀림'이라 부르는 것 속에 살고 있는데, 농경을 하고 가축을 사육하는 이웃 민족들과는 전혀 다르게 이 처녀림을 바라본다. 이들 이웃 민족들에게 대(大)밀림은 낯설고 무서운 영역이다. 따라서 그들이 볼 때, 그 안에서 살고 있는 소인족은 **야만성**의 구현, 다시 말해 야만적인 공간, 밀림의 공간에 속하는 것의 구현 자체이다. 사실 '야만적(sauvage)'이라는 낱말은 밀림(silva)에서 사는 것을 의미하는 silvaticus에서 나왔다. 그것은 두려움을 불러일으킨다. 야생(sauvages) 동물들이 우리에게 두려움을 불러일으키듯이, 소인족의 낯섦은 그들의 이웃 반투족에게 두려움을 불러일으킨다. 음부티족으로 보면 그 반대이다. 그들은 자신들이 밀림에서 나올 때 두려움을 느낀다. 밀림은 그들의 익숙한 영역이기 때문이다. 아추아르족[24]과 이들의 '길들여진' 자연처럼 말이다. 이 자연은 다른 종족들에게는 그 반대로 야만적인 대밀림, 즉 **셀바**(selva)이다.

 셀바는 우리가 자연보호주의자들의 말을 믿는다면 지구의 허파이다. 반면에 생태학자에게 개발되지 않은 **셀바**는 산소를 소모하는 것 이상으로 별로 산소를 생산하지 못한다. 그것은 균형이 잡혀 있다. 균형이 잡혀 있지 않은 것은 근대적 조건의 존재-결여이다(§29). 이 존재-결여는 구조적으로 우리의 내부에서 **실존적 허파**의 필요성을 초래한다. 다시 말해 그것은 처녀 같은 자연의 관념과 이것의 필연적 구현을 초래한다. **셀바**에서이든, 남극 대륙에서이든 혹은 역사에서 최초 국립공원(1872)인 옐로스톤에서이든 말이다. 옐로스톤은 오늘날 미국에서 탄소 일산화물의 농축 정도가 가장 높다.[25] 허파와 관련해 말하자면, 옐로스톤에서 크리스마스 이브를 보내느니 교외의 작은 공원으

---

23) *Horizons: trajets marxistes en anthropologie*, Paris, Maspéro, 1973, 2 vol.
24) 에콰도르의 원주민 부족들 가운데 하나이다. [역주]

로 담배 한 대(nuit grave) 피우러 가는 게 낫다![26)

사실 실존적 허파들은 동물적 신체보다는 인간 환경체의 문제이다. 그것들은 우리의 호흡계보다는 우리의 존재론적 구조에 속한다. 이 말은 그것들이 비물질적이라는 것을 의미하는 게 아니다. 센다이에 거주하고 있는 내가 사람들이 아델리 연안(Terre Adélie)[27)에 비행장을 건설하겠다는 생각을 좋아하지 않는 것은 비행장의 데시벨이나 등유 연기를 느끼기 때문이 아니다. 그것은 근대성의 상징적 체계들이 그런 데시벨과 연기를 나의 동물적 신체 속에 존재하게 하기 때문이다. 이 체계들이 그것들을 존재하게 하는 확고한 이유는 이같은 근대성의 기술적 체계들이 그런 인공물들, 그리고 나를 신체적으로 결부시키는 인공물들(통신망 따위)을 매우 물질적으로 생산하고 있으며 또 재생산할 수 있기 때문이다. 아델리 연안이 나의 존재에 속하는 것은 상징들을 통해서가 아니다. 내가 근대적 문명의 품안에 존재하는 한 그것은 현실적으로 나의 존재에 속한다.

물론 근대적 문명은 때묻지 않은 처녀적 자연에 대한 우리의 구조적 필요성을 고조시켰다. 그러나 문제의 구조는 그 자체로 지극히 오래된 것이다. 그것은 야만성과 야만적 공간의 탄생으로 거슬러 올라간다.

— '탄생'이라니! 무슨 말인가? 야만성은 인류의 최초 상태가 아닌

---

25) 나는 이것을 필라델피아역에서 1999년 2월 12일자 *USA today*지를 보고 알았다. 이 신문에서 나는 Veronica Gould Stoddart가 쓴 "자연공원 설상차들에 대해 노발대발하는 녹색 그룹"이라는 글을 읽었다("자연보호주의 단체들은 국립공원에서 스키 스쿠터들의 오염에 격분하고 있다"). 실제로 그것들은 매연을 많이 배출한다. 6만 대의 스키 스쿠터가 겨울에 옐로스톤에서 질주하며 한 대의 스키 스쿠터는(소음 등에 대해서는 말하지 않고 탄화수소에서만) 한 시간 동안에 1년 동안 자동차 한 대가 오염시키는 것보다 더 많이 오염시킨다. 이 공원이 미국에서 가장 숨을 쉴 수가 없는 장소라는 오명을 뒤집어쓴 것은 1996년이다. 매연으로 찌푸리지 않을 수 없는 빌어먹을 일이 아닐 수 없다!

26) 교외의 작은 공원들에서 'nuit grave'(이것은 "담배는 당신의 건강을 심각하게 해친다: nuit gravement"에서 온 것이다)는 담배를 의미한다.

27) 남극의 아델리 해안에 있는 지역인데 프랑스의 관측기지가 있다. (역주)

가? 인류는 역사가 진행되는 동안 이 상태로부터 점진적으로 벗어났다. 그리고 야만적 공간은 농업과 다른 인간의 활동들을 통해서 인류화된 공간들이 조금씩 확장되는 데 치러야 했던 대가 같은 것이 아닌가? 그러니까 그 이전에 있었던 것이 아닌가?

— 그렇지 않다! 야만성과 야만성의 공간(wildness et wilderness)[28]은 완전히 날짜를 추정할 수는 없어도 대략적으로 추정할 수 있는 역사적인 표상들이자 창조물들이다. 이와 관련해 외쿠메네의 현실에서 사실 사물들은 자연과학의 관념이기도 한 통상적인 것과 반대적인 관념으로 이동했다. 자연과학의 입장에서 보면 야만적 공간은 자연 환경의 근본적 상태인데, 이것을 개간과 같은 인간의 활동들이 점차로 변모시켰다. 따라서 언제나 야만적 공간이 존재했지만 지난날보다 오늘날에는 덜 존재한다. 그래서 많은 자연보호주의자들은 그 공간으로 되돌아가기를 꿈꾸고 있다. 로베르 에나르 같은 자는 이렇게 쓰고 있다.

그토록 오랫동안 지속했던 구석기시대의 상황으로 되돌아가야 한다. 이 상황에서 인류는 그렇게 많지 않았고, 풍요롭고 다양하며 자유로운 자연의 잉여물로 살았으며, 이 자연을 매우 국지적으로만 변화시켰다.[29]

사실 음부티족이나 아추아르족의 경우가 보여주고 있듯이, '야만적

---

28) 이에 대해서는 Roderick Nash, *Wilderness and the American mind*(*L'espace sauvage et la mentalité américaine*), New Haven et Londres, Yale University Press, 1973 참조. 1964년에 나온 Wilderness Act지는 이 용어를 다음과 같이 정의하고 있다. 그것은 "대지와 생명 공동체가 인간에 의해 방해받지 않고 인간 자신이 머물지 않는 방문객에 불과한 그런 공간"이다. Catherine et Raphaël Larrère, *Du bon usage de la nature*, Paris, Aubier, 1997, p.185(이 책은 보다 뒤에 가서 환기되는 '구석기시대로의 회귀' 같은 몰상식한 짓거리들로 가득한 이 문제에 대해 분명하게 미망을 없애 주고 있다)에서 재인용.

29) Robert Hainard, postface à Philippe Lebreton, *La Nature en crise*, Paris, Sang de la Terre, 1988, p.330.

공간' 혹은 '자유로운' 공간은 그 속에 살지 않는 사람들의 표상에 불과하다. 그것은 예컨대 반투족 농경자나 에나르 같은 스위스 소묘화가의 관념이다. '처녀' 림에 살고 있는 민족들에게 '처녀' 림은 그 반대로 문명성이 각인된(그리고 문명성을 따르지 않을 수 없는) 공간이다. 그들의 풍토성이 야만성을 포함하고 있지 않듯이 말이다. 이것은 이 풍토성이 구조화되어 있지 않다는 것을 말하는 게 아니다. 왜냐하면 반면에 그것은 음부티족이나 아추아르족처럼 살지 않는 사람들의 미개성, 나아가 비인간성을 포함하기 때문이다. 어쨌든 그것은 농경자들의 것과는 다르게 구조화되어 있다. 다시 한번 말하건대, 각각의 민족은 그 나름의 자연을 경험한다. 그 민족의 인간 환경체는 나름대로 구성원들의 정신과 동물적 신체에 자양을 주기 때문이다. 세르주 바위셰[30]가 영양 섭취와 관련해 다음과 같이 기술하고 있듯이 말이다.

"인간은 양식(糧食)만큼이나 상징을 소모하는 자이다."[트레몰리에르.[31] 이것이 설명하는 것은 세계가 상징들을 통해서 우리의 육신으로 송환된다는 것이다(§27). 그리고 그것은 특히 가톨릭의 성찬식을 설명해 준다(§28).] 동일한 환경에서 사는 두 민족이 반드시 동일한 양식을 선택하는 것은 아니다. 그리하여 한 민족은 다른 민족이 찾아낸 양식을 전혀 먹을 수 없다고 판단할 수도 있게 된다. 이와 같은 문화적 임의성 때문에, 하나의 생태계가 지닌 잠재적 자원에 입각해 섭생 요법을 가정하는 작업은 모험적이 된다.

문명성의 이러한 공간, 음식 법칙과 다른 법칙들이 새겨진 그 공간의 기원은 인류의 시작 너머에 있다는 사실을 민족학은 가르쳐 준다.

---

30) 라시토(Lacito: 국립과학연구소 내에 구전언어 및 문명연구실)에 소속됨. Dans *Le Point*, n° 1377(6 février 1999), p.163.
31) Trémolières는 *Les Aliments*, E.S.F., 1994의 저자임. [역주]

이를테면 '완전한 자연 한가운데서' 영장류와 그리고 다른 많은 동물들은 사실, **사회에서의** 생활 규범에 따라 행동해야 할 필요성을 이미 경험하고 있다. 반면에 야만적 공간은 매우 인간적인 현실이다. 나는 그것이 예컨대 아나톨리아 고원에 있는 샤탈 호유크 근처 어딘가에서 최초의 농업이 드러내는 사람 머리와 풍경 속에서 싹이 터 태어나는 것을 상상할 수 있다.

그 이후로 수천 년의 역사는 이런 장소들에서 개략적으로 드러났던 것을 구상해 냈다. 오늘날 터키어에서[32] 우리는 경작되지 않는 들판인 kir, 아무것도 없는 사막인 cöl, 산과 숲(이 숲은 피서를 위한 야영에 적합할 경우 yayla가 될 수 있다)인 dagh, 야만적 평원인 yazi yaban을 구분할 수 있다. Yaban은 모든 것들에 적용될 수 있다. 왜냐하면 그것은 야만적, 낯선, 거친 등을 의미하기 때문이다.[33] 이와 같은 yaban 공간은 모든 사람의 것이며, 특히 누구의 것도 아니다. 그러나 그것은 호수들에 구현된 다양한 성스러운 존재들, 나무들, 동물들, 성소들과는 성스러운 은자들, 초자연적인 존재들, 정령들(djinn, mekir, peri, albiz 등)과 같은 그 나름의 '주인들'이 있다.

여기서 터키어로 사유되는 것은 세상 사람들에 의해 언제나 특이한 수많은 다른 버전들로 사유되어 왔다. 그러나 이 버전들이 지닌 공통점은 야만적 공간이 일시적인 침입인 경우를 제외하면 인간들을 위해 만들어진 게 아니라는 것이다. 그곳에 지속적으로 살기 위해서는 세상을 단념해야 한다. 사실 그 공간은 산스크리트어로 **아라냐**(aranya)로 불리는 명칭이 시사하듯이[34] 세상의 '타자'이다. 샤를 말라무드가 이 낱말

---

32) 여기서 나는 P. N. Boratav, "Les maîtres de l'espace sauvage," dans H. Baldet et al., *Pratiques et représentations de l'espace dans les communautés méditerranéennes*, Paris, CNRS, 1976을 따른다.

33) (어원적인 관계는 없는) 재미있는 동음이의를 통해, 중국어 yeman(야만)에서 온 일본어 yaban은 정확히 동일한 것을 의미한다. 일본 국가는 열도의 북부와 남부의 yabanjin('야만인들': 에비스 등)에 대립하면서 자신의 정체성을 구축했다.

은 인도-유럽어의 어근인 al-, ol-과 친족어 관계에 있다고 지적하면서 쓰고 있듯이,[35] 바라문교의 인도에서 그것은 '마을의 타자'이다. 우리는 이 어근을 alius(다른), alter(타자), ille(시간이나 공간에서 화자로부터 멀리 떨어져 있는 자)와 같은 라틴어 낱말들에서 (그리고 보다 가깝게는 에일리언(Alien) 시리즈 영화들에서) 재발견한다. 말라무드에 따르면, "**아라냐**의 세계는 세상의 질서(그리스인들의 코스모스)이자 동시에 사회적 규범의 준수인 다르마의 규범이 미치지 못하는 곳에 있음과 동시에 그것을 넘어서 있다."(p.11) 그것은 내세, 신들의 세계, 절대의 이미지이다. 바로 그곳으로 세상을 '단념하는' 자들, 즉 절대를 추구하는 고행자들이 가는 곳인데, 이들의 목적은 자신들의 영혼이자 숨결인 **아트만**(âtman)[36]을 숲의 신 바유(바람의 신)의 숨결과 일치시키는 것이다.

외쿠메네의 이와 같은 구조화는 발견들(이 가운데 하나를 우리는 § 33에서 보게 될 것이다)과 반전들(예컨대 18세기에 알프스가 '무서운 지방'에서 '숭고한 풍경'으로 변화한 것)[37]로 점철되다가 19세기에 와서는 옐로스톤과 같은 제도들에 도달한 근대성까지 지속되었다.

인도에서 세상을 단념한 자들의 정신적 추구는 오늘날 옐로스톤에서 멀리 있는 것 같다. 그리고 폭격기 스키 스쿠터들의 기화기들은 **아트만**과는 공통점이 거의 없는 것 같다. 그러나 그들의 연속적인 폭음 사이로 우리가 다소간이라도 바람 소리를 듣는다면, 어떤 오래된 존재론적

---

34) 나는 여기서 Charles Malamoud, "Village et forêt dans l'idéologie de l'Inde brahmanique," *Archives européennes de sociologie*, XVII(1976), 3-20을 따르고 있다.

35) *Ibid.*, p.5.

36) 이 낱말은 (대기: atmosphère라는 낱말을 낳은) 그리스어 atmos, 호흡하다를 의미하는 독일어 atmen과 친족어이다.

37) 이에 관한 문학은 풍부하다. 개관을 위해서는 역사 및 과학 연구위원회가 출간한 논문집인 *Le montagne et ses images, du peintre d'Akrésilas à Thomas Cole*, Paris, CTHS, 1991 참조. 그리고 특히 무서운 지방이 숭고한 풍경으로 반전된 현상에 대해서는 Alain Roger, *Court traité du paysage*, Paris, Gallimard, 1997 참조.

구조의 무언가가 깨어난다. 고행자들이 추구했던 것은 자신들의 숨결과 우주의 숨결 사이의 일치였고 동일성이었다. 그런데 미셸 코난이 쓰고 있듯이, "야만적 자연은 미국의 **정체성**을 나타내는 장소가[19세기에 되었다]."[38] 물론 이 정체성은 야만성의 공간(wilderness)을 차지하고 있던 그 귀찮은 점령자들인 아메리카 인디언들(이로 인해 이들은 최초의 식민자들이 볼 때, 소인족들이 반투족에게 야만적으로 보인 만큼이나 야만적이었다)의 제거라는 대가를 치러야 했다. 그러나 신대륙에서는 인간 존재가 동물적 신체의 숨결과 인간 환경체의 숨결이 합일할 때 자신의 진리에 도달한다는 점을 부지불식간에 발견하게 되었던 것이다.

근대의 많은 사람들로 하여금 자연을 향해 이동하게 만드는 것은 아마 무의식적인 동기일 것이다. 왜냐하면 폭격기 스키 스쿠터들이 토해내는 매연·소음으로 인해 우리가 숲 속에서 바람 소리를 듣는 여유조차 없을 때조차도, 우리는 인간 존재들이기 때문이다.

33. 풍경의 탄생

그러나 하나의 혁명이 고대 인도에서 세상을 등진 자들, 혹은 3세기에 테바이의 수도자들을 오늘날의 스키 산행자들과 분리시킨다. 그것은 그 시간 사이에 '자연'의 의미가 말하자면 전도되었기 때문이다. 옛날에 야만적 공간은 부정적이었다. 그것은 혐오감을 일으키고, 두려움을 주며, 바로 그 때문에 고행에 알맞은 곳이었다. 오늘날에 이 공간은 긍정적이다. 그것은 매력적이고, 쾌적하며, 보기에 아름답고 즐거움의 원천이다. 한마디로 말해 그것은 온화한 공간이다. 물론 한편으

---

38) Michel Conan, "La nature sauvage, lieu de l'identité américaine," *Pour*, n° 89(mai-juin 1983), pp.21-29.

로 수도자의 정신적 수련과, 다른 한편으로 오늘날 일부 자연 예찬자들이 스스로에게 가하는 고행적 삶인 가혹한 훈련 사이에는 어떤 유사성이 있음을 발견할 수 있다. 예컨대 히말라야에서 산소가 없는 해발 8천 미터를 등반한다는 것은 신체적으로, 나아가 정신적으로 고행의 종류에 속한다. 사실 그런 행위들은 예외이다. 더욱 중요한 것은 실존적 구조의 이러한 전복이다. 옛날에 은둔자는 자연 속에서 세상의 즐거움이 지닌 이면을 발견했다. 반면에 오늘날 자연은 공통적 즐김의 원천이다. 그것은 더 이상 세상의 '타자'가 아니다. 그것은 가장 고도한 온화함이다. 야만적 공간은 다시 문명적이다. 그러나 그것은 아추아르족이나 (혹은 가정해 볼 수 있지만) 마그달레니아기의 인간들이 말하는 의미에서 문명적인 것이 아니다. 왜냐하면 그것은 길들여진 게 결코 아니며, 그것의 가치는 오로지 추정적인 처녀성에서 오기 때문이다.

이와 같은 전복은 더 없이 역사적인 중요성을 띤다. 왜냐하면 그것은 신석기시대의 혁명과 함께 확립되었던 하나의 외쿠메네적 동기, 곧 야만적 공간을 뒤엎었기 때문이다. 이런 일이 하루 아침에 이루어진 것은 아니다. 유럽과 관련해 보자면, 2천 년이 로마의 휴양과 우리의 유급 휴가를 갈라 놓고 있다. 그러나 이러한 오랜 과정에서 어떤 사건들은 다른 사건들보다 더 중요성을 띠었다. 단연 가장 결정적인 사건은 기원후 4세기경에 중국에서 풍경의 발견[39]이었을 것이다. 사실 바로 여기서 숲으로 우거진 산, 야만성의 전범적인 동기였던 그 산이 부정적인 측면에서 긍정적인 측면으로 변모되었던 것이다. 오늘날에도 우

---

39) 나는 구성주의 방식인 **발명**(창안)이라는 낱말을 쓰지 않고 **발견**이라 말한다. 왜냐하면 외쿠메네적 관점에서 볼 때, 토포스적 특성(IgS)의 자연 환경은 코라적 특성(IsP)의 문화가 풍경으로서 그것을 지각하기 시작했을 때 이미 분명히 존재했기 때문이다. 이 테마 일반에 대해서는 나의 저서 *Les Raisons du paysage. De la Chine antique aux environnements de synthèse*, Paris, Hazan, 1995 참조. 그리고 이 문제에 대한 상당히 다른 접근을 위해서는 Anne Cauquelin, *L'Invention du paysage*, Paris, Plon, 1989 참조.

리는 여전히 그리고 점점 더, 당시에 정착된 풍토성 속에서 살고 있다.

우선적으로 애매성을 없애 보자. 풍경은 내재적인 것(lgS)과 표상 (lgP)이 구성되는 외쿠메네적 동기이다. 그것은 (외쿠메네 안에 있는 모든 현실처럼) 투과적일 뿐 아니라, 투과성의 예시 자체이다. 실제로 풍경은 일부 풍토성들에 존재하지만 다른 풍토성들에는 존재하지 않는다. 우리는 그것이 역사가 진행되는 동안 우선 중국에서, 그리고 뒤에 가서 유럽의 르네상스에서 태어나는 것을 보며, 이러한 두 중심점들로부터 그것은 세계로 확산되었다. 그러나 그 이전에 그것은 풍경이 아닌 다른 무엇이었다.

물론 사람들은 자연과학의 관점에서 자연 환경의 형태론을 연구할 수 있으며, (풍경의 생태학처럼) 이 대상을 '풍경'이라 부를 수 있다. 그러나 그들이 의식해야 할 것은 그렇게 함으로써 세계가 그 자체의 존재와 여타 인간들의 존재로부터 분리된다는 점이다. 이 인간들은 자연 환경과 우리가 풍경이라는 용어에서 받아들이는 것과 전혀 다르게 접속할 수도 있다. 그들에게 우리의 접속 방식들을 부여한다는 것은 그들의 접속 방식들을 무시하는 것이다. 이런 현상은 제국주의와 시대착오에 속한다. 예컨대 오스트레일리아 원주민들의 '꿈의 코스'(§6)와 관련해서, 그리고 그것을 말하자면 재현하는 현대 회화들과 관련해서 똑같이 풍경에 대해 이야기한다는 것은 터무니없고 부당하다 할 것이다. 오스트레일리아의 레드센터에 있는 "꿈의 시간"(Tjukurrpa)에 우리의 풍경을 대체하는 것은 우리의 권한이 아니다.[40]

— 그렇다면 대체 무엇이 풍경을 이야기하게 하는가?

— 그런 동기가 관련되는 사람을 위해 그것이 존재한다는 점을 입증하는 접속점들이지. 이 접속점들은 많고 다양하다. 그러나 우리는 그

---

40) 이를 이해하기 위해서는 Geoffrey Bardon(그는 1970년대초에 '아크릴화 운동'의 산파역이었다)의 아름다운 책, Papunya Tula. *Art of the Western Desert*, Ringwood, McPhee Gribble, 1991.

것들을 다음과 같이 확고함이 큰 것에서 작은 것의 순서로 다섯 개의 기준들로 분류할 수 있다.

1. 풍경이라는 낱말이 지칭하는 사물은 종병(宗炳)(375-443)이 《산수화서》에서 개진하는 것과 같은 고찰의 대상이 되어야 한다.

2. '풍경'을 언급하기 위한 하나의 낱말이 존재해야 한다. 예컨대 프랑스어에서 이 낱말은 16세기에 나타난다.[41]

3. 그것이 암브로조 로렌체티(1290-1348)의 《선정(善政)의 효과》처럼, 풍경화들에 의해 재현되어야 한다.[42]

4. 자연의 아름다움이 아베스타 경전에 나오는 "둘러싸인 자연" pairie daeza(그리스인들이 paradeisos로 이해하는 것이며, 이로부터 프랑스어 paradis: 낙원이 나왔다)처럼, 관상용 정원들에 의해 표상되어야 한다. 나무가 심어지고 사람들이 동물들을 돌보는 장소인 공원 말이다.

5. 풍경이 호라티우스의(기원전 65년-기원전 8년) 《서정시집》처럼, 풍경의 멋이 감상된다는 사실을 증거하는 구전 혹은 기록 문학을 야기해야 한다.

이러한 기준들과 그리고 그 가운데 반드시 첫번째가 충족되지 않는다면, 풍경에 대해 이야기한다는 것은 부당하다.

— 그러면 무엇에 대해 이야기해야 하는가?

— 관련 사회들이 이야기하는 것에 대해 말해야 한다. 이 사회들이 인간 환경과 접속하는 표현인 그 '로서'(en-tant-que)에 대해 말해야

---

41) 유럽에서 이 낱말의 역사에 대해서는 Catherine Franceschi, "Du mot *paysage* et de ses équivalents dans cinq langues européennes," pp.75-111 dans Michel Collot(dir.), *Les Enjeux du paysage*, Bruxelles, Ousia, 1997 참조.

42) 이 사례는 선구적이지만 고립되어 있다. 유럽 화가들의 시선이 진정으로 풍경을 발견한 것은 그보다 한세기 뒤 플랑드르에서이다. 로렌체티는 중국의 그림들(오늘날에는 분실됨)이 몽골인들에 의한 아시아 통일을 기회로 유럽에 들어와 지역 화가들에 영향을 미칠 수 있었다는 가설, 몇몇 연구자들이 지지한 가설을 견고히 하고 있는 것 같다.

한다. 요컨대 그 사회들의 현실에 대해 말이다. 아마 이것은 너무도 다양할 위험이 있기 때문에 개념화될 수 없을 것이다. 그러나 풍경을 감상하지 않거나 감상하지 않았던 모든 사회들에는 다음과 같은 공통적인 특징이 있다. 즉 이 사회들은 자신들의 자연 환경에서 어떤 질서의 표현, 다시 말해 자신들의 인간 환경체와 구성원들의 동물적 신체에 동일한 의미를 새기는 그런 **코스모스**(kosmos)의 표현을 본다는 것이다. 이 **가시적인** 코스모스는 이 사회들을 **코스모스를 나타내는** (cosmophaniques) 사회들로 만든다. 유럽은 우주에 대한 과학적인 비전이 감각적인 영역, 다시 말해 풍경과 결별했을 때(우리는 이 시기를 1704년 뉴턴이 쓴 《광학》의 출간을 통해 상징화할 수 있다) 그런 사회가 되는 것을 멈추었다.

로마 문명은 거의 풍경적인 우주 현현의 사례를 나타낸다. 그것은 3 · 4 · 5의 기준들을 충족시켰다. 그러나 확실한 것은 이 문명이 첫번째 기준을 충족시키지 못했다는 것이며, 그것이 두번째 기준을 충족시켰는지는 의심스럽다.[43] 나로 말하면 나는 아니라고 생각한다. **프로스펙투스**(Prospectus: 조망), 이것은 우리가 각자 자기 앞에서 볼 수 있는 그 무엇이다. 그러나 그것은 우리가 '풍경'을 통해 의미하고자 하는 바가 아니다. 거기에는 미학적인 함축 의미가 결여되어 있다. 반면에 이 함축 의미는 다른 표현들 속에 존재하지만, 이 표현들은 '풍경'과는 달리 우선적으로 시각과 관련되는 게 아니다. amœnitas locorum(장소들의 매력), amœnia(매력적인 장소들)가 그런 경우이다. 게다가 그리

---

43) 다음에 개진되는 내용을 위해 내가 의거하는 것은 Agnès Rouveret, *Histoire et imaginaire de la peinture ancienne*, École française de Rome, 1989, 그리고 Anne Videau, "Fonctions et représentations du paysage dans la littérature latine," pp.32-53 dans Collot, *op. cit.*, note 36이다. 내가 앞으로 검토하는 것은 나의 다음 논문의 내용에서 이미 다루어진 것이다. "À l'origine du paysage," *Les Carnets du paysage*, n° 1, printemps 1988, pp. 128-139(이 글은 "En el origen del paisaje"라는 제목으로 *Revista de Occidente*, n° 189, feb. 1977에 최초로 수록되었다).

스 예술에 이어서 로마인들은 우리 자신이 풍경이라 부를 수 있는 것들을 그렸다. 예컨대 폼페이에 있는 유명한 벽화 〈라이스트리곤의 땅에서 율리시스〉 같은 것이다. 정원 예술을 참조하여 그들은 그것을 "정원적 작품"(topiaria opera) 혹은 단순히 **토피아**(topia)라 불렀다. 그리하여 비트루비우스(《건축론》, VII, 5, 2)는 이와 관련해 Ulixis errationes per topia를 이야기하는데, 이 말은 "풍경 속에 율리시스의 방황" 이외로는 번역하기 어려운 것 같다. 그러나 로마인들의 어휘와 정신 상태에는 결정적인 무언가가 결여되어 있다. 문제의 **토피아**는 회화적 모티프들이다. 사실 이 낱말은 복수적이다(단수 topion 혹은 topium은 그리스어·라틴어에도 존재하지 않는 것 같다). 뿐만 아니라 그것은 amœnia의 동의어도 아니다. 이 두 가지 사실은 **토피아**들을 어떤 전체에 통합시키고 그것들을 **아뫼니아**와 동일시하게 해준 풍경의 개념이 부재하다는 것을 나타낸다. 반면에 르네상스에 이루어진 것은 바로 이와 같은 통합이며, 이 통합이 바로 새로운 전문 용어의 창조를 요구했던 것이다. [44]

그런데 로마인들은 풍경적인 기질이 있었다고 이의가 제의될 수 있다. 실제로 이 기질은 문학과 회화, 정원[45]과 휴양(villégiature)[46] 취향에서 나타난다. 예컨대 호라티우스는 사비나 지방의 언덕들과 강들이 드러내는 매력을 찬양했는데, 그것도 테스쿠아(tesqua)(이 낱말은 야만적

---

44) 이와 관련해 라틴어들과 게르만 언어들을 구분해야 한다. 전자들에서는 어떤 접두사의 첨가(예컨대 pays에 age의 첨가)가 영토적 성격을 띤 현실의 회화적 재현을 지시하는 신조어를 창조하게 했다. 그런데 후자들에서도 영토적 성격을 띤 현실을 우선적으로 지칭하는 낱말이 르네상스시대에 역시 회화적 성격의 의미를 획득했으며, 이 의미는 그 다음에 로망어의 신조어들처럼 영토와 관련되었다. 9세기 이후로 첫 번째 의미로 기록되었던 독일어 Landschaft가 그런 경우인데. 이 낱말은 7세가 지난 후에서야 두번째 의미를 획득했다. 이와 같은 기원의 차이로 인해 오늘날에조차도 영어의 landscape(이 낱말은 뉘앙스상 영토: territore와 보다 가깝다) 같은 낱말은 프랑스어의 풍경(paysage)(이 낱말은 뉘앙스상 이미지와 더 가깝다)과 정확히 동의어가 아니다. 또 독일어 Landschaftskunde는 프랑스어로 지역적 지리(géographie régionale)와 비슷한 의미를 띤다. 보다 자세한 내용과 뉘앙스에 대해선(예컨대 paese와 paesaggio가 붙여지는 이탈리아어는 중간적인 경우인 것 같다) 본장 주 41) 참조.

이고 황량한 고장, 달리 말하면 wilderness를 지칭하는 것이다)[47]의 견디기 힘든 경사면들까지 말이다! 그러나 새대착오를 조심하자. 로마인들에게 결정적으로 결여되었던 것은 한마디로 말하자면 풍경 그 자체로서 (en tant que) 풍경에 대한 의식이다. 이와 관련해 로마에서는 실물이 되었든 회화에서든 풍경에 대한 고찰도 없었다. 반대로 거의 같은 시기에 이와 같은 고찰이 중국[48]에서는 나타났다. 그 당시 서양에서는 성 어거스틴의 교리가 향후 천 년 동안이나 기독교도들로 하여금 세계의 풍경을 찬양하는 것을 단념케 하려 하고 있었다(§8).[49]

유럽 언어들과는 달리 중국어에는 풍경을 말하기 위한 많은 낱말들, 예컨대 shanshui(산수), fengjing(풍경), fengguang(풍광), qingjing(청정) 등이 있다. 이러한 사실은 중국 문명이 역사에서 최초로 가장 완전하게 풍경을 중시하였다는 점을 입증한다. 완전하게(Intégralement)라는 말은 중국이 유럽과는 반대로 물리학자의 자연을 화가나 시인, 나아가 종교의 자연과 구분하지 않았다는 것을 의미한다.[50] 중국 사람들에게 풍경은 사회의 모든 가치들을 표현하면서 우주를 여전히 나타내고 있었다. 이로부터 풍경을 언급하는 다양한 낱말들과 도연명처럼(§10) 글을 쓸

---

45) Pierre Grimal은 *Les Jardins romains*, Paris, Fayard, 1984(1944)에서 '풍경 (paysqge)'이라는 낱말을 매우 많이 사용한다. 내가 볼 때 이것이 나타내는 것은 다소 시대착오적인 빗나감이다. 사실 프랑스어로 글을 쓸 때, 프랑스어의 낱말들을 사용하지 않을 수 없다!

46) 게다가 이 낱말은 라틴어에서 온 게 아니라 이탈리아 (시골집을 의미하는 라틴어 villa가 있는) 시골에 가다를 의미하는 villegiare에서 온 것이다.

47) 테스쿠아에 대한 나의 암시는 Jean-Marie André, *La Villégiature romaine*, Paris, PUF, "Que sais-je?," 1933을 참조한 것이다.

48) 개론적 내용에 대해선 *op. cit.*, 주 34), 그리고 중국인의 시선을 보다 잘 이해하기 위해서는 Martine Vallette-Hémery, *Les Formes du vent. Paysages chinois en prose*, Amiens, Le Nyctalope, 1987; Nicole Vandier-Nicolas, *op. cit.*, en note 1; et François Cheng, *Souffle-esprit. Textes théoriques chinois sur l'art pictural*, Paris, Seuil, 1989 참조.

49) 그러나 우리가 §8에서 인용한 《고백록》의 유명한 풍경은 그 반대로 사람들이 이 풍경을 긍정적으로 평가하고 있었음을 증거한다.

수 있는 가능성이 비롯되었다. "그 속에 진정한 의미가 있다"라고 말이다.

비록 야만적인 산 속에 피신한 은둔자의 주제가 중국에서 긴 역사를 지니고 있다[51] 할지라도, 이 역사는 우리가 §10에서 언급했던 이데올로기적 변화가 있을 때까지는 시련과 두려움의 특징을 띠고 있었다. 이와 관련해 의미심장한 것은 〈고당부(高塘賦)〉[52]라는 매우 유명한 시이다. 이 시는 기원전 4세기 말엽에 살았던 것으로 생각되는 송옥이 지은 것으로 전해진다. 비록 그것이 산의 풍경에 대한 표사로 채워져 있지만, 사실 이 시가 증언하는 것은 폴 드미에빌이 썼듯이, "산이 미학적인 흥미를 일깨운다기보다는 두려움을 야기한다"[53]는 점이다. 그 다음 세기들의 문학은 그러한 색조를 간직하지만, 도널드 홀츠만이 다음과 같이 부르는 것의 전조가 조금씩 느껴진다.

---

50) 《페트라르카의 〈방투산 등정〉과 실러의 〈산책〉에 따른 근대 사회에서 미적인 것의 기능(Landschaft, 1962)》(Besançon, Les Éditions de l'Imprimeur, 1997)에서 Joachim Ritter에 따르면, 코페르니쿠스적이 된 세계에서 풍경의 기능은 프톨레마이오스의 세계에서 자연의 총체성이었던 그 총체성과 통일성을 보존하는 것이었다. 그러나 이러한 이론은 시대착오적이다. 왜냐하면 플랑드르 화가들에 의한 풍경의 발견은 데카르트-뉴턴적 패러다임의 확립보다 두 세기나 앞서기 때문이다. 이 확립이 있기 전에는 과학자가 고찰하는 자연은 예술가가 그리는 자연과 동일하였다(레오나르도 다 빈치가 이를 증명한다). 게다가 이른바 현대적 미학(예컨대 피카소 같은 사람의 미학)의 '기능'이 프톨레마이오스의 총체성을 보존하는 것인지는 의심스럽다. 과학의 대상이 드러내는 '로서(en-tant-que)'가 르네상스시대에 여전히 풍경의 우주 현현적 통일성이었던 그 통일성을 와해시키려 왔다고 말하는 게 더 정확할 것이다. 중국에서는 **풍수**(점을 통한 장소학: sitologie géomanique)라는 그 풍경생리학이 입증하고 있듯이, 이러한 탈세계화(Entweltlichung)가 일어나지 않았다.

51) 이에 대해서는 Aat Vervoorn, *Men of the cliffs and caves: the development of the Chinese eremitic tradition to the end of the Han dynasty*, Hong Kong, Chinese University Press, 1990 참조.

52) 이에 대해서는 Donald Holzman, *op. cit.*, 제2장, 주 51), p.47 이하 참조.

53) Paul Demiéville, "La montagne dans l'art littéraire chinois," *Choix d'études sinologiques*, Leiden, Brill, 1973(1965), pp.370-371. Holzman, *op. cit.*, 제2장, 주 51), p.51에서 재인용.

기원후 4세기에 발생했던 위대한 태도 변화. 이 태도 변화가 진정한 풍경시의 개화를 가능케 했다. [다시 말해] 이 시기의 시인들은 산을 그 자체로 좋은 장소로 묘사했다. 그리하여 자연은 그 자체로 감상할 만한 것이 되었다.[54]

사실 유럽에서 그렇듯이 중국에서 풍경을 발견한 것은 화가들보다는 시인들이었다. 그러나 중국에서 이러한 구분은 우리의 경우보다 덜 중요하다. 왜냐하면 서예가·화가·시인과 동일한 필치를 지닌 사람들이었고, 나아가 몇몇 유명한 경우들에서는 단 한 사람의 인물이었기 때문이다. 이 시기 동안 **죽림칠현**(Zhulin Qixian) 같은 인물들이 나타난다. 전통에 따르면 "그들은 깊이 결합한 채 세상을 등지고 죽림에서 즐겼다."[55] 그들 가운데 가장 유명한 완적(210-265)에 대해 전해지는 말에 따르면, 그는 "여러 날 내내 집으로 돌아가지 않은 채, 숲으로 덮인 산 속을 돌아나녔다."[56] 《난정집》에는 마흔두 명의 문인들이 353년 4월 22일 왕희지(303?-379?)가 (저장성에 있는) 지금의 사오싱에 소유했던 빌라인 양란저의 정자에서 정화적인 제를 올리고 쓴 시들이 담겨 있다.[57] 이 시들 가운데 많은 것들이 풍경의 미학을 나타내고 있다는 것은 명백하다. 특히 중국 글자 shan shui('산과 물')는 그 속에서 '풍경,' shanshui의 의미를 분명하게 띠고 있다.

여기서 우리는 라틴 문학이 우리에게 제시하는 것보다 이미 훨씬 앞

---

54) Holzman, *op. cit.*, 제2장, 주 51), p.48.

55) Mô Keien(Meng Qingyuan, dir.), *Chûgoku rekishi bunka jiten(Dictionnaire culturel et historique de la Chine)*, Tokyo, Shinchôsha, 1988, art. *Chikurin no shichiken(Sept sages de la bambousaie)*, p.696. 보다 일반적으로는 Obi et Ômuro 이 외에도 Kaguraoka Masatoshi, *Chûgoku ni okeru in'itsu shisô no kenkyû(Recherches sur la pensée érémitique chinoise)*, Tokyo, Pelikansha, 1983 참조.

56) Holzman, *op. cit.*, 제2장, 주 51), p.97에서 재인용.

57) 이 역사적 만남에 대해서는 Holzmam, *op. cit.*, 제2장, 주 51), p.144 및 이하 그리고 Obi, *op. cit.*, 제2장, 주 49), p.113 및 이하 참조.

서 그야말로 풍경적인 미학과 접한다. 그러나 이와 관련하여 가장 결정적인 것으로서, 풍경 그 자체로의 본성에 대한 고찰은 이보다 두 세대가 지난 후 시인 사영운(385-433)의 작품들과 그와 동시대인인 종병(375-443)의 《산수화서》에서 이루어진다. 사영운은 저명한 가문의 거만하고 거친 인물로서 사람을 죽이거나 황제의 의지에 도전하는 일(그는 여러 번에 걸쳐 유배되었으며 424-454년에 재위한 송나라 황제 송문제의 명령으로 참형을 당해 죽었다)을 서슴지 않았으나, 섬세한 시인이었다. 그는 저장성에 있는 후이지산 근처에 영지를 소유하고 있었는데 호화 생활을 하면서 이 산에 유람하곤 했다. 그에 관한 전설에 따르면 한번은 이런 유람을 하던 중 풍경을 보다 잘 즐기기 위해 나무들을 잘라내게 하였다 한다.[58] 이런 종류의 소풍을 묘사하는 긴 시인 〈근죽간으로부터 산 넘고 계곡을 따라가며〉[59]에서 다음과 같은 네 개의 시행으로 끝난다.

Qing yong shang wei mei   취향에 의한 정으로 아름다움이 생기니
Shi mo jing shei bian   그것을 말하고자 하는 자에게는 모호한 것이네
Guan ci yi wu lü   그걸 바라보고 있으면 속세의 근심도 잊혀지나니
Yi wu de suo qian   그것을 잡으니 평온해지네

이 시행 가운데 첫번째는 먼 훗날에 우리의 미학이 예술화(artialisa-

---

58) 이를 통해 확실히 드러나는 것은 풍경의 미학적 질서는 그것이 태어날 때부터 자연 환경의 생태적 질서로 환원될 수 없었다는 점이다. 이에 대해서는 Alain Roger, "Environnement" dans A. Berque et al., La Mouvance. Cinquante mots pour le paysage, Paris, Éditions de la Villette, 1999 참조.
59) Ômuro, op. cit., 제2장, 주 49), p.535에서 재인용.

tion)라 부르게 되는 것[60]에 대한 혁명적인 예감(라오주[61]잔을 들면서 나는 풍경이 탄생하는 현실태를 찬양한다)을 나타내고 있다. 다시 말하면 아름다움이 사물 자체 안에 있는 게 아니라 예술이 교육하는 시선과 사물 사이의 관계 속에 있다는 관념 말이다. 달리 말하면 그것은 풍경의 투과성에 대한 예감이다.

사실 풍경의 탄생 때부터 중국의 미학은 단순한 사물이라 할지라도 그것이 지닌 '외형(waixing)'(나는 이것을 **토포스**라 말하고 싶다)의 윤곽에 한정되는 것은 없다고 주장했다. 이 사물은 그 이상을 넘어선다. 달리 말하면 풍경은 코라적 특성(chorésie)이고 공간화(Räumung)이다. 그것은 외쿠메네의 전개인 것이다. 사실 이것이 거의 문자 그대로 말해, 성 어거스틴과 또 다른 동시대인인 종병이 《산수화서》의 도입부에서 쓰고 있는 것이다.

Zhi yu shanshui, zhi you er qu ling.[62]

풍경에 대해 말하자면, 그것은 물질적인 형태를 갖고 있으면서도 정신을 지향한다.

---

60) 이에 대해서는 Alain Roger, *Nus et paysages. Essai sur la fonction de l'art*, Paris, Aubier, 1978. 로제는 특히 '고장'이 예술화의 결과로서 '풍경'으로 변모하는 현상을 설명한다. 그의 논문 "artialisation"과 "pays-paysage," dans A. Berque, *et al.*, *op. cit.*, 주 53) 참조.

61) 라오주(laojiu: 노주(老酒))는 사오싱에서 쌀로 만든 술인데, 중국에서 풍경적인 영감을 얻는 데 거의 필수적인 매개체이다. 그것은 '체온 정도로 미지근하게 해서' 마신다.

62) Ômuro, *op. cit.*, 제2장, 주 49), p.515에서 재인용. 이 대목과 다른 인용문들의 프랑스어 번역에 대해서는 Nicole Vandier-Nicolas, *op. cit.*, 주 1) 참조.

34. 성당의 귀속유동성

지난 세기에 많은 중고등생들처럼, 나는 페기의 작품을 읽지도 않은 채 짧은 반바지 차림으로 샤르트르로 순례를 떠난 적이 있다. 그곳에서 나에게 흥미있었던 것은 다분히 산책, 즉 휴가에 대한 예감이었다. 그럼에도 나는 밀밭 위로 올라오는 성당의 저 유명한 수직 높이들을 바라보았을 때 무언가 열광을 느끼지 않을 수 없었다. 사실 이것들은 중세인들이 종들을 이용하여 삼종기도의 종소리가 보다 멀리까지 들리도록 머리를 짜내 상상해 낸 이후로, 나의 문화 안에 자리잡은 하나의 모티프에 속한다. 동시에 그것들은 농부가 볼 때 itur ad caelum을[63] 의미했다. 풍경의 이와 같은 효과는 아직도 우리의 시골에 생명력을 불어넣고 있다. 그것은 우리의 정체성을 나타내는 지표이다. 더욱이 그것들이 샤르트르에서처럼 보다 높이 솟아오를 때면 말할 필요도 없다.

사실 종교들은 정신적인 것만이 아니다. 우리가 천사가 아닌 이상 그것들은 우리의 동물적 신체와 인간 환경체를 끌어들이지 않을 수 없다. 성소들(hauts lieux)이 그렇게 높이 있는 것은 크게 다리품을 팔며 그곳에 올라가야 하기 때문이다. 대지는 보스 지방처럼 평평할 경우 성당들을 세우게 되는 것이다.[64] 적어도 초월성을 지향하는 나라에서는 말이다. 그러나 내재성을 지향하는 땅에서도 사람들은 탑을 세운다.

하늘을 향해 솟아오르는 것은 직립적인 두 발 동물인 인간의 속성이

---

63) 라틴어로 "우리는 하늘 나라로 간다"를 의미한다.

64) 이 말을 샤르트르 사람들이나 이들의 조상인 카르뉘트족(Carnutes)을 모욕하는 것으로 생각해서는 안 된다. 그들은 외르(l'Eure) 지방을 지배하는 갑(岬)을 이용하여 이 곳을 최초의 성소로 만들었다. 이 생각을 불러일으킨 것이 자크 브렐(그의 노래 〈내 고장 평야 지대 Le Plat Pays qui est le mien〉에서)이었음은 말할 필요도 없다.

기 때문에 우리는 그가 동물적인 자기 신체의 외재화를 통해, 문명의 정도가 허용하는 한에서 창조한 것이 높이를 찬양하는 기술적(技術的)·상징적 체계들이라는 사실을 이해할 수 있다. 그리하여 20세의 유례없이 높이 세워진 방송탑들, 마천루들은 쿠알라룸푸르에서처럼 5백 미터에 가깝다. 그리고 확실한 것은 2천 년대에는 그 이상으로 높아질 것이라는 점이다. 우리는 이와 같은 고도들을 통해 세속적인 것과 신성한 것의 구분이 소멸하는 경향이 있는 영역에 이른다. 마천루의 정상에서 바람을 맞으며 발 아래 도시를 보면, 어느 누구도 더 이상 세속적이 될 수 없다. 요컨대 바벨탑이 되었든 다른 것이 되었든 탑들은 우리가 하늘에 가지고 있는 접속점들이다. 다시 말하면 우리가 하늘과의 접촉을 보장해 주는 것들이다.

이 접속점들은 모든 외쿠메네적 동기처럼 환경상징적(écosymbolique) 성격을 띤다. 그것들은 기술과 기호들을 통해 정신을 지형과 생태계들에 연동시키는 대지문자들이다. 단절 없이 말이다. 그리하여 샤르트르의 노트르담 대성당처럼 성당들은 중세의 환경적인 능력들과 사유 방식들을 표현하고 있다. 그러나 그것들은 정신적 욕구에 부응하기 위해 건축되었으며 지금도 이러한 근본적 기능을 지속적으로 수행하고 있기 때문에, 우리는 그것들의 형태가 이런 종류의 동기들만을 표현할 것이라고 생각하는 경향이 있다. 그것들은 무엇보다도 그것들의 상징성을 통해 설명된다는 것인데, 그렇다고 이것이 예술사가들의 위상을 깎아내리기 위한 것은 아니다. 이처럼 이해하는 방식은 예컨대 에르빈 파노프스키의 유명한 저서 《고딕 건축과 스콜라학파의 사상》(1951)을 낳았다. 이 저서는 그 시대의 추론 방식들과 건축 방식들 사이의 다양한 상동 관계를 도출해 냈다.[65] 그 결과로 우리가 쉽게 망각하고 있다

---

65) 이와 같은 상동 관계들에 대한 분석을 보려면, 파노프스키의 저서(파리, 미뉘에서 번역 출간되었음) 이외에도 Michel de Coster, *L'Analogie en sciences humaines*, Paris, PUF, 1978 참조.

고 생각되는 것은 그 기막힌 건축물들이 그 시대의 모든 물질적인 힘들과 모든 기술적·환경적 자원들을 이용했다는 점이며, 따라서 그것들이 이 힘들과 자원들의 제약과 한계를 겪었다는 사실이다. 내가 역사가이자 지리학자이며 건축가인 롤랑 베슈만의 연구에 의거하여[66] 이제부터 부각시키고자 하는 바는 우리 성당들의 귀속유동성과 관련해 훨씬 덜 알려진 이와 같은 측면이다.

왜 로마네스크 양식에서 고딕 양식으로 이동이 이루어졌는지 아는 문제에 대한 대답은 기호들의 자의성밖에 없다. 이 기호들이 설령 돌로 되어 있다 할지라도 말이다. 또한 우리가 생각해야 할 것은 현재와 같은 프랑스의 영토에서, 3세기 동안 교회들이 건축된 결과를 보면 (13세기말에서-14세초) 주민 2백 명에 교회 하나가 세워진 셈인데, 이는 나라의 인구로는 감당할 수 없는 전체적 역량을 드러냈으며, 이 기간 (3천 년) 동안 고대 이집트에서 이루어진 것보다 더 많은 돌을 채취하여 운반했고 가공했다는 사실이다. 이와 같은 건축적 열기에서 로마네스크식 기술들은 돌과 나무를 너무 많이 소모했기 때문에 이 재료들에서 점점 더 경제적인 건축 방식들에 자리를 내주었다. 몇몇 구조들은 그 시기 말엽에 경제적이긴 했지만 위험 수위를 넘어설 정도로 가벼워졌다. 예컨대 생피에르드보베 성당은 1284년에 성가대가 무너졌으며, 아치의 수직 높이는 1566년에서 1573년까지만 버텼다.

그리하여 엄청난 종교적인 충동의 이 시기는 또한 무거운 재료의 제한된 운반 능력과 목재 자원의 희귀성과 관련된 건축술상의 강도 높은 합리화가 이루어진 시기였다. 관념론도 유물론도 단독으로는 당시에

---

66) Roland Bechemann, *Les Racines des cathédrales, L'architecture gothique, expression des conditions du milieu*, Paris, Payot, 1981. 앞으로 제시되는 수치화된 모든 기술적 자료들은 이 학위 논문에서 발췌된 것이다. 이 논문은 1978년 6월 파리7대학교에서 통과되었다. 주해들을 다양하게 제시하는 대신에 다만 나는 이 책의 독서를 권장하고 싶다.

실행되었던 창조적 상호 관계를 설명할 수 없는데, 이 창조적 상호 관계의 표현이 고딕적 양식이다. 이 상호 관계는 전범적으로 투과적이다.

마르크 블로흐의 《프랑스 농촌사의 독특한 성격》 가운데 한 대목을 보면, 1144년에 생드니의 교회를 재건축한 쉬저 신부가 작업할 목재를 얻는 데 봉착했던 어려움들이 본보기로 나타나 있다. 이 어려움은 큰 나무들이 희귀하게 되었기 때문만이 아니다. 그것은 또한 목재나 돌을 운반하는 일이 힘들었기 때문이다. 이런 사실로 인해 돌의 가격은 18킬로미터 거리를 두고 두 배가 되어 있었다고 판단된다. 그리고 이 가격은 토네르와 트루아 사이에서 다섯 배로 뛰었다. 통행료, 불안전, 적당한 신발의 부재──당시에 아직도 로마 지배를 받던 시기에 닦아진 길들이 이용되었는데, 카롤링거 왕조시대 이후로 더 이상 관리가 되지 않고 있었다!──이 모든 것이 매우 구체적인 의미에서 더없이 정확하게 계산하지 않을 수 없게 만들었다. 그리하여 가능한 한 가장 가까운 곳으로부터 물건들을 오게 해야 했다. 1185년에 가서야 비로소 필립 오귀스트가 파리의 도로들을 돌로 포장하게 한다.

뿐만 아니라 무게와 거리의 장애물을 극복하기 위해 수완이 발휘되었다. 그 시대 기술의 비약적 발전 앞에서 역사가들은 '12세기의 르네상스'와 '13세기의 산업 혁명'을 언급할 수 있게 되었다. 이 모든 것은 10세기에서 12세기까지의 '농업 혁명'에 토대했다. 그러나 어떤 조치가 취해져도, 큰 나무 숲의 재생은 속도가 나지 않았다. 그런 기후에서 참나무는 어떤 리듬을 따라서만 자란다. 따라서 건물의 골조뿐 아니라 홍예틀(cintres)[67]과 여타 발판을 위해 목재를 절약해야 할 필요성으로 인해 석재를 이용하는 새로운 기술들이 발명되었다.

공간을 덮는 일과 관련해 사람들이 우선적으로 봉착한 문제는 궁륭의 안정성이었다. 고딕시대 사람들은 벽돌 구조를 보강하여 (아치 천

---

67) 둥근 아치형으로 된 발판으로 그 위에다 천장이 만들어진다.

장의) 압력과 신장력을 강화토록 하면 좋을 것이라는 자각을 하고 있었다. 그러나 철골은 녹이 슬면서 돌에 균열을 만들었다. 그리고 그것을 만드는 데 나무의 비용이 너무 많이 들었다(1백 킬로그램의 철을 생산하려면 50스테르의 나무 숯이 필요했다). 돌도 비쌌기 때문에 궁륭을 가볍게 하여 압력을 줄여야 했다. 따라서 궁륭의 두께를 축소했는데, 이것이 보다 개방적이고 보다 환풍이 잘 되며 보다 밝은 구조들을 가능하게 해주었다. 동시에 홍예틀의 나무를 절약하는 게 가능했고, 그것의 재사용이 체계화되었다.

이러한 문제들의 첫번째 해결은 아치들을 끊으면서 그것들을 더 높이 올리는 것이었다. 굵기와 무게를 같게 하면 실제로 압력이 줄어들었다(이것이 이중적 단계의 원리이다. 즉 각도가 보다 예리하면, 하단이 미끄러지지 않는다). 1100년경에 첨두홍예는 통상적으로 사용되게 되었는데, 이로 인해 홍예머릿돌[68]이 표준화되고 채석장에서 다듬어져 사전에 제작될 수 있었다. 이로 인해 운반해야 할 돌이 적어진 것이다. 이와 동시에 끊어진 아치는 가벼워진 홍예틀의 무게를 덜 받았다.

고딕식 교차 궁륭은 기발한 단순화를 통해서 당시의 수학으로는 해결 불가능했던 하나의 문제, 즉 표면들의 교차 문제를 해결했다. 이제 설계도면에 그려진 교차 모서리, 쉽게 자를 수 있는 석재 아치를 통해 구현된 그 교차 모서리 자체로부터 일이 시작될 수 있었다. 뿐만 아니라 교차 궁륭은 홍예틀을 절약하게 해주었다. 왜냐하면 일단 그것은 세워지면, 그것 자체가 궁륭의 구획들을 위해 홍예틀의 역할을 해주었기 때문이다. 또한 이 구획들을 휘어지게 하는 방법도 습득되었다(왜냐하면 내호(內弧)는 펼쳐낼 수 있는 표면이 아니기 때문이다). 이로 인해 그것들은 15센티미터 정도 궁륭의 두께를 줄이게 해주면서 추가적인 강도를 획득했다.[69]

---

68) 구석이 다듬어진 돌로서 천장 등의 건축에 사용된다.

아치가 점점 더 높이 올라갈 경우, 그것의 압력을 받는 대(臺)의 점증하는 보강은 엄청난 버팀벽을 요구하지 않을 수 없었을 것이다. 이 버팀벽을 돌에 있어서 훨씬 경제적인 걸침벽으로 대체하는 방법이 습득되었는데, 이 걸침벽은 측랑과는 달리 채광을 감소시키지 않았다. 그러나 이러한 해결책은 일드프랑스(파리 인근 지방)를 넘어서 거의 확산되지 못했다.

수직 방향에서 벗어나 모든 노력을 걸침벽으로 이동시킴으로써 또한 기둥들도 가벼워졌다. 그리하여 비슷한 폭의 중앙홀을 위해서, 캔터베리 성당(1175)의 성가대 기둥들은 더럼 성당(1093)의 것들보다 열일곱 배나 적게 분할되었다. 그러나 보베에서는 사람들이 너무 과도하게 나아갔다(…).

건축물의 골조를 위해서, 수평 벽면(pans)⁷⁰⁾이 없는 외벽 전체에 무게가 실리도록 하는 서까래-틀(chevrons-fermes) 시스템을 적용함으로써 ──이것은 우선 보기에 역설적이다. 왜냐하면 돌 구조는 그 반대로 몇몇 지점들에서 (천장·아치의) 압력을 결집시키기 때문이다── 작게 분할된 요소들(이 기술은 비야르 드 온쿠르가 권장한 것이다)은 매우 합리적으로 증가되었다. 나무가 부족한 사태와의 관련성은 명백하다. 왜냐하면 고전적인 골조의 육중한 서까래틀(fermes)은 나무가 훨씬 풍부한 반면에 돌이 보다 희귀한 곳에서 유지되었기 때문이다. 이와 관련해 골조의 부분들을 높이 올려야 하는 높이들을 고려할 때, 미리 만들어진 서까래-틀에 딸린 가벼운 천창틀은 건축 공사를 매우 수월하게 해주었다. 여기다 덧붙여 언급할 점은 높이는 그 자체로 합리적인 해결책이었다는 것이다. 왜냐하면 그것은 측면 압력을 줄여 줄 뿐 아

---

69) 20세기에 와서 이 원리는 라데팡스의 CNIT(국립공업기술센터)에서처럼, 휘어진 표면들을 지닌 가느다란 뷔틀림들을 철근 콘크리트로 실현시키기 위해 이용된다.
70) 수평 벽면(pans)은 천장의 서까래를 지탱하는 데 사용되는 수평적인 나무판들을 말한다.

니라 성당의 골조가 도시의 화재로부터 안전하게 해주었기 때문이다.

이 모든 해결책들은 인간 환경의 다양성을 반영했다. 예컨대 영국은 노르만 왕국이 강요한 벌목 금지로 인해 오랫동안 나무가 풍요로웠지만 돌은 프랑스보다 적었다. 그런 만큼 그곳에서는 상대적으로 보다 골조가 많았고, 궁륭은 보다 적었다. 노르만인들은 정복된 민족인 색슨인들의 토지를 수용했기 때문에, 성당들의 주변은 프랑스에서보다 탁 트여 있었다. 애초에는 초월적인 성격이 아니었던 이런 이유로 인해 프랑스에서는 빛이 보다 높은 곳에서 찾아져야 했다. 측면이 탁 트여 있음으로써 영국의 성당들은 일반적으로 볼 때 그렇게 높게 지어질 필요가 없었고, 그것들에서 창문들이 트인 공간은 사람 높이까지 내려올 수 있었다.

이처럼 인간 환경에서는 기술과 상징의 상호 작용이 끊임없이 추구된다. 기술을 통해서 상징과 생태계의 상호 작용이 추구되듯이 말이다. 이런 현상은 종교의 영역도 포함되는데, 종교에서 상징은 가장 분명한 뼈대이기 때문이다. 우리의 성당들이 드러내는 형태들을 통해 초월을 향해서 솟아오르는 것은 조상들의 정신뿐만이 아니라 그들의 인간 환경체이다. 조상들의 동물적 신체가 대지로부터 매우 힘들게 뽑아낸 그 돌들을 통해 인간 환경체 안에서 하늘을 향하게 되었던 것은 하나의 영토 전체이다. 이런 현상은 우리의 위도들을 향해서 상정하는 나무들의 속도와는 반비례한다고 말할 수 있을 테지만, 숲과 성당의 접속이라는 외쿠메네적 접속의 투과성 안에서 이루어진다. 왜냐하면 외쿠메네의 전개에 있어서 본질적인 것은 원인보다는 동기에 속하기 때문이다.

35. 논의 귀속유동성

기술적 제도들이 신앙인들의 열정을 돕기는 하지만, 그것들의 근본적인 기능은 우리의 동물적 신체를 보다 잘 부양하는 것이었다(한편 상징적 체계들은 우리의 인간 환경체에 풍부한 자양을 부여했다. 다시 말해 그것들은 세계에 보다 많은 의미를 부여했다). 이러한 기능은 약 1만 년 전에 농업이 되었는데, 외쿠메네를 가장 방대하게 구조화시킨 기능으로 남아 있다. 그것은 우리의 풍경들 대부분을 만들어 냈을 뿐 아니라, 그 나머지를 고찰하는 우리의 방식을 폭넓게 결정했다(§32). 결국 농업은 우리의 풍토성에서 본질적인 요인이다. 우리는 무수히 많은 인간 생명에 영양을 공급하는 주목해야 할 지리문자인 논(이와 관련해 오직 밀밭만이 논을 넘어선다. 앞서 우리는 보스 평야의 풍경에서 밀밭을 살펴보았다)의 작용을 분석함으로써 이 요인을 검증할 것이다. 이를 위해 나는 논이 외쿠메네의 지배적 동기를 형성한 두 군도, 즉 자뽀네지(Japonésie)[71]와 인도네시아를 선택하겠다. 이 두 곳에서 논은 여전히 시골 풍경의 절대적 자리를 차지하고 있으며 대지의 생산성이 절정에 다다르고 있다.

우선 먼저 논이란 무엇인가? 그것은 설령 관개(灌漑)가 되어 있다 할지라도 단순한 벌판이 아니다. 일본에서[72] 벌판은 '재배'(tagayasu)되지만, 논은 '제작'(tsukuru)된다. 사실 그것은 훨씬 더 인공적인 무엇이다. 그것을 만들려면 거대한 토지 조성 및 수리 공사가 필요할 뿐 아니라 그것이 제구실을 하는 데는 물에 대한 숙련된 관리가 요구된다. 이러한 관리는 지중해의 **후에르타스**(huertas)[73]에서처럼 관개 탑들을 배치하는 일 이상이다. 그것은 또한 계절과 온도에 따라 물의 높이를 조절

---

71) 물론 이것은 궁형의 섬들로 된 일본 열도, Nihon rettô를 말한다. 나는 이 멋진 용어를 Philippe Pelletier, *La Japonésie. Géopolitique et géographie historique de la surinsularité au Japon*, Paris, CNRS Éditions, 1998에서 빌렸다.

72) 앞으로 나는 나의 책, *Vivre l'espace au Japon*, Paris, PUF, 1981, §26 및 27에 나오는 자료들과 대목들을 빌릴 것이다. 여기서 나는 일본 농업 전체가 아니라 오직 논(ta, suiden)에 대해서만 이야기할 것이다. 일본 농업은 관개(灌漑)되는 벌판(hatake)을 넘어서 최근에는 개간지 경작(yakibata, 일시적인 화전 경작)까지 하고 있다.

하는 일인데, 이 일은 토양의 삼투성과 물의 흐름에 대한 고도한 숙련을 요구한다. 예컨대 논이 해발 약 1천3백 미터에 있는 일본의 알프스에서, 물의 차가움은 끊임없는 문제들을 낳고 있다. 이것은 물을 미지근하게 하는 수반들, 물을 대는 보다 긴 수로들, 시간상 제약을 받는 관개(이로부터 논의 토양을 최대한 방수 처리해야 할 필요성이 나왔다), 물 높이의 조절, 모종들의 견고성에 따른 논들의 층위적 배열 등을 요구한다.[74] 이러한 대가로 해서 논은 매우 안정적인 생태계가 된다. 그것은 무엇보다도 질소를 고정시키는 미세한 수초 덕분에 토양을 고갈시키지 않는다. 또한 수확을 감소시키지 않고 쌀 재배를 무한히 반복하게 해준다. 사람들이 생태적인 불안을 느끼는 요즈음, 그것은 메탄을 발산함으로써 온실 효과를 조장한다는 것[75] 말고는 거의 비판받지 않는다.

　이러한 체계가 제약이 없는 것은 아니라고 생각된다. 논의 기능에 필요한 사회적인 규율을 넘어서 일본의 공간성 전체가 논에 의해 특징지어졌다. 다소는 농업이 야만적 공간의 외쿠메네적 동기를 낳았던 방식으로(§32), 논은 경작되는 땅과 그렇지 않은 땅 사이의 대비를 부각시킴으로써 일본 농업을 내향화시켰다. 그리하여 경작되지 않은 땅을 개간하는 것보다 경작되는 땅의 수확을 늘리는 것이 역사에서 더 효

---

73) 지리학에서 이 스페인어 낱말(이것은 스페인어로 동일한 의미를 지닌 huerto 역시 파생시킨 라틴어 hortus에서 왔다)은 보다 덜 건조한 지역에서 관개된 채소재배지역(건조한 지역에서는 오아시스를 말한다)을 지칭한다. 이에 관해서 Jean Brunhes의 학위 논문, *L'Irrigation. Ses conditions géographiques, ses modes et son organisation dans la péninsule ibérique et en Afrique du Nord*(1902)가 획기적인 전기가 된다. 일본과 관련해 여기서 내가 의거하는 것은 이 논문과 상동적인 대응물인 Tamaki Akira et Hatate Isao, *Fûdo. Daichi to ningen no rekishi(Milieu. Histoire sociale de la terre japonaise)*, Tokyo, Heibonsha, 1974이다.

74) Ueno Fukuo, *Kôrei sanson no tochi riyô no chitsujo(L'utilisation du sol dans les Alpes japonaises)*, Tokyo, Ninomiya, shoten, 1979 참조.

75) 살충제와 거름은 오염원이지만 논에 특수한 것은 아니다.

율적이고 합리적이 되었다.

이와 같은 역동성은 유럽의 농촌을 지배했던 역동성과는 매우 상이하며 나아가 반대되며, 하물며 새로운 세계들(아메리카 · 오스트레일리아 등)로 농촌을 확대한 사실과는 말할 것도 없다. 그것은 극동 사회들의 일반적 태도와 무관하지 않다. 이 사회들은 차례차례 정화(鄭和: Zheng He)의 대원정 이후로는 지구를 발견하고 정복하는 것보다는 자신들의 내부로 되돌아가고 말았다.[76] 사실 여기에는 사회-공간적 행동, 도덕적 체계 그리고 농업적 체계 사이에 상동 관계가 있다. 이로부터 비롯되는 공간성의 지배적 원리는 다음과 같은 표현으로 요약될 수 있다. 즉 그 사회들은 강력한 집약에 소질이 있고 성향이 있는 사회들이다. 이 원리는 이미 6세기 중국 농학론인 《제민요술》(Qimin Yaoshu)에 이미 표현되어 있다. 이 책은 자신의 경계를 넘어서려고 하기보다는 경계 내에서 경작을 개선하라고 권고하고 있다. 농업 사학자인 이누마 지로는 이 저서를 해설하면서[77] '내부를 통한 발전(nai naru hatten)'에

---

76) 명나라(1368-1644) 초기에 영락제(1403-1425년 재위)와 그 후계자의 명을 받아 정화 제독(1371-1435)은 1405년부터 1433년까지 총 일곱 번에 걸쳐 인도양 원정을 단행하였는데, 이 원정 때 동부 아프리카 · 홍해 · 메카까지 나아갔다. 중국과 외국들 사이의 교역을 증진시키려는 목적이었던 이 원정 각각은 그 당시 서양에서는 (전쟁이 동기가 된 경우를 제외하면) 상상이 불가능할 정도의 규모였다. 50척 이상의 선박과 2만 명 이상(첫 원정 때는 62척의 배에 2만 7천8백 명이 승선했다)이 동원되었던 것이다. 그 세기말에 크리스토퍼 콜럼버스가 이끈 세 척의 범선을 생각해 보라. (…) 정화가 이븐 칼둔(1332-1406)과 동시대인으로서 무슬림이었으며, 그의 부친과 조부가 메카에 성지 순례를 다녔다는 사실을 명시하는 게 불필요한 일은 아니다. 그런데 이와 같은 정책은 그 이후로 완전히 포기되었다. 한편 일본은 대략 같은 시기에 인도네시아에까지 해외 상관을 두었으며 16세기말에는 조선을 거쳐 중국까지 정복하고자 했다. 그런 일본은 도쿠가와 막부시대(1603-1867)에 폐쇄적이 된 한편 조선은 '은둔의 왕국'이 되었다. 메이지시대부터 1945년까지 일본의 제국주의적 행동에 대해서 말하자면, 그것이 서양의 지도를 받아 이루어졌다는 사실을 놓쳐서는 안 된다. '뒤처진' 나라들을 정복하는 것은 근대성을 나타내는 것이었다.

77) Iinuma Jirô, *Nihon nôgyô sai hakken(Redécouvrir l'agriculture japonaise)*, Tokyo, NHK, 1975. 또한 이 저자의 "La logique spatiale de l'agriculture japonaise," *L'Espace géographique*, 1980, IX, 2, 143-148 참조.

대해 이야기하게 된다. 그가 농기구의 분석에 토대하여 보여주는 것은 이러한 체계에서 인간 노동의 집약도가 땅의 수확을 결정하는 요인을 구성한다는 점이다. 따라서 생산성 증가를 통해 절약된 노동은 면적을 넓히는 데 사용되는 대신에 집약도를 높이는 데 현장에서 재투자된다. 왜냐하면 모든 추가적 노동 단위는 두번째 경우보다 나은 첫번째 경우에서 생산성의 증가를 낳기 때문이다. 이것은 위험 수위의 문제이다. 왜냐하면 면적 단위당 일정한 노동량 아래에서는 그 반대로 체계가 거의 효율적이지 않기 때문이다. 일본의 경우 이 위험 수위는 고대 시대(7-12세기)에서부터 극복되었다. 이 시대부터 논에 더 이상 씨앗이 뿌려지지 않고 모내기가 이루어졌다.

타마키 아키라 정치적 경제의 관점이라는 다른 관점에서 동일한 논리를 도출해 낸다.[78] 논의 체계는 지대(地代)와 사유지의 고전적인 서양적 개념을 무효화시키는 집단적 · 축적적 구획 정리를 전제한다. 사실 토양의 비옥함이 집단적으로 관리되는 자산(축적적인 사회적 자본), 다시 말해 물 관리 시스템에 달려 있을 때 엄밀한 의미에서의 사유지는 있을 수 없다. 농업 자본은 근본적으로 이중적이다. 하나는 지역적인 토지 자본이고 다른 하나는 개인적인 개발 자본이다. 전자의 축적적인 정비(수로의 건설 따위)로 인해 땅은 자연적인 자산이라기보다는 고정 자본이다. 달리 말하면, 일본의 논은 그 나름의 인간 환경을 구축한 것이다. 끊임없는 개량을 통한 토지 자본의 이와 같은 사회-역사적 축적은 지대의 차이를 거의 없애 주었다. 비옥도의 차이는 없어졌다. 왜냐하면 비옥도는 인위적이기 때문이다.

이러한 체계의 결과들 가운데 하나는 사회에 지불하는 총체적 지대 비용의 증가이다.[79] 또 하나의 결과는 정비된 토지에서 지대의 상승과

---

78) Tamaki Akira, *Fûdo no keizai gaku(Économie du milieu nippon)*, Tokyo, Shin Hyôronsha, 1976.

균질화가 이런 토지와 정비되지 않은 토지 사이에 점증하는 차별화를 가져온다는 것이다. 정비되지 않은 토지는 **사실** 지대가 너무 낮은 수준이기 때문에 농업 공간에서 배제된다. 뿐만 아니라 새로운 땅을 개간한다는 것은 자영업자의 차원에서 점점 더 어려워진다. 왜냐하면 그런 시도가 수익을 가져다 주기 위해서는 정비된 토지에서 수세기에 걸쳐 공동체적으로 축적된 것과 동등한 자본을 단번에 투자해야 하기 때문이다. 이로 인해 비롯되는 것이 경작되는 땅의 확장에 대한 점점 더 힘든 브레이크이다. 이러한 좁은 입지는 홋카이도의 뒤늦은 식민화가 보여주었듯이(§24), 괄목할 만한 정치적 결정들과 중요한 공적 투자들에 의해서만 무너질 수 있다.

일본 논의 체계가 드러내는 '내부를 통한 발전'은 매우 일찍이 높은 수확량을 가능케 해주었을 뿐 아니라――8세기부터는 20세기 말경 브라질의 수확량, 18세기경부터는 인도의 수확량과 같은 정도였다[80]――토지세의 개혁 덕분에 메이지시대 일본의 산업적인 도약에 토대가 되었다.

그런데 우리가 자바 섬의 논 체계로 방향을 돌려보면, 우리는 매우 유사한 경향들을 확인하면서도 그 결과로서 발전에 이르는 것이 아니라, 클리포드 지르츠가 획기적인 연구에서 '농업의 퇴화'[81]라고 규정한 것에 다다른다.

농업의 퇴화(agricultural involution)은 1930년대에 미국의 인류학자

---

79) 이 원칙은 오늘날의 산업화된 도시적 일본에서도 여전히 유효하다. 우리는 1980년대 부동산 투기의 '거품'과 그 이후 10년 동안 이 거품의 '붕괴'가 가져온 경기 후퇴 파장을 통해 이런 원칙을 알아차릴 수 있다.

80) 즉 나라시대에 헥타르당 9백 킬로그램에서 1천6백 킬로그램(1978년에 브라질에서는 헥타르당 1천3백 킬로그램 수확됨)이 수확되었고, 에도시대 중엽에는 헥타르당 2천 킬로그램에서 2천7백 킬로그램이 수확되었다(1978년 인도에서는 헥타르당 2천 킬로그램이 수확됨). 이 자료의 출처는 Tamaki et Hatate, *op. cit.*, 주 68), p.247이다.

81) Clifford Geertz, *Agricultural Involution. The Process of Ecological Change in Indonesia*, Berkeley et Londres, University of California Press, 1963.

알렉산더 골든와이저[82]가 만든 개념이다. 그는 이러한 퇴화를 전반적으로는 변하지 않는 한 모델의 내적 복잡함이라고 생각했다. 지르츠는 그것을 다음과 같이 재정의하고 있다.

하나의 확립된 형태가 과도한 경작(overdriving)으로 이동하는 것, 그리하여 이 형태는 그 세부적 요소들이 내부 쪽을 향해 지나치게 가공되어 (inward overelaboration of detail, p.82) 경직화된다.

그러나 지르츠의 연구는 sawah(이것은 관개된 집약적 농업을 지칭하는 자바 섬의 낱말인데, 그 반대 축을 말하는 낱말은 개간을 의미하는 ladang이다) 체계의 특유한 퇴화를 보여준다기보다는 네덜란드의 식민지화로 인한 그것의 변질을 보여주고 있다. 특히 '경작 체계(cultuurstelsel)' 또는 '반 덴 보쉬 체제'[83]는 한편으로 자본 집약적 농업(수출용 경작: 네덜란드인들의 손에 들어간 사탕수수, 커피 등)과 다른 한편으로 노동 집약적인 원주민의 농업인 sawah 사이에 해로운 이원론을 낳았다. 그리하여 전체적인 생산성의 증가된 부분은 sawah에 재투자되기보다는 네덜란드의 대농장에 이득이 되었다. 이런 체계가 가능하게 해주는 자본화는 국소적 산업화를 낳을 수 없게 되어 있었다. 왜냐하면 그것은 독점을 향해 사용되기 때문이다. 그리하여 그 결과는 (네덜란드가 아니라) 인도네시아와 관련해서 말하자면, '정적인 확장'[84]이라 규정될 수 있

---

82) Alexander Goldenweiser, "Loose ends of a theory on the individual pattern and involution in primitive society," pp.99-104 dans R. Lowie(dir.) *Essay in Anthropology*, Berkeley University of California Press, 1936. Geertz 해설, p.82 이하.

83) 사실상 강제 노동과 같은 것인 이 체계는 1830년에서 1870년까지 유효했다. 그것은 자기 땅의 5분의 1을 수출용 경작을 하는 데 할애하거나, 주로 대농장에서 네덜란드 정부를 위해 1년에 66일을 일하는 농부들에게 세금을 면제해 주는 것이었다.

84) J. H. Boeke, *Economics and Economic Policy of Dual Societies*, Haarlem, H. D. Tjeenk Willink, 1953.

었던 것으로 귀결되었다. 지르츠는 자바의 체계를 일본의 것과 비교함으로써 이 둘의 대조를 다음과 같은 멋진 표현으로 요약하고 있다. 일본에는 "같은 것이 많아질수록 더 많이 변화된다," 반면에 자바에서는 "변화가 많을수록 같은 것이 더 많아진다."(p.133) 왜냐하면

일본은 통합 경제를 가지고 있어서 간직했지만 자바는 그것을 가졌다가 상실했기 때문이다(p.135).

이를 통해서 우리가 알 수 있는 것은 논과 같은 외쿠메네적 동기들이 역사를 지니는 것은 어떤 도시에서 어떤 중심점이 그것들에 의미를 부여하는 정도 내에서이다는 점이다. 이 문제는 우리의 세번째이자 마지막 부의 대상이 될 것이다.

36. 정원의 생태 상징

정원 만들기 놀이를 하는 어린아이는 자신이 무엇을 만들어야 하는지 본능적으로 알고 있다. 그것은 자신의 것인 하나의 세계이다. 《티마이오스》에서 조물주와 그의 **코스모스**(kosmos)처럼 말이다. 그리하여 이민타누트[85]의 정원은 이미 하나의 세계였는데, 나(어린아이)는 이 정원에 도시들을 건설하였고, 바다들을 팠으며, 도로망들을 유지했다. 때로는 관객이었고 때로는 노동력이었던 내 형제자매들의 무리가 없지 않았다. 뒷배경으로는 북부 아틀라스산맥의 눈이 있고, 협곡을 통해 이 정원의 생명이 오고 있었다.[86] 인류의 어린아이들이 존재하는 한

---

85) 모로코에 있는 지명이다. [역주]
86) 베르베르어로 imi n tanout라는 지명은 작은 샘을 의미한다.

앤스워크뿐 아니라 지구상 모든 곳에서 그렇듯이, 이 정원을 만드는 데는 조그만 면적만 있으면 되지만 그 면적은 많은 공간이 있으며, 이 공간은 **과도할 수 있는**(démesurable)[87] 공간이다. 사실 정원은 우리의 풍토성을 상상적인 것의 자유로운 규모에 따라 기상천외하게 드러내면서 나타낸다. 따라서 그것은 외쿠메네의 전개를 상징하면서 우리의 인간성을 확실하게 보장해 준다.

정원은 상징을 통해 외쿠메네를 우리의 직접적인 동작들에 연결시키는데, 사실 외쿠메네로서 그것은 규모 유희의 무대이다. 우선 공간에서 그렇다. 아베스타의 언어에 따르면, 정원은 울타리가 쳐진 자연이다(pairie daeza, §33). 울타리를 친다는 것은 또한 인도 유럽어의 어근 gher-가 표현하는 관념이며, 이 어근으로부터 정원을 의미하는 프랑스어 jardin, 스페인어 huerto, 독일어 Garten 등이 나왔다. Gher-는 또한 잡는다, 움켜쥐다는 관념도 포함하고 있다. 이로부터 그리스어 cheir(손)와 choros(어떤 울타리 내에서 춤)라는 낱말이 나왔으며 choros는 프랑스어 chœur(합창대)를 낳았다(여기서 나는 조엘 본느메종의 저

---

87) 나는 이 용어를 베르나르 라쉬에게서 빌린다. 그는 그것을 풍경의 지각과 정원의 가꾸기와 관련해 만들어 냈다. Bernard Lassus, *Jardins imaginaires. Les Habitants paysagistes*, Paris, Weber, *Les Habitants paysagistes* 총서, 1977. 라쉬는 그 자신이 만들어 낸 주제인 이 '조경사 거주자들'에 대해 이렇게 쓰고 있다(p.74). "그러나 숲이 분할되어 집들과 공장들이 건설된다 할지라도 건축물들 주변에 귀하게 간직된 몇몇 나무들은 그것들이 사라진 숲의 자취임을 나타낸다. 그 나무들 덕분에 일부 주민들은 숲을 파괴한 건물들을 망각하고 식물적인 것에서 광물적인 것으로의 전진을 구상해 낸다. 대개의 경우 숲은 주거지들을 분리시키는 울타리의 연결 지점들 사이에서 사라졌다. 그래서 주민들은 잔디 위에 암사슴 한 마리와 몇몇 난쟁이를 놓아 둠으로써 광대한 식물계를 암시한다. 이처럼 암시된 광대한 것을 우리는 '과도할 수 있는 것'이라 불렀다." 라쉬의 정원과 풍경에 관한 작품은 과도할 수 있는 것의 시학에 온전히 집중하고 있다고 말할 수 있는데, 이 작품에 대한 전체적 개관에 대해선 그가 쓴 *The Landscape Approach*, Philadelphie, University of Pennsylvania Press, 1998 참조. '과도할 수 있는'의 개념은 하이데거의 *Räumung*(§16)과 종병의 *qu ling* (§33)과 접근되어야 한다. 이 둘 역시 외쿠메네에서 메디앙스의 존재론적 구조와 코라적 전개를 나타내고 있다.

서에서 발견된 장소인 멜라네시아 춤의 장소가 지닌 우주발생적인 역할에 대해 생각한다). 이렇게 정원은 방대한 규모의 유희를 통해서 자연을 포착하여 그것을 자신의 담장 안에 유지시킨다. 이 유희는 우주로부터 어린아이의 손으로(나아가 중국말에서 전해지듯이, 겨자씨로) 가며 또 그 반대로 어린아이의 손으로부터 우주로 간다. 그리고 이 자연은 허수아비에 불과한 이미지들이나 카드들과는 달리 살아 있다. 사실 정원 예술은 또한 자연의 리듬들, 아침에 피어나는 메꽃에서부터 계절들의 순환을 거쳐 매우 오래된 지중해 삼나무까지 그 리듬들을 안무하는 것이다. 따라서 그 속에서 서로 얽히는 시간과 공간의 규모들은 하나의 우주론을 구성한다. 이 우주론은 면적들과 지속들을 서로서로 맞물리도록 끼워 넣는 **세계들 사이의 관계**이다. 예를 들어 보자.

아틀라스 산맥의 문인 이민타누트는 마라케시로부터 티지 마슈를 거쳐 아가디르까지 가는 여정에서, 지리학에서 이른바 하나의 **후에르타**(비옥한 평야: huerta)와 하나의 오아시스 사이의 중간에 있다. 그곳은 최소한 상류 쪽으로 오래 지속된 세기야스(séguias)(물대는 수로) 체계에 의해 관개되는 계곡의 출구인 간벌된 작은 평야이다. 보다 하류로 내려오면, 아우즈 평지에 의해 경계지어지는 초원이 있다. 내가 지금 이야기하고 있는 시대, 즉 금세기 중엽에는 산협의 푸른 양쪽은 밀과 옥수수밭이 차지하고 있었고 올리브나무들이 우뚝우뚝 심어져 있었다. 반면에 첫번째로 보이는 비탈들은 아몬드나무들——이것들은 2월부터 겨울의 눈 다음에 오는 봄의 눈이다——로 덮여 있었다. 비옥한 평야 안에 있는 정원(huerto) 자체는 소나무 · 유칼리나무 · 종려나무 · 오렌지나무 · 밀감나무 · 살구나무, 나아가 사과나무까지 다양한 수종들을 올리브나무들 사이에 모아 놓고 있었다. 국소적인 농경 체계를 기상천외하게 드러내는 이와 같은 빽빽한 인접을 통해서 정원은 사실상 오지의 모로코인이 프랑스 보호령을 통해 스스로를 개방한 방대한 세계를 상징할 수 있었다. 오늘날 모로코인은 유칼리나무로 된 온전한 숲을 가지고 있으나, 그 당시에는 우르구즈(Ourgouz) 산기슭의 이 정원, 즉 하킴(hakim은 수도에서 사용되는 언어에서 이 구역의 '민간 통제자'를 의미한다)의 정원에 그런 것은 거의 없었다. 이와 같은 우주론에서 마지막 단계는 나의 길들, 즉 더없이 과도할 수 있는 공간이었다. 그 공간으로부터 남아 있는 것은 아무것도 없다. 정원에서 남아 있는 것은 쉬샤우아(Chichaoua)에 도착할 때 멀리서도 보이는 크게 자란 종려나무와 같은 몇몇 나무들이다. 국도(國道)에 있는 숙박 마을이 되어 버린 이민타누트 역시 커졌다. 예전에 헐벗은 산이었던 우르구즈 산은 오늘날 하킴이 심은 나무들로 푸르다. 그뒤로는 라 무라이 알리가 그대로 있다. 그것은 우리의 시간적 범주에 따르면, 산들의 고유성 자체를 나타낸다.

Guo po shan he zai[88]   나라는 망하였어도 산과 강은 그대로 있도다.

이민타누트의 정원에서 우주론은 암묵적일 뿐이었다. 그러나 정원을 만드는 자들은 하나의 우주론을 구성한다는 것을 흔히 원칙으로 세웠다. 게다가 우리가 현재 있는 장소와 우주를 연결시키는 데는 하나의 단순한 세부 요소면 충분하다. 예컨대 부르주에 있는 프레 피쇼 정원을 보자. 이 정원은 폴 마르크리타의 설계에 따라 1930년에 만들어진 것이다. 교차되는 작은 오솔길들이 나 있는 화단에는 해시계의 문자반이 양떼를 이끄는 목동을 나타내는 저부조를 동반하고 있다. 이런

---

88) 이것은 두보(712-770)가 안록산의 난 때인 757년에 지은 시 〈춘망(春望)〉의 첫 행인데, 극동아시아 전체에서 격언이 되었다. 이 시는 François Cheng, *L'Écriture poétique chinoise, suivi d'une anthologie des poèmes des T'ang*, Paris, Seuil, 1977, pp.182-183에, 그리고 Maurice Coyaud, *Anthologie de la poésie chinoise classique*, Paris, Les Belles Lettres, 1997, p.95에 수록되어 있다.

형태는 우주적 질서와 베리 지방의 농촌 역사에 이중적으로 연결된다. 이것이 당신을 위치시키는 데 도움을 주는 것이다! 그러나 그로부터 멀지 않은 곳에 있는 이에브르 강의 늪지대를 개발한 가족 정원과 같은 공공 정원이 고양시키는 동기는 땅 한 부분에 영향을 미치고, 그곳에다 인간의 노동과 자연을 합하여 구성하는 것인데, 이것이 바로 외쿠메네적 관계의 본질이다. 그것은 풍토성의 응축물이다. 그런 만큼 얼마 안 되는 땅덩이에 동물적 신체와 인간 환경체를 융합한다는 것은 사회적 통제의 대단한 도구가 아닐 수 없다![89] 19세기의 영국 사장들은 이에 대한 무언가를 알고 있었기에 노동 정원을 창안해 냈다. 설령 그들이 외쿠메네의 입장에서 거의 생각하지 않았다 할지라도 말이다!

문화에 따라 정원 예술은 그것을 성립시키는 풍토성을 다양한 형태로 돌려주게 된다. 이런 측면을 보여주기 위해선 대립되는 두 개의 사례를 제시하면 족하리라. 중국 당나라 수도인 장안은 우리가 보았듯이 (§9), 직각적인 형태들을 지니고 있었다. 그러나 정원들은 풍경화에서 영감을 받아 체계적으로 불규칙한 형태들을 지녔다. 그 반대로 페르시아의 사파비 왕국에서 불규칙적인 것은 도시인 반면에 정원은 직각이었다. 중심축과 보조축이 직각을 이루면서 네 개의 구획을 경계짓고 있다. 조물주적 차원의 변화에서 이러한 쌍의 위치가 바뀌는 것이 보인 것은 압바스 1세 혹은 압바스 대제(1587-1628년 재위)가 **차하르 바그**(chahar bagh)——이것은 개인 저택의 포석을 깐 안뜰의 규모로만 옛 도시에서 발견되었던 네 부분으로 된 정원이다——를 모델로 이스파한이라는 도시 전체를 세우게 하였을 때이다.[90]

몇몇 유명한 사례에서 외쿠메네의 응축물로서의 정원은 한 절대자의 지배하에 놓인 세계의 주요 동기들을 작은 규모로 단순히 재현했

89) 사회적 통제는 인간 존재와 필연적으로 연결되어 있기 때문에 (필연적인) 사회화와 (가증스러운) 강제 사이의 어딘가에 위치한다. 본질적으로 정치적인 이 문제는 §45에서 건축과 관련해 다루어질 것이다.

다. 예컨대 로마 옆의 오늘날의 티볼리인 티부르에 있는 하드리아누스(117-138년 재위)의 별궁인 **빌라 아드리아나**(Villa Adriana)가 그런 것이었다. 황제는 그곳에 자신이 다양한 여행을 하는 동안 가장 높이 평가했던 장소들, 예컨대 나일 강의 카노푸스 하구를 상기시키는 카노푸스의 분수를 재현하게 했다.[91] 또한 허베이성 북부 청더에 있는 강희제(1662-1722 재위)의 여름 별궁(하궁)이 그런 것이었다. 이곳에 역시 대단한 여행가였던 황제는 지방들의 유명한 경관들, 예컨대 항주 호수나 티베트 사원 같은 것을 재현케 했다.[92]

이와 같은 재현물들은 예외적으로 남아 있다. 게다가 그것들이 정원들에서 실현된 외쿠메네적 원리의 가장 공들인 버전을 제공하는 게 아니다. 외쿠메네를 성립시키는 이 원리는 우리가 보았듯이(§30), 사물의 내재적 논리인 lgS를 우리가 볼 때 사물이 드러내는 존재의 논리인 lgP에 연결시키는 '로서(en-tant-que)'이다. 모든 정원은 이 원리를 다소간 표현한 은유, 보다 정확히 말하면 생태 상징이다. 왜냐하면 그 안에 있는 식물들은 이 생태 상징의 생명인데, 본질적으로 생태학적 질서(lgS)를 여전히 따르고 있기 때문이다. 그러나 정원들 가운데 많은 것들은 보다 멀리 나아갔다. 그것들은 이 '로서'를 체계화했고, 나아가 일본에서처럼 **미타테**(mitate)라는 명칭(이것은 문자 그대로 '시선을 통해 확립하다,' 달리 말하면 '로서 바라보다: voir en tant que'를 의미한다)으로 그것을 명료하게 구현했다.[93]

티부르나 청더에서 '로서'의 시적 작업은 최소한의 정도에 그치고

90) 장안의 정원들에 대해서는 Song Zheng-Shi, *Comparaison entre deux modalités paysagères: jardins classiques français et chinois*(1999년 사회과학고등연구원 EHESS에서 통과된 미출간 박사학위 논문) 참조. 이스파한의 정원들에 대해서는 EHESS에서 Fariba Nourdeh가 준비하고 있는 학위 논문 참조.

91) 빌라 아드리아나에 대해선 Pierre Grimal, *op. cit.*, 주 40) 참조.

92) 청더에 대해선 Philippe Forêt, *Making an Imperial Landscape in Chengde*, 지리학 박사논문, The University of Chicago, 1992 참조.

있다. 규모와 몇몇 적용을 제외하면, 형태는 그것 자체의 영역 속에 있다. 청더의 티베트 사원은 보다 작기는 하지만 티베트 사원에 불과하다. 그것은 축소 모형에 속한다고 말할 수는 없더라도 정확히 도상[94]에 속한다. 반면에 에름농빌의 경우에서처럼 18세기 유럽의 풍경적 정원들에서 구상은 두 단계로 이루어져 세 개의 존재론적 영역을 노리고 있다. 그러니까 이 정원들의 형태는 푸생·로랭[95] 혹은 로자[96]의 풍경화들로 귀결된다. 그러나 이 풍경화들은 호라티우스나 베르길리우스의 목가적 시에 나오는 모델인 고대의 문학적 모델을 나타내고 있다. 이에 대해 장 루이 아케트가 쓰고 있듯이 "풍경은 문학으로 엮어져 있다."[97] 정원에서 그림으로, 그림에서 시로 가는 이중의 해독이 필요하다. 방문객의 즐거움은 바로 하나의 차원에서 다른 하나의 차원으로의 이와 같은 이동을 통해 커진다. 왜냐하면 그렇게 함으로써 그는 정원이라는 세계의 시(carmen mundi)(§31)에 참여하기 때문이다. 그리하

---

93) 미타테의 원리는 '로서 바라보다(voir comme)'와 같은 은유의 원리와 접근될 수 있다(이에 대해서는 Paul Ricœur, *La Métaphore vive*, Paris, Seuil, 1975 참조). 그러나 외쿠메네적 '로서(en-tant-que)'가 상징적 차원을 통해 은유를 포함하고 있다 할지라도, 그것은 은유로 귀결되지는 않는다. 왜냐하면 그것은 또한 지구 생태계들의 물질적(기술적·신진대사적) 변화들을 포함하고 있기 때문이다.

94) 퍼스의 전문 용어에서 **도상**(icône)은 닮음을 기준으로(예컨대 초상화), **지표**(indice)는 인접성을 기준으로(예컨대 불과 관련된 연기), **상징**(symbole)은 순전히 규약적인 기준을 통해 정의된다. 그러나 이 용어들과 관련한 견해들은 학파들에 따라 매우 다르다. 예를 들어 소쉬르의 전문 용어에서 순전히 규약적(자의적)인 것은 **기호**인 반면에 **상징**은 사물과 자연적인 관계를 간직하고 있다(예컨대 정의를 상징하는 저울). 이 문제들에 대한 좋은 안내서로는 Edmund Leach, *Culture and Communication. The Logic by which Symbols are connected. An Introduction to the Use of Structuralist Analysis in Social Anthropology*, Cambridge, Cambridge University Press, 1976 참조.

95) 로랭(Claude Lorrain, 1600-1682): 프랑스의 화가·도안가·판화가이다. [역주]

96) 로자(Salvator Rosa, 1615-1673): 이탈리아의 화가·음악가·배우·시인이다. [역주]

97) Jean-Louis Haquette, "De la mémoire à l'inspiration: le paysage au XVIIIᵉ siècle," dans Michel Collot(dir.), *Les Enjeux du paysage*, Bruxelles, Ousia, 1997, p.157.

여 그는 외쿠메네적 전개의 본질 자체인 어떤 투과를 자신도 모르게 맛본다.

이와 같은 원리를 가장 고도하게 실현시킨 것은 에도시대의 위대한 산책 정원들(kaiyûshiki teien)이다. 예컨대 도쿄에 있는 리쿠기엔 정원이 그렇다. **리쿠 기**(Riku gi)는 **무 쿠사**(mu kusa)로 읽히기도 하는데 중국어 liu yi(六義)를 직접적으로 바꾼 것으로 (시의) 여섯 장르를 의미한다. 이 여섯 장르는 중국의 고전인 《시경》의 서문(〈대서 大序〉)에 열거되어 있다. 따라서 리쿠기엔은 한 문학적 모태의 표현으로 명료하게 제시되고 있다.

이 관저는 한 편의 일본 시를 의미한다(sunawachi Yamato uta nari). 이 시를 읽을 줄 아는 사람들〔문자 그대로 말하면 이 길을 통해 노닐 줄 아는 사람들, kono michi ni asoberu nari〕은 이곳에서 즐길지어다. 정원, 그것은 시의 여섯 장르이다(sono wa kore mu kusa nari).[98]

이 표현의 마지막에서 리쿠기엔이 그것의 동기들 가운데 포함하고 있는 것은 일본 시(이 시는 중국어로 된 일본 시 한시(kanshi)와 구분하기 위해 와카(和歌, waka) 혹은 야마토우타(yamato uta)라 불린다)의 역사에서 유명한 장소들과 장면들을 상기시키는 곳들이다.

이 동기들은 중국문자 **경**(jing)의 일본식 읽기인 **교**(kyô)라 불리는데, **경**은 **사카이**(sakai)로 읽혀지기도 한다. 그것은 한계 · 경계 · 지역을 뜻하기도 하고, 사물의 한 상태에서 다른 상태로 가는 경계 지점을 의미한다. 여기서 **교**는 보다 통상적으로 **미타테**(로서 보다: voir en tant

---

98) 이 인용문은 리쿠기엔의 미타테들을 명명한 번주인 야나기사와 요시야스의 어록을 전하는 한 텍스트에 따른 것이다. Shirahata Yôzaburô, *Daimyô teien. Edo no kyôen*(*Les Jardins de dàimyos. Les banquets à Édo*), Tokyo, Kôdansha, 1997, p.71에서 재인용.

que), 혹은 보다 일반적으로 **메이소**(meisho: 명소)[99]라 불리는 것에 해당한다. 교의 이러한 용법은 다시 말하면 미타테 혹은 메이소가 지닌 깊은 성격을 드러낸다. 다시 말하면 그것들은 물질적 형태로부터 기호권(sémiosphère)으로의 이동들을 나타낸다. 그것들은 '정신적인 것을 향한 긴장(qu ling)'의 체계적인 촉발체들인데, 종병의 《산수화서》는 이 긴장의 원리를 정립한 바 있다(§33).

덧붙일 것은 이와 같은 교(kyô)들이 문학으로부터 출발해 하나의 정원 규모로 어떤 상상적 영토를 전해 주고 있다는 점이다. 이 상상적 영토는 이전의 시대에서 문학 자체가 현실적 영토에 입각해 **메이소**들의 시학[100]을 구상해 내면서 구축했던 것이다. 열도 안에 위치한 하나의 **토포스**는 이와 같은 코라적 특성의 최초 지시 대상인데, 어떤 경우들에서는 사라져 버릴 수도 있었다. 예컨대 (혼슈의 북동쪽) 토호쿠 지방의 마쓰시마 옆에 있는 것으로 추정되고 있지만 그 흔적은 사라진 유키시마라는 표류 섬이 그런 경우이다. 이 섬은 현실의 **교**로부터 상상의 영역으로 결정적으로 넘어갔다. 하나의 **교**를 통해서 다시 정원 속에 육회되지 않는다면 말이다! 이로부터 다른 여행을 떠나는 것이다.

*

교, 물질적인 것과 비물질적인 것 사이의 그 모호한 경계는 우리가 풍토성을 통해서 외쿠메네에 대해 지니는 영향력(접속점)의 상징에 다름 아니다. 이 접속점들처럼, 그것은 그것이 기능적으로 전개하고 **과**

---

99) **메이소**는 원칙적으로 자연 경관이 위대한 지역에 속해 있으며, 정원은 그것의 미타테만을 포함한다. 그러나 미타테가 또한 메이소로 불리는 경우도 드물지 않다. 그 이유는 미타테가 그것이 환기시키는 것과 동일시되고 있기 때문이고, 동시에 그것 자체가 유명한 장소가 되었기 때문이다!

100) 이에 대해서는 Jacqueline Pigeot, *Michiyukibun. Poétique de l'itinéraire dans la littérature du Japon ancien*, Paris, Maisonneuve et Larose, 1983 참조.

도하게 드러내는 의미를 지니고 있다. 이러한 사실로 인해 정원은 그
것의 이곳과 그것이 우리를 데리고 가는 다른 곳 사이에 인간 존재의
구조적 계기를 손에 잡히는 것처럼 느끼게 해준다.

제3부
타자와 함께 존재하기

제7장
중심점

너 자신을 아는 방법을 배워라![1]
(소크라테스의 잠언)

우리의 생각은 대부분의 경우, 의식의 수준 아
래에 있다.[2]
레이코프 · 존슨

37. 근대적 신체

지금까지 외쿠메네적 관계에 대한 우리의 검토가 '자기 자신의-바깥에-있음/있는 존재'(하이데거, 와쓰지 데쓰로)에 대한 해석학적-현상학적 주장과 동물적 신체가 지닌 기능들의 외재화에 대한 고대-인류학적 주장(르루아 구랑)을 연결시키면서 인정하지 않을 수 없게 만들었던 것은 동물적 신체와 인간 환경체가 결합하는 존재론적 구조가 근본적으로 인간적이라는 사실이다. 이러한 접근으로부터 나온 결과는 인간 존재와 외쿠메네적 관계가 상관적으로 전개되는 중심점이 두 신체의 접합부에 위치한다는 점이다. 이 접합부는 더없이 고도한 정도

---

1) "Gnôthi seauton!"
2) George Lakoff et Mark Johnson, *Philosophy in the Flesh. The Embodied Mind and its Challenge to Western Thought*(La Philosophie dans la chair. L'Incarnation du mental et son défi à la pensée occidentale), New York, Basic Books, 1999, p.556.

로 문제적이다. 왜냐하면 물리적인 동일한 현실들이 문제되고 있다는 게 명백하기 때문이다. 우리가 보겠지만, 그 증거는 근대성이 이런 접합부의 부정에 정확히 토대했다는 것이다. 그런 만큼 풍토성의 관점은 근대적 존재론뿐 아니라 인간 존재에 대한 모든 견해들, 다소간 의식적으로 이 존재론에 기초한 그 견해들의 철저한 무효화와 같은 것이다. 잠재적으로 그것은 이 지구 위에서 우리의 모든 활동들과 관련이 있다. 우리는 조금 전에 언급한 접합부를 두 번에 걸쳐 검토하는 것이 불가피함을 이해할 수 있다.

인간 존재의 근대적 견해는 한편으로 우리 신체의 개별성이라는 물리적 명백함과, 다른 한편으로 개인의 개념에 결부된 가치들의 일관된 전체라는 도덕적 명백함을 일치시키고 있다. 이와 같은 일치는 우리로 하여금 **개별적 신체**와 **개별적 인격**을 동일시하게 만든다. 예컨대 선거권의 행사는 기표소에서 우리 각자에 의해 별개로 이루어진다.

존재의 동일한 **토포스** 안에서 물리적인 영역과 도덕적 영역의 이러한 일치의 명칭이 **개인주의**이다. 그런데 그것은 그렇게 오래된 게 아니다. 그것을 확립하는 데 있어서 가장 강력한 계기들 가운데 하나는 1679년에 발효된 영국의 이른바 **인신보호법**(Habeas corpus Act)인데, 이것은 개인의 자유를 보장하고 임의적인 체포에 대한 보호를 해주고 있다.[3] "너는 신체가 있어야 한다!" 사실 이것이 무엇보다도 근대적 명령이다. 이 명령으로부터 민주주의에서 시민의 권리, 노예제도의 폐지, 고문과 사형의 폐지,[4] 피임과 낙태의 합법화, 요컨대 역사와 자연이 개인적 인격에 강제한 구속들을 조금씩 문제 삼는 모든 것이 비롯

---

3) 라틴어 **habeas corpus**는 "너는 신체가 있어야 한다"(이 낱말은 ad subjiciendum, 즉 '그것들을 출석시키기 위해'를 함축한다)는 의미인데, 영국 법정이 당사자는 특히 그의 체포의 합법성을 확인할 수 있도록 신체적으로 재판관 앞에 출석해야 함을 통지하기 위해 사용되었다. 이로부터 이 표현은 내가 뒤에 가서 '근대적 명령'이라 부르는 것을 상징하게 되었다.

된다. 따라서 그것은 또한 특히 자유의 적들을 고발하는 명령이다. 그 정도가 어떠하든, **신체에 의한 구속**은 우리의 형법이 잘 규정하고 있듯이, 실제로 사람들을 예속시키는 가장 피하기 어려운 방법이다.

헤비어스 코퍼스의 선언은 고전적인 근대 서구 패러다임의 확립과 동시대적이며 또 그것을 구성한다. 이 패러다임의 다른 측면들과 마찬가지로, 그것은 하나의 기나긴 역사로부터 비롯된다. 그러나 이 역사는 루이 뒤몽이 보여주었듯이,[5] 그리스-로마 사상보다는 기독교에 빚지고 있다. 사실 고대 도시국가에서 시민(politês)의 존재가 근거하는 토대는 사실적으로, 심지어 존재론적으로 시민을 앞서는 도시국가(polis)의 존재이다. 왜냐하면 여자들과 노예들은 그런 방식으로 존재하지 않기 때문이다.[6] 이와 관련해 철학자들은 인간을 사회적 존재로 생각했다. 물론 예컨대 스토아철학에서 인격의 자율성이 모르는 것은 아니었다. 그러나 그것은 세상에 이를테면 낯설다는 것을 함축했다. 정상적인 삶은 도시국가를 전제했다.

기독교는 초창기에 이와 같은 관계를 수정하지 않았다. 이제 여자와 노예를 포함한 모든 인격이 개인성, 다시 말해 자신의 의식 속에 신의 존재와 연결되어 있기에(신은 바울의 표현에 따르면 **모두 각자 안에 있다**) 잠재적으로 절대적인 그런 개인성을 지니고 있다 할지라도, 이와 같은 잠재성은 내세와 연결되어 있었다. 이승은 그것과 관련되지 않았다. 따라서 뒤몽은 이러한 초기의 기독교를 "각자의 초월을 통한 개

---

4) 물론 이것이 집단적이든 개인적이든 고문하는 자와 살인자를 없앤 것은 아니지만, 예전에 합법적으로 고문하고 살인했던 권력을 이제 권력 자체로 규정하게 해주었다. 이는 무시할 일이 아니다…….

5) 특히 다음에 개진되는 내용에 대해 많은 영감을 주었던 논문, "La genèse chrétienne de l'individualisme moderne," *Le Débat*, 16, sept.-oct. 1981, 124-146 참조.

6) 문헌학이 보여주는 바에 따르면 civis/civitas(시민/도시국가)는 polis/politês 관계를 뒤집고 있다. 그러나 로마인들과 그리스인들에게 똑같이 (사생활을 포함한) 시민의 권리는 모든 사람들에 해당되는 게 아니라는 사실에는 아무런 변화가 없다. 여자들과 노예들은 이 권리가 큰 폭으로 혹은 완전히 박탈되어 있다.

인의 해방으로, 그리고 지상에서 전진하지만 마음은 하늘에 있는 공동체 속에 세계의-바깥에-있는-개인의 통합으로" 규정할 수 있었다 (p.130). 이와 같은 존재론적 구조는 제49대 교황(492-496)인 성 젤라즈가 비잔틴 제국의 황제에게 보낸 편지에서 명시되었다. 이 편지에서 그는 다만 세속적 차원에서 유효한 왕의 potestas(세속적 권력)와 초세속적인 보다 높은 차원에서 유효한 사제의 auctoritas(정신적 권위)를 구분했다. 이와 같은 구분은 1911년 신해혁명이 일어날 때까지 중국 황제의 절대권에서는 생각할 수 없었던 것과 마찬가지로 로마 황제의 신성한 절대권에서는 생각할 수 없었을 것이다. 우리와 관련해서 보자면, 그것이 의미하는 바는 각각의 인격이 이제부터 자기 존재의 사회적 현실을 초월하는 위상을 누린다는 것이다. 달리 말하면 존재는 그것의 인간 환경체로부터 사실상 벗어난다.

앞서 언급된 근대적인 일치에 도달하기 위해서는 이와 같은 초세계적인 위상을 세계화하는 일이 남아 있었다. 이 일은 여러 단계를 거쳐 이루어지게 되는데, 여기서는 대략적으로만 살펴볼 수 있다. 첫번째 단계는 교황의 권위를 정치화하는 것이었는데, 이것을 상징하는 것이 샤를마뉴에게 황제의 관을 씌워 주는 레옹 3세의 행동이었다. 그런데 그렇게 교회는 정치적 기능을 찬탈함으로써 동시에 이 기능에 종교의 보편주의적 가치들을 부여했다. 절대적 영역 속에 정치적 영역의 이와 같은 정착은 근대국가의 기원에 자리잡고 있다. 왜냐하면 근대국가는 이전의 세속적 권력 형태들과의 단절을 나타내기 때문이다. 사실 뒤몽이 강조하고 있듯이 "그것은 상이한 질서들이나 기능들로 구성되는 게 아니라 개인들로 구성된다."(p.140) 이 과정은 구제도가 무너지자, 한편으로 "세계의 완전한 정당화"에, 다른 한편으로 "세계 속으로 개인의 완전한 이동"(*ibid.*)에 이르게 된다.

이와 같은 이동에 부합하는 것이 "개인적인 인격: 개인적인 신체"라는 존재론적 **토포스**의 점진적인 정의(定義)이다. 그런데 이 **토포스**를 차지하는 존재가 그것의 초세속적인 기원으로부터 획득하는 것은 육신, 즉 자기 신체의 육신이 세속적 현실들로 귀결될 수 없는 절대적 환원 불가능성이다. 바로 이와 같은 기원으로부터 그리고 이 기원에 의해 근대인들에게 개별적 인격은 무언가 신성한 것을 지닌다(§39). 동시에 이 인격의 **토포스**는 그를 극복할 수 없는 이원성에 처하지 않을 수 없게 만든다. 사실 이것이 데카르트가 《성찰록》을 통해 다음과 같이 설파하면서 표현하는 것이다. "생각하는 사물," 다시 말해 그의 존재를 만들어 주는 영혼은 그의 신체인 비사유적인 이 "펼쳐진 사물"과 전적으로 그리고 절대적으로 별개이다.

영혼과 육체의 이와 같은 이원론은 데카르트가 생각하는 사물의 존재와 그를 둘러싸고 있는 사물들의 존재를 구분하고, 이를 통해서 주관적인 것과 객관적인 것 사이의 근대적 분리(§15)를 존재론적으로 확립하는 이원론의 필연적인 원리였다. 풍토성의 관점에서 보면, 그것은 그렇게 하여 사실 존재에 초세계적인 **코라**를 보장해 주었다. 이 존재는 '개인적 인격: 개인적 신체'라는 **토포스**로의 그의 환원이 그의 세속적 **코라**와 단절시켰던 존재, 달리 말하면 실존을 박탈했던 존재였다. 《성찰록》의 저자가 볼 때, 사실 우리는 우리가 생각하는 한에서만 존재한다는 확신을 할 수 있다(…).

우리가 제3장에서 살펴보았듯이, 세계를 대상의 특질로 환원시키는 것은 근대 과학의 조건이었다. 우리의 동물적 육체도 마찬가지였으며, 이로 인해 근대 의학의 비약이 이루어졌다. 또 우리의 인간 환경체도 생태적 차원(이로부터 근대적 자연과학의 가능성이 비롯되었다)과 사회적 차원(이로부터 나중에 이른바 인문과학이 비롯되었다)이라는 이중적 차원에서 마찬가지이다. 신체성의 이와 같은 삼중의 대상화는 삼중의 단절을 수반했다. 다비드 르 브르통이 다음과 같이 쓰고 있듯이 말이다.

〔근대적 견해에서〕 인간은 코스모스와 단절되고(육신을 설명하는 것은

더 이상 거시 세계가 아니라 신체 속에만 존재하는 해부학과 생리학이다),
다른 사람들과 단절되고(공동체 유형의 사회로부터 개인주의적 유형의 사
회로의 이동. 이런 사회에서 신체는 개개 인격의 경계선이다), 끝으로 자기
자신과 단절되어(자신의 신체는 자신과 다른 것으로 설정된다) [있다].[7]

이로부터 신체적 기능의 완전한 전복이 비롯된다. 사실 이 저자가 볼
때, 공동체 사회들에서 신체는 '집단적인 에너지의 연결체'(p.34)였
던 반면에 그 반대로 근대의 개인주의와 더불어 그것은 "인격의 경계
를 나타내는 차단체"(ibid.)가 되었다.

또한 데카르트의 이원론이 확립한 상징적 수직화──나는 나의 영
혼과 의식을 통해 나의 존재가 신의 성격을 띠는 한에서 존재한다──
에 우리의 동물적 신체, 다시 말해 이제부터 지상에서 우리 자신을 표
상하기 위해 유일하게 종적을 지닌 이 신체의 복위가 부응해야만 했다.
바로 이것을 표현하는 것이 (노버트 엘리어스의 표현에 따르면) '문명
의 프로세스(Prozess des Zivilisation)'이다. 르네상스 때부터 유럽 사회
들이 스스로에게 강제했던 '풍습의 문명화' 노력 말이다.[8] 우리는 이
노력의 움직임을 에라스무스가 1530년에 부르고뉴의 앙리 대공을 위
해 쓴 《유치한 예의》의 출간을 통해 상징할 수 있다. 문제의 과정에서
근대적이 되어 가는 신체는 훈련되고, 세척되며, 억눌리고, 억압되며,
코르셋으로 죄어지고, 회색 옷이 입혀지며, 내면성을 향해 억압되었
다. 이 내면성 속에서 그것은 심지어 자신과 끝없는 교미를 해야만 했
다! 바로 이러한 대가를 지불하고서 유럽은 빅토리아시대의 **젠틀맨**에
다다랐던 것이다. 브뤼겔의 그림들이 보여주는 라블레적 민중에서 얼

---

7) David Le Breton, *La Sociologie du corps*, Paris, PUF(*Que sais-je* n° 2678), 1992,
p.29.

8) 프랑스어 번역본으로 Norbert Elias, *La Civilisation des mœurs*(1973); *La Société
de Cour*(1974); *La Dynamique de l'Occident*(1975), Paris, Calmann-Lévy 참조.

마나 우리는 멀리 있는가!

실로 멀리 있다. (…) 로베르 뮈샹블레가 강조했듯이,[9] 그러한 움직임은 엘리트(엘리트는 엘리어스의 연구 대상이었다) 가운데서 시작되었는데, 그들과 민중, 특히 농부들 사이의 단층을 만들어 냈다. 농부들은 매우 늦게야 그리고 불완전하게만 이 운동을 따라갔던 것이다. 이와 같은 '문화적인 시간적 비일치(désynchronisation)'는 내가 볼 때, 우리가 앞에서 보았던 삼중의 단절, 특히 인간 환경체의 대상화가 낳은 필연적 결과로 해석될 수 있다. 이 점을 뮈샹블레는 다음과 같이 쓰면서 거의 문자 그대로 말하고 있다.

그리하여 지배적인 소수 집단들의 문화에서 서서히 떠오르는 것은 인류학적 시선과 일반적으로는 인문과학의 시선의 토대 자체를 구성한다. (…) 타자는 오랫동안 자기 자신의 일부, 이제 사람들이 있는 그대로 인정하기를 거부하는 그 일부가 아니었던가?[10]

38. 신체성(corporété)의 발견

따라서 근대적 주관성은 alterare의 근본적 의미, 즉 존재에 속했던 것을 다른 것(alter)으로 만든다는 의미의 변질에 의거하고 있다. 그리하여 우리가 사물들의 의미와 관련해 이미 검토한 바 있는 그 소외 혹

---

9) Robert Muchembled, *L'Invention de l'homme moderne. Sensibilités, mœurs et comportements sous l'Ancien Régime*, Paris, Fayard, 1988.
10) *Op. cit.*, p.11. 우리가 분명히 해야 할 점은 뮈샹블레가 외쿠메네적 관점을 전혀 취하지 않는다는 사실이다. 여기서 그는 프로이트적 관점을 취하고, 이 관점이 엘리트층에서 구성중인 사회 유형에는 유효하지만 민중에게는 그렇지 않다는 점을 강조한다. 민중은 매우 외재화된 부끄러움의 문화, 근본적으로 상이한 심적 구조들을 산출하는 그런 문화에 지속적으로 강력하게 편입되어 있다."(*ibid.*)

은 축출(§29)이 우리의 동류들에게 실현되었다. 우리는 이를 통해 근대성이 위와 같은 과정을 통해서 실질적으로 만들고자 했던 것, 즉 인격의 존엄성과 사물들의 지배가 얼마나 비싼 대가를 지불했는지 알 수 있다. 근대의 역동적 움직임이 데카르트의 존재론을 여전히 근거 지었던 절대를 마침내 없애 버린 시점에서부터 인간 존재의 의미는 사실상 이러한 양자택일 속에 소멸해 버렸다.

Wehe! Es kommt die Zeit, wo der Mensch keinen Stern mehr gebären wird.[11]

불행하도다! 인간이 더 이상 별을 만들어 내지 못할 시대가 오다니.

차라투스트라가 예언했던 것처럼 포스트모던적이고, 쇠퇴-구조주의적이며(bas-structuraliste) 메타 근거주의적인(métabasiste)[12] 지식인인 이 최후의 인간은 요행히 별, 다시 말해 의미가 문제될 때, 잘 알고 있는 듯한 태도로 눈을 깜박거리는 것(blinzeln) 이외에는 무엇을 할지 모르고 있다.

따라서 근대의 양자택일, 달리 말하면 주체-대상의 이원론을 '취약한 사상(pensiero debole)'[13]의 핑계를 대지 않고 극복하는 문제가 제기된다. 사실 이 사상이 의미하는 것에서 보면 우선적으로 그것은 찬양

---

11) Friedrich Nietzsche, *Also sprach Zarathustra(Ainsi parlait Zarathoustra)*, édition bilingue, Paris, Aubier, 1992(1885), p.66.

12) 내가 이 수수한 신조어를 통해 의미하고자 하는 것은 무(無)-근거의 이론가들이다. 한편 후기 로마제국(Bas-Empire)(Bas에는 쇠퇴의 의미가 담겨 있음-역주)을 빗대어 사용된 '쇠퇴-구조주의(bas-structuralisme)'는 프랑스어로 보면 후기 구조주의(poststructuralisme)보다 구조와 관련해 단순히 덜 스트레스를 준다(moins ststressant).

13) '취약한 사상'은 Gianni Vattimo에서 빌린 것인데, 리오타르의 용어에서 '위대한 이야기들의 종말'과 대략 동일한 의미이다. Louis Dumont, "La postmodernité, une réalité entre pensée et discours," *Géographie et Cultures*, n° 31(automne 1999), pp.95-114 참조.

할 만하다. 그것의 의미는 동일한 이데올로기적 작은 쌍안경이 주는 유일한 시야 속에서 모든 것을 설명하겠다는 야망을 포기한다는 것이다. 사실 그것은 취약하다기보다는 나약함으로써 과학주의와 과학주의의 공범자인 시장 경제(자유주의 시장 경제) 앞에서 항복하고 있다. 기호들의 흘수선[14) 아래에서 일어나는 것을 포착하기를 단념하는 것[15) 은 사실 바다의 지배, 다시 말해 사물들의 현실을 물리학[16)에 넘기는 것이다. 이 물리학은, 말할 필요도 없이 그것의 지배하에 있는 힘들을 통일시키는 기획[17)을 결코 단념하지 않았기에 출자자들의 물리학이 되어 있다.

— 그렇다면 기호들의 흘수면 아래에는 무엇이 있는가?

---

14) 흘수선은 배가 물속에 잠기는 선을 말한다. (역주)

15) 이 이미지는 메타 근거주의적인 학설에 대한 암시이다(주 11) 및 제5장 전체 참조). 이 학설에 따르면 기호들은 완전히 자의적이다. 따라서 기표들은 기의들에 비해 표류한다. 따라서 이 학설은 의미를 표류하는 기표들 사이의 이원적 대립의 단순한 산물로 만들고 있다. 이것이 데리다의 용어에서 차연(différance)의 개념이 나타내는 것이다. 달리 말하면 한 기호의 의미는 우리가 코라와 관련해 보았듯이(§5), 회문(回文)으로 다른 기호들로 반송되게 할 뿐이다. 데리다는 '태초에 반복'(*L'Écriture et la différence*, Paris, Seuil, 1967, p.303), '태초에 재-현전'(*La Voix et la phénomène*, Paris, PUF, 1967, pp.50 및 64)이라는 말을 쓰고 있다. 이것을 뱅상 데스콩브는 '비원리의 원리'라고 규정했다(*Le Même et l'Autre*, Paris, Minuit, 1979, p.171). 풍토성의 관점에서 보면, 이러한 주장은 동물적 신체 없는 인간 환경체의 몽환상인 부조리함과 같다 할 것이다. 혹은 하이데거처럼 말하면, 대지 없는 세계와 같다 할 것이다.

16) 고전적 의미에서, 다시 말해 자연과학을 말한다. 특히 그것은 분자생물학과 관계된다. 이 학문은 오늘날 화금석(돈을 벌 수 있는 수단)을 보유하고 있다. 연금술사들에게 화금석은 경이로운 속성들, 특히 싸구려 쇠붙이를 금으로 변화시킬 수 있는 속성을 지닌 실체였다.

17) 물리학의 어휘에서 보자면, 이것은 물질의 네 가지 근본적인 상호 작용("그 하나는 물론 중력이다. 두번째는 물질의 응집력을 우리의 차원에서 설명하는 전자기적 작용이다. 세번째는 일부 방사능 과정을 지배하는 약한 상호 작용이며 끝으로 원자핵의 구성체들을 상호 연결시키는 강한 상호 작용이다." *Le Trésor*, *op. cit.*, chap.1, note 6, p.484) 이라는 양상을 띤 유일한 힘을 찾아내는 것이다. 그러나 여기서 그것은 다분히 하나의 이미지, 화금석——이것이 과학에서 시장에 흥미를 유발하는 유일한 것이다——의 추구를 의미하는 이미지이다.

— 우리가 제2부에서 보았듯이, 자신의 동물적 신체와 인간 환경체의 구조적 계기 속에서, 다시 말해 자신의 신체성 속에서 이야기하는 인간 존재가 있다. 내가 폴린 혹은 페레트와 대화하면서 음성적 기호를 발신할 때, 사실 내 입(나의 동물적 신체)을 가지고, 주변의 공기를 진동시킴으로써, 또 프랑스어(우리의 인간 환경체)의 매개를 통해서, 그리고 그녀 귀(역시 그녀의 동물적인 신체)의 필요하지만 충분치 않은 통로를 통해 그녀로 향함으로써 그렇게 하는 것이다. 따라서 우리 각자의 신체성이 하나의 동일한 인간 환경체 속으로 통과하는 투과를 통해서이다. 폴린이나 페레트의 동물적 신체가 이러한 작용에서 필요하지만 충분한 것이 아닌 이유는 내가 하나의 신체에 말하는 게 아니라 하나의 인격(다시 말해 '동물적 신체/인간 환경체'라는 투과적 복합체)에게 말하기 때문이다. 말한다는 것은 그 이하가 아니다. 그런데 그것은 근대성의 패러다임, 즉 '개인적 인격: 개인적 신체'라는 존재론적 **토포스**의 패러다임에서는 생각할 수 없다. 왜냐하면 이 토포스는 초세계적인 절대 이외에는 다른 **코라**가 없거나 없었기 때문이다. 따라서 언어를 전달체로 지닌 것, 즉 근거가 박탈된 의미는 절대적으로 기표들로 반송된다. 달리 말하면, 말하는 것은 인격이 아니고 듣는 것도 인격이 아니다. 두 개의 해부학적 구조 사이에 진동하는 음향 감도만이 있다. 더 이상 페레트도 폴린도 없고 기호들의 공학(ingénierie)에 내준 자리만이 있다!

이러한 관점 속에 있는 불편한 점은 엔지니어 없는 공학은 없다는 것이고 이 공학이 (최소한 부분적으로는) 인간 환경체에 다름 아니다는 것이다. 나아가 우리가 주목해야 할 것은 엔지니어들이 그런 인간 환경체를 자신들에게 인정한 최초의 사람들이었으며, 인간 환경체를 자신들에게 보다 친근한 외쿠메네적 접속점이란 이름으로 명명했다는 점이다. 광산이나 다리 따위가 이런 접속점인데 그들은 현대 사회에서 그것들을 능란하게 이용하는 방법을 배웠다.[18] 그러나 자신도 모르는 사이에 산문을 지었던 주르댕 씨[19]처럼, 그들은 신체성을 신체성으로 생각하지 않았다. 한편 철학은 이런 측면이 철학의 문제였을 텐데도, 근대적 패러다임의 힘이 워낙 강하다 보니 이 문제에 다다르기 위해서 메를로 퐁티를 기다려야 했다.

모리스 메를로 퐁티(1908-1961)는 오늘날 인지과학에 의해, 특히 내가 §39에서 언급하게 될 《육신 속의 철학》의 저자들에 의해 다음과 같이 찬양되고 있다.

제목 속에 '철학'과 '육신'이라는 낱말을 담고 있는 모든 책은 모리스 메를로 퐁티에 대해 분명한 빚을 지고 있음을 표현해야 한다. 그는 우리 경험의 원초적 구현과 관련해 '육신(chair)'이라는 낱말을 사용했고, 우리가 그 안에 살면서 느끼는 그런 세계인 '세계의 육신'이라 그 자신이 명명한 것에 대해 철학의 관심을 집중시키고자 했다.[20]

메를로 퐁티는 아마 **세계의 이 육화적 성격(carnalité)**을 환기시킨 최초의 인물은 아닐 것이다. 《지각의 현상학》이 나오기 이전에 이 관념은 예컨대 《풍토》 속에 들어 있다. 이 책에서 와쓰지 데쓰로는 인간 환경을 이 환경을 체험하는 사람들의 육신과 비교한다.

여기서 인간의 이중적인 개인적 · 사회적 성격의 관점에 위치함으로

---

18) 프랑스인이 아닌 독자는 이런 개인적 농담(private joke)을 용서해 주길 바란다. 프랑스에서 토목학교나 광산학교와 같은 그랑제콜 출신인 엔지니어들은 출신학교 이름을 딴 '단체(corps)'라 불리는 동업조합으로 조직되며, 이 단체들은 정치 권력 따위에 압력을 가하거나, 혹은 구성원들의 승진을 유리하게 하기 위한 수단이 된다. 농담을 벗어나면, 게다가 이 암시는 동물적 신체/인간 환경체라는 접합부의 사례 자체이다.

19) 몰리에르의 《평민귀족 Bourgeois gentilhomme》의 주요 인물이다. [역주]

20) Lakoff & Johnson, op. cit., note 2, p.XI. 이 저자들은 메를로 퐁티에 경의를 표하면서 존 듀이(1859-1952)를 연결시키고 있다. 교육학 사상가인 듀이는 실제로 수련 · 소통 · 사유 일반에서 육체적 경험의 역할을 강조했다.

써 [우리가 생각하는 것은] 육신의 주체성(nikutai no shutaisei)이 인간 존재의 시·공간적 구조를 토대로 확립된다는 점이다. 따라서 주체의 육신이라는 것은 고립된 육신이 아니다. 통합되면서도 분리되고, 통합 안에서 개별화되며, 따라서 유동적 구조를 소유하는 상태에 있는 것, 이것이 주체의 육신이다. 그런데 이러한 유동적 구조에서 온갖 종류의 유대가 전개되는 순간부터 육신은 무언가 역사적이고 인간 환경적인 것(rekishiteki-fûdoteki na mono)이 된다. 왜냐하면 인간 환경 역시 인간의 육신이기 때문이었다(fûdo mo mata ningem no nikutai de atta). 그러나 개인의 육신이 단순한 신체(buttai)로 간주되었듯이, 인간 환경은 물리적 환경으로서만 객관적으로 간주되게 되었다. 이런 사정으로 육신의 주체성을 확립해야 할 이유가 있듯이, 인간 환경의 주체성을 확립해야 한다.[21]

그러나 와쓰지 데쓰로는 첫번째 목표를 계속 추구하지 않고 두번째 목표에 집착했다. 그는 신체성의 사상가가 아니라 풍토성의 사상가였다. 반면에 신체성의 사상가라는 명칭은 메를로 퐁티로 돌아간다. 10년 전부터 이 문제에 부딪쳤던 나는 왜 그런지 알 수 없지만 외쿠메네의 역동적 움직임에서 이 문제의 결정적 역할을 분명하게 느꼈다. 그런 나에게 홋카이도에서 아름다운 가을에 《지각의 현상학》 읽기는 너무 지체된 것이기는 하지만 빛나는 계시와 같은 것이었다.[22] 이 책에서 나는 임상신경정신의학(오늘날 이 학문은 그렇게 불린다)의 엄청난 준

---

21) Watsuji Tetsurô, *op. cit.*, 서론, note 4, pp.21-22. 흥미있는 점은 와쓰지 데쓰로가 끝에서 세번째 문장에서 완결형인 **atta**를 사용하고 있는데, 이는 그 앞의 문맥상으로 볼 때 기대될 수 없는 것이다. 그가 이를 통해 의미하고자 하는 바는 그 자신이 다음 문장에서 언급하고 있듯이, 이러한 구조가 근대의 존재론에 의해 거부되었다는 점이라 생각된다.
22) 나는 이 기회를 빌려 민중 운동 사가(史家)인 모리야마 군지로에게 감사를 드린다. 그는 1988년 10월 비바이의 센슈대학에 와 풍토성에 대한 강의를 하게 해주었다. 나는 그곳에서 《지각의 현상학》을 읽지 않을 수 없도록 이 책만을 가지고 갔다.

거 자료에 힘입어 당시까지──르루아 구랑을 제외하고──와쓰지 데쓰로의 현상학적 직관이나 하이데거의 난해한 표현들을 통해서만 이해했던 것에 대한 확인을 발견했다.

본서는 매우 잘 알려진 작품을 요약하는 자리가 아니다.[23] 그런 만큼 나는 이 책에서 풍토성 관점의 중심점과 결부되는 몇몇 대목을 발췌하여 인용하겠다. 예컨대 절단 수술을 받은 사람들의 '환영 사지들'[24]과 관련된 대목을 보자.

〔반사는〕'어떤 행동 환경'을 향한 우리의 방향을 설명하는 선(先)객관적인(préobjective) 양태〔이다〕(p.94).

우리의 신체는 습관적인 신체의 층위와 현행적 신체의 층위라는 두 개의 별개 층위 같은 것을 포함하고 있다(p.97).

또는 투과의 왕복 운동을 설명하는 다음과 같은 대목이 있다.

구체적으로 포착된 인간은 어떤 유기체에 결합된 정신 현상이 아니라, 때로는 신체적이 되도록 하고 때로는 인격적 행위들로 향하는 존재의 그 왕복 운동이다(p.104).

혹은 '신체적 도식'의 개념을 통해 동물적 신체와 인간 환경체 사이의 접합부를 밝히는 부분을 보자.

---

23) Maurice Merleau-Ponty, *Phénoménologie de la perception*, Paris, Gallimard, 1945. 아래에서 내가 참조하는 책은 '텔' 총서로 재판된 것이다.

24) 이 표현은 다음과 같은 현상을 나타낸다. 즉 절단된 자들은 신체적으로 없어진 사지를 아직도 지니고 있다는 느낌을 갖고 있다는 것이다. 심지어 환영사지에서 느껴지는 고통이 사지에서 없어진 부분에 침술을 놓음으로써 치유된 경우가 인용되고 있다(쓰쿠바대학교 신경외과학과장인 외과 의사 아유자와 사토시 박사가 1999년 8월 21일 타카야마에서 개인적으로 한 말임).

우리가 움직이는 것은 우리의 객관적인 신체가 결코 아니고, 우리의 현상적 실체이다(p.123).

애초에 의식은 '나는 (…)을 생각한다'가 아니라 '나는 할 수 있다'이다.[25] (…) 자신의 신체를 움직이는 것은 신체를 통해 사물들을 목표로 하는 것이고, 신체로 하여금 아무런 표상도 없이 자신에게 행사되는 사물들의 자극에 답하도록 하는 것이다(p.161).

[신체적 도식은] 직접적으로 주어진 하나의 불변 요소[이며], 이것을 통해 상이한 운동 과제들이 순간적으로 영역을 바꿀 수 있다. 언어적인 명령에 운동적 방향을 주는 것은 세계 속에서 내 신체의 경험[이다] (p.165).

메타 근거주의적인 학설과는 전혀 다른 빛을 소통에 던져주는 부분을 보자.

동작들의 의미는 주어지는 게 아니라 이해된다. 다시 말해 그것은 관객의 행위에 의해 재포착된다(p.215). (…) 나를 통한 타인의 확인과 타인을 통한 나의 확인이 있다(p.216). (…) 언어를 이와 같은 소통적 흐름 속에 재위치시켜야 한다(p.218).

그러나 메를로 퐁티는 와쓰지 데쓰로를 모르고 하이데거의 **자기-바깥에-있는-존재**(Ausser-sich-sein)를 참조하지 않음으로써 이러한 신체성의 **코라**를 생각할 수 없었다. 그는 다음과 같은 것을 말하는 것으로 그친다.

고유한 신체의 불가사의한 성격(…). 그것은 그것이 있는 곳에 있지

---

25) 메를로 퐁티는 여기서 후설을 참조하고 있다.

않고, 그것의 드러나는 모습 그대로의 존재가 아니다(p.230).

그러면서도 그는 다음과 같은 사실을 분명하게 보여준다.

살아 있는 신체에 내재적이거나 혹은 그 속에서 탄생하는 의미의 이러한 드러남, 그것은 모든 감각적 세계에 확대된다(p.230).

그리고 또 보여주는 것은 이런 것이다.

〔현실계는〕 인류학적 술어들이 실려 〔있다〕(p.370).

그렇지만 이런 사실은 메타 근거주의적인 관점에서는 인식될 수 없다. 왜냐하면

내가 인류학적 공간들 속에서 전적으로 살지는 않기 때문이다. 나는 나의 뿌리들을 통해서 자연적이고 비인간적인 공간과 언제나 결부되어 있다. (…) 이 공간은 언제나 타자를 통해 투명하게 나타나는 자연적 세계이다(p.339).

이런 현상은 외쿠메네적 관계에 다름 아니다.

39. 신체성은 어디까지 가는가

우리는 제4장에서 기술적 · 상징적 체계들이 우리의 인간 환경체를 세계의 끝까지 확장하고 있음을 보았다. 이 인간 환경체는 인류 전체에 고유한 것이다. 그것은 로봇이 화성에 가서 돌을 다루는 일을 가능

하게 해주는 것이다(§27). 바로 이런 점에서만 우리 조상들이 앞니와 손톱의 기능을 확장시키기 위해 마련된 돌들을 체계적으로 사용하기 시작했던 외재화가 추구된다(§20). 그러나 각각의 인간은 이 인간 환경체의 모든 측면들과 동일한 정도로 관련을 맺고 있는 게 아니다. 예컨대 화성의 돌은 무인 우주선 패스파인더와 로봇 소저너를 원격조정하는 엔지니어들만큼 나와는 관련이 없다. 나는 나의 작은 세계가 있으며, 그들은 그들 나름의 (계량적으로 보다 방대한) 세계가 있다. 그 이유는 인류의 일반적 신체성, 혹은 세계의 육화적 성격은 인간들(1999년 6월에 60억)이 있는 만큼이나 많은 중심점들을 포함하고 있으며, 이 중심점들이 개인들과 인류 사이의 매개적 동기들인 집단들과 사회들로 응집되기 때문이다. 이런 작용은 와쓰지 데쓰로가 강조한 귀속유동성을 통해서이다(§38). 사실 이와 같은 매개적 집중들은 사물들이 아니라 다양한 시간 규모들을 지닌 과정들이며, 이 과정들에는 베르나르 르프티가 '합의 모델의 역사성'이라 불렀던 것이 새겨져 있다. 이 모델들은 사회적 행위자들이 이런저런 명분을 지닌, 자신들의 관행·일·획득물에 따라 만들어 내는 것이다.[26]

풍토성의 관점에서 볼 때, 문제의 역사성은 '완만한 리듬을 타는 역사'나 '사실(史實)만을 기록하는 역사'와 관련이 있을 뿐 아니라 페르낭 브로델이 '거의 부동의 역사'와 동일시했던 것과도 관련이 있을 수 있다.[27] 그러나 브로델에게 후자(부동의 역사)가 '인간이 자신을 둘러싸고 있는 환경과의 관계 속에서 드러내는 역사'인 반면에, 나는 전자들 역시 직접적으로 이 관계, 다시 말해 외쿠메네와 관련이 있다고 생각한다. 외쿠메네는 시간의 모든 규모들에서 귀속유동적이다. 예컨대 신석기시대의 개간과 PAC[28]의 급변 사이에서, 유럽의 대서양 연안 지역들의 숲 풍경인 그 외쿠메네적 접속점은 고찰되는 장소들과 측면들에 따라 브로델의 세 개 규모에 분명히 속한다.[29] 지난 세기에 아우구스트 마이첸 같은 인물이 독일 정신의 아득한 흔적으로 간주할 수 있었던[30] 그 농경 풍경인 들판도 마찬가지이다(…).

내가 그렇게 하고 있듯이, 시간의 모든 규모들에서 이루어지는 외쿠메네의 이와 같은 귀속유동성에 대한 강조가 목표로 하는 것은 데카르

26) Bernard Lepetit(dir.), *Les Formes de l'expérience. Pour une aurtre histoire sociale*, Paris, Albin Michel, 1995, p.15. 나아가 르프티는 '집중들의 짧은 시간'을 강조했는데, 우리는 풍토성의 관점에서 이런 입장에 동의할 수 없다. 우리가 뒤에 가서 설명하겠지만 이 문제에 있어서 우리의 관점은 브로델적이다. 그가 주도적으로 편집하여 내놓은 이 책의 전반적인 주안점이 실질적으로 《아날 *Annales*》지(오늘날 이 잡지는 《역사, 사회과학 *Histoire, sciences sociale*》이라는 부제가 붙어 있다)의 초기 시기 이후 사회과학고등연구원에서 조금씩 확립되었던 메타 근거주의적 이데올로기를 예시하고 있다는 사실을 강조하는 것은 너무 일찍이 타계한 한 동료──나는 이 동료와 아주 좋은 관계에서 협력했다──에 대한 추억을 지키는 일이 아닐 것이다. 풍토성의 관점에서 볼 때, 행위자들 사이에 이루어진 합의 모델들의 역사성을 인정한다고 해서 그 결과로 사회 문제가 쳇바퀴만 돌 뿐인 것은 아니며, 따라서 르프티가 p.14에서 쓰고 있듯이 다음과 같이 말할 수 없는 것은 전혀 아니다. "사회는 자신의 현재적 구조들을 조직하거나 자신의 역동적 움직임들을 조절하기 위해 자신을 초월하는 고정점은 전혀 가지고 있지 않다. 그것은 자체의 준거들을 산출하고 그 스스로를 위해 자체의 동력을 형성한다." 흥미있는 것은 내가 이 책에 대해 쓴 서평에서 이러한 유보적인 점들을 지적했는데도, 이 서평이 《아날》지 편집진에 의해 주목받지 못했으며, 그래서 나는 그것들 다른 데(*Espace géographique* 및 *Lettre de l'AREHESS*[Association pour la recherche à l'École des hautes études en sciences sociales: 사회과학고등연구원 연구회]. 이 참고 자료들은 파리에서 무시되고 있었으나 1996년에 아마 돌아다니고 있었을 것이다)에 싣지 않을 수 없었다는 사실이다.

27) Fernand Braudel, *La Méditerranée et le monde méditerranéen à l'époque de Philippe II*, Paris, Armand Colin/Le Livre de Poche, 1990(1949), pp.16-17.

28) 유럽연합공동농업정책(Politique agricole commune de l'Union européenne)을 말한다.

29) 예컨대 Louis Merle는 *La Métairie et l'évolution agraire de la Gâtine poitevine de la fin du Moyen Âge à la révolution*, Paris, SEVPEN 1958에서 르네상스에서부터 19세기까지 프랑스 서부 지방에서 숲 풍경의 확장 운동을 보여주었다. 이러한 귀속유동성은 멈추지 않았다. '영광의 30년' 동안 이루어진 구획 정리에 따른 울타리들의 평탄화 작업이 있은 후, 현재는 다양한 이유로 작은 숲들을 다시 만드는 일이 진행 중이다. 예컨대 루에(멘)의 그 유명한 닭이 맛있는 이유는 이런 작은 숲 속에서 반쯤 자유롭게 길러지기 때문이다.

30) 이와 같은 발상은 Anneliese Krenzlin이 "Zur Genese der Gewannflur in Deutschland," Geografiska Annaler, XLIII(1961), 190-205에서 강조한 바 있는 오류──암울한 지리정치학적 결과를 수반하는 오류──이다.

트의 존재론이 낳은 파장들 가운데 하나를 비판하는 것이다. 즉 시간 속에서 경쾌하게 움직이는 정신이 우리의 동물적 신체를 필두로 공간 속에 무겁게 펼쳐지고 있는 물체들로부터 벗어날 수 있다는 환상 말이다. 사실 인지과학이 점점 더 분명하게 보여주고 있듯이, 우리가 생각하는 것은 우리의 신체를 통해서일 뿐 아니라 **생각하는 우리의 신체**를 통해서이다. 그리고 그것은 신체가 분리된 것처럼 이루어지는 게 아니라 그것의 물리적·사회적 환경과의 관계 속에서 이루어진다. 풍토성의 관점에서 볼 때, 내가 뒤에 가서 보여주겠지만(§41), §19에서 규정된 이중의 의미에서 이러한 귀속유동성은 우리가 방금 어렴풋이 보았던 농경 풍경들과 같은 지리학의 전통적 대상들과 마찬가지로 우리의 가장 공들인 사유 방식들과도 관련이 있다. 그러나 우선 사유하는 신체라는 이 중심점을 먼저 검토해 보자.

이러한 전망을 연 것은 메를로 퐁티이다. 그것은 우리가 생각하기 위해선 두뇌가 필요하다는 평범한 명백성보다 엄청나게 멀리 우리를 끌고 간다. 사실 문제가 되는 것은 뇌의 생리학적 메커니즘들만이 아니다. 그런 관점에 선다면, 우리는 뇌에 대한 근대적 패러다임에 머물고 말 것이다. 문제가 되는 것은 사유의 모든 양태들에서, 다시 말해 동물적 신체와 인간 환경체 사이에 이루어지는 접합부의 구조적 계기에서 사유의 본성 자체이다. 한마디로 말해 기본 착상은 사유가 신체성에 속한다는 것이다.

이러한 관점으로부터 가장 급진적인 전망을 끌어낸 두 저자들, 조지 레이코프와 마크 존슨에게 사실 풍토성의 문제틀은 매우 생소하다. 비록 그들이 쓴 《육신 속의 철학》[31]의 서론이 메를로 퐁티와 관련하여 세계의 육화적 성격을 환기시키고 있지만, 그들이 개진하는 논지의 본질은 사유가 동물적 신체의 경험에 입각해 은유적 방식으로 전개된다는

---

31) *Op. cit.* en note 2.

점을 보여주는 것이다. 그러나 이와 같은 주장은 동물적 신체와 인간 환경체의 접합부, 풍토성의 중심점인 그 접합부를 직접적으로 밝혀 준다. 여러 번에 걸쳐 두 저자는 우리 문제틀의 기본 개념들 가운데 몇몇을 설명해 줄 수 있다고 보이는 시각들을 표현한다. 예를 들면 그들이 색깔들의 지각이 순전히 객관적이지도, 순전히 주관적이지도 않고, '상호 작용적'(p.24)이라는 사실을 보여줄 때, 투과성의 개념 같은 것이다. 사실——이런 사례는 실험심리학에서 매우 잘 알려져 있다——사물들 그 자체는 우리가 그것들에 부여하는 색깔들이 아니다. 다른 한편으로 뇌가 그것들에 그런 색깔들을 부여하는 게 자의적인 것은 아니다. 그것은 그것들을 구축하지만, 사물들에 속하는 물리적 토대를 통해서 그렇게 한다. 두 저자는 그 속에서 하나의 '육화된 사실주의(embodied realism)'(p.25)를 보며, "현실적 인간 존재에게 유일한 사실주의는 육화된 사실주의"(p.26. **사실주의**라는 말은 여기서 사실주의보다는 '현실'로 이해해야 한다)라고 주장한다.

　따라서 레이코프와 존슨은 사유의 가장 큰 부분이 신체 속에 육화된 '인지적 무의식'에 속한다는 점을 보여준다. 게다가 이 무의식은 신체의 의식적 부분을 구조화시킨다. 이 두 차원 사이의 관계는 예컨대 다음과 같은 '일차적 은유들'의 일부 사례들을 토대로 확립된다.

Affection is warmth	애정은 따뜻함이다
Important is big	중요한 것은 큰 것이다
Happy is up	행복한 것은 위를 향한다
Intimacy is closeness	내밀한 것은 가까움이다.
Bad is stinky	나쁜 것은 냄새가 난다
Difficulties are burdens	어려움은 짐이다
More is up	보다 많은 것은 위를 향한다
Categories are containers	범주들은 용기(容器)들이다.

Relations are containers[32]	관계들은 용기(容器)들이다.
Similarity is closeness	유사함은 가까움이다
Time is motion	시간은 운동이다
States are locations	상태들은 소재지들이다
Help is support	도움은 버팀대이다
Purposes are destinations	목적들은 목적지들이다
Understanding is grasping	이해한다는 것은 잡는 것이다.

이와 같은 은유들은 불가피하며 직접적이다. 사실 그것들은 활발하게 상호 작용하는 우리의 신경 회로들 속에 앤그램화되어(engrammées) 있다. 그것들은 감각-동력의 영역인 하나의 원천으로부터 주관적인 경험의 영역인 하나의 목표를 향해 가는 일정한 방향 속에 놓여 있다. 이원천은 술어의 위치에 있다(예컨대 "애정은 따뜻함이다"에서 '따뜻함' 처럼 말이다).

이와 같은 해석은 인지과학의 실험적 토대를 통해, 우리가 §30에서 술어의 논리(lgP)와 주어의 논리(lgS) 관계와 관련해 보았던 것을 확인해 준다. 사실 그것은 우리가 우리의 신체에 입각해 세계에 술어를 부여하고 있다고 말하는 것과 같다. 게다가 이런 측면은 문자 그대로 메를로 퐁티의 관념, 즉 현실계는 '인류학적 술어들'이 실려 있으며, 그리하여 현실을 낳는다는 관념(§38)에 부합한다. 그것은 논리학자들과 문법학자들만의 영역을 훨씬 뛰어넘는다. 이러한 술어 작업은 대부분 무의식의 차원에서 우리의 육신 자체에 의해 실현된다. 이 문제에 있어서 의식은 빙산에서 떠오른 부분과 같다.

이와 같은 일차적 은유들로부터 이차적인 은유들이 솟아오르며, 이

---

32) 우리가 §41에서 검토하겠지만, 니시다 기타로의 '장소의 논리'는 이러한 은유로부터 비롯된다.

런 과정은 계속된다. 이런 후속적 은유들은 물론 점점 더 언어적·문화적으로 유형화된다. 그렇게 하여 레이코프와 존슨이 분석한 많은 사례들은 영어의 흔적을 지니고 있다. 게다가 여기에는 내가 볼 때 그들의 주장과 모순되는 게 아무것도 없다. 왜냐하면 우리가 §30에서 보았듯이, 언어(langage) 자체는 존재하지 않기 때문이다. 그것은 어떤 자연 언어체(langue)에 필연적으로 심급화되어(instancié) 있기 때문이다. 그런데 더없이 직접적으로 신체에 귀속하는 은유들이라 할지라도 언어체에 따라 이상하게 나타날 수 있고, 따라서 자의적으로 나타날 수 있다. 예컨대 우선 보기에 프랑스어 표현 'au pied levé' (준비없이)[33]는 '약점을 찾아내다'를 의미하는 일본어 표현 'prendre le pied levé' (age ashi wo toru)[34]와 아무런 연관이 없는 것처럼 보인다. 그러나 우 언어체 각각의 구체성 속에서 이들 각각의 표현은 직접적으로 느껴지는 신체적 경험으로부터 비롯된다(이 경우 일본어 표현은 스모 경기자들의 어휘에서 왔다). 그리고 'se tenir les côtes(너무 우스워서 배꼽을 잡다)'가 일본인들에게 아무것도 의미하지 않는다 할지라도(왜냐하면 그들에게 그런 의미는 'se tenir le ventre(hara wo kakaeru)'이기 때문이다)[35] 아무것도 감추어진 은유의 보편성을 약화시키지 않기 때문이다.

지면의 제약상 물론 나는 여기서 초보적인 이미지들만을 예로 들었다. 그러나 레이코프와 존슨은 6백 쪽이 넘게 자신들의 논지를 개진하면서 육화된 정신(embodied mind)(정신적인 것의 육화적 성격)의 관점에서 철학의 여러 근본적인 주제들(시간·원인·정신·도덕성 등)뿐 아니라, 플라톤에서부터 언어와 합리성의 현대적 견해들에 이르기까지 철학사의 강력한 시대들을 다루게 된다.[36] 그 가운데 하나만 예를 들어보겠는데, 이것을 선택한 이유는 이 사례에서 우리가 무근거의 이데올

---

33) 글자 그대로의 뜻은 '발을 들고'이다.〔역주〕
34) 글자 그대로 말하면 '들은 발을 공격하다'이다.〔역주〕
35) 일본어에서 '배(ventre)'가 프랑스어에서 '갈비(côtes)'로 바뀌어 있다.〔역주〕

로기(물론 이 이데올로기는 풍토성의 주장에 반대될 뿐 아니라 두 저자의
주장에도 반대된다)를 재발견하기 때문이다. 그것은 실존주의적 윤리
이다. 여기서 이 윤리는 카뮈의 작품 《페스트》에서 리외 박사가 죽음
의 도시에 남아 있기로 한 선택에 의해 예시된다.

　　우리 같은 독자들은 이것을 고귀하다고 생각할 수 있을 것이다. 왜냐
하면 **우리**는 양육(nurturance)을 중요하다고 생각하는 가치 체계를 지니
고 있기 때문이다. 그러나 실존주의자의 관점에서 보면 어떤 의미에서
든 이런 행동에 박수를 보내야 할 아무런 이유가 없다(there is no basis).
그러한 배려와 염려를 긍정하는 것이 **선택**되고 있을 뿐이다(p.324).

　　레이코프와 존슨은 이 사례를 '너그러운 가정' 유형의 도덕성 형태
로 해석한다. 이 유형은 '양육하는 부모가 있는 가정'이라는 모델의 병
리학적 형태이며, 이 모델 자체는 '인류는 가족이다'라는 은유 자체로
부터 비롯된다(이 은유를 확립시키는 또 다른 모델은 '엄격한 아버지가
있는 가정'이다). 뿐만 아니라 여기서 아버지(하느님, 이성의 신, 일반
의지, 본질 등)는 죽어 있다. 이로부터 유일한 한계가 상황적인 것으로
설정된 자유가 비롯된다.[37]
　　이와 같은 엄청난 작업으로부터 내가 여기서 다만 유념하고자 하는
점은 두 가지 결론이다. 우선 그러한 주장이 풍토성의 관점과 폭넓게

---

36) 그리하여 그들은 데카르트적 · 칸트적 · 현상학적 · 공리주의적 · 촘스키적 · 후
기구조주의적 · 컴퓨터공학적 '인물들,' 분석철학의 인물, 그리고 합리적 행동 이론
의 인물을 차례로 무너뜨린다. 사실 그 모든 견해들은 제2세대 인지과학의 실험적
자료들에 의해 반박되고 있다. 제1세대는 그 반대로 분석철학의 잘못된 전제들——
한마디로 말하면 진리를 있는 그대로 정립한다는, 수학의 본질(즉 §30에서 적용된 공
식에서 R=lgS)에서 출발했었다. 레이코프와 존슨에게 이는 정신의 시각에 불과하다.
왜냐하면 사유의 현실은 대부분의 경우 은유적이기 때문이다. 그들의 입장은 풍토성
의 관점(즉 R=lgS/lgP)에 부합한다.

일치하며, 그것을 공고하게 해준다는 점이다. 그러나 다음으로 그것이 저자들로 하여금 내가 거부하는 애매한 생태학적 전체주의(holisme)에 속하는 어떤 결론들로 이끈다는 점이다.[38] 그런데 이런 측면은 우연한 게 아니다. 사실 그들의 논지는 인격의 도덕적 존엄성을 확립한 초세계적 준거(§37)를 무너뜨리고 있다. 그리하여 그들은 메타 근거주의적인 학설과 유사한 오류에 빠지고 있다. 무-근거에 그들이 대체하는

---

37) 낸시 휴스턴은 《제2의 성》에서 시몬 드 보부아르의 입장과 관련해 1999년 1월 27일자 《르 몽드》지에 실은 〈아테나 콤플렉스〉라는 글에서 다음과 같이 쓸 때 이와 같은 비판과 동일한 방향 속에 있다. "한 세대 전체의 프랑스 사상가들――사르트르·카뮈·바르트·바타유, 그외 많은 다른 사람들――이 아버지 없이, 따라서 '초자아 없이' 가볍고, 자유로우며, 불확정적인 모습으로 성장했다는 사실은 놀라운 일이다. (…) 그들은 영원한 현재 속에 진화할 수 있는 유쾌한 환상을 유지할 수 있었다. 초월적 주체로서 인간――이 견해에 따르면 하나의 인간이라 불리는 것――이 선택된다. 창안된다. 이 인간의 결정론들이 뽑혀 나간다. 자기 자신이 발생한다. 의미――진정한 의미――는 분만과 같은 동물적인 현상으로부터는 결코 나타날 수 없다." 이런 주장들에 대해 휴스턴이 이렇게 반박한다. "아테나 같은 여신들만이 자신들의 아버지의 머리로부터 완전 무장한 채 출현한다. 존재들은 어머니의 육체에 종속된 채 작고 허약한 모습으로 출현한다. (…) 복제의 과학은 그랑제콜의 학위를 손에 든 수다쟁이 성인들을 탄생시키는 데는 아직 성공하지 못했다."

38) 나는 생태학적 전체주의에 대한 이와 같은 비판을 《지상에서 인간이 된다는 것. 외쿠메네의 윤리 원리 Être humains sur la Terre. Principes d'éthique de l'écoumène》 (Paris, Gallimard, 1996)에서 개진했다. 생태학적 전체주의(이 낱말은 전체를 의미하는 그리스어 holon에서 나왔다)는 인간을 다른 생명체들과 동일한 차원에 놓으며 생명권이라는 그 전체를 그것의 부분들(이 가운데 인류가 들어 있다)보다 우위에 위치시킨다. 이러한 주장은 일차적으로는 합리적이지만, 사실 인간이 동물로 회귀하지 않고서는, 다시 말해 인간을 제거하지 않고서는 극복 불가능한 일련의 부조리들을 야기한다. 예컨대 레이코프와 존슨은 p.566에서 이렇게 쓰고 있다. "육화된 정신성(embodied spirituality)은 자연이 생명이 없는 게 아니며 인간보다 못하지 않다는 점을 이해할 것을 요구하고 있다. 그것은 생명이 있으며 인간 이상이다. 그것은 대지와 공기, 바다와 하늘, 식물 및 동물과 신체적 접속에서 즐거움과 기쁨을 요구한다――그리고 이것들 모두가 인간 이상이고, 그 어떠한 인간 존재가 성취할 수 있는 것 이상이다는 점을 인정하기를 요구한다." 이런 입장은 외쿠메네의 문제틀을 요구하는 문제들을 민중 선동적으로 간략하게 다루는 것이다. 하지만 최소한 우리가 인정해 주어야 할 점은 레이코프와 존슨이 그들의 책 마지막 부분에서 이런 표류를 하고 있다는 것이다. 이것은 막연하게나마 내가 볼 때 캘리포니아에서 개화하고 있는 다양한 신비주의들에 대한 긍정적 암시를 하고 있는 것 같다.

것은 무(無)-하늘이다. 나로서는 인간적 술어화가 지닌 현실이 보다 복잡하다고 생각한다(§42).

40. 우리 인간 환경체의 본성

우리가 §37에서 보았듯이, '개인적 신체: 개인적 인격' 이라는 근대적 **토포스**의 도래는 엘리트층과 대중 사이의 문화적 분열을 수반했다. 특히 엘리트층은 뮈샹블레에 따르면, 프로이트적 유형의 행동들을 전개한 반면에, 대중은 '매우 외재화된 부끄러움의 문화 속에 편입되어' [39] 있었다.

부끄러움 문화의 개념은 **죄 문화**의 개념과 대립되는 것으로 인류학자 루스 베니딕트가 유명한 저서 《국화와 칼》(1946)[40]에서 제시하였다. 이 책은 미국 점령군에 일본인의 정신 구조를 설명하기 위해 펜타곤의 주문으로 씌어졌다. 그 이후 이 개념은 일본인들의 많은 부정을 받았다. 왜냐하면 베니딕트의 접근은 죄의 감정(미국인들에게 부여됨)이 부끄러움의 감정보다 도덕적·문명적으로 우월하다는 것을 인정하고 있기 때문이다. 서양에서도 베니딕트의 도식은 많은 논란을 일으켰다. 그러나 여전한 것은 그것이 무언가 본질적인 것을 건드렸다는 점이다. 이 본질적인 측면은 서양의 근대성을 확립했던 가치들이 사실은 타자와의 관계를 심층적으로 재구조화했다는 것이다. 그리그 그렇게 하면서 '존재에 속했던 것을 다른 것으로 만듦으로써' (§38) 부끄러움/죄의 관계가 변했다.

사실 풍토성의 관점에서 보면, '부끄러움' 은 인간 환경체의 감각적

---

39) 본장 주 9) 참조.
40) Ruth Benedict, *The Chrysanthemum and the Sword*, Tokyo, Tuttlle(1946년 오리지널판이 많이 재판된 것임).

현실의 한 측면이다. 그리고 '죄'는 이 관계의 내면화이며, 그것이 인간 환경체의 상이하고 추상적인 존재론적 구조, 절대와 관련이 있는 그런 구조 속에 통합된 것이다. 이것이 신 앞에서 개인의 의식 문제인 원죄(péché)와 흠(souillure) 사이의 차이가 또한 예시해 주는 것이다. 흠은 환경의 문제로서 전염적이고 인간 환경체를 오염시킬 위험이 있다. 예컨대 예전에 부르고뉴 지방의 농촌에서 여자는 월경하는 동안 지하실에 내려가는 것을 피해야 했다. 내려가면 술을 시어지게 할 위험이 있다는 이유에서였다! 따라서 흠은 동물적 신체에서 불순한 것을 제거함으로써, 혹은 격리시킴으로써 씻어내야 한다.[41]

의미심장한 것은 일본인들의 비판이 베니딕트의 해석을 비난하면서 세켄테이(世間体: sekentei)라는 개념을 제시하게 되었다는 점인데, 이 개념은 글자 그대로 세대들 사이의 매개체를 의미한다.[42] 대략적으로 그것은 평판 · 품위 · 체면으로 이해될 수 있다. 우리가 세켄(seken) 속에서, 다시 말해 타인과의 관계가 구성하는 세계 속에서 가지고 있는 것은 '신체(tei)'이다. 예컨대 별로 많은 사람을 알지 못하는 사람에 대해서 그는 '좁은 세켄'(seken ga semai)을 가지고 있다고 말해진다. 세켄이라는 용어는 우리가 '사람들'을 언급하는 상황에서, 특히 사람들 평판의 의미로 자주 사용된다. 그것은 분명히 세계성에 속한다. 따라서 세켄은 서양에서 수입된 사회추상적이고 보편주의적 개념인 일반적 의미의 사회(shakai)가 아니다. 이 개념은 메이지 유신 아래서 옛 중국 낱말 하나를 흡수 왜곡하여 설명해야 했다. 그러나 세켄은 구체적이다. 그것은 사람들 · 낱말들 · 사물들이 함께 성장하는 특이화된 환경의 현실을 표현한다. 따라서 그것은 본질적으로 근대적 존재론과 무관하다.

---

41) 이에 대해서는 Mary Dougals, *De la souillure*, Paris, Maspéro, 1971(1967) 참조.
42) 특히 베니딕트를 가장 신랄하게 비방한 자들 가운데 한 사람인 아이다 유지가 그런 경우이다. 이와 같은 논쟁에 대해서는 Inoue Chûji, *Sekentei no kôzô(La structure du sekentei)*, Tokyo, NHK, 1997 참조.

세켄테이라는 용어가 여기서 우리에게 관심을 끄는 이유는 그것이 이와 같은 구체성을 드러내기 때문이다. 사실 그것은 세켄이 말하자면 하나의 '체(corps)'를 가지고 있다는 것을 표현한다. 이 체는 세계성의 관점에서 보면 내가 인간 환경체라 부르는 것과 일치한다. 뿐만 아니라 역사적인 경험이 보여주고 있는 바에 따르면, '사람들의 이러한 체'는 서양 사상의 영향을 받아 보다 덜 감각적이 되었다. 이러한 측면이 확인해 주는 것은 문제의 사회가 어떠하든, 근대성이 인간 환경체와 적대적이라는 점이다. 사실 세켄테이라는 용어는 오늘날 통용되지 않고 있다. 이와 같은 진화는 어떤 개인주의가 일본 사회에 점차로 침투했음을 반영한다. 예컨대 sekentei wo kamawanai라는 표현은 예전에 부정적이었는데('전혀 정숙하지 못하다'), 다분히 긍정적이 되어 가는 경향이 있다('사람들의 평판에 개의치 않다). 그러나 '개인적 신체: 개인적 인격'이라는 근대의 **토포스**는 서양에서보다 분명히 덜 규정되어 있다. 예컨대 정신의학자 키무라 빈이 **아이다**(aida), 즉 '관계 사이(entre-lien)'에 대해 내놓은 연구가 보여주고 있듯이 말이다.[43] 내가 볼 때 이 **아이다**에서 세켄테이의 실존적 장소(la chôra)가 시작된다. 게다가 **아이다**와 세켄테이의 **켄**은 다르게 읽히는 동일한 중국 글자로 씌어진다.[44]

각각의 인간 환경이 그 나름의 풍토성을 지니고 있고, 세켄테이가 일본인의 개념이라 할지라도,[45] 이 개념은 보편적인 가치를 지니고 있다. 왜냐하면 그것은 문자 그대로 인간 존재의 근본적인 존재론적 구

---

43) Kimura Bin, *Hito to hito no aida(Ce qu'il y a entre les gens)*, Tokyo, Kôbundô, 1972; *Aida(L'Entre-lien)*, Tokyo, Kôbundô, 1988.

44) 이 중국 글자는 또한 ma로 읽히기도 한다. 마는 예컨대 일본 건축에서 중요한 개념이며, '근대적 토포스'(다시 말해 Stelle/reiner Raum §16) 유형의 공간성으로 설명될 수 있다.

45) 그것은 단순히 개념인 것만은 아니다! 분명 그것은 감각적인 현실이다. 예컨대 기무라(1972, 주 43) 참조)는 일본인들이 정신과 의사들에게 적면(赤面)공포증(낯을 붉히는 데 대한 두려움인데, 물론 이것이 낯을 붉히게 만든다)의 이름으로 알려진 증상을 특별히 잘 드러낸다고 지적한다.

조, 즉 동물적 신체와 인간 환경체의 역동적인 결합을 함축하고 있기 때문이다. 게다가 일본은 아마 베니딕트가 '부끄러움의 문화'라 명명한 것이 가장 현저하게 나타나는 그런 사회가 아닐 것이다. 지중해권의 사회들은 '명예'나 '체면'의 이름으로 그런 문화의 훌륭한 사례들을 제시한다. 그러나 아마 이러한 존재론을 가장 고도하게 개발한 것은 중국일 것이다. 중국 전문가 모리 미키사부로가 《이름과 부끄러움의 문화》에서 암시하고 있듯이 말이다.[46)]

중국의 사례는 유럽의 경우와 거의 대척적으로 다르다는 점에서 '동물적 신체/인간 환경체'라는 관계의 역사성을 드러내 준다. 사실 유럽의 근대성[47)]과는 반대로 중국 문명은 말과 사물, 이름과 사람을 동일시하는 강력한 경향을 항상 드러냈다. 이런 측면은 조지 프레이저가 《황금가지》(1890-1900-1915)에서 이미 제시하는 유형학에 따르면, 마법적 사유에 속한다. 예컨대 이름(명(名: ming)을 분신(分身: fenshen) 육체의 분할, 분만, 또 다른 자기)처럼 간주하는 것이다. 옛 중국에서 죽은 아버지의 이름은 터부였고, 이것은 유사한 동음이의어들과 중국문자들에 확대되었다. 황제의 경우, 사람들은 어휘를 바꾸기까지 했다! 그리하여 3세기에 경시(京師: jingshi: '수도')는 경도(京都: jingdu) 혹은 경의(jingyi)(같은 의미임)가 되었다. 왜냐하면 사(shi)가 진나라의 죽은 황제 무제의 개인적 이름인 사마사(司馬師: Sima Shi) 속에 들어 있기 때문이다. 유교(儒敎: rujiao) 또한 '이름들의 학파'인 명교(名敎: mingjiao)로도 불렸다. 그리고 도가와 불교의 비판에도 불구하고, 교양 있는 계급은 명성(mingsheng)이나 이름의 영예인 명예(mingyu)에 항상

---

46) Mori Mikisaburô, *Na to haji no bunka*, Tokyo, Kôdansha, 1971. 나는 다음에 이어지는 내용에 대해 이 책으로부터 많은 착상을 얻었다.

47) 이 근대성은 17세기에 고전적으로 근대의 서양적 패러다임의 확립과 더불어 시작되었다. 이것은 미셸 푸코가 *Les Mots et les Choses*, Paris, Gallimard, 1966에서 밝힌 과정과 일치한다.

커다란 가치를 부여했다.

　명예의 개념에 일련의 용어들이 결부되어 있는데, 그 가운데 하나가 당나라 시대에 많이 통용되던 면자(面子: mianzi)로, 이것은 잃어버려서는 안 되는 '체면(face)'으로 번역될 수 있다. 모리 미키사부로에 따르면, 면자는 명예를 도덕적 측면으로 하는 것의 사회적 측면이다. 기원전 3세기경까지 제국의 창시자인 진시황제가 폐지한 봉건제도에서는 명예가 분명하게 하나의 미덕이었다. 면자는 하나의 현실에 불과했다. 그것은 신분(shenfen)의 감각적 측면, 다시 말해 '자기'(自己: ziji)의 사회적 존재인 그 '신체적 부분'을 말한다. 보통 신분은 지위 · 서열 · 자격으로 번역된다. 그러나 이 용어는 '신체(shen)'에 신체생리학에 외재적 성격을 지닌 어떤 부분(fen)을 덧붙인다는 것을 명료하게 나타낸다. 이러한 개념은 개인(그 어원인 individuus는 '분할되지 않는'을 의미한다)[48]의 개념과 극도로 양립 불가능하다. 신분은 동물적 신체인 신(shen), 보다 정확히 말하면 신체(shenti)[49]에 사회적 신체가 결부된 것을 말한다.

　무엇보다도 모리 미키사부로의 연구는 우리에게 매우 중요한 두 가지 결론으로 귀결된다. 첫번째는 '부끄러움의 문화로부터 죄의 문화로'라는 유럽의 역사적 도식을 상대화시킨다. 왜냐하면 중국에서 그것은 오히려 죄로부터 부끄러움으로 가는 반대 방향이기 때문이다. 이와 같은 차이는 우리가 앞에서 세계성을 그 자체에 폐쇄시키는 경향으

---

48) 그렇기 때문에 이 용어는 동일한 의미인 그리스어 atomos를 번역한다. 키케로의 작품에서(De natura deorum, 3, 29 ou De fato 25), 그것은 원자(atome)이다.

49) Corps 혹은 Körper로 번역되는 신체(shenti)는 독일어 Leib에 해당하고 메를로퐁티의 육신(chair)과 가까운 신(shen)보다 엄밀하게 물리적이다. 신분을 일본어로 읽으면 과거 같으면 shinbun이 올바른 것일 테지만, 그게 아니라 mibun이다. 이와 같은 불규칙성은 순전히 일본말이 mi라는 용어를 부각시키는데, 이 용어는 모든 측면에서 체험되는 고유한 육신을 의미한다. 그리고 바로 이것이 문제가 되고 있다. 이에 대해서는 Ichikawa Hiroshi, Mi no kôzô(Structure du mi), Tokyo, Seidosha, 1983 참조.

로 읽어냈던 것(§9 및 §12)과 접근될 수 있다. 그것은 모리 미키사부로로 하여금 죄의 감정은 다분히 종교적 성격을 띠고 부끄러움의 감정은 다분히 사회적 성격을 띤다고 주장하도록 유도한다. 사실 옛 중국에서는 명예감의 강력한 내면화에 세계를 초월하는 최고의 신인 천(天: Tian)의 인격화가 부합했다. 이어서 중국은 무신론에 가까운 범신론 쪽으로 진화했다. 소크라테스 이전 시대에 해당하는 공자시대부터 천은 '자연'과 비슷한 의미에서 모든 사물에 내재적인 우주적 원리가 되어가는 경향을 드러낸다. 이와 동시에 유교는 사회가 잘 돌아가는 데 있어서 공식적인 세계 내적 필요성인 예(禮: Li)를 강조하게 된다. 달리 말하면 예는 인간 환경체의 형성과 같은 것이며, 면자(面子)는 뒤에 가서 이 환경체의 현실적인 감성을 표현하게 된다.

우리에게 흥미있는 두번째 결론은 모리 미키사부로가 죽은 자들의 숭배와 조상 숭배 사이에 확립하는 구분이다──그렇게 함으로써 그는 막스 베버의 주장을 확인해 준다. 죽은 자들의 숭배는 내세에 대한 믿음을 전제하는 데 비해, 조상 숭배는 중국의 경우에서처럼 현세와 본질적으로 관련이 있다. 물론 이러한 선택은 이름이 지닌 사회적 현실과 연관이 있다. 사회적인 것만은 아니지만 말이다. 사실 조상들의 영(靈: Ling)이 자신의 이름을 영속화시키는 가문을 보호하기 위해 있다는 것도 구체적으로 세상사 자체 속에서 그런 것이다. 모리 미키사부로는 문제의 이런 측면에 주의를 환기시키지 않지만, 사실 여기에는 자연 환경과 인간의 신체 자신에 배어 있는 '생명의 숨결'인 기(氣: qi)에 대한 중국인의 견해와 직접적인 연관이 있다.[50] 첫번째 측면을 보면 기의 운행은 풍수(風水: fengshui)에, 다시 말해 모든 규모의 인간 건축물에 상서로운 방향이나 장소의 선택에 근거를 마련해 준다. 특히 그

---

50) 이 주제에 대해선 Kristofer Schipper의 뛰어난 연구, *Le Corps taoïste. Corps physique, corps social*, Paris, Fayard, 1982 참조.

것은 무덤과 관련된다. 왜냐하면 바로 그곳으로부터 조상들의 기가 후손들에게 길을 터주고 행운을 얻게 해주기 때문이다. 두번째 측면을 보면 기는 중국 의학, 특히 기가 흐르는 경락(經絡: jingluo)에 따른 침술에 토대를 이룬다.

중국에서, 그리고 중국에서부터 뻗어나가 세계 전체에서 기의 문제와 이와 관련된 풍수의 문제는 지극히 퇴보적인 돌팔이 행태에 의해 지배되는 어리석은 잡동사니 미신들로 가득하다. 그럼에도 불구하고 우리가 이와 같은 각질을 벗겨낸다면, 이 문제는 인간 현실의 핵심과 관련이 있다. 물론 이것은 모든 관점들에 똑같은 가치를 부여하는 메타 근거주의적인 민족학의 의미에서 그런 게 아니라,[51] 우리의 것을 포함해 존재의 보편적 토대들에서 그렇다는 것이다. 설령 우리가 우리 자신을 거의 중국적이 아니라고 생각할지라도 말이다. 사실 기는 외쿠메네에 내재하는 풍토성의 현현이다.

— Wo back!(캐나다 아비티비 지방에선 오리지널을 물러서게 하기 위해 이렇게 말한다.) 그대는 우리를 어디로 데리고 가는가?

— 분명한 사실은 인간 신체에서 기라 불리는 것에 전적으로 측정 가능한 어떤 물리적 발현들,[52] 예컨대 뇌파나 피부의 적외선 방사 따위가 대응한다는 점이다. 이와 관련해 기공(氣功: qigong)[53]의 대가들은 다른 사람들의 뇌파를 자신들의 뇌파와 일치시키는 비상하지만 완벽하게 측정 가능한 역량을 보여줄 수 있다.[54] 이러한 현상들은 특수한

---

51) 예컨대 나는 (퀘벡에 있는) 몽모랑시 숲에서 한 여성 인류학자와 논의를 한 적이 있는데, 그녀에게 근대 과학은 여러 세계관들 가운데 하나에 불과했다. (라발대학교에 속한) 건물은 다행히도 열역학법칙에 따라 난방이 되고 있었다.

52) 상하이의 한 의학연구소에서 70년대에 진행된 실험 이후로 이와 같은 물리적 발현에 관한 엄청난 참고 문헌이 나왔다. 국제학회에 대비하여 엮어진 텍스트들을 통해 이 문제의 상황에 대한 감을 잡을 수 있다. *Seimei to kankyô. Shizen kagaku no shiten kara. Dai ikkai shôkaigi gijroku(La Vie et l'environnement. Le Point de vue des sciences de la nature. Textes préparatoires)*, Tokyo, Yôkô Bunmei Shuppan, 1999.

53) 기의 흐름을 개선하는 목적을 둔 중국의 체조이다.

훈련을 통해 인간 존재가 통상 신체의 무의식적 작용에 속하는 과정을 어느 정도 통제할 수 있다는 증거이다. 우연한 게 아니지만, 그러한 훈련은 유아사 야수오가 강조했듯이,[55] 호흡의 숙달로부터 시작된다. 이와 관련하여 인도로부터 일본에 이르기까지, 동양의 위대한 문명들은 서양보다 훨씬 더 풍요로운 전통을 지니고 있다. 그런데 정신과 신체의 통일성 속에서 자기 완성의 이러한 추구는 근대의 분석적 관심과는 반대 방향으로 나아갔다. 그것은 보편성이 아니라 독특함으로 향했다. 그것은 외재성이 아니라 내재성으로 향했다. 핵심은 자기 자신을 지배하여 자연과 합일하자는 것이지, 데카르트의 표현에서 나타나듯이 대상의 상태로 귀결된 자연(무엇보다 의학에 의해 그렇게 된 신체의 자연)의 '지배자와 소유자'가 되자는 게 아니다.

따라서 이와 같은 태도는 근대적 이성의 관점에서 보면 수용할 수 없었다. 정신과 신체의 상호 작용은 '심신상관적 효과'라는 이름으로 우리 의학계에서 오래전부터 알려져 있고 인정되고 있다 할지라도, 실증주의의 입장에서 보면 그것은 자기 암시, 다시 말해 **비합리적이기 때문에** 근본적으로 **비현실적인** 어떤 것일 뿐이게 된다. 그러나 물리학이 측정해 주는 것들의 인정을 무한히 거부할 수는 없다. 게다가 자기 암시의 개념 자체는 정신분열적이다. 왜냐하면 그것은 그것이 그 원리를 거부하는 상호 작용의 현실을 인정하기 때문이다. 오늘날 이성이 명

---

54) 풍토성의 관점에서 보면, 물리 법칙의 이와 같은 위반――왜냐하면 이와 같은 사유 전달의 매체가 확인되지 않기 때문이다(그것을 달리 어떻게 부를 것인가?)――은 동일한 환경에 속하는 사람들은 동일한 인간 환경체를 공유한다는 사실을 나타낸다. 이와 같은 참여가 없으면 기공은 비효율적인 것 같다. 그렇다고 언젠가는 신비주의가 아니라 물리학의 발전을 통해 밝혀질 수 있을 이러한 매체의 문제가 없어지는 것은 아니다.

55) Yuasa Yasuo, *The Body. Toward an eastern mind-body theory*. Albany, NY, State University of New York Press, 1987. 이미 20여 년 전에 출간된 책이 이렇게 번역된 이후로, 저자는 자신의 시각을 *Shintai no uchûsei(Cosmicité du corps)*, Tokyo, Iwanami, 1994에서 발전시켰다.

령하는 것은 기(氣)가 제기하는 것들과 같은 문제들에 실험적 · 합리적
으로 용감하게 덤벼들라는 것이다. 이와 같은 고려는 긴급하게 필요하
다. 왜냐하면 사실 캘리포니아의 뉴에이지로부터 중국의 **파룬공**에 이
르기까지 비합리적인 것이 근대적 귀속유동성에서 상실했던 영역을 조
금씩 되찾지 않도록 하고, 합리주의의 지배를 대체하지 못하도록 하는
유일한 방법이기 때문이다. 이런 대체 요구에는 합리주의가 우리의 세
계를 인간적으로 관리할 수 없다는 것을 결정적으로 입증했다는 구실
이 따른다.[56] 여러 가지 이데올로기들 가운데 하나에 불과한 합리주의
와 인간 조건의 근본적 요구들 가운데 하나인 이성을 혼동하지 말자!

  풍토성의 관점에서 보면 우리는 다음과 같이 말할 수 있다. 우리의
육체는 우리가 염려하는 것을 우리가 알지 못하는 사이에 끊임없이
신체적 증상으로 나타낸다. 모든 의사들이 이것을 알고 있다. 그러나
의학은 그것의 위궤양과 여타 삶의 불쾌한 것들 따위의 병리적인 측
면만을 인정한다. 그런데 이런 결과들을 느낄 수 있게 만들어 주는 것
은 존재의 구조 자체이다. 왜냐하면 그렇게 하여 우리의 동물적 신체
는 그 나름의 표현들을 통해 파악하기 때문이다. 다시 말해 그것은
우리의 인간 환경체에 해당하는 것을 술어로 표현한다(lgP). 이러한 양
상은 잘못되어 가는 것들에만 국한되는 게 전혀 아니다. 비록 그 나머
지는 의학과 더 이상 관련이 없다 할지라도 말이다. 신체적 전환 표현
(somatisation)은 사실 매우 일반적인 하나의 과정, 즉 우리 자신으로부
터 비롯된 세계가 우리의 육신 안으로 되돌아오는 투과 과정의 한 측면
에 불과하다. 그 대신 우리의 동물적 신체는 우리의 인간 환경체를 술
어적으로 표현한다는 사실 자체로 인해 그것을 **우주화한다**. 그것은 이
인간 환경체에 질서와 의미를 부여하고, 그것을 우리의 세계(kosmos)로

---

56) 근대의 합리주의가 원자폭탄을 만들었다는 점, 남북의 불평등, 그리고 시장 경
제의 영향에 따른 외쿠메네의 해체는 사실 이 합리주의가 인간의 도시를 통치하는 데
실패했다는 결정적 증거들이다. 이러한 문제들은 제8장에서 다루어질 것이다.

만든다.

근대적 관점, 특히 문화인류학의 관점에서 보면 그런 현상들은 주관성(이 경우는 집단적 주관성), 다시 말해 결국은 정신의 자율성과 기호의 자의성에 속하는 상징적 성격의 투사(投射)들에 불과하다. 바로 이러한 관점에서 특히 우리는 우리의 생물학적 삶이 온갖 종류의 의례가 수반되는 사회적 삶이기도 하다는 이같은 근본적인 인류학적 사실을 고찰할 것이다.[57] 반면에 인지과학이 보강하는 풍토성의 관점에서 보면 이런 사실은 우리의 육신 가장 깊숙이 뿌리내린 존재론적 구조를 나타낸다(왜냐하면 이 구조의 기원은 생태학적 영양 작용성에 있기 때문이다). 이 구조는 우리의 인간 환경체와 동물적 신체의 필요한 상호 작용을 나타낸다. 한마디로 말해, **인간의 신체는 외쿠메네를 육체로 나타내고(lgP/lgS) 동시에 그것을 우주화한다(lgS/lgP).**

따라서 이와 같은 투과적 과정에서 자연과 문화, 정신과 육체는 끊임없이 서로에게 개입한다. 이것이 최소한 어느 정도까지는 마법이 아프리카의 대초원이나 망소 숲[58]에서 효율적인 이유이다. 기(氣)가 중국에서 그렇듯이 말이다. 인간 존재들이 서로 관련이 있다고 느껴야 하고 또 그렇게 느끼면 충분하다. 물론 이런 일은 근대적 과학이나 기술의 보편성과는 관련이 없고, 풍토성의 독특성과 관련이 있다. 사실 기는 폭넓게 확인할 수 있는 물리적 양태들(lgS)을 지닌 하나의 현실에 대한 중국인의 술어(lgP)에 불과할 것이다. 기 자체로 말하면, 좀더 상세

---

57) 예컨대 2000년에 프랑스에서 생물학적 삶의 세 단계는 통상 다음과 같은 세 가지 의례를 수반한다. 1. 탄생=시청에 출생 신고와 호적상의 시작, 세례. 2. 짝짓기=결혼, 시청에서 가족 수첩 교부. 3. 죽음=장례 및 호적상의 사망. 이와 같은 최소 도식에 생물학적 나이들을 사회적으로 표시하는 수많은 의례들이 덧붙여진다. 게다가 호적을 가져야 할 필요성은 우리의 본질적인 풍토성을 훌륭하게 나타내는 것이다. 오늘날 신분(shenfen) 없이는 살아갈 수 없다!

58) 프랑스 파리에서 서쪽으로 90킬로미터 정도 떨어진 곳에 위치한 숲이 우거진 풍경을 말한다.〔역주〕

한 조사를 해봐야겠지만 물리적으로 결코 확인될 수 없었다. 왜냐하면 술어는 주어가 아니기 때문이다.[59] 그렇기 때문에 중국인들 세계의 자기 술어부여(auto-prédication)는 물리학과 폭넓게 멀어지게 되었다. 풍수는 자기 자신에게만 집중하고자 하는 세계적인 것들의 비합리적 영역으로 벗어난 좋은 일탈 사례이다(§12). 그러나 그렇다고 그것이 지닌 우주화하는 미덕도, 신체적 전환 표현(somatisation)에서 그것의 영향도 줄어들지 않는다. 중국의 풍경과 중국인의 건강의 입장에서 보면, 기의 흐름을 위반하지 않는 게 좋다. 왜냐하면 그런 귀속유동성 속에서 중국 사람들은 존재하기 때문이다.

달리 말하면——**필요한 변화를 한다는 것**(mutatis mutandis)은 우리 각자에게도 해당되는 것이지만——인간 환경체와 동물적 신체 사이에 조화가 있는 게 좋다. 이를 이르러 존재한다는 감정, 나아가 살아가는 행복이라 한다. 이 두 영역에 대해서 우리의 과학은 거의 영향도 주지 못하지만, 그것들을 소홀히 할 수는 없다. mutatis mutandis를 잘 이해하자. 왜냐하면 예컨대 프랑스 서부의 숲이 있는 풍경 속에 풍수 (fengshui)를 있는 그대로 옮겨놓는 것은,[60] 기(氣)가 어떤 환경에 속하는 게(lgS/lgP) 아니라, 그 자체가 물리학에 속하듯이(lgS) 하나의 단순한 술어를 실체화시키는 것이고, 특이한 것을 보편적인 것과 혼동하는 것

---

59) Cf. Robert Blanché, *op. cit.*, 제5장, 주 50), p.355. "〔아리스토텔레스에게〕 술어는 본질적으로 존재가 없다. 그것은 존재가 아니다. 하지만 그것은 존재자들을 전제하며, 이 존재자들로부터 속성을 부여받을 수 있다. 이 존재자들은 주어(체)들(hupokeimena)의 역할을 하게 된다. (…) 사실 여기서 주어는 어떤 실체로 이해되어야 한다." 우리가 세계성을 절대화시키면 이런 종류의 구분들은 모든 의미를 상실한다(§12).

60) 나는 우르비노에서 풍경에 관해 열린 기호학 학술대회를 기억한다. 이 학술대회에서 건축가 마나르 하마드(Manar Hammad)는 한국 풍경을 찍은 슬라이드를 보여주었다. 이 풍경에서 풍수의 효과, 특히 산비탈 기슭에 있는 주거 집단과 같은 효과는 분명했다. 그런데 그 반대로 지중해 연안 국가들에서 흔히 그렇듯이, 우르비노에서까지, 그리고 그 주변의 풍경에서 주거지는 언덕의 꼭대기에 모여 있다. 그러나 우리가 아는 한 세계에서 이 지역이 불행하지 않았으며 풍경도 볼품없지 않았다. 이것이 바로 기(氣)의 상대성을 입증하는 것이다.

이기 때문이다. 달리 말하면 그것은 순전히 미신에 속하는 것이다(lgP).

41. 결정론의 재해석

근대적 귀속유동성의 경우를 제외하면 모든 사회는 역사의 매 순간마다 자신들의 인간 환경체와 사회 구성원들의 동물적 신체 사이에 조화를 실현시키고자 노력했다. 이것은 모든 사회가 나름대로 하나의 세계를 가지고 있었다는 점을 말하는 또 다른 방식에 지나지 않는다. 민족학자들은 그들이 '이국적'이라 부르는 사회들, 다시 말해 상황에 따라 다르겠지만 빛 속에 살거나 아니면 근대성 **외부의**(exôtikos: 바깥의) 어둠 속에 사는 사회들에서 이 점을 보여주는 전문성을 드러냈다. 이와 같은 비근대적인 여러 세계성들은 또한 기호학을 행복하게 해준다. 왜냐하면 그것들 속에는 많은 상징들, 달리 말하면 술어에 대한 많은 논리들이 있기 때문이다. 우리는 예컨대 에트루리아인들이 한 도시를 세계의 중심으로 삼기 위해 어떻게 행동했는지 살펴본 바 있다(§8). 훗날에 주어(주체)의 논리 차원에서도, 다시 말해 제국의 물질성 차원에서도 어떤 성공을 거둔 로마의 사례도 그런 경우다.

— 왜 다른 데가 아니라 로마인가?

— 그건 우리가 외쿠메네의 현실과 관련해 보았던 lgS/lgP 관계의 또 다른 이름인, 역사의 우발성에 속하는 것이다. 사실 **우발성**(contingence)은 순수한 우연(hasard)은 아니다. 그것은 술어적 세계(lgP)와 객관적 세계(lgS) 사이에 실질적인 **접촉**(contact),[61] 다시 말해 실존적 접촉이 있다는 사실이다. 이런 접촉으로부터 외쿠메네와 역사는 현동화되고(실현

---

61) 두 낱말(contingence와 contanct)은 (…)와 접촉하다, (…)와 관계하다, (…)에 귀속되다, (…)에게 일어나다를 의미하는 동일한 동사 contingo(-tigi, -tactum, -ere, cum과 tango가 결합된 것임)로부터 왔다.

되고), 이것들의 투과적 논리는 자이로스코프가 그러하듯이, 스스로를 유지하는 경향이 있으며, 따라서 우연도 필연도 아닌 우발성에 속한다.

근대의 이원론은 우리로 하여금 우발성에 대해 생각하는 것을 불가능하게 만들었다. 자크 모노의 잘 알려진 저서 제목이 예시하고 있듯이,[62] '우연과 필연'(객관적인 원인과 결과의 연쇄로 이루어진 필연)을 위한 것 이상은 없다는 것이다. 이런 입장으로 인해 우리는 우리 존재의 존재론적 구조, 동물적 신체와 인간 환경체의 우발적인 연동 관계에 의거하는 그 구조를 생각할 수 없다. 결과적으로 이 분야에서 근대성은 두꺼운 결정론을 통해서 나타나든지(우리의 행동을 지배하는 것은 자연, 예컨대 우리의 유전자라는 것이다), 모든 자연적인 것의 메타 근거주의적 부정을 통해 나타난다. 지리학에서 비달의 '가능주의'가 열어 놓았던 길은 개념적으로 심화되지 않았다. 사실 나치즘의 불길한 악습만으로도 인간 존재의 토양(Boden) 문제를 피(Blut)로 오랫동안 물들이는 데 충분했다.[63] 따라서 사유가 실천되는 환경에서 이 문제가 배제되었다. 그리하여 역사는 메타 근거주의의 요부 같은 기형, 정치적으로 보다 구체적인 그런 기형을 향해 방향을 돌리기 위해 끊임없이 지리학을 공부해 왔다. 이것은 풍토성의 관점에서 볼 때 외쿠메네뿐 아니라 역사 자체를 사유하는 것을 금지하는 것이다. 페르낭 브로델 자신이 생의 마지막 시기에서,[64] 자기 시대의 지리학(지리학자들의 작업)에 초연했다. 사실 이 지리학은 비달의 패러다임 이후로 분명히 변화해 이제 '공간'에 관심을 기울였다(§15). (⋯) 과연 세계는 폴 줌토르 같은 중세 전문가가 다음과 같이 쓸 수 있었듯이, 이제 결정적으로 달

---

62) 본서 제5장 주 43) 참조.

63) 나치의 학설은 인종과 영토의 관계에 대한 이념을 체계화했다. 역사의 이와 같은 몽환적 순화(naturalisation)는 '피와 토양(Blut und Boden)'이라는 표현으로 요약되었다.

64) 브로델의 견해에 관해서는 Jacques Revel(dir.) *Fernand Braudel et l'histoire*, Paris, Hachette, 1999 참조.

라져 있었다.

그 당시의 인간은 우리와는 달리 비인간적이고 분리된 '물질'이 존재한다는 감정이 없다. (…) 인간은 누구나 대지와 뜨거운 공모 관계, 우리가 상실했지만 우리에게 거의 생각할 수 없는 것이 되어 버린 그 공모 관계를 간직하고 있었다. (…) 중세의 공간은 추상적이지도 동질적이지도 않다. 우리는 광고의 은어를 빌려 말하면, 그 공간이 '인격화되어' 있다고 말할 수 있으리라. 그것은 구체적이고, 개인적이며, 이질적이지만 내밀하다.[65]

따라서 사람들은 민족학자의 관점에서만, 다시 말해 (IgP로 이해되는) 이국적인 것을 현실(말하자면 IgS)과 구분함으로써만 동물적 신체/인간 환경체의 연동 현상들을 연구한다. 예컨대 필립 라고풀로의 주목되는 저서 《산업화 이전의 사회들에서 도시 계획과 기호학》의 관점이 그런 경우이다.[66] 제목이 나타내고 있듯이, 이 책은 우리 사회를 다루는 게 아니다. 사실 우리 같은 다른 사람들은 다음과 같은 필요성을 느끼지 못할 것이다.

(…) 자연적이라고 스스로를 우기는 인위적 환경 속에 살아야 할 절박한 필요성. 도시는 신성화의 이데올로기를 매개로 어떤 자연주의를 획득한다. 바로 이와 같은 이데올로기가 자연적인 것, 곧 우주의 궁극적 모델의 모방으로 이끈다. 물질적 현실이자 외시적(dénotatve)인 현실인 도시는 상징적인 내포적(conotative) 현실에 잠기며, 연구된 사회들의 경우 후자가 결정적 현실이다(p.354).

---

65) Paul Zumthor, *La Mesure du monde. Représentation de l'espace au Moyen Âge*. Paris, Seuil, 1993, p.35.
66) 본서 제2장, 주 27) 참조.

물질적 현실은 물론 동물적 신체로 귀결된다. 왜냐하면 살아가는 문제이기 때문이다.

연구된 사회들의 경우 생명적인 것의 전형적 육화는 인간과 인간의 신체이다. 육체와 우주에서 전자는 후자를 반영한다. 이로부터 신인 동형체를 한 도시 체계의 도입이 이루어진다. 유비의 놀이는 확대된다. 우주의 제로/시작 시점, 우주의 제로/중심 공간, 신체-소우주의 배꼽/중앙과 같은 유비 놀이 말이다. (…) [도시는] 그것이 확대된 신체인 한, 축소된 우주이다. 이중의 자연주의가 나타나는데, 첫번째는 알려진 영역을 통해 도시에 생기를 불어넣고, 두번째는 도시를 미지의 영역과 연결시킨다(p.355).

이런 유비는 모든 규모에서 유효하다. 왜냐하면 이 사회들에는

(…) 모든 문화 일반의 자연주의가 있기 때문이다(*ibid.*).

이와 같은 분석(게다가 나는 이것을 전적으로 인정한다)에 내재적인 가정은 이들 사회에서 '결정적 현실'이 내포적 성격이라는 점이다. 한편 우리가 볼 때 그것은 외시적 성격을 띤다. 이런 양상은 두 경우 두 '현실,' 즉 결정적이라고 간주되는 것과 그렇지 않은 것 사이에 정신 분열의 결과를 낳는다. 그러나 통상적 인간 정신은 이런 분열을 알지 못한다. 항상 현실(la réalité)은——왜냐하면 많은 현실이 있는 게 아니기 때문이다——외시적인 것과 내포적인 것, 다시 말해 lgS와 lgP 사이의 결합으로부터 비롯된다. 상징적인 것(하나의 허위적 현실)은 물질적인 것(진정한 현실)과 분리될 수 있고 분리되어야 한다는 것은 환상이며, 데카르트적 이원론으로부터 비롯되는 집요한 환상이다. 우리가 앞서 보았듯이(§30), 문제의 두 논리 가운데 하나를 배제하거나 종속

시키면서 다른 하나를 선택하는 것은 악순환에 빠지지 않을 수 없게 되는 것이다. 알아야 할 것은 외쿠메네와 역사의 우발성에서 현실이 이두 논리 사이의 언제나 독특한 관계로부터 태어난다는 점이다.

이와 같은 투과적 과정은 우리의 동물적 신체가 우리의 인간 환경체를 신체적으로 전환 표현하는 것이고 우주화하는 것에 다름 아니다. 달리 말하면 우리의 육신은 우주를 붙들어 자신의 세계로 만든다. 그것은 이 우주를 잘 맞는 옷처럼 입고 있다. 이를 라틴어로 일컬어 consuetudo라 하는데, 이 낱말이 프랑스어에서 coutume(습관)와 costume(의복)를 낳았다. 그것은 cum(같이, 함께)과 suetudo(습관)로 이루어져 있으며, 자신의 것으로 만든다(suus)는 사실을 말한다. 이 모든 것은 인도 유럽어에서 재귀적인 것, 한 개인이나 집단에 고유한 것을 표현하는 swe 혹은 se라는 어근에서 나온 것이다. 이로부터 무엇보다도 그리스어 ethos(swethos: 습관), ethnos(민족), hetaireia(친구 집단), 라틴어 suescere(익숙해지다), mansuetudo('손으로 길들여진 manus' 자연적인 것의 부드러움) 등이 나왔다. 이것이 정원의 예술과 관련해 〈사쿠테이키〉에 나오는 금언, 자연 풍경의 주목되는 특징들을 '자신의 것으로 만든다'에서 재발견되듯이, 인간화된 세계(mutatis mutandis)의 우주 창조적인 원리이다.[67] 이 원리는 **아비투스**에 대한 부르디외의 이론에서, 행동자(주체)와 피동자(대상)의 가짜 이분법을 극복하려는 의지를 통해 재발견되는 것이다. 사실 아비투스는 '강력하게 발생적인'[68] 그 무엇이며 이것에 입각해, 사물들에 부여된 질서는 그것들을 어떤 특정한 의미 속에서 생산시키는 성향이 된다. 프랑수아 에랑이 다음과 같이 쓰고 있듯이 말이다.[69]

---

67) 이 점에 대해서는 *Le Sauvage et l'Artifice, op. cit.*, Introduction, note 6, p.196 참조. 〈사쿠테이키〉는 11세기에 씌어진 것인데, 정원 예술에 대한 일본에서 가장 오래된 논문이다.

68) Pierre Bourdieu, *Questions de sociologie*, Paris, Minuit, 1980, p.134.

〔그것은〕 개인이 자신에 외재적인 무언가를 '자신의 것으로 만들고' 그것을 자신의 것으로 체화하는 과정(혹은 이 과정의 결과)〔이다〕. (…) 요컨대 아비투스의 매개를 통해서, 과거 경험의 **집적물**은 미래를 위한 **성향**으로 전환되고, **아비투도**(habitudo: 습관)는 **아빌리타스**(habilitas: 적 성)가 된다.

피동이 능동으로 변모하는 이러한 과정에서

체화되고 자연이 되었으며, 따라서 있는 그 자체로서는 망각된 역사 인 아비투스는 그것이 산출되는 모든 과거의 능동적인 현존이다.[70]

지리학에 대해서는 거의 관심이 없는 부르디외가 여기서 생각하는 '자연'은 물론 동물적 신체의 자연이다. 이런 측면은 하이데거의 존재 론[71]을 하나의 사회적 위치가 낳은 결과에 지나지 않는다고 생각하는 저자에게는 당연하다. 반면에 내가 여기서 그렇게 하고 있듯이, 우리 가 인간 존재의 구조적 계기는 지리적 환경을 필연적으로 함축한다는 점을 고려한다면, **아비투스**의 이론은 외쿠메네의 역설적인 역동적 움 직임을 이해하는 데 매우 효율적인 도구가 된다. 우리가 보았듯이(§ 31), 이 역동적 움직임은 인간 행동의 자국이자 모태로서 기능한다. 사

---

69) François Héran, "La seconde nature de l'habitus. Tradition philosophique et sens commun dans la langage sociologique," *Revue française de sociologie*, XXVIII(1987), 3, 385-416, pp.392-393.

70) Pierre Bourdieu, *Le Sens pratique*, Paris, Minuit, 1980, p.91.

71) Pierre Bourdieu, *L'Ontologie politique de Martin Heidegger*, Paris, Minuit, 1988. 이 책 p.119에서 우리는 다음과 같은 내용을 읽을 수 있다. "'존재의 목동,' 다시 말해 하이데거의 '본질적 사유'는 본질적인 것, 다시 말해 그 사유를 통해 표 현되었던 '비사유된 사회적 영역'을 결코 사유한 적이 없었다. 풍토성의 관점에서 보면, 본질적인 것은 사회적인 것으로 귀결될 수 없다. 그렇게 되면 아비투스의 개 념 자체가 반박하는 메타 근거주의에 빠지기 때문이다.

실 우리의 동물적 신체 속에서와 마찬가지로 인간 환경체 속에서 역사
는 '체화되고 자연이 되는 것'이다. 신석기시대 이후부터 경작되고,
갈퀴질되었으며, 다듬어진 우리의 농촌이 어떻게 도시인들에게 '자연'
의 외모로 나타는지, 혹은 어떻게 일본 농부들이 선조가 파놓은 관개
수로(suidô)를 가와(gawa: 江)라 부르는지 알기만 하면 된다! 게다가 아
비투스가 인격에 결부된 자본 축적의 원시적 형태라는 관념에 타마키
의 다음과 같은 관념이 부합한다.[72] 이 관념에 따르면 벼농사를 짓는
농촌에서 지난 세대들의 노동이 토양에 통합되는 현상은 사적인 개발
자본을 배가시키는 '지방의 토지 자본(chiikiteti tochi shihon)'을 구성
한다. 사실 풍토성의 관점에서 보면, 경제학자들이 **사회적 자본**이라 부
르는 것은 우리 인간 환경체의 한 측면에 불과하다.

그런데 여기서 문제가 되는 것은 자연(la nuture)에 대한 우리의 지각
만이 아니다. 또한 문제가 되는 것은 **우리의** 자연이다. 프랑수아 에랑
이 부르디외의 사회학과 가르핀켈의 민족학방법론(ethnométhodo-
logie)[73]을 비교하면서 쓰고 있듯이, 사실 여기서 '아비투스의 알아보기
힘든 사촌인 반사법칙'[74]이 작용한다. 에랑이 볼 때, 전자의 경우에서
'습관적'으로 규정되는 것이 후자의 경우에서 '반사적'으로 규정되는
사태는 외관상으로만 모순된다. 왜냐하면

> 우리는 반사적 행동이 아비투스로 굳어지며, 아비투스는 반성된 통제
> 의 대상이 되고, 이러한 반성적 행태는 차례로 반사가 된다는 등으로 생
> 각할 수 있기 때문이다(p. 411).

---

72) *Op. cit.*, chap. 6, note, 73, pp. 33-38.
73) 이것은 사람들이 '상식의 지식(commun sense knowledge)'을 토대로 일상적 삶
을 구성하는 방식을 연구한다.
74) *Op. cit.*, note 63, 마지막 부의 제목임.

이러한 과정 속에서 능동적인 것과 수동적인 것을 구분하려고 한다는 것은 부질없는 짓이다. 그 이유는 단순히 말해 다음과 같다.

사물이 된 아비투스 혹은 물질화된 반사법칙만이 있다(*ibid.*).

이 표현을 나는 'MO/OM(조직화된 물질/물질화된 조직)'과 접근시키겠다. 우리는 앞서(§23) 이것을 관념들과 사물들의 전수와 관련해 레지 드브레의 경우에서 만난 바 있다. 인간 환경에서 작용하는 것은 바로 그것이며, 바로 그것이 인간 환경체와 동물적 신체, 자연과 문화, 자연 환경과 인간 행동 사이를 연결해 준다. 이와 같은 과정에서 인간의 주관성은 자연 환경의 객관성 안으로 투과되며(trajecte) 또 그 반대도 이루어진다. 그렇기 때문에 와쓰지 데쓰로는 우리의 환경(fûdo)은 우리 자신의 jiko ryôkai, 다시 말해 우리 자신에 대한 우리의 이해이다라고 쓸 수 있었다.

근본적으로 볼 때, 우리 실존의 본성은 (하나의 환경과 하나의 과거)를 충전하고 있는 것만이 아니다. 그것은 또한 자유이다. 우리의 실존은 이미 존재하고 있으면서도 자신의 존재를 예상하며,[75] 그렇게 충전하고 있으면서도 자유롭다. 이런 측면 속에서 우리 실존의 역사성이 드러난다. 그러나 이와 같은 역사성은 어떤 풍토성에 부합한다. 따라서 우리의 충전이 과거에 한정되어 있지 않을 뿐 아니라 동시에 하나의 환경을 포함하고 있다면, 인간 환경적 조절(fûdoteki kitei)은 인간의 자유로운 활동에도 역시 특정한 성격을 부여해야 한다. 의식주라는 이 도구들에 인간 환경적 성격(fûdoteki seikaku)이 새겨져 있다는 것은 말할 필요도 없다.

---

75) 보다 충실하게 번역하면 "우리 실존은 이미–존재(être–déjà)이면서도, 또한 미리–존재(être–d'avance)이다"인데, 이것은 보다 하이데거적이다.

뿐만 아니라 근본적 차원에서 보자면, 인간이 자기 자신을 스스로 발견할 때(onore wo miidasu) 그는 이미 인간 환경적 조절 아래 있다는 사실을 우리가 인정한다면, 환경의 모태적 형태(kata)[76]는 조만간 그의 자기 이해 형태(jiko ryôkai no kata)가 되지 않을 수 없다.[77]

사실 이것이 자연에 대한 우리의 모든 비전들에서, 특히 이른바 '지리학적' 결정론들에서 표현되는 심층적인 논리이다. 나로 말하면 인간을 자연을 통해 설명하고자 하는 모든 결정론까지라고 말하겠다. 자연에 대해 말할 때, 우리는 우리 자신에 대해 말하고 있는 것이다. 이것은 우리가 자연 속에 일방적으로 우리의 주관성을 투사하기 때문이 아니라, 우리의 존재 구조 자체가 우리의 동물적 신체와 인간 환경체로 하여금 서로의 내부로 투과되도록 해주는 끊임없는 박동으로부터 태어나기 때문이다. 사실 투과는 역사와 외쿠메네라는 우리의 **코라**의 우발성 속에서 일어나는 우리라는 상대적 존재의 그 **생성**(genesis)을 의미한다.

바로 이와 같은 발생적 토대에 입각해 결정론은 우발성과 필연을 순진하게 혼동하면서 문화를 자연을 통해 '설명' 하겠다고 주장한다. 그러나 우발성을 우연으로 귀결시키고, 그렇게 함으로써 문화를 문화 자체를 통해서만 설명하겠다고 주장하는 것은 덜 유해하기는 하지만 못지않게 순진하다. 우리의 존재와 자연 환경 사이에 근본적인 관계가 있음은 분명하며, 이 관계는 하나의 역사와 하나의 풍토성 사이에 이루어지는 독특한 합일 속에서 엮어진다. 그 이유는 바로 우리가 **인과 관계를 토대로 하지만** 이 인과 관계를 넘어서는 반성적 존재들이기 때문이다.

---

76) Kata는 형태 · 모태 · 자국 혹은 행하는 방식을 의미하는데, 특히 무술에서 그것은 일련의 규범화된 동작들을 지시하고, 꽃꽂이에서는 배열 유형들을 나타낸다. Kata는 의미에 따라 여러 중국문자로 번역될 수 있다. 여기서 와쓰지 데쓰로는 '모태'를 의미하는 중국문자를 사용하고 있다.

77) Watsuji Tetsurô, *op. cit.*, Introduction, note 4, p.26(번역은 필자가 한 것임).

42. 자기 자신의 주어 술어

인간 존재는 반성하는 능력이 있다. 다시 말해《프티 로베르》사전 (1987)에 따르면 "어떤 의문 · 문제를 보다 철저하게 검토하기 위해 사 유 자체로 돌아가는" 능력이 있다. 이러한 의미는 17세기에서 비롯된 다. 그것은 réfléchir라는 동사의 어법, 즉 자신의 정신을 집중하다를 의 미하는 'se réfléchir sur soi(자신에게 스스로를 비쳐 보다)'라는 16세기 에 나타난 어법에서 파생되었다. 라틴어 동사 reflectere에 나타나는 본 래의 관념은 앞을 향해 가고 있었던 무언가를 다시(re), 그러니까 뒤쪽 을 향해 혹은 자기 자신 쪽으로 구부린다(fléchir)이다. 그것은 동물적 신 체가 기술을 통해 인간 환경체 안에 자신을 외재화하고, 이 인간 환경 체를 상징들을 통해 재내재화하는 왕복 운동과 같은 투과의 관념과 깊 이 있게 일치한다. 따라서 반성은 본질적으로 인간적이며 동시에 외쿠 메네적인 것으로 나타난다. 또한 우리는 아비투스라는 개념과 우리가 § 41에서 보았던 se-suus-suetudo라는 어원적 파생 관계를 고려할 때, 반성이 동물적 신체와 인간 환경체 사이의 공전유습관화(consuétude: 상호적인 습관화와 전유)라고 말할 수 있다.

이것이 의미하는 것은 우리가 우리의 자연 환경을 손과 표상을 통 해 인위화시킬 뿐 아니라 동시에 자연 환경이 우리를 인위화시킨다 (articificialise)는 점이다. 마약 환자가 습관성으로 인해 마약에 예속되 게 되듯이, 우리는 우리 자신의 이러한 인위화 없이는 더 이상 살아갈 수 없다. 이 인위화는 기술적인 진보와 더불어 나날이 뚜렷해지고 있 다. 앙투안 피콩[78]은 다음과 같은 사실을 주장한다.

---

[78] Antoine Picon, *La Ville territoire des cyborgs*, Besançon, Les Éditions de l'Im-primeur, 1998.

어떤 기술적 장치를 통한 모든 외재화는 그것이 지닌 기능적 양태들의 동시적 내면화를 수반한다(p.33).

그러면서 그는 이와 관련해 '인간의 사이보그되기'(p.68)에 대해 이야기한다. 이같은 강력한 표현은 부분적으로만 은유적이다. 그것은 일부 환자들의 현실이 이미 되어 버린 것을 표현하고 있으며, 풍토성의 개념과 근본적으로 일치한다. 비록 그것이 본질적으로 풍토성의 기술적 측면만을 번역하고 있지만 말이다. 그러나 여기서 그것은 나로 하여금 세계의 내면화가 비물질적인 것만은 아니라는 사실을 강조토록 하는 데 도움을 준다. 우리가 우주화하는 이 세계의 신체적 전환 표현 (somatisation)이 분명 있으며, 여기에는 우리 자신의 신체에 대한 어떤 의지적 작업의 효과에 의한 것이 포함된다. 게다가 우리가 보았듯이(§ 40), 옛날에 데카르트도 우선 의학에 대해 생각하면서 자연을 지배하는 일에 대해 언급했다.

이렇게 인간 존재는 그가 포착하는 세계, 다시 말해 그 자신이 술어를 부여하는(§30) 세계에 **대해** 숙고하는 것으로 만족하지 않는다. 그는 **그것**을 그 자신의 신체에 반영시킨다. 술어적 세계를 우리 자신에 구부려 새기는 이런 반영(réfléchissement)[79]은 매우 오랫동안 장신구·의복·신체 그림·문신·표식(할례 따위)의 차원에 속하는 것으로 남아 있었다. 이런 관행 전체는 그 흔적이 kosmos와 mundus의 의미들 가운데 간직되어 있는데(§8), 정확히 한 세계의 통일성을 나타냈던 것이다. 또 다른 차원에서 보면, 우리가 배제할 수 없는 것(이것은 개연성마저 있다)은 술어적 세계의 이러한 반영이 무의식적인 신체적 전환 표현을 통해 체화되어 있기 때문에 인간화(hominisation)의 과정에서 어떤 역

---

79) 독자는 이러한 부정확한 어법을 사용하는 것을 양해해 주기 바란다. 그것이 말하는 것(세계를 우리 자신 위로 다시 접는다/구부린다)은 반성(réflexion)이라는 용어로 번역될 수 없다.

할을 했으리라는 점이다. 현대사의 규모에서 볼 때, 시대의 이상적 유형들이 새로운 세대들에서 신체들의 실제적 형태들에 미치는 영향은 여러 문제들을 제기하는데, 이런 문제들을 유적적 결합의 우연이나 위생 효과를 통해서만 해결하는 것은 너무 마법적이다. 보다 긴 차원에서 보면, 여자에게 처녀막의 존재라는 그 인간적 특수성은 친족 체계들에 대한 인간 사회들의 강박관념과 어떤 관계가 있지 않을까? (사실 우리가 또한 생각할 수 있는 것은 수의과 해부학론들이 동물들에게서 처녀막을 언급하지 않는 것은 이것이 그 저자들의 흥미를 끌지 못하기 때문이라는 사실이다.) 요컨대 우리가 우주에 술어를 부여하면서 그것을 하나의 세계로 만드는 것은 우리의 의식일 뿐 아니라 우리의 신체 전체라는 점을 알게 되는 순간부터, 우리는 이 신체가 어떻게 이러한 술어 부여를 우리 자신에게 반영시키는지 자문하지 않을 수 없다. 왜냐하면 의식이 사유를 통해 수행하는 것을 신체 역시 육신을 통해 수행하기 때문이다.

그런데 '개인적 인격: 개인적 신체'라는 근대적 **토포스**는 신체와 술어적 세계 사이의 이와 같은 통일성을 해체해 버렸다. 한편으로 **화장품**은 천체물리학이 되어 버린 **우주론**과의 모든 관계를 상실했다. 다른 한편 (생물학을 포함하는 넓은 의미의) 의학은 정신 신체 의학의 문제를 거의 심화시키지 못한 반면에 그 반대로 신체적인 것의 지배에서는 커다란 전진을 했다. 그것은 우리 신체에 대해 점점 더 심층적으로 작용하면서 오늘날 클로닝을 통해 신체를 물질적으로 복제할 수 있는 가능성에 도달했다.

인간 신체성의 이와 같은 탈(脫)우주화는 그것의 중심을 신체 자체로 이동시켰으며, 이 신체는 우리의 소비 사회에서 장 보드리야르에 따르면 '구원의 대상'이 되었다.[80] 이로부터 이른바 '신체의 숭배'가 비롯되었다. 왜냐하면 이 구원의 대상은 그것의 **토포스**를 **코라** 바깥으로 추상화함으로써 물신이 되었는데,[81] 이 물신이 마땅한 보살핌을 받는 게 중요하기 때문이다. 사실 상품의 가치를 만들어 주는 사회적 관계를 망각한다는 것이 상품에 이 가치를 실어주면서 그것을 물신화하는 것이듯이, 우리의 인간 환경체를 배척하는 것은 우리의 신체적 동물을 물신화하도록 유도한다. 따라서 물신이 된 이 신체는 위생을 통해 보존되고, 화장품을 통해 아껴지며, 유행을 통해 치장되고, 성형수술을 통해 아름다워지며, 운동을 통해 찬양된다. 그리고 그것은 불과 얼마 전부터 생식의 족쇄에서 풀려나 육신의 쾌락을 경험하고 있다. 다른 관점에서 보면, 또한 우리는 즐기라는 이와 같은 명령이 질 리포베트스키가 '공허의 시대'[82]라고 규정한 이 시대에, 우리가 사물들의 의미와 맺는 마지막 남은 접속점 가운데 하나라고 생각할 수 있다. 왜냐하면 다비드 르 브르통이 쓰고 있듯이,

세계가 육신을 상실함으로써, 행위자는 자신의 존재를 육화시키기 위해 자신의 신체로 기울어지지 않을 수 없기 때문이다.[83]

문제의 명령이 극단적인 행동을 통해 물신을 위험에 빠트릴 정도까지 나아갈 수 있다고 해서 놀랄 필요가 없다. 왜냐하면 동일 저자가 쓰고 있듯이 다음과 같은 이유 때문이다.

사회가 더 이상 주지 않는 의미 한계가 결핍됨으로써, 개인은 사실 한계를 자신을 중심으로 물리적으로 추구한다. (…) (따라서 사람들이 죽음에 도전하는 것은) 세계와의 의미가 실린 관계를 조장하는 상징적 교

---

80) Jean Baudrillard, *La Société de consommation*, Paris, Gallimard, 1970. David Le Breton, *op. cit.*, p.106, note 7에서 재인용.
81) 물신숭배에 대해선 본서 제1장, 주 34) 참조.
82) Gilles Lipovetsky, *L'Ère du vide*, Paris, Gallimard, 1983.
83) *Op. cit.*, note 7, p.109.

환을 지속적으로 밀고 나가기 위한 것이다. 이 관계에서 살겠다는 행위자의 취향은 재구성된다. 사회가 존재의 방향을 제시하는 인류학적 기능에서 실패할 때, 남아 있는 일은 죽음을 탐구해 산다는 것이 아직도 의미가 있는 것인지 아는 것이다(p.112).

그러나 신체의 물신화에서 극단적인 형태가 클로닝의 문제에서 나타난다는 점은 분명하다. 왜냐하면 클로닝은 동물적 신체와 인간 환경체 사이의 철저한 분리를 증언하기 때문이다. 그러니까 그것은 우리 존재의 부분, 다시 말해 우리의 생체 구조의 **토포스**에 덧붙여짐으로써 우리를 인격으로 만들어 주는 그 부분을 결정적으로 배제하기 때문이다. 플라톤의 이데아처럼 초시간적이 되어 버린 이 토포스를 동일하게 복제함으로써, 그것은 특정 역사와 환경의 독특한 **코라** 속에서 인간 존재들의 생성을 가능케 해주는 본질적인 우발성을 폐기시킨다. 요컨대 이런 현상은 세계의 종말이다. 그것은 주체 자신에 대해 반성하는 근대적 대상 정지의 절대화이다.

그러나 클로닝이 내가 여기서 수행하듯이 그것을 단죄하는 사람들 못지않게 인간적인 존재들을 몽상하게 만들고 있다고 말하는 것은 별것 아니다. 클로닝 덕분에 자신을 복제할 수 있는 권리가 '이성(異性)애자들'에만 한정되지 않도록 하기 위해 시드니 거리에서 투쟁하는 '호모'는 대체 무엇이 잘못이란 말인가? 그가 기계적인 복제와 인간에 의한 생식(procréation)을 혼동하고 있다는 것이다. Pro는 앞을 향해서, 미래를 향해서, 아직 결코 존재하지 않은 그 무엇을 향해서를 의미한다. 그것은 자기 복제에서 철저하게 사라지는 바로 그것이다. 이런 사실로 인해 우리의 **게이**는 그 자신을 복제시킬 수 있는 클론들을 미리 잘라낸다. 사실 정상적인 아이 생산의 우발성에 따른 특정적 존재의 생식인 **ab ovo**은 한 인간 존재가 전개되는 데 있어 생명상의 필요한 시작에 다름 아니다. 동일자를 시리즈화함으로써 이러한 전개의 개별적 독특성을 없애 버리는 것은 그 필연적 결과로 비인간적인 삶들을 생산하는 일이 될 것이다. 결코 자기 자신이 되지 못하고 언제나 타자인 불행한 자들의 삶을 말이다. 이 타자라는 존재는 자신을 복제함으로써 애초부터 자신의 고유한 존재를 절멸시켜 버린 존재이다.[84]

다른 차원에서 우리가 또한 말할 수 있는 것은 (인간 이외의 것들의 클로닝을 포함해) 클로닝 일반이 단일 버전으로 향하는 근대적 추세의 궁극적인 귀결점을 나타내고, 이런 사실로 인해 그것이 외쿠메네를 구성하는 타자성과 개별적 독특성과 본질적으로 반대된다는 점이다. 우리 내부에 있는 동물적인 것과 인간 이외의 것들에 대해 말하자면, 클로닝은 삶의 방향(의미)과 반대된다. 삶의 방향은 우발적인 파괴의 경우를 제외하면 다양성을 향하고 있기 때문이다. 자연(다시 말해 생명)에 반하여 존재한다는 것은 문화의 속성이다라고 어떤 집요한 메타 근거주의를 내세워[85] 말하는 것만으로는 족하지 않다. 사실 완전한 인간 존재에 대해 말하자면, 클로닝은 이 존재가 지닌 실존의 구조적 계기와 반대된다. 왜냐하면 이 계기는 차이와 동화, 우리의 생체 구조와 이 구조의 물리적 외피를 벗어나는 것(다시 말해 우리의 자연 환경), 우리 자신과 타인 사이에 존재하는 삼중적 긴장으로부터 태어난다. 타인은 우리의 동류이지만 우리 자신은 아니다. 끝으로 우리들 각자의 내부에서 술어와 주어 사이에 존재하는 긴장이 있다.

첫번째 긴장에 대해서는 우리가 이미 살펴보았기 때문에 여기서 언

---

84) 물론 우리는 클론들이 단연코 다른 인격들이 될 수 있을 것이라 생각할 수 있다. 왜냐하면 인격이 자기 생체 구조의 **토포스**를 넘어선다는 사실 자체 때문이다. 그럼에도 그같은 결과는 동물적 신체와 인간 환경체 사이의 악랄한(diabolique)(diabolos는 분리시킨다는 의미가 있음) 분리로 동일하게 귀결된다. 동물적 신체는 동일하지만 인간 환경체는 그렇지 않다. 따라서 정신분열은 보장된 것이다!

85) 이 말이 무-근거의 모든 이론가들이 클로닝을 열망한다는 것을 의미하는 건 아니다. 그것은 클로닝에 찬성하는 것이 메타 근거주의의 극단적인 한 형태라는 점을 뜻한다.

급할 게 아무것도 없다. 두번째 긴장은 윤리학의 전통적 주제인데, 다만 나는 그것을 정신분석학자 모니크 바캥의 다음과 같은 예리한 지적과 접근시키겠다.

[클로닝이 폐기시키는 것은] 한계 · 금지, 따라서 의미의 개념 자체이다. (…) [그것이 증언하는 것은] 우리가 그 정서적 뿌리와 단절시키고자 하는 지성의 믿을 수 없는 두뇌화(cérébralisation)이다. 그런 단절을 통해 우리는 서양에서 급격히 확산되는 탈(脫)차이화와 전유의 힘을 [폭발시키고], [이 힘을] 우리 존재의 토대가 되는 타자성에 숙명적으로 [만들고자 한다]. (…) 한계를 무너뜨리고, 동일자를 소유하고 제작하는 것 (…), [이것이 귀결시키는 것은] 주체 및 타자성과 관련된 문제들의 난폭한 탈은유화이다. (…) [클로닝은] 성별의 차이 및 세대의 차이와 같은 모든 차이들과 이것들이 지닌, 사랑과 갈등의 기막힌 잠재력의 소외로부터 해방시킬 것이다. (…) [그것은] 모든 의무, 모든 금지, 따라서 모든 문명으로부터 우리를 해방되게 [해주는] 자기 생산이며, 전능의 전형적인 유치한 소망이다.[86]

바캥은 타자를 모르는 이와 같은 유치한 소망을 '정신적으로 분열된 자들(clivés),' 다시 말해 아무것도 느끼지 못한 채 자기 자신에 몰두해 있거나 변태적인 그 환자들의 상태와 비교한다. 여기서 우리와 관련해 오해해서는 안 되는 것은 분열이 한편으로 하나의 생체 구조를 부여받은 추상적인 '나'와, 다른 한편으로 그의 신체성 · 타인 · 세계 사이의 분열이라는 점이다.

이상과 같은 접근은 풍토성을 구성하는 세번째 긴장으로 우리를 이

---

86) Monique Vacquin, "Clonage: du semblable au même," *Le Monde*, 1ᵉʳ janvier 1998, p.13.

끈다. 다시 말해 인간 존재는 반사-반성성으로 인해 자기 자신의 술어이자 동시에 주어이다는 것이다. 술어인 이유는 그의 의식이 그의 현재 모습을 표상하는 '나'로서, 다시 말해 논리적 의미의 주어(주체)로서 그를 포착하기 때문이다. 그런데 우리가 보았듯이, 사유가 의식적으로 포착하는 것은 사유 자체의 작은 일부분에 불과하다. 나머지는 무의식에 속하지만 역시 사유에 속한다. 달리 말하면 우리는 우리자신의 일부에만 의식적으로 술어를 부여할 수 있다. 나머지는 보다 넓은 자기 술어부여(auto-prédication)에 속하며, 이 자기 술어부여가 이른바 집단 무의식이라는 것을 통해 우리를 우리의 동류들에 결부시키고, 보다 심층적으로는 삶에, 그리고 궁극적으로는 우주에 결부시킨다. 의식은 이와 같은 자기 술어부여에서 높은 차원이다. 그것에 대한 낮은 차원들의 관계는 주어가 술어와 맺는 관계와 같다. 결국 주어가 술어에 대해 드러내는 모습은 결코 술어가 되지 못한다. 달리 말하면 우리의 본성이 되지 못한다. 사실 그것은 데스파냐의 물리학에서 실재나 하이데거의 존재론에서 지구처럼, 있는 그대로는 포착 불가능한 것이다. 왜냐하면 그것은 우리가 그것을 포착하는 움직임 자체 속에서 술어로 전환하기 때문이다.

이러한 의미에서 자기 자신의 술어이자 주어인[87] 각각의 인간 존재 안에는 하이데거에 따른 세계와 지구 사이의 '투쟁'에 비견되는 긴장이 있다. 예컨대 사유는 그것을 생각하는 두뇌의 물 자체(IgS)를 포착할 수 없다. 그것은 물 자체를 상상할 수 있을 뿐이다(IgP). 그러나 한편 두뇌는 그것이 사유하는 정도 내에서만(IgP) 완전하게 그것의 존재 모습

---

87) '자기 자신의 주어-술어'라는 표현은 니시다 기타로의 장소 논리와 중국어 문법의 특수성으로부터 영감을 받았다. 중국어 문법은 우리가 '주어-술어를 지닌 문장(zhuwei weiyu ju)'을 말하게 할 수 있다. 예컨대 Neige ren zui dadade는 '저 사람 입크고-큰-의,' 다시 말해 '저 사람은 커다란 입을 가지고 있다(입이 크다)'를 의미하는데, 여기서 zui(입)는 ren(사람)의 술어이자 동시에 da(큰, 크다)의 주어이다.

(lgS)이다.

이와 같은 긴장으로부터 다음과 같이 말할 수 있는 존재가 솟아오른다. 즉 나는 타자 및 자연 환경과의 관계가 드러내는 역시 필연적인 상관적 긴장 속에서, 다시 말해 풍토성 속에서 존재한다. 우리들 각자 안에서 주어가 술어로 귀결될 수 없는 환원 불가능성은 바로 우리를 (사회적인 것의 비사유된 부분의 차원에서) 타인과 결부시키는 것이고, (육신의 비사유된 부분의 차원에서) 우리를 생명과 결부시키는 것이며, (우리의 물리적인 구성 요소들의 비사유된 부분의 차원에서) 우리를 우주와 결부시키는 것이다. 우리가 존재하는 것은 우리가 우리 안에 지니고 있는 이러한 환원 불가능한 어둠을 통해서이다. 우리는 이런 존재의 보잘것없는 일부분만을 알고 있을 뿐 아니라, 존재론적·논리적으로 **우리는** 이 존재의 본 모습을 알 **수 없다.** 그런데 그를 '복제하겠다'고 주장하는 것은 범죄적인 환원주의와 무책임한 허영을 말하는 것이다!

사실 이런 사태는 이미 오래전에 언급되었다. 심지어 너무 오래되었기 때문에 나는 그것을 번역해야 한다.

(⋯)	(⋯)	(⋯)
Wu ming	무명(無名)은	lgS:
Tian di zhi shi	하늘과 땅의 시작이고	우주의 본성
You ming	유명(有名)은	lgP:
Wang wu zhi mu	만물의 어머니이다.	세계의 생성
(⋯)	(⋯)	(⋯)
Ci liang zhe	이 둘은	함께 현실을 만든다
Tong chu er yi ming	같은 원천에서 나왔지만	그러나 싸운다
	이름을 달리하며	
Tong wei zhi xuan	동시에 말하여	

현묘하다고 한다   어둠을 배경으로

(…)[88]   (…)   (…)

---

88) *Laozi, I,* édité par Ogawa Kanju Tokyo, Chûkô Bunko, 1973, p.5.

제8장
시 테[1]

죽은 자들이라는 그 닻이 없이도 외곽의 그 도
시는 아주 평평하기는 하지만, 거의 끊임없이 움
직이고 있었다. 안개와 비가 내리는 가운데 도시
는 바람 따라, 혹은 언제나 있을 수 있는 수도 외곽
순환도로의 통행에 따라 떠다니는 것 같았다.

자크 페롱, 《콩트》[2]

43. 지평선

나는 사전을 좋아한다. 왜냐하면 사전은 끝없이 읽을 수 있는 많은
것들을 환기시키기 때문이다. 나머지는 그 속에서 꿈을 꾸는 것만으로
도 족하다. 예컨대 이 사전에서[3] 나는 이런 몇 개의 낱말들을 읽는다:
"그러나 아이네이스는 도시의 울타리를 쟁기로 그린다: interea Aeneas
urbem designat aratro."(베르길리우스, 《아이네이스》, 5, 755) 아 이런!
그러니까 아이네이스가 도시 설계의 아버지란 말인가? 나는 베르길리
우스가 베르길리우스적인 전원적 풍경에만 관심이 있었다고 믿었는데

---

1) 저자는 근대적 의미의 도시(ville)를 존재케 하면서 포괄하고 넘어서는 고대 도
시국가적 의미로 'cité'를 사용하기에 그대로 '시테'로 옮기며 'ville'은 '도시'로 옮
긴다. (역주)

2) Jacques Ferron, *Contes*, Bibliothèque Québécoise, Québec, 1933(1968), p.254.

3) Félix Gaffiot, *Dictionnaire latin-français*, Paris, Hachette, 1934, 항목 urbs(도시).

말이다. (…) 그리하여 나는 이제 3천 년 이상 전에 지중해 연안의 땅 어딘가에서 고랑으로 시작하는 그 시공간을 꿈꾸러 떠났다. '고랑'을 따라 추구한다는 것은 그만한 가치가 있다. 사실 사전이 나에게 보여주는 것은 우주발생적인(cosmogénétique) 작업을 하고 있는 아이네이스의 모습이다. 그는 쟁기의 손잡이(urvum 혹은 urbum)를 들고 있다. 그가 하는 것은 고랑을 파는 것이다(urbare 혹은 urvare). '특히 한 도시의 울타리의 고랑'이라고 나의 안내자는 해설하고 있다. 그리고 소문에 의하면 그리스인들은 이것을 호로스(horos)[4]라고 발음했다 한다. 호로스는 땅에 새겨져 경계를 획정하는 선이며 세계에 의미를 부여한다. 내가 들은 바로는[5] 중국에서도 그렇게 산과 강을 서예로 쓰고 그리는 붓의 필치, 곧 선이 시작되었다. 그렇기 때문에 그것을 나타내는 huà(畫)라는 중국문자에서 들판이나 논을 의미하는 네 부분으로 된 사각형인 tian(天)이라는 요소가 발견된다.

요컨대 꿈과 풍경은 동일한 어원을 지니고 있다. 아니면 그 반대이다. 어쨌든 여기서도 고랑은 계속되고, horizein, 곧 경계를 그리는 것이 된다. 나는 지리학자들의 아버지인 헤로도토스로부터도 민족들이 이런 수단을 통하여 한 나라의 존재를 획득했다는 것을 배운다. 그러기 위해 사람들은 "코라(다시 말해 영토)의 경계를 획정하여야(chôrên horizein)"(《역사》, 6, 108) 한다. 자연적으로 그렇게 되지 않는 한 말이다. 왜냐하면 자연은 어떤 식으로든 그런 일을 하기 때문이다. 그것은

---

4) 이러한 불확실한 유사성은 Anatole Bailly, *Dictionnaire grec-français*, Paris, Hachette, 1950 재판, 항목 horos에 의해 특히 환기되고 있다. 이 낱말은 또한 시간 속에서 어떤 한계를 나타낼 수 있기 때문에 나는 그것이 시간의 그 표시인 heure의 어원이지 않을까 기대했지만, 불행하게도 그렇지 않다.

5) Kobayashi Shinmei, *Kanwa jiten(Dictionnaire des sinogrammes)*, Tokyo, Shôgakkan, 1963, 항목 ga(p.656). 이 글자에 대해 주어진 어원은 다음과 같다. 그것은 "들판의 경계를 의미하고, '붓'과 '네 부분으로 된 들판' (여기다 기본적으로 덧붙여지는 게 모든 사물의 근본적 기원을 의미하는 단순한 수평선이다)을 결합시킨다. 사실 원래 최초의 형태는 '네 부분으로 된 들판'이다(…)."

인간 세계에 언제나 어떤 지평선(horizôn)의 한계(horos)를 그리기 때문이다. 진정으로!

따라서 나의 문명이 그 지중해 연안의 기원으로부터 물려준 풍경, 풍요로운 꿈의 원형적인 풍경에는 지평선까지 일렁이는 들판들로 둘러싸인 모습으로 울타리가 쳐진 도시가 있다. 풍경과 일체를 이루는 이지평선은 다소간 가깝다. 왜냐하면 흔히 산이 그것을 감추거나, 그보다는 이 지평선을 구성하기까지 하기 때문이다. 지평선은 바닷가에서만(그리고 또 평온한 날씨에!) 그것이 되어야 할 진정한 모습이, 곧 수평적이 된다. 다른 곳에서는 그게 어떤 것인지 우리는 잘 알고 있다. 우리가 볼 수 있는 것은 보다 일반적으로 원경, 다시 말해 화가들이 '공기' 원근법이라 말하는 것 속에 희석되는 원경이다. 그 원근법에서 세계의 경계가 그려진다. 왜냐하면 지상은 거기서 하늘이 되기 때문이다.

이런 사실 자체로 인해 우리는 이러한 원근법을 **종말론적**(eschatologique)이라고 말할 수 있을 것이다. 그것은 우리 존재의 종말을 함축하는 세계의 종말과 관련이 있기 때문이다. 원형적인 시테(archétypale cité)에서 **코라**의 경계는 실제로 eschatiai라 명명된다. 다시 말해 그것은 시각이 미치는 극단적 한계이자 동시에 헤로도토스(《역사》, 3, 106)의 경우에서처럼, 외쿠메네의 극단적 한계(eschatai tês oikoumenês)이다. 후자의 이 한계는 호메로스의 경우 에티오피아인들이라는 최종적 인간들(eschatoi andrôn)이 거주하는 그 변경(《오디세이아》, 1, 23)을 향하고 있다. 주목해야 할 점은 이런 낱말들이 공간 못지않게 시간에 대해서도 이야기한다는 사실이다. 예컨대 eschatiê는 '마지막에'를 의미한다.

— 좋아. 그런데 자네가 자네의 사전들에서 뽑아내는 것들과 같은 원형적 이미지는 대체 무엇에 소용되지?

— 물론 그것은 풍경에서 오래되어 보이는 것 이외에도 우리의 사유에서 사유되지 않은 것을 형성하는 데 소용된다. 이런 기능은 우리가

다소간 검토할 만한 대상이다. 내가 지금까지 옹호해 온 주장은 이러한 방향으로 간다. 그리고 특히 우리가 레이코프와 존슨의 경우에서 보았던 은유들(§39), 신체에서 비롯된 그 은유들이 그렇다. 인간 환경체 역시 '일차적인 은유들'을 지니고 있으며, 이것들은 외쿠메네의 동기들을 통해 우리에게 동기를 부여한다(§31). 그것들은 사회와 사회의 풍경이 지나온 긴 시간 속에 **아비투스**로 새겨져 있으며, 이 시간은 브로델이 말하는 거의 부동의 역사이다. 바로 이와 같은 외쿠메네적 구조들의 무의식적 틀 속에서 확립되는 것은 우리가 우리의 영토·도시·농촌에 대해 생각할 수 있는 그 무엇이다. 특히 우리가 이런 것들의 이미지를 미래 속에 투사할 때 말이다. 왜냐하면 상상적 영역은 바로 그때 그 역할, 즉 우리 정신의 구축물들에 동기를 부여하고 우리의 의지를 북돋우는 역할을 충실히 수행하기 때문이다.

달리 말하면, 풍토성은 우리의 사회적 기획들이——우리 인간 환경체의 미래 이미지——움트는 부식토일 뿐 아니라, 이 기획들에 어떤 중심점·시야·궁극 목적과 같은 하나의 세계를 부여하면서 그것들에 생명력을 부여하고 그것들을 구조화시킨다. 나는 이와 같은 일차적 은유를 원형적인 시테에서, 다시 말해 도심·농촌 그리고 경계(astu, chôra, eschqtiai)가 있는 시테에서 본다. 이러한 풍경의 모태적 형태 속에서 존재론은 문자 그대로 지리학이 되고, 지리학은 존재론이 된다. 그리고 바로 그것에 대한, 곧 시테에 대한 이미지를 이 마지막 장에서 현대적 표현으로 제시하고자 한다. 이것은 풍토성의 관점, 풍토성의 이상에 의해 움직이는 그 관점에서 현재의 몇몇 커다란 당면 문제들에 대해 생각하지 않을 수 없다고 판단되는 것을 나로 하여금 말할 수 있게 해줄 것이다. 그 이상은 인간 사회와 지구라는 땅덩어리와의 관계에서 어떤 조화에 도달하는 것이다.

— 그런데 우리는 그런 조화를 어떻게 판단할 수 있을까?

— 우선 풍경을 통해서이지. 풍경은 우리의 감각에 우리의 풍토성

이 지닌 질을 드러내 주지. 무슨 말이냐 하면, 모든 것은 심미관/미학으로 귀결된다는 것이야. 그러나 미학, 다시 말해 우리의 감각은 인간 존재의 구조적 계기라는 가장 본질적인 구체성을 우리에게 일깨우는 그 무엇이네.

실제로 심미관/미학(esthétique)이라는 말의 어원을 상기해 보자. 그것은 느끼는 능력, 감각을 통해 지각하는 능력을 의미하는 그리스어 aisthêsis로부터 왔다. 예컨대 데카르트의 경우에서 보이듯이 고전적 용법은 그 말에 **감정**이라는 낱말을 대응시킨다. 그런데 근대적 이원론의 입장에서 보면, 감정은 과학적 관점을 확립하기 위해선 배제해야 하는 것 자체이다. 이 때문에 이 용어는 반성의 엄격함·논리, 나아가 미학 자체에 반대되는 뜻들로 표류하게 되었다. "여자는 감정으로 산다"(발자크), "좋은 감정들을 가지고는 나쁜 문학이 만들어진다"(지드). 그러나 데카르트는 《철학 원리》에서 과학적 엄밀성의 조건들을 제시하면서도 감정이 '우리의 삶 자체'라는 사실을 인정했다. 과연 그렇다. 왜냐하면 시체는 aisthêsis가 더 이상 없기 때문이다. 풍토성의 관점이 제시하는 이상은 근대적 이원론과는 반대로 우리의 삶 자체에 초연하기보다는 **그것에 입각해 엄밀하게 사유하는 것**이다. 이것이 사실 가장 진정한 논리이다. 왜냐하면 최소한 우리는 아직 시체가 아니기 때문이다.

— 하지만 그런 목적이라면 무엇 때문에 다른 시테보다는 매우 지중해적인 그런 시테에 대해 말하는가? 예컨대 인간 존재들이 가장 많이 있는 세계의 부분, 곧 동아시아보다도 말이다.

— 그 이유는 매우 단순하지. 나 자신이 나의 태생을 따라서만 엄밀하게 사유할 수 있기 때문이지. 왜냐하면 나는 나를 지중해 땅에서, 대서양 연안에서, 그리고 아틀라스 산맥에서, 또 바다(el bahr)라 불리는 나일 강가에서 태어나게 하고 성장하게 한 삶 이외의 다른 삶을 선택할 수 없기 때문이지. 헤로도토스(그는 오늘날의 보드룸인 할리카르나스 출신이었다)는 이오니아어의 아름다운 톤으로 우리에게 이렇게 말

하고 있다. 나일 강은 "hourizei tên Asiên tês Libuês(아시아와 리비아를 갈라 놓는다)"(《역사》, 2, 16). 비록 특정 지역을 선호함으로써 분명 내가 보편성의 기준을 충족시키지 못하고 있지만 말이다. 그러나 변명을 하자면 내가 언급하는 시테는 근대성이 쇠락하는 시점에서 아직도 우리에게 동기를 부여하는 이상들로 풍요롭다.

— 우리라니, 누구 말인가?

— 이 문제에 대한 대답은 오직 자네 내면 속에 있네.

44. 들판

우선 강조해야 할 점은 시테가 단지 도시만을 뜻하는 게 아니라는 사실이다. 그리스어와 마찬가지로 라틴어도 '도시(urbs, astu)'라는 존재자 혹은 토포스와 시테(civitas, polis)[6]라는 존재를 구분한다. 후자 역시 그것의 **코라** 안에 그것을 둘러싸는 들판(agri, agroi)을 포함하고 있다. 시테(Cité)라는 낱말은 우선 '시민 전체'를 의미하는 civitas로부터 파생되었다. 시민들은 '시민권'이라는 표현이 상기시키듯이, 이러한 조건(civitas)에 결부된 권리를 향유한다. Civitas는 고전적 언어에서 환유를 통해서만 때때로 '도시'라는 의미로 사용된다. 그러나 반면에 카이사르는 《갈리아 전기》에서 그 말을 예컨대 헬베티아인들에 대해 '그들 민족 전체'(omnis civitas Helvetiae)(1, 12, 4)라는 의미로까지 사용하게 된다.

이 존재의 중심점은 시민(civis)의 질, 혹은 보다 정확히 말하면 동(同)시민(concitoyen)이다. 왜냐하면 시테라는 용어가 공동체적 관계의

---

6) 이에 대해서는 François de Polignac, *La Naissance de la cité grecque*, Paris, La Découverte, 1984; et Alexandre Grandazzi, *La Fondation de Rome*, Paris, Les Belles Lettres, 1991 참조.

상호성을 함축하고 있기 때문이다. 키케로는 《카틸리나 탄핵》에서(1, 17) 예컨대 '그대의 모든 동시민(omnes cives tui)'이라고 쓰고 있다. 플라우투스는 《루덴스》에서 "그대의 동시민들을 지켜라(defende cives tuas)"라고 쓰고 있다. 이 남녀들의 인간 환경체가 그들의 civitas이다. 그것은 하나의 상징적 체계이자, 어떤 인간 집단 전체이며, 물질적 특징들을 지닌 영토이다. 그렇기 때문에 키케로는 《세스티우스 변호론》(91)에서 이렇게 쓸 수 있는 것이다. 국가는

[처음에는] 그처럼 작은 인간 집단들로 [이루어지고], 그 다음에 우리가 도시라 부르는 주거 집단들인 시테라는 이름을 갖게 되었다 (conventicula hominum quae postea civitates nominatae sunt, domicilia conjuncta quas urbes dicimus).[7]

그러니까 그 남녀들의 존재는 시테의 지리문자들인 astu, agroi, eschatiai 속에 표현되어 있다. 뿐만 아니라 그들은 이 지리문자들이다. 왜냐하면 그들은 바로 civitas로서 존재하기 때문이다. 우리가 이를 통해 확인할 수 있는 것은 인간 존재에 관한 한 지리학은 존재론이고 존재론이 지리학이라는 사실이다.

이러한 확인은 사상사에 속하는 것이지만, 그로부터 매우 구체적인 몇몇 법칙들이 도출될 수 있다. 오늘날 우리에게 이 법칙들은 우리의 인간 환경체에 대한 모든 행동 유형을 포함해 넓은 의미에서 영토에 대한 우리의 정비 계획의 구상과 실천과 관련되어 있다. 건축·도시계획·조경·농업공학 등 말이다.

우선 영토를 정비하고 시테를 건설한다는 것은 대상들을 배치 정돈하는 기술자나 자신의 취향을 내보이는 미학자의 일에 그치는 것이 아

---

7) Gaffiot, *op. cit.*, note 2, 항목 civitas.

니라는 점을 알아야 한다. 그런 공사를 하기 위해서는 서로의 존재를
존중하는 공동 이상이 정당성을 부여하는 이유들이 필요한데. 이 이유
들은 시테의 법에 따라 현실성을 검증받는다. 건축 · 도시 계획 · 정비
가 개념상의 테러리즘, 개인 행동의 과시적인 파행, 기술 관료의 오만
함으로 드러나는 특권을 통해 은밀히 이루어지는 시대는 마감되어야
하는 것이다. 저 바깥에 '펼쳐져 있는 사물들'이 아니라 우리의 존재
와 관련된 그런 일들은 고도하게 시민적이다. 다시 말해 그것들은 고
도한 차원에서 우리 아이들의 시민 교육 대상이자 민주적 토론의 대상
이 되어야 하는 것이다. 나는 1960년대 말경에 《르 몽드》에서 읽은 젊
은 기술 관료의 오만한 그 주장을 결코 잊지 못할 것이다. 그는 프랑스
의 어디선가 계획된 작업을 유관 주민들이 좋지 않은 시선으로 바라
보고 있는 것에 대해, **그들이 아무것도 모른다**고 말했다. 나는 몇 년 후
일본에서도 규슈 시부시 항만의 대규모 공업단지(dai kibo kôgyô kichi)
계획과 관련해 일반인들에 대한 이런 멸시를 목격한 바 있다. 여기다
덧붙여진 것은 시대의 관용적 어법이 다소 진화했기 때문이지만, 현실
의 냉소적이고 초현실적인 돌변이다. 가고시마 도청의 말을 믿는다면,
(풍경에 대해선 아무것도 말하지 않는다 하더라도) 그런 작업이 환경적
차원에 저촉되고 흉측하지만 "도민들로 하여금 자연이 보호받을 만한
가치가 있다는 것을 보다 잘 자각하게 해주는"[8] 기회가 될 수도 있었을
것이라 한다.

착각해서는 안 된다. 풍토성의 관점은 영어로 nimbyism[9]이라 부르
고, 일본어로 chiiki ego[10]라 부르는 것, 다시 말해 "다른 곳에 마련해야

---

8) 나는 이 사례를 *Le Sauvage et l'Artifice*, Paris, Gallimard, 1986, p.239에 제시
한 바 있다.

9) '내 뒷마당에는 안 된다!(Not in my backyard!)'의 각 단어 머리글자를 따서 만든
Nimby에서 나온 말이다.

10) '지역 이기주의'를 말한다.

지 우리 지역에는 안 된다!"는 것을 정당화시키는 게 전혀 아니다. 나는 또한 극성 자연보호 운동과도 친하지 않다. 인간 환경의 개념 자체가 그런 운동을 인정치 않는다. 시테는 단지 말로만 건설되는 게 아니다. 동시민에 대해 이야기한다는 것은 일반 이익과 공동 의지의 거부와는 다른 것을 함축한다. 그것이 말하는 것은 영토 문제가 모든 사람의 문제――전형적인 공적인 일(res publica)――이고, 따라서 지역 주민들의 의견을 듣지 않은 채, 또는 그들의 이익에 따라서 해결되어서는 안 된다는 점이다. 모두를 위한 법의 힘을 통해 시테가 존재해야 한다는 것이다. 따라서 이런 원칙은 기술관료제도를 다만 단죄하는 것이 아니다. 그것이 역시 인정하지 않는 것은 예컨대 미국에서 자주 일어나는 현상이지만, 지역 공동체가 일반 이익에 반대할 수 있다는 점이다.[11]

사실 시테에서 하나의 장소는 개인적 혹은 집단적 인격이 합법적으로 전유할 수 있는 **토포스**만을 의미하는 게 아니다. 그것은 또한 필연적으로 공동체(그리고 공동체를 넘어 인류)라는 가장 방대한 존재가 배어든 하나의 **코라**이다. 역으로 이러한 관점은 마찬가지로 전체주의를 배격한다. 인격들에 의해 구성된 공동체만이 있으며, 그것의 **토포스**는 **코라** 속에 결코 사라지지 않는다. 토포스적 성격은 코라적 성격이 아니지만, 하나가 없으면 다른 하나도 작용하지 않는다(§30). 인간 존재의 구조적 계기는 바로 이와 같은 관계 속에 있다. 따라서 풍토성의 관점에서 볼 때, 이상(理想)은 인간 환경이 그것의 생성 속에서 독특한 진화적 · 우발적 · 조화를 추구하면서 이 관계의 역동적 움직임을 활성화시키는 것이다. 이것이 내가 일반적인 것에서 특수한 것으로 이동하

---

11) Cf. Cynthia Ghorra-Gobin, *La Ville américain: espace et société*, Paris, Nathan, 1998, p.107. "그러나 뉴욕과 로스앤젤레스라는 미국의 2대 도시에서 우리가 관찰하는 것은 대다수가 백인들이 거주민인 일부 구역들이 영토적 자율성을 요구하고 있다는 사실이다. 주민들은 하층 무산 계층이 살고 이민자들이 침투해 온 소수민 거주지들을 위한 공공 서비스의 기능에 더 이상 기여하고 싶어하지 않는다." 프랑스에서는 시들이 작기 때문에 분리할 필요조차 없다(…).

면서 다음과 같은 두 가지 사례를 통해 예시하고자 하는 것이다.

첫번째 사례. 20세기의 강력한 경향 가운데 하나는 도시화가 될 것이다. 다시 말해 도시들의 인구 집중과 현저한 확대를 넘어서, 외쿠메네가 도시적인 것의 방향으로 심층적으로 변모했다는 것이다. 그리하여 프랑스 같은 나라에서 직업 활동 인구의 극히 일부만이 농업에 종사하고 있다. 농촌 지역을 포함해 나머지 활동 인구는 땅과 직접적인 직업적 관계가 없다.[12] 그러나 농업 종사자들을 포함해 인구 전체의 생활 방식은 도시적 모델로 수렴되는 추세를 나타냈다.

그런데 이와 같이 도시화된 사람들은 무엇보다도 농촌에 대한 취향에 의해 특징지어진다.[13] 그들은 대다수의 경우, '자연'과 가까운 곳에 정원으로 둘러싸인 전원적인 집에 살고 싶어한다. 여기서 '자연'이라는 표현은 도시의 반대를 의미한다. 그러나 그들은 도시의 일을 통해서만 살아갈 수 있고 도시가 제공하는 서비스에 애착을 느낀다. 이러한 모순은 여가와 일을 위해 끊임없이 규모가 증가하는 이주를 통해 해결되고 있다. 이주는 피로와 위험을 낳을 뿐 아니라(프랑스의 도로에서 하루에 서른 명이 사망한다), 온갖 종류의 공해를 유발한다. 예컨대 에너지의 낭비로 인한 온실 효과, 통행량이 많은 도로들에 의한 생태계의 훼손, 다양한 오염 물질의 방출 등이다. 한편 풍경은 끊임없이 추해진다. 쇠퇴-구조주의(bas-structuralisme)의 미학이 이에 대해 무엇을 말하든 말이다.[14]

물론 우리는 이러한 체계의 이런저런 세부적 부분을 개선하려고 일상적으로 노력할 수 있고 또 노력해야 한다. 예컨대 우리는 자동차 사

---

12) 국립농학연구소-통계연구소의 보고서, *Les Campagnes et leurs villes*, Paris, 1998, p.59에 따르면 "오늘날 시골 지역에 사는 가구 가운데 90퍼센트가 농업 노동자가 하나도 없는 데 비해, 시골 일자리의 20퍼센트 미만이 농업과 관련된 일자리이다."

13) 이에 대해서는 Bertrand Hervieu et Jean Viard, *Au Bonheur des campagnes(et des provinces)*, L'Aube, La Tour d'Aigues, 1997. 저자들은 오늘날 우리의 공동체적 영토를 통일하는 것이 풍경이라는 점을 보여준다.

고로 사람이 덜 사망하도록, 관(棺) 모양으로 시동 열쇠를 만들어 경각심을 불어넣을 수 있고 원형 교차로나 '누워 있는 헌병'[15]을 한없이 증가시킬 수 있다. 그러나 이런 종류의 임시방편은 체계를 강화시킬 뿐이다.

그런데 이 체계는 그 자체로 나쁘다. 그것이 나쁜 이유는 반(反)외쿠메네적이기 때문이다. 그것은 장기적으로 생명권을 필연적으로 훼손하고 매일같이 지구적 차원에서 수많은 사람들의 얼굴을 망가뜨리고, 그들을 불구로 만들며 죽인다. 그것은 망가진 얼굴을 팽개친 채 멀리 달아나며, 반(反)인격적이다. 그것은 산업화된 도살장이나 다름없다. 결국 그것은 내재적으로 부조리하며, 스스로를 먹어 치운다. 그것의 동인은 농촌적 특성을 지닌 이상인데, 매일 조금씩 더 이 이상을 파괴한다. 사실 시골(달리 말하면 자연)을 사랑하면서 그것을 파괴하는 방식으로 산다는 것은 자살적은 아니라 할지라도 터무니없다.

— 그러나 양식(良識)은 세상에서 가장 공감되는 것인데, 어떻게 그런 일이 있을 수 있는가?

— 우리 인간 환경체의 근대적 축출 때문이지. 이 축출을 통해 우리는 그 인간 환경체 속에 존재하는 것을 물신화했다. 우리는 이 문제에 있어서 농촌적 특성의 상징물들에 의해 혼미해져 있는데, 그것들이 우리의 도시(cité)를 구성하도록 만들어 주는 관계를 우리 자신에게 감춤으로써 그것들을 물신화한다. 우리가 이 관계, 다시 말해 우리의 풍토성을 생각하는 유일한 방식은 자동차와 우아한 전원주택이라는 마법

---

14) 사실 미를 다루는 전문가들에게 상당히 유포된 주장에 따르면, 우리는 주택단지·주차장·고압선이 구비된 아름다움을 조만간 '고안해 낸다.' 나로 말하면 이러한 주장을 기만이 가득한 살롱적 메타 근거주의로 간주한다. 그것은 양적인 것과 질적인 것 사이에, 다시 말해 한편으로 어떤 추상적 공간에서 동일한 대상들의 일련의 반복과 다른 한편으로 하나의 구체적 환경의 역사에서 장소들의 독특함 사이에 매우 유감스러운 혼동을 보여주고 있다.

15) 스위스에서는 차량 감속용 둔덕을 그렇게 부른다.

적 쌓을 통해 요약할 수 있는 소박한 대상들의 개인적인 전유이다. 바로 이러한 물신들을 통해서만 우리는 이제 삶·도시·농촌을 생각한다. 변두리 도시(edge city) 혹은 프랑스어권에서 비슷한 신흥 도시(ville émergente)에 대한 담론이 이를 증언하고 있다.[16]

우리의 문명은 이런 종류의 삶으로 대대적으로 향하고 있기 때문에, 그것을 통째로 단죄한다는 것은 망상이 될 것이다. 그렇지만 그것을 교정하기 위해 행동할 수 있고, 언젠가는 그것의 물신들의 지배에서 벗어나 다른 식으로 생각하기 위해 그것의 토대를 밝혀내고자 애쓸 수도 있다. 첫번째 단계는 우리의 농촌이 피에르 도나디외가 훌륭하게 명명하고 있듯이[17] 도시적 농촌이라는 점을 결정적으로 인정하는 것이다. 농촌이 우리의 도시(cité) 자체의 **코라**이다라고 말하는 것은 현대적 방식이며, 그럼으로써 우리는 우리의 동시민들과 함께 농촌을 있는 그대로 받아들이지 않을 수 없게 된다.

농촌을 시골이자 도시인 응집적인 영토로 생각해 낸다는 것이 전제하는 점은 농업과 삼림의 공간이 자연적인 공적 하부 구조들의 범주, 다시 말해 공적인 이익의 공간들의 범주에 실제로 들어가야 한다는 것이다. 사기업들에 의해 만들어졌지만, 타인의 시선들이 상징적으로 전유할 수 있는 이 공간들이 사실 제공하는 것은 공권력이 보상할 수 있어야 하는 상징적 서비스이다. 보상을 해야 한다는 것은 서비스의 제공이 농업 경영자에게는 비용이 들며, 제약의 행사는 벌이 대상의 상실로 나타나기 때문이다(p.210-211).

---

16) 이에 대해서는 Geneviève Dubois-Taine et Yves Chalas(dir.), *La Ville émergente*, L'Aube, La Tour d'Aigues, 1997.

17) Pierre Donadieu, *Campagnes urbaines*. Photographies de Gérard Dalla Santa. Arles, Actes Sud, 1998.

내가 이와 같은 **적극적 지리학**(géographie active)[18]을 존재론적 용어로 표현할 때, 이 지리학이 의미하는 것은 개인적으로 뿐 아니라 사회적으로도, 다시 말해 동시민으로서 우리가 기술적 · 환경적 · 상징적이라는 삼차원의 투과적 통일성 속에서 우리의 인간 환경체를 고려해야 한다는 점이다. 그런데 우리는 그것을 **토포스**의 단순한 집합체로, 연장(延長) 속에 있는 저기-바깥(là-dehors)으로 생각하고 다룬다. 이 저기 있는 바깥은 우리의 풍경들이 드러내는 점증하는 지리멸렬이 표현하고 있듯이, 이원론에 의해 분해되고 비유기적이다.

두번째 사례. 이러한 지리학에 주요 장애물은 바로 풍경적 성격에 속한다. 다시 말해 그것은 물질적인 것과 비물질적인 것, 생태적인 것과 상징적인 것의 접점에 있다. 경제적인 것, 기술적인 것 그리고 생태적인 것은 단순한 생존의 절대적 필요성 때문에 조만간에 합의를 보지 않을 수 없다. 사실 우리는 전반적으로는 아니라 할지라도 부분별로 우리의 자연 환경을 보다 잘 관리하는 상태에 이르고 있다. 이를 위해 어디에서나 과세가 가능한 객관적인 조치들과 방법들이 있다. 그러나 풍경은 이와 다르다. 그것은 공통의 척도로 측정 불가능하기 때문에 각 장소마다 재규정되어야 한다. 그렇기 때문에 자연적인 것의 풍경과 상징들에 관한 도시인의 요구는 농업과 사이가 좋지 않다. 농업은 시장에서 측정할 수 있는 생산물로 살아간다. 도시적 가치와 농업적 가치는 대립되는 것 같다.

— 그런데 이 가치들을 화해시키는 게 불가능한가?

— 그것은 프레데릭 모랑이 최근에 학위 논문에서 제기하고 있는 문

---

18) 나는 이 표현을 피에르 조르주를 중심으로 1960년대 영토 정비 시점에 상당한 영향을 미쳤던 사조에서 빌렸다. 그러나 당시에 상징성의 관념은 이 사조에 없었다. 이 관념을 외쿠메네적 관점 속에 옮기면서 여기서 내가 그것을 사용하는 것은 도나디외가 구상한 조치의 실천적 · 구체적 측면을 강조하기 위한 것이다. 지면 부족으로 나는 이 조치의 목록을 제시하지 않겠으며, 따라서 이 저자와 Pierre George *et al. La Géographie active*, Paris, PUF, 1964 참조 바람.

제이지.[19] 그는 이 문제를 푸아투 늪지대와 뷔에주(에로 지방의 후배지)라는 두 가지 사례 연구에서 다루고 있네.

첫번째는 공공 정책의 일관성 없음과 사용자들의 자문 결여로 인한 하나의 실패를 분석하고 있다. 환경부가 추진한 농업 환경적 조치(MAE)는 어떤 인간 환경, 곧 습지를 그것의 풍경과 지난 날 활동 속에 보존하는 게 목적이었는데, 공동 농업정책(PAC)의 조치와 마찰을 빚었다. 이 농업정책의 객관적 결과는 이 환경을 없애는 것이었다. MAE가 도시의 요구를 들어주는 방향으로 가고 있었다는 것은 말할 필요가 없다. 그런데 PAC의 조치는 경작이나 휴한지로 만들고자 한 것으로, MAE의 '환경보호 이익'보다 3백 배나 더 많은 이익을 수반하는 것이었다. 이런 사실로 인해 농업 종사자들이 휴한지 상여금을 받기 위해 땅을 임대하는 상황까지 목격될 수 있었다. 농업적 가치는 여기서 도시적 가치와 직접적으로 충돌함으로써 후자를 짓밟아 버렸다. 이는 습지의 풍경이라는 공동체 유산에 더없이 유감스러운 사태였다.

그 반대로 뷔에주에서는 타협점이 발견되었으며, 이로 인해 경제의

---

19) Frédéric Morand, *Articuler agriculture, environnement et tourisme: l'analyse des logiques d'acteurs comme outil d'organisation du territoire. Une application de la théorie de la justification.* 1999년 파리 사회과학 고등연구원에서 발표된 학위 논문임. 이 제목이 나타내고 있듯이, 모랑은 뤽 볼탄스키(Luc Boltansky) 및 로랑 테브노(Laurent Thévenot)가 *De la Justification: Les économies de la grandeur,* Paris, Gallimard, 1994(1991)에서 규정한 관점을 따르고 있다. 'grandeur'라는 낱말을 통해 저자들이 의미하는 것은 사회적 행위자들이 현실을 포착하고 이를 정당화하는 차원(즉 도시 · 세계 · 논리)이다. 그들은 다음과 같이 여섯 개의 차원을 구분한다: 상품적 차원, 가정적(평판) 차원, 영감적 차원(독창성), 명성(유명)의 차원, 시민적 차원, 산업적 차원이 그것이다. 예컨대 하나의 자원은 어떤 차원에 속하며 동일한 사물이 여러 차원들에 속할 수 있다. 이 차원들 사이에는 행위자들에 따라 갈등이 있을 수 있다. 갈등이 두 개의 상이한 차원(예컨대 산업적인 것과 시민적인 것) 사이에 위치할 때 '고발'이 있다. 그것이 동일한 크기 내에 있을 때 분쟁이 있으며, 행위자들 사이에 정당화할 수 있는(이로부터 책의 제목 *De la Justification*이 비롯되었다) 법칙들에 따른 차원들의 조정 속에 있을 때 '타협'이 있다. 이 이론과 풍토성의 이론, 특히 외쿠메네적 '로서(en-tant-que)'의 개념(§30)과의 친근성은 강조할 필요도 없다.

절대적 필요성과 온화함(자연 환경과 풍경의 질)의 절대적 필요성의 화해가 이루어졌다. 그리하여 농업과 휴양은 서로로부터 손해를 보는 대신에 효과적인 순환 속에서 서로를 돕게 되었다. 생장뷔에주의 포도 재배지가 보여주는 새로움이 그런 경우이다.

이 포도주들은 더없이 기술적인 특징들(포도 묘목 개선, [상품들을 다양하게 해주는 일련의 보다 작은 지하 창고들에서] 정교한 양조. **뿐만 아니라 특히 그 포도주들을 다른 것들과 구분시켜 주는 것이 있다.** 그것은 지중해의 후배지에 있는 전통 마을 한가운데서 구매할 수 있다는 것이다. 이 배후지는 절벽과 포도나무 등으로 둘러싸인 황량한 계곡 속에서 중세의 폐허에 압도되고 있다) 덕분에 방문객들을 유혹한다(p.221, 강조는 저자가 한 것임).

여기에는 '상황적 효과'(p.222)가 있는데, 이것이 근대성의 분석적 기능주의와는 대척점에 서서, 본질적으로 외쿠메네와 함께-가기를 밝혀 줄 뿐 아니라 현대 경제에서 이것의 생명력을 입증해 준다. 지방 협동조합의 한 구성원의 다음과 같은 주장이 이를 증언하고 있다.

우리가 현장에서 팔고 직접적으로 팔 때, 생산물을 팔 뿐 아니라 그것과 함께할 수 있는 모든 것을 판다. 사실 사람들이 포도주를 살 때 그들은 포도주의 질, 포도주 자체를 살 뿐 아니라 추억을 사며, 그것이 그들에게 환기시켜 주는 것을 산다. 그들은 그들의 바캉스를 사며 많은 것들을 산다. 사실 이처럼 엮어져 있다. (…) 이것은 건강하고 아름다운 판매이다(p.222에서 인용).

물론 생장드뷔에주의 포도 재배지는 같은 방향으로 가고 있는 일련의 혁신적 사례들 가운데 하나에 불과하다. 우리는 여기서 독일 자연보호 소비자들의 조직[20]과 직접적인 판매협약에 주목한다. 이들은 양

사육을 지원하는데(5년 동안 각 조직원은 1년에 헥타르당 암양 사육에 8백50 프랑을 지불함), 그 범주는

생명 다양성, 토양 그리고 어떤 심미관을 존중하는 사육을 발전시키기 위한 자발적인 자연보호 지역이다. 농업삼림 관리(배나무·사과나무·마가목·소나무 등의 정원적인 재배), 동물로 수레 끌기, 지역에 둥지를 튼 맹금류(왕독수리·수리부엉이 등)의 보호, 긴 털을 지닌 뿔 달린 토종 양의 품종(검은 얼굴) 사육 등이 이루어져야 한다(p.227).

왜냐하면 이것이 아름다운 풍경의 미덕이기 때문이다. (…) 모랑은 이와 관련해 '영토적 질의 임대' 혹은 '풍경의 임대' (p.274)에 대해 이야기한다. 사실 오늘날 시장 경제는 자연 환경의 질과 더 이상 적대적일 수 없다. 모랑이 보기에는 그 반대로

상품 가치를 통합시켜야 [한다]. 이 상황에서 자연 환경의 상품적 질은 지속적인 발전 요소로서 점점 더 인정되고 있다(p.276).[21]

달리 말하면 완전히 도시화된 사회의 현실적 요구에 부응하는 농촌이 중요하다. 이 사회는 질을 측정할 수 있는 것, 산지를 확인할 수 있는 것, 진짜인지 확인할 수 있는 것 쪽으로 점점 더 관심을 기울이고 있다. 요컨대 새롭게 받아들인 지방의 구체성과 방향 쪽으로 향하고 있는 것이다.

---

20) Le BUND: *Bund für Umwelt und Naturschuz Deutschlands*(독일 자연 환경 보호 연맹). 이 연맹(이것이 BUND의 의미이다)은 심지어 뷔에주에 자연보호 운동을 하는 자원자들을 농업 노동자로 파견까지 하고 있다.

21) 이에 대해서는 *Le Rapport de synthèse des études sur les aménités rurales* de OCDE, Paris, 1998 참조. 이 책에서 풍경적 온화함을 상품화하는 것이 문제시되고 있다.

45. 집

우리가 방금 검토한 것은 근대적 사유의 틀 속에 결정적으로 더 이상 들어가지 않는다. 근대적 사유는 물질적 대상의 **토포스**에 집착하며, 그것을 정신적 대상과 구분하고 있다. 이러한 관점에서 보면, 양은 퀸즐랜드에서는 수익성이 있을 수 있지만 뷔에주에서는 아니다! 그런데 우리가 여기서 보는 것은 환경박물관이 아니라, 분명 해결 가능한 요구에 부응하는 생산이다. 이 문제에서 근대성을 넘어서는 것은 바로 문제된 양의 **토포스**를 넘어서는 것이다. 즉 이 토포스가 편입되는 **코라**이다. 그러니까 보호된 자연 환경 속에 남겨진 유산인 풍경의 온화함이다. 우리의 유럽 동시민들, 여기서는 독일인들이 대가를 지불하는 것은 양갈비의 **토포스**뿐 아니라 바로 뷔에주라는 그것, 이 **코라**이다.

— 그렇다면 그건 그들이 스스로 역할을 맡는 영화가 아닌가?

— 물론이지. 왜냐하면 포착 불가능한 토포스적 성격의 코라적 성격인 인간 현실은 결코 다른 것이 아니었기 때문이지.

— 그럼 근거를 결정적으로 상실된 기호권(sémiosphère)에서 술어의 순수 논리란 말인가?

— 전혀 아니다. 왜냐하면 동인들 가운데 하나, 나아가 특정 경우들에 있어서 이런 방향의 첫번째 동인은 이 환경의 자연과 역사에서 항로 표지를 취하는 자연보호의 요구사항들에 답하는 것이기 때문이다. 우리는 여기서 우리의 감성 구조들 및 생명권과 실재로 직결되어 있는 하나의 영화——신화——를 갖는다. 달리 말하면 이 영화는 근대성이 의미를 비워 버리고 동시에 생기를 없애 버린 하나의 세계를 현대적 표현으로 재우주화하는 것이다. 이러한 혁명 이전에 에로 지방의 후배지는 사실 오스트레일리아의 무성한 덤불숲을 향해 서서히 이동하고 있었다.

내가 생각할 때, 가장 강력한 것은 이 마지막 논지이다. 풍토성의 관점에서 볼 때, 땅에서 거주자들을 비워내는 체계는 나쁘다. 그 반대로 생존 가능의 조건들 속에서 인구의 이식을 보존하는 체계는 좋다.

물론 이러한 재우주화가 우리의 시골 어디에서나 이루어지고 있는 것은 아니다. 어림도 없다. 적어도 이런 종류의 경험은 그 가능성을 보여주고 있다는 것이다. 우리가 이로부터 끌어낼 수 있는 가장 일반적인 교훈은 다음과 같이 몇 마디로 요약된다. 즉 우리 자신의 존재가 되어 버린 도시 사회를 위해서 **농촌다운 농촌이 필요하다**. 이것은 우리가 우리의 역사로부터 물려받은 술어들을 배반하지 않는 풍경을 말한다. 이 술어들은 우리의 감성을 만들고, 농촌의 존재를 객관적으로 확립하는 주어의 논리를 영속적으로 이 감성 속에 불어넣는다. 이 논리는 농촌이 지속적인 생태계 안에서 먹을 것을 생산한다는 것이다.

이와 같은 재우주화는 근대적 농업(lgS)의 분석적 기능주의 · 풍경 · 생태계 · 인구 이식을 존중하지 않는 그런 기능주의와 순전히 보존적이고, 따라서 순전히 술어적인(lgP) 인위적 풍경을 똑같이 배제한다. 이 기능주의는 어떠한 **코라**도, 따라서 어떠한 가능한 우주성도 배제된 **토포스**에 한정된 대상(여기서는 양갈비)의 물신화에 지나지 않는다. 그 반대로 오늘날의 사회가 요구하는 것은 **우주성의 요구**이다. 그것은 진정한 농업 종사자들에 의해 활성화되고 생명권을 존중하는 농촌다운 모습의 농촌을 원한다. 요컨대 그것은 lgS/lgP 관계의 진정한 조화를 원한다. 사실 이것이 어제도 오늘도 우주성이라는 것이고, 현실의 구체적 조화이다.

그런데 도시에 대해서도 동일한 요구가 있다. 우리 시민들의 자기 모순이 자주 개탄받는다. 그들은 농촌적 특성을 아무리 사랑한다 할지라도, 여가와 일에 있어서 도시 없이는 살아가려 하지 않기 때문이다. 그러나 (근대적 기능주의가 문제를 해결했다는 터무니없는 방식들의 경우가 아니고는) **근본적으로 보면** 여기에는 아무런 모순이 없다. **농**

촌이 농촌이기 위해서는 사실 도시가 도시여야 하기 때문이다. 도시는 도시다운 모습을 지녀야 하고, 마땅히 그러해야 하듯이 생명권을 존중하면서 활기차고, 인구가 많으며 상업적이 되어야 한다. 왜냐하면 이것이 오늘날 도시의 우주성일 수밖에 없기 때문이다.

사실 도시가 도시일 수 있는 것은 농촌과의 의미 있는 대조를 통해서 뿐이다(그 역도 마찬가지이다). 그렇다고 이것이 관련 환경과 역사에 속하는 도시의 풍경을 속단하는 것은 아니다. 하나의 본질적인 점을 제외하면, 도시가 농촌을 닮아서는 안 된다. 이 본질적인 점에서 근대적 도시 계획은 비극적으로 잘못된 길을 들어섰다. 사실 그것은 빛·공기·녹음(LAV)이라는 삼위일체, 엄밀하게 말해 그 자체로는 도시적인 게 아무것도 없는 그 삼위일체에서 항로 표지를 획득함으로써 끊임없이 도시적 성격을 파괴했다.

깨끗이 씻어내라! 이것이 사실 우리가 위생주의로부터 물려받은 (극단적 순화를 주장하는) 카타리파적 명령이다.[22] 그런데 도시를 깨끗이 씻어냄으로써 도시는 없어진다. 더 이상 존재하지 않는다. 물론 인정해야 할 점은 도시를 닦아내야 했다. 왜냐하면 예컨대 1832년 콜레라 전염병이 증언하고 있듯이, 도시는 역병의 온상이었기 때문이다. 그러나 환자를 세정하는 것이 그를 해부하는 것은 아니다. 그런데 근대적 운동의 분석적 기능주의가 빠지게 된 것은 문자 그대로 이와 같은 해부였다. 체계적인 구획 정리를 통해서 사람들이 노력한 것은 도시의

---

22) 위생주의 역사와 실천에 대해서는 Sabine Barles, *La Ville délétère: médecins et ingénieurs dans l'espace urbain, XVIIIe-XIXe siècle*, Seyssel, Champ Vallon, 1999 참조. 근대적 도시 계획에서 이로부터 비롯된 사유되지 않은 것에 대해서는 카타르(cathare)가 '순수한'을 의미하는 그리스어 katharos에서 왔다는 것을 상기하자. 이로부터 정화 장치나 하제(下劑)를 의미하는 cathartique라는 말이 나왔다. 나는 르 코르뷔지에의 '빛나는 도시'가 전형적으로 정화적(cathare)이다라는 것을 보여줄 입지에 있지 않다. 사유해 볼 만한 이 대가에 따르면 역사와 인간 환경으로부터 물려받은 도시들은 그런 '부패'의 반대라는 것이다.

다양한 기관들을 서로 분리하고, 각각의 기관 내부에 정화적인 삼위일체를 지닌 가능한 최대의 공간을 확보하는 것이었다. 한 세기 이상 동안 도시 계획의 이상은 바로 그런 것이었다. 우리가 인정해야 할 점은 도시적 특성과 관련해 볼 때 이러한 이상은 빈곤하며 심지어 무가치하다는 것이다. 왜냐하면 이러한 정화의 논리를 밀어붙이면 어디에 도달할 것인가?라는 의문을 제기할 수 있기 때문이다. 그 도달점은 홍적세 초원의 빛·공기·녹음이 가득한 풍경이며, 아직 도시도, 다른 많은 인간적 술어도 경험하지 못한 인류의 초기이다.

— 그렇다면 대체 도시적 특성이라는 것은 무엇인가?

— 도시적 특성, 그것은 도시의 우주성이다.[23] 시골적 특성이 농촌의 우주성이듯이 말이다. 이것이 전제하는 것은 역사가 진행되는 동안 문화에 의해 만들어진 술어들이고, 살아야 하는 인류의 근본적 필요에, 따라서 이 근본적 필요를 통해 자연에 이 술어들(lgP)을 유기적으로 연결시키는 주어(주체)의 논리이다. 왜냐하면 우리는 바로 이와 같은 자연(lgS)의 방향 속에서 존재하기 때문이다.

그런데 근대성은 이원론으로 우리 존재를 쪼개 버림으로써 우리 도시들이 지닌 우주성을 해체했고, 그렇게 함으로써 도시들을 사방으로 조각내 버렸다.[24] 옛날의 우주론들은 도시의 이미지를 따라 세계를 구상할 수 있었고, 그렇게 하여 도시를 계량적으로는 작지만 의미적으로는 무한한(측정 불가능한) 공간들 속에 위치시킬 수 있었다. 이와는 반대로 그만큼 18세기의 위생주의적 운동에서부터 측정 가능한 자연에의 준거는 이 공간들을 폭발시켜 버리고자 했다. 사실 근대성은 도시

---

23) 나는 이러한 내용을 *Toshi no kosumorojî: Nichi-Bei-Ô toshi hikatu(Cosmologie de la ville: une comparaison des villes du Japon, d'Amérique du Nord et d'Europe)*, Tokyo, Kôdansha, 1993에서 개진했다.

24) 다음에 이어지는 내용에서 나는 내가 발표한 다음과 같은 글에서 몇몇 대목을 끌어들이고 수정한다. "Ville et architecture, années 2000: quelle cosmicité?" au colloque *Natures et cité*, École d'architecture de Clermont-Ferrand, 19-21 novembre 1998.

의 형태를 자연과학에 나온 요구들에 예속시키고자 애썼다. 예컨대 르 코르뷔지에의 담론에서 빛·공기·녹음의 삼위일체가 이런 요구들을 상징할 수 있었다. 물리적인 측정 가능성을 준거로 하기 때문에 이와 같은 삼요소는 유기적 조직들을 분리시킬 수밖에 없었다. 그러나 그 반대로 이 유기적 조직들의 방향은 이전의 시대들이 진행되는 동안, 상징들이 공통의 척도로 측정될 수 없다는 그 불가능성을 원천으로 하고 있었다.

이와 같은 찢어짐의 가장 대대적인 표현을 우리에게 제공하는 것은 북아메리카의 교외들(suburbs)이고, 보다 현저하게는 캔버라 같은 수도이다. 사실 그런 곳에서 도시의 질은 녹색 공간의 양을 기준으로 구상되었다. 캔버라는 도시적이라기보다는 차라리 채식주의적이지만, 그곳 거주자들은 끊임없이 도시로부터 달아나[25] 계속해 더 '나뭇잎이 무성한(leafy, 다시 말해 풍성한)' 교외로 빠져나갔다. 이런 현상은 황제 정치 이전의 공화정 시테(civitas)에서 도시(urbs)——특히 로마라는 도시——가 가질 수 있었던 모습과는 말하자면 반대이다.[26] 이 도시는 말하자면 녹색 공간을 전혀 포함하지 않았다. 그러나 그것은 세심하게 둘러싸여 있고, 따라서 비좁게 되어 있었기 때문에 그만큼 더 지각에 강하게 호소하는 우주성이 새겨진 거주 가능한 세계였다. 요컨대 우리는 중세의 시테에 대해서도 같은 말을 할 수 있다.

---

25) L'escapism(도시에서 달아나자!)은 약 150년 전부터 앵글로색슨계 나라들에서, 특히 미국에서 유복한 계층에서 도시에 대한 생각을 대신한 것이다. 모든 교과서에서 사례로 인용되는 현대적 도시 계획의 모델인 캔버라의 도시적 특성은 가능한 한 멀리 숲 속에서 사는 것이고, 주말을 도시인 시드니에서 보내는 것이다. 그렇기 위해서 훌륭한 대로들이 있다(그러나 작은 도로는 없다). 프랑스에서 모델은 오랫동안 그 반대였다. 도시에 유복한 계층이 살고 교외에 나머지 사람들이 살았던 것이다. 그러나 이와 같은 일반적 배치는 보다 파편화된 신흥 도시에서 혼란스러워지고 있다. 다른 한편 그것은 중상위 계층에서 마련하는 별장의 이례적 확대에 의해 상쇄되고 있다.

26) 왜냐하면 황제들과 함께 로마는 그 반대로 커다란 정원들이 갖추어지게 되기 때문이다. 이에 대해서는 Pierre Grimal, *Les Jardins romains*, Paris, Fayard, 1984 참조.

오늘날 우주성을 지닌 도시들과 대조를 토대로 한 도시-농촌은 밀려오는 도시 근교의 물결 속에 잠겨 있는데, 이런 물결은 물론 정화적인 삼위일체(유인 효과: pull effect)의 이상화 때문만은 아니다. 북아메리카에서 그것은 또한 흑인들, 스페인어를 쓰는 라틴아메리카 사람들, 그리고 여타 유색인들과 같은 불순한 사람들의 오염으로부터 순수한 사람들을 달아나도록 부추기는 역동적인 분리 운동(밀어내기 효과: push effect)으로부터 강력하게 도움을 받았다.[27] 이로부터 미국 인구 지형의 현재 구조가 나왔다. 이 구조는 다음과 같이 도식화될 수 있다. 투명한 피부를 가지는 사람일수록 그는 도시 중심에서 멀리 거주하고, 짙은 피부를 가진 사람일수록 중심 가까이에 거주한다.[28] 이것이 2000년의 민족-등대의 인간 현실이다.

한 세기 만에 미국인들은 교외로 뻗어나가기(urban sprawl) 위해 사회적 · 물리적 · 문화적 · 경제적 실체인 도시를 필시 상실한 것 같다. 이 스프롤 현상의 특징은 극단적인 파편화와 사회적 · 인종적인 분리에 있다. 이런 분리에서는 불평등이 끊임없이 심화되고 긴장이 증폭된다.[29]

그리고 이것이 이른바 '신흥 도시'(이 도시는 사실 교외의 교외인 아류 농촌에 있는 도시의 파편화이다)의 논리이다. 이런 논리는 **자연주의**

---

27) 불순의 역학에 대해서는 Mary Douglas, *De la souillure*, Paris, Maspéro, 1971 (1967) 참조.

28) 1990년대 초엽에 교외에 사는 미국민이라고 자발적으로 선언한 네 개의 '민족적 범주'는 대략적으로 다음과 같이 분포되어 있었다. 거주지를 도시-중심(I), 교외(II) 그리고 밀집 지역 바깥(III)(이것은 Cynthia Ghorra-Gobin, *op. cit*, note 10, p.97에 따라 단순화한 것이다)으로 나눌 때, 1. 백인: I) 25퍼센트, II) 50퍼센트, III) 25퍼센트. 2. 아시아인: I) 45퍼센트, II) 45퍼센트, III) 10퍼센트. 3. 스페인어 사용 라틴아메리카인: I) 50퍼센트, II) 40, III) 10퍼센트. 4. 흑인 I) 60퍼센트, II) 25퍼센트, III) 15퍼센트이다.

29) Cynthia Ghorra-Gobin, *op. cit.*, note 10, p.91.

적(그리고 특히 인종적) 토대를 근거로, 함께하는 시민성을 철저하게 거부하는 것이다. 사실 깨끗이 청소하는 삼위일체와 피부의 투명성은 이와 같은 세척적인 이주 현상의 출현에서 양립한다.

그러나 문제는 사람들일 뿐 아니라 그들의 인간 환경체이며, 여기서는 도시의 근본적 소재인 건물들이다. 건축사가들이 **도시의 구성**이라 부르는 것의 모습을 통해, 전통적 도시들은 형태를 통해 통합적인 조화를 나타냈다. 지난날의 경제적·기술적 제약만큼이나 이러한 조화는 도시 거주자들의 시민성을 은유적으로 증언했다. 그것은 그들의 존재에 필요한 사회화를 표현하고 보장해 주었다. 사실 도시의 구성은 도시(civitas)의 공통적 법칙을 건축적 표현을 통해 나타냄으로써 이 법칙을 인정하는 데 있다. 그것은 각자에 의해 내면화된 윤리의 우주화하는 일반적 술어이다. 그런데 건축에서 근대적 운동의 자연주의는 이러한 술어를 배척하고 그것을 자신의 삼위일체의 물신들, 즉 유리(빛), 식물화된 공간(녹음) 가운데 건물의 고립(공기)으로 대체했다.

그렇게 함으로써 근대 건축은 함께하는 시민성의 상징적 형태들, 전통적 도시가 조화롭게 만들었던 그 형태들을 조각내 버렸다. 건축선도 끝장났고, 건축물들의 연속성도 끝났으며, 따라서 작은 도로도 끝장났다. 건물 높이들의 조화도 끝났고, 정형화된 규격들도 종말을 고했고, 따라서 도시의 지붕들도 종말을 고했다. 건물 정면들의 조화로운 모듈도 끝났고, 자재의 유사성도 끝났으며, 따라서 공동체적 분위기도 끝났다.[30] 한마디로 말하면 지상적 조건이 사라진 것이다. 유리와 지지 구조 덕분에 우리는 공기와 빛 속에 날고 있는 모습이 되었다. '우리'

---

30) 이러한 과정은 고전이 된 **Philippe Panerai** et al., *Formes urbaines: de l'îlot à la barre*, Paris, Dunod, 1977을 통해 밝혀졌다. Jane Jacobs는 이미 1967년에 작은 도로의 종말을 학적이라기보다는 사회학적 관점에서 비판했다. *The Death and Life of Great American Cities*(*Déclin et survie des grandes villes américaines*, Liège, Mardaga, 1991) 참조.

라는 말은 각자 모두와 아무것이나 의미한다. 예컨대 새로운 국립도서관에서처럼 책 같은 것을 들 수 있다. 경험이 가르치듯이, 책들은 공기처럼 가볍고 빛을 매우 좋아한다. 그것들이 나누어 주는 것은 지식인데, 지식은 공기가 아닌가?

우리가 보다시피, 도시 형태들의 이와 같은 강박적인 배척은 함께하는 시민성의 은유적 거부만을 의미하지 않는다. 그것은 공동체적 관계로부터 만유인력에 이르기까지 물리학과 상징을 통해 인간 존재에게 사물들의 질서를 보장해 주었던 모든 제약들의 부정이다. 이 제약들은 인간 존재를 우주화해 주었던 것이다. 그러나 그런 낡아빠진 것들이 대수이겠는가! 대단위 도서관들을 강요하는 자들에게는 탈우주화하고, 상식에 대립하며 자연 법칙에 반대되면 될수록, 더욱 건축물이 되는 것이다!

사실 20세기 마지막 3분기에서 포스트모더니즘이 근대적 운동의 일방적 결정사항들을 문제삼은 것은 건축이 우주 안에 아직도 가지고 있었던 자연주의라는 최후의 밧줄을 끊어 버리기 위해서였다. 예컨대 르코르뷔지에가 마르세유에 건축한 주거단지 '위니테'라는 그 근대적 대상은 도시적 성격의 술어들을 배척했지만, 최소한 자연 속에서 그것의 지표들을 취했다. 예컨대 태양, 바다 그리고 주변의 산들이 그런 것들인데, 지붕—테라스가 난간들의 살집을 통해 산들의 윤곽을 상기시킨다. 반면에 포스트모더니즘과 해체주의의 형식적 유희가 도래함에 따라 이와 같은 정착 자체가 더 이상 통용되지 않는다. 역사적·지리적일 뿐 아니라 우주론적인 무근거에 자리가 주어진다!

나는 이와 관련해 하나의 계시적인 짤막한 이야기를 상기시키고자한다. 지지난 봄에 나는 르 코르뷔지에의 유명한 작품인 라투레트 수도원에서 장소를 주제로 열린 학술대회에 참석했다. 참석자들 가운데한 사람은 한 건축학교의 교수였는데, 전형적으로 쇠퇴—구조주의적인 내용을 발표했다. 그 내용에는 비행기들과 몬드리안의 그림들을 찍은 슬라이드가 곁들여졌다. 촌스러운 지리학자로서 내가 그에게 중력은 존재하고 그 방향은 위에서 아래이며, 이로부터 어떤 근거에 대한 흥미가 비롯된다는 점을 주목시켰을 때, 젊은이들을 양성하는 그 교육자는 글자 그대로 옮기면 이렇게 대답했다. "근거는 끝났습니다!"

메타 근거주의에 대한 나의 혐오는 그 봄에서 시작된 게 아니다. 그러나 내가 그것을 그렇게 부르게 된 것은 그 교수 덕분이다. 내가 볼 때 비행기 자체는 근거(토대)로서 지지익(支持翼)을 필요로 하고, 그것을 토대로 케로신의 확실한 소모를 통해 유지되고 있다. 뿐만 아니라 나는 몬드리안의 그림 속에 살고 싶지 않다. 왜냐하면 그런 것은 이차원밖에 없고 벽에 걸리지만 그 반대는 아니기 때문이다. 따라서 나는 물건들과 추상화는 내가 볼 때 이간의 거주지로는 추천할 만한 모형이 아니다. 건축 교육 이전에 속하는 이유들로 인해 우리의 발이 대지로 향하고 땅 위에 무게가 걸리는 지구상에서는 최소한 말이다.

이와 같은 존재론적 구조는 동시에 자연보호적인 미덕들을 지니고 있다. 예컨대 그것은 공기와 빛 속에서 떠다니는 데 필요한 것보다 에너지를 덜 필요로 한다. 나는 위에서 언급된 봄에 이은 가을에 이에 대한 예시를 볼 수 있었다. 나는 신(新)토목학교에서 강연을 하게 되어 있었다. 이 학교는 정화적 삼위일체를 뿜어내는 충실한 교육기관인데, 마른라발레의 신(新)교외 지역에서 유리로 된 몇몇 평행육면체들을 우아하게 착륙시키도록 했다. 우리의 엔지니어 제자들은 물리학 법칙들을 배우기 위해 그곳에 자리를 잡고 있었다. 사실 조그만 예산상의 문제로 인해 그들의 예쁜 유리창이 통풍이 되지 않았기 때문에, 하루 종일 내내 그들은 온실의 원리를 확인하게 되었다. 비록 호박을 재배하는 하찮은 농부라도 이 효과를 알고 있으며, 교사들은 이제 그것을 시민교육에 원용하여 어린아이들에게 자연의 균형을 존중하는 방법을 가르치고 있긴 하지만, 건축에서 탈(脫)우주주의의 미학은 계속해서 그것을 기막히게 우롱하고 있다.[31] 사실 도시와 생명권은 빛·공기·녹음이라는 물신들 앞에서 하찮게 된다. 그러므로 운을 케로신에 맡기고 최초의 대초원을 향해 계속해서 날아가자!

46. 의회

나는 프랑스 같은 나라에서 에어컨은 다분히 원자력 발전에 의한 전기로 작동하고, 이런 전기가 온실 효과보다는 석유 연소를 더 조장한다는 것을 인정한다. 따라서 나는 플루토늄에 운을 맡기고!라고 써야 했을 것이다.

이런 세부적인 것을 제외하면 문제는 마찬가지이다. 위생의 상징물들의 물신화는 현재 아름다움을 평가하는 우리의 정신 구조들을 압도적으로 지배하고 있다. 이것은 일차적 은유를 통해(§39) 신체의 물신화(§42)에 뿌리내리고 있다. 이로부터 표준적 건축 생산이라는 비우주적인 유아론이 비롯되었는데, 이 유아론은 도시 형태들과 생태계로부터 뿐 아니라 윤리로부터도 벗어나 있다. 사실 도시적 특성을 벗어난다는 것은 우리가 타자와 함께 타자에 따라서만 존재한다는 사실을 인정하지 않겠다는 것이다.

이 모든 것에는 반외쿠메네적인 단일한 논리, 즉 우리의 풍토성을 거부하는 논리가 있다. 실제로 마른라발레에 있는 토목학교의 사례를

---

31) 근대 및 현대 건축의 지배적인 흐름에 대한 이와 같은 풍자는 물론 건축 자체를 표적으로 하는 게 아니다. 나는 많은 건축가들의 작품과 탐구를 찬양하고 있으며, 일부 몇몇 건축가들과 협력하면서 많은 것을 배웠다. 그러나 어떤 수상자 명부를 확립하기보다는 진정 더 이상 해서는 안 되는 것을 비판하는 게 필요하다고 나는 생각한다. 상징에 대해서는 아무것도 말하지 않는다 해도, 그리고 유리 및 금속 건축이 ──자재의 생산에서부터 건물의 관리까지──에너지를 낭비하기 때문이라 해도, 이 건축은 반외쿠메네적이며 비우주적이다. 왜냐하면 그것은 철저하게 층위를 벗어나 있기 때문이다.

들어 보자. 그 학교 건물이 지역 기후에 어울리지 않는다는 것은 명백하다. 게다가 그것은 날씨가 항상 흐린 일로주르스(Ile-aux-urs)를 아마 제외하면, 지상의 그 어떤 기후에도 맞지 않는다. 이러한 문제는 문제의 건물들의 **토포스**와만 관련이 있는 게 아니다. 그것은 하나의 **코라**를 전제하는데, 무엇보다도 이 **코라**는 그 건물들이 열조절을 위해 많이 필요로 하는 에너지의 생산 방식이다. 프랑스에서 이와 같은 현재의 생산 상태에서, 그리고 오랫동안 이것이 종국에 의미하는 것은 방사능 폐기물의 매장이다.

— 방사능이라고? 그게 어디 있단 말인가?

— 안심해! 건축가에게 있는 게 아니니. 출자자들의 정원에 있는 것도 아니지! 여기서 멀리 떨어진 어딘가의 다른 사람들에게 있지.

— 저런, 자네 나를 겁주는군.

— 객관적으로 말해 그게 그런 종류의 건축에 감추어진 윤리야. 나는 이런 요약이 믿기 힘들다는 것을 인정해. 그럼에도 그건 사실이야. 그건 메커니즘이 안개 속에 가려 안심시키는 온실 효과와는 달리, 심지어 베크렐[32]까지 측정할 수 있다. 따라서 우리의 부동산 개발업자들은 가구당 자동차를 한 대 이상 소유한다는 조건으로 거주할 수 있는 호화로운 마을들과 다른 도시 근교들을 집요하게 생산할 수 있다. 그렇게 되면 장차 꼭 내가 물 속에 잠기는 것은 아니지. 나는 뱅갈인이 아니거든![33]

---

32) 베크렐은 일정한 양의 방사성 핵종의 활동과 등가인 방사능원소의 활동을 측정하는 단위(기호: Bq)이다. 방사성 핵종이 1초 동안에 자연 붕괴되는 수가 1베크렐과 같다.

33) 이것은 온실 효과가 조장하는 해수면의 상승에 대한 암시이다. 일부 사람들은 과거에 해수면이 끊임없이 변해 왔으며, 그것도 빙하기 때는 수십 미터나 차이가 났다고 말하면서 안심한다. 이는 오늘날 위협을 받고 있는 지역들에, 특히 벵갈 만에 우글거리고 있는 인류를 제외하면서 지구와 외쿠메네를 혼동하는 것이다. 수몰될 위기에 처해 있는 이 인류를 신흥 도시는 팔을 벌려 맞이할 것인가? (본장, 주 28)에 나와 있는 통계 자료에 나온 답변 참조.)

비우주적인 건축은 자기 외관의 직접적인 부동의 한계 내에서 자신의 **토포스**만을 생각하는(§4) 건축이다. 그것은 그 한계를 넘어서 차원이 어떠하든 다른 것들과 관련될 수 있는 것에서 손을 뗀다. 따라서 그것은 자연환경적 윤리에 신경도 안 쓰고, 마찬가지로 이웃한 형태들이나 도시 구성에 대해서도 고려하지 않는다. 나는 다시 한번 그것의 패러다임을 르 코르뷔지에의 작품에서 보는 것 같다. 이번에는 오늘날 미술관이 된 옛 도르세 역과 관련되어 있다. 이 대가는 이 역을 장방형의 매우 높은 주거용 건물로 대체할 것을 제안했다. 그의 논지에 따르면, 그렇게 되면 그 높은 곳에서 센 강 건너편에 있는 루브르 박물관과 튈르리 공원에 대한 아름다운 전망을 정면으로 확보할 수 있다는 것이다. 그로 인해 역사가 배어 있는 이런 근교의 구성이 파괴될 것임은 그의 생각에 떠오르지 않는 것 같다. 왜냐하면 그러기 위해서 그가 다른 사람의 입장이 되어 보아야 했을 것이다──이것은 근대적 토포스의 유아론이 무엇보다도 받아들이지 않는 것이다!──그것은 존재론적으로 배제된 것이다.

사실 우리 인간 환경체의 근대적 축출은 **우리는 있다**를 **나는 소유하거나 그렇지 않다**로 대체했다. 나는 저-앞에 있는 펼쳐진 사물들을 소유하거나 소유하지 않고 있다. 위에서 언급한 사례에서 나는 내 장방형 주거용 건물의 **토포스**에 자리잡고 그곳으로부터 튈르리 공원 루브르를 소유한다. 한 고장의 존재가 지닌 이런 공동체적 중심점은 이제부터 **나의** 전망이 된다. 다른 사람들의 전망이 이같은 사실 자체로 인해 망가진다는 것은 그들의 문제이다. 뿐만 아니라 그들은 내 장방형 건물의 한 층을 임대하기만 하면 된다. 그러기 위해 그 건물은 만들어진 것이다.

이 일은 다소 중요했기 때문에 받아들여지지 않았다. 그러나 (최소한 센 강가에서 보면) 보다 작은 규모로 그것은 여기저기서 일상적으로 되풀이되고 있다. 내가 그것에 대해 주목한 가장 훌륭한 사례들 가운데 하나는 도쿄에 있다. 도요타사는 17세기의 유명한 산책 정원인 고이시가, 고라쿠엔과 바로 인접한 곳에 자기 회사 탑을 세웠다. 탑을 바라보는 행인은 작은 도로에서 투명한 아치의 기막힌 효과를 통해 정원의 나무들을 볼 수 있다. 이 조망은 가을에 특히 감탄할 만하다. 그 모든 아름다움을 주어 고맙다, 도요타! 그런데 사람들이 자동차를 사는 것은 정원을 갖기 위해서가 아닌가? 한편 고라쿠엔의 유명한 전망은 이제 외곽이 즉각적으로 부동하게 정해진 경계 지점에서 선명하게 잘려져 버렸기 때문에, 국가적 유산에 대해선 다시 언급할 게 아무것도 없다. 그 경계를 넘어서면 다른 **토포스**가 자리잡고 있기 때문이다.

정치 경제에서 이와 같은 사실들은 사적인 이익에 의한 사회적 자본의 독점이란 이름으로 알려져 있다. 역사는 도시가 되었든 농촌이 되었든 그런 것들로 덮여 있다.

농촌의 경우 하나의 사례가 다른 것들보다 특별히 나에게 충격을 준다. 그것은 19세기에 그랑드 랑드의 공유지를 거대한 랑드 숲으로 만들고자 했던 삼림 계획이 실행되는 과정에서 그것을 지역 유지들이 독점한 사례이다. 적절하게 선별적인 체계를 이용하여 이 유지들은 공유지의 사유화가 마비시킨 소규모 개발지들을 재매입함으로써 대단위 부동산들을 만들었으며, 타지역으로 이주하지 않은 영세 개발자들의 사람들을 농업 노동자나 소작인으로 붙들어 두었다.[34] 풍토성의 관점에서 보면, 공유지는 개별 개발지의 **토포스**에 필요한 **코라**였다. 삼림 녹화 체제는 공유지를 대규모 부동산의 **토포스**로 변모시켜 버렸다. 우선 이 부동산 소유자는 지난날의 영세 개발자들의 일부를 소작인—송진 채취자(수지 채취자)로 고용했다가 나중에는 무엇보다 정치적·사회적 성격의 이유들을 내세워 송진 채취를 중지하면서 그들을 다 없애

---

34) 20세기 내내 랑드 지방의 역사를 부패시킨 이 과정에 대해서는 Francis Dupuy 의 주목되는 학위 논문, *Les Pin de la discorde: les rapports de métayage dans la Grande Lande*, Paris, Maison des sciences de l'homme, 1996 참조.

버렸다. 프랑시 뒤피가 기술하고 있듯이 "소유주들은 자신들의 숲에 더 이상 아무도 원하지 않는다. 그것도 특히 소작인-송진 채취자는." (p.321) 반외쿠메네의 훌륭한 교훈이 아닐 수 없다(…).

농업 역사에서 아직도 표면적은 측정될 수 있다. 그러나 공유지가 공통의 척도로 잴 수 없는 것에 속할 때는 사정이 어떻게 되는가? 우리 인간 환경체의 모든 상징적 측면이 그런 경우이다. 이 공적인 것(res publica)은 촉지할 수 없다. 순전히 코라적이기 때문에 그것은 그 속에 존재하는 사물들의 직접적인 부동의 경계점을 넘어서 전개되는 그 무엇이다. 이때 이 사물들의 **토포스**는 대개의 경우 사적인 것에 속한다. 근대적 관점에서 보면, 원칙적으로 이 공적인 것은 존재하지 않으며, 존재가 자신의 **토포스**에 한정되는 존재론적 구조에서는 사실상 존재할 수 없다. 실제 생활에서 이러한 이해의 허위성은 점점 더 엄격한 도시 계획 통제가 선진국에서 이른바 존재하지 않는 이 존재를 보호하기 위해 정착되지 않을 수 없었다는 사실에 의해 일상적으로 입증되고 있다. 예컨대 파리에서 역사적 기념물 주변의 일정한 범위 내에서는 높은 건물을 세우는 게 불가능하다.

그러나 이와 같은 법제화가 근대적 존재론을 문제 삼는 것은 아니다. 그것이 보호하는 것은 외곽이 직접적인 부동의 경계점을 지니고 있는 측정 가능한 대상들이다. 예컨대 기념물 주위로 5백 미터까지이지만, 그 이상에서는 파리의 경우 얼마 전까지만 해도 아무에게도 제약이 없었다. 그렇기 때문에 멘 몽파르나스 전체가 뤽상부르 공원의 **코라**를 아무 벌도 받지 않고 망가뜨릴 수 있었다. 이 **코라**의 가장 큰 매력들 가운데 하나는 수도의 한가운데서 나무들의 윤곽이 직접적으로 하늘로 향하고 있었다는 점이다. 이 공유적 지평은 이제 끝장났다. 또한 그렇기 때문에 라데팡스의 고층 건물들이 튈르리 공원-개선문-석양으로 이어지는 전망을 훼손시키게 되었던 것이다. 이 전망의 우주적 상징 체계는 3백 년의 역사가 진행되는 동안 노트르담 성당에서부터 끈기 있게 만들어졌던 것인데 말이다. 이 전망은 민족의 **레스 푸불리카**였다.

— 그렇다면 이 공유 재산을 독점한 사람들은 누구에게 임대료를 내는가?

— 아무한테도 안 내지. 왜냐하면 근대적 존재론에서 보면 아무도 관련되지 않기 때문이지. 그런 것은 존재하지 않기 때문이야.

그러나 이러한 관점에서 볼 때, 많은 사람들의 실질적인 연관은 위협받는 대상들의 **토포스**를 박물관처럼 만들거나 방부 보존함으로써만 이 고려될 수 있다. 그리하여 우리는 도시에서 분류된 장소들이나 미라 같은 것들을 볼 수 있지만 더 이상 그것들을 만질 수는 없다. 절대적으로 그렇게 하지 않으면 안 될 경우, 그것들을 모방 작품으로 재건하지 않는 한 말이다. 퐁피두 센터의 주변처럼 말이다. 이 센터로 말하면 그 거대한 통풍관들의 폭발적인 색깔들을 통해 파리 풍경 전체를 멍들게 하고 있다. 이건(풍경), 이건 그것의 **토포스**에 속하는 게 아닌데 말이다(⋯).

문화 유산의 박물관화는 문자 그대로 근대적 대상 정지에 다름 아니다. 이 대상 정지는 사물을 그것의 환경으로부터 분리함으로써 그것을 물신으로 변모시킨다. 그것이 대수롭지 않은 악덕이라고 인정해 보자. 나는 센 강의 좁은 도로가 특별히 지정·분류되어 있긴 하지만, 그것을 좋아한다. 그래서 나는 그것이 훼손되는 것을 막는 규제를 진심으로 기뻐한다. 그러나 그곳에서 나는 이 매력적인 위안이 다른 곳에서, 파리라는 동일 도시와 그 근교에서 태평하게 계속되는 훼손을 전혀 막지 못한다는 사실을 생각할 때 마음이 편치 않다. 왜냐하면 그런 곳에서는 사람들이 보호 구역 밖에 있기 때문이다. 내가 좋아하는 것은 사람들이 센 강의 좁은 도로처럼 옛날에 존중하던 대로 어디서나 풍경을 고정시키는 게 아니다. 그것은 어디서나 모두가 사람들의 존재에 마땅한 존중을 장소들에 대해 보여주는 것이다. 이 장소들은 사람들의 인간 환경체인 것이다. 우리 자신, 우리의 선조는 그런 형태들 속에서 아직도 살고 있고, 우리의 후손은 우리가 죽고 난 다음에 그것들을 체험할 것이다.

이러한 태도는 근대적 존재론에서는 생각할 수 없다. 왜냐하면 그것은 외쿠메네적 관점을 필요로 하기 때문이다. 그것이 전제하는 것은 우리의 존재가 어떤 **토포스**에 한정되는 게 아니고 우리가 진정으로 우리의 도시이자 농촌이라는 점을 인정하는 것이다. 우리는 우리의 도시(civitas)이고 이 도시는 우리의 존재를 나타낸다. 이러한 관점에서 하원과 그것이 보호하는 활동은 우리가 되고자 하는 민주주의의 한 측면에 불과하다. 필요한 이 **토포스**의 **코라**인 보다 방대한 **의회**는 우리가 파리의 **도시권**이라 부르는 인간 환경체이다. 풍토성의 관점에서 볼 때, 이 외쿠메네적 동기는 사실 민족이라는 존재를 상징적으로 규합해 수도로 만든다. 부르봉 궁(의회)이 국민이 선출한 자들을 규합하듯이 말이다. 그것은 저기-바깥에 있는 대상이 아니다. 이런 대상은 그 자체가 민주주의와 그것의 표현인 하원과 아무런 관계가 없다 할 것이다. 민주주의를 표현하게 되어 있고 그렇게 하면서 지상의 신체와 진정한 장소를 통해 민주주의를 보장해 주게 되어 있는 것은 수도 자체의 형태들이다. 3만 6천 개에 달하는 우리 시들의 영토적 구축물이 드러내는 다양한 등급의 모든 도시권들도 마찬가지이다. 그것들은 모두 **토포스**의 단순한 집적물들이라기보다는 우리의 시민권을 대표하는 의회들이 되어야 할 것이다.

근대적 존재론의 관점에서 보면, 그러한 소망은 말장난에 불과하다. 민주주의, 그것은 민중의 의지를 나타내는 대표자들 사이에서 토론을 통해 이루어지며, 그게 전부이다. 반면에 풍토성의 관점에서 보면, 우리의 도시들 역시 우리를 대표한다. 그것들은 우리의 존재와 분리될 수 없다. 그것들의 형태는 우리 인간 환경체의 얼굴이다. 이 형태들이 지구 도처에서 어떤 감성을 드러내면서 사회적 구조들과 이 구조들의 진화를 표현하고 있는지 보기만 하면 된다. 그렇기 때문에 우리는 이 형태들을 받아들여야 하며, 그것들이 우리의 시민성을 증언할 수 있는 한 받아들여야 한다. 예전에 이 세계의 위대한 자들이 그것들을 자기들 방식대로 만들었다는 문제는 인정된 것이다. 게다가 그들은 흔히 도시의 구성에 대한 고심을 하면서 이 세계를 만들었다. 오늘날 받아들일 수 없는 것은 도시의 형태들이 모든 인격들에게 유효한 민주주의 법칙들을 매우 폭넓게 벗어나고 있다는 점이다. 설령 그것이 가장 기본적인 예의범절만을 벗어난다고 할지라도 말이다. 마치 이 형태들이 사람들의 권리와 무관한 것처럼 말이다. 그런데 사실 그것들은 그들의 존재 자체이다. 그것은 인간 존재가 자신의 동물적 신체의 토포스를 넘어서게 하는 바로 그것이기 때문이다. 요컨대 민주주의는 신체를 소유할 권리(habeas corpus)에 도시를 소유할 권리(habeas urbem)를 덧붙여야 한다!

— 구체적으로 무슨 말인가?

— 음, 타자의 존재에 대한 존중이라는 사회 생활의 근본적 요구가 도시 풍경의 근본적 요구로서 이웃 형태들에 대한 존중으로 확대되는 것을 보장하자는 것이지. 그렇다고 각자가 자기 자신이 되는 것이 방해되는 게 전혀 아니야. 그러나 공공 질서를 보란 듯이 깨트림으로써 다른 사람들을 방해해서는 안 된다는 것이 요구되지. 버스에서 다른 사람들의 자리를 차지하기 위해 그들을 주먹으로 때릴 수 없듯이 말이다.

이것은 바로 가장 찬탄을 받지 못한 자들이 아니라 현대적인 많은 창조자들이 드러낸 것과 정반대의 태도이다. 예컨대 타카마쓰 신 같은 자는 '요란한 건축물(zawameki no aru kenchiku)'을 만드는 것을 자랑으로 삼았다.[35] 여기서 zawameki라는 낱말은 야간 소음처럼 방해가 된다는 것을 명백하게 의미한다. 게다가 타카마쓰 신에 대한 전설에 따르

---

35) 예컨대 *Hazama*, 8, 1989, p.62에 실린 인터뷰를 들 수 있다. 타카마쓰 신의 작업 정신에 대해서 나는 Yann Nussume의 연구를 참조했다.

면, 인접한 형태들에 의해 영향받는 위험을 피하기 위해 그는 자신이 건축물을 세우게 될 장소에 가지 않으려고 명예에 관한 일처럼 집착했다는 것이다. 필요한 조치들은 말단 직원들을 통해 취해졌다. 다른 한편이 스승(Sensei)은 자신이 생각하는 도시 표지의 환상적인 대상들을 백지 위에다 구상했다. 마치 다른 것들은 존재하지 않는 것처럼 말이다.

나는 어떠한 **코라**도 배제한 **토포스** 속에 있는 대상의 근대적 물신화를 이보다 더 철저하게 드러내는 사례를 알지 못한다. 또 이 **토포스**가 자신의 동물적 신체와 자기 인격의 배타적 일치 속에 있는 근대적 주체의 **토포스**에 부합한다는 것을 이보다 명료하게 보여주는 사례도 알지 못한다. 사실 존재의 망각이 인도할 수 있는 심연의 무의는 이 망각이 인간 환경체의 모형 제작인 건축을 유아론적 유희로 만들도록 한다는 것이다.

이것이 바로 뿌리에서 다시 시작해야 하는 것이다.

47. 시장

우리가 외쿠메네적으로 생각한다면, 도시의 형태들을 존중하는 것은 모사에 빠지는 것이 아니다. 그것은 사람들을 존중하는 일이다. 그것은 대상들을 복제하는 것이 아니다. 그것은 이 형태들을 인간 환경체로 가지고 있는 과거·현재·미래의 파트너들과 교신하는 것이다. 이 사람들은 하나의 공통 언어로 우리에게 말을 걸고 있다. 우리는 바로 이 언어로 그들에게 대답해야 한다. 앵무새 증상을 통해서가 아니라 창조적으로 말이다. 왜냐하면 앵무새 증상은 그 언어를 부수는 것 못지않게 교환을 없애 버릴 것이기 때문이다. 어떤 공통의 명분에 자신의 창조적 에너지 부분으로 기여하는 것, 이것이 사실 인간 사이의 교환이 지닌 깊은 의미이다.

이것은 황폐화시키거나 박물관처럼 만드는 것인 근대적 방침보다 요구가 더 까다롭다. 누군가와 이야기한다는 것이 홀로 말하는 것보다 더 까다롭듯이 말이다. 왜냐하면 아무것이나 말할 수 없기 때문이다. 그러나 그것은 자신에게나 타자에게도 보다 풍요로움을 준다. 혜택은 상호적이다. 그런데 이것은 근대적 대상 정지에서는 생각할 수 없는 것이다.

— 잠깐! **과거**와 **미래**의 '파트너들'이라니! 그런 유령 같은 이야기는 대체 무엇을 말하는 거야?

— 인간 환경이 공간 속에서 못지않게 시간 속에서 만들어진다는 것을 인정하는 거지. 존재한다는 것은 연장(延長)의 문제일 뿐 아니라 지속의 문제이지. 그렇기 때문에 우리는 도시라는 공통적 존재를 침해하는 형태들을 통해 도시의 지속을 잘라내서는 안 되는 거지. 우리는 우리로 하여금 단순한 동물이지 않게 해주는 것, 즉 문화를 과거로부터 물려받듯이, 이 공통적 존재를 과거로부터 물려받고 있네. 또 우리는 짐승들과는 달리 아이들을 길러야 하듯이 이 유산을 전수해야 하지. 이것은 인간의 의무야!

— 그렇다면 창조는 어떻게 되나?

— 인간의 창조는 신의 행위와는 다른 것이야. 그것은 무 속에서 이루어지는 게 아니라 존재 속에서 이루어지지. 그것은 우리가 타자와 공유하는 환경을 전제하네. 우리가 존재하기 위해 서로 교류하는 우리와 같은 동류들 말이야. 건축은 인간 존재에 필요한 이런 교류의 형태들 가운데 하나이지. 그 어떤 다른 것보다도 그것은 그의 풍토성과 인간 환경체를 증언하는 고유한 속성을 가지고 있기 때문이네. 인간 환경체가 인간 존재를 동물적 신체의 **토포스**에 한정되지 않게 해주지. 특히 도시들은 그런 것들이지! 바로 그렇기 때문에 우리는 도시들의 형태를 존중해야 해.

따라서 건축 형태들이 중립적 연장(延長) 속에 배치된 고독한 대상의 형태들로 귀결되지 않듯이, 건축가의 창조적 행위는 일방적인 **빅 뱅**에 속하는 것이 아니다. 그것 자체가 형태들 및 사람들과의 교환이나 교제의 지속 속에 위치한다. 이것은 존재의 모든 층위에서 이루어진다. 예컨대 장 누벨이 아랍세계연구소 건물을 창조할 때, 센 강과 세월을 통해 그는 노트르담 성당을 창조한 사람들과 교감한다. 이러한 교류로 인해 노트르담은 박물관적 형태일 뿐 아니라 새로운 형태에 의해 자양을 얻는 살아 있는 조직의 중심으로 남는다.

그렇게 장소들이 태어나 살아간다. 그러나 당연한 것이지만, 교류는 건축의 동시대인들과, 우선 먼저 고객과 시작된다. 계획이 구상되어 감에 따라, 바로 이런 교류 속에서 작품의 전개는 시작되며, 이것이 작품의 장소로 하여금 지형학상의 사실적 위치 이상이, 즉 코라적 성격이 되게 해준다. 코라적 성격은 작품의 **토포스**로부터 출발해 그것을 인간 현실이 되게 해준다. 사실 바로 이와 같은 단계에서 자신의 형태들을 도시의 교류 속에 위치시키면서 그것들을 인간화하는 교감이 시작된다. 미셸 코난이 건축가와 고객 사이의 이러한 교류 과정을 분석하면서 확실하게 보여준 것은 이 과정이 **장소들의 창안 과정**이라는 점이다.[36] 도시의 장소들이 지형학에만 속하지 않듯이, 그것들은 건축가의 머리로부터 완전 무장을 하고 태어나는 게 아니다. 그것들은 구상될 때부터 인간적 교류의 전개를 전제한다.

이와 같은 전개는 도시가 지속되는 한 지속된다. 우리는 미라들을 물신화하면서가 아니라 사물들 및 사람들과의 외쿠메네적 관계를 받아들이면서 이러한 전개를 계속적으로 추구한다. 그런데 이와 관련해 근

---

36) Michel Conan, *L'Invention des lieux*, Paris, Le Théêtète, 1997. 건축가는 명시적으로 표명된 요구에 응하는 제품을 내놓는 게 아니다. 그는 출자자와의 교류가 이루어지는 동안 조금씩 그 표현이 분명해지는 작품을 창조한다. 작품과 제품 사이의 차이에 대해서 읽으면 언제나 도움이 되는 책은 Henri Lefebvre, *Le Droit à la ville*, Paris, Anthropos, 1968 참조. 게다가 이 책은 나에게 habeas urbem(도시를 소유할 권리)(§ 46)이라는 표현을 생각하게 해주었다.

대성은 사물들을 단순한 대상들로 만들어 버림으로써, 특히 마르크스가 강조하고 있듯이 그 자체로 가치가 새겨진 상품들로 만들어 버림으로써 인간의 교류 형태들을 물신화하는 거대한 과정이 되었다. 이 과정이 진행되는 동안 경제적인 것은 그것의 환경을 배제함으로써 자율적이 되고자 하는 경향을 드러냈다.[37] 우리는 근대 이전의 시장에서의 흥정과 근대의 고정된 상품 가격을 비교함으로써 이에 대한 이미지를 그려 볼 수 있다. 흥정에서는 상품 가격이 사람들 사이의 교류에서 결정되는 데 비해, 고정 가격은 아리스티드 부시오가 염가 시장을 만들면서 실천했던 것인데, 여기서 가격은 물건에 내재적이다.

이와 동시에 commerce라는 낱말은 인간 관계라는 의미를 점차로 상실하여 상업적 재화의 거래라는 의미로 한정되었다. 그러나 나로 하여금 이 용어를 오래된 의미로 다시 사용하도록 부추기는 것은 낡아빠진 주장에 대한 취향도 아니고 하이데거적이 되겠다는 생각도 아니다.[38] 내가 그것을 사용하는 것은 인간들 사이의 교류가 형태들, 다시 말해 시장에서 판매되는 물건들이나 도시의 건물들과 같은 형태들을 통한 교류의 다양화를 존재론적으로 앞선다는 점을 강조하기 위해서이다. 그리고 또한 그것은 이 형태들 사이의 친근성을 강조하기 위해서이다. 사실 교류는 우리의 인간 환경체를 살아 움직이게 하는 왕래이다. 그것은 인간 존재의 현현이며, 물신숭배에 빠지는 경우를 제외하면 우리는 그것을 인간 존재로부터 떼어내서는 안 된다.

그런데 건축의 탈우주화를 통해서이든 상품의 자율화를 통해서이든 근대성이 수행한 일이 이와 같은 분리이다. 두번째 측면에 관해 말하자면, 결국 이러한 진화는 비비안 포레스터가 '경제적 공포'라 부를

---

37) 고전이 된 Karl Polanyi의 The *Great transformation*, New York, Rinehart, 1944가 또 다른 관점에서 분석하는 것은 이러한 과정이다.

38) 하이데거는 《존재와 시간》에서 주체와 대상 사이의 실존적 교류를 말하기 위해 Commercium이라는 낱말을 사용한다.

수 있었던 것에 이르게 하고 말았다. 이 공포는 터무니없는 범죄적 전복으로, 이를 통해 시장 경제의 훌륭한 기능 작용은 인간 시테의 붕괴, 특히 매우 구체적으로 도시들의 붕괴를 요구하는 지경에 이르렀다.[39] 나는 일본 도시들이 부서지는 모습을 두 눈으로 보았다. 이러한 해체를 직접적으로 가속화시킨 것은 미국의 압력에 의해 실시된 시장 규제 완화 정책이다. 사실 이 규제 완화 항목들 가운데 하나는 도시들의 외곽에 대단위 슈퍼마켓의 설립을 막는 규제들을 없애는 것이었다. 그 효과는 거의 즉각적이었다. 중심가의 상점들이 몰락해 폐쇄되었고, 도시 외곽도로를 따라 한없이 상점들을 여는 데 경쟁이 일어났다. (…) 땅에 대한 터무니없는 헛헛증을 드러내는 미국식 **변두리 도시**가 나타난 것이다. 극히 조그만 논도 귀중한 자본으로 만든 역사를 지니고(§35) 국민이 소비하는 칼로리의 39퍼센트밖에 공급하지 못하는 협소한 영토에 말이다. 달리 말하면, 일본인의 거의 3분의 2 정도──이는 프랑스 인구와 그렇게 차이가 나는 게 아니다──가 외국에서 먹을 것을 사들여 생존하고 있다. 그렇기 때문에 대단위 슈퍼마켓들이 필요한 게 확실하다(…).

그러나 경제 자체는 자유주의 시장 경제의 한계를 결국 인정하게 된다. 자유주의 시장 경제가 사람들의 불행을 고려한다고 보여지기 때문이 아니라, 경제적 게임이 지구의 표면에서 이루어짐으로써 영토적 차원을 필연적으로 포함하기 때문이다. 피에르 벨츠가 다음과 같이 쓰고 있듯이 말이다.

영토는 이제 사회적 조직과 상호 작용의 모태로서 경제적 게임 속에

---

39) 도덕적 표현을 통해 매우 강하게 충격을 준 장점이 있는 포레스터 자신에 의해서보다 이 과정은 미셸 뮈솔리노가 정치경제적 표현을 통해 잘 분석하고 있다. Michel Musolino, *L'Imposture économique: bêtise et illusions d'une science au pouvoir*, Paris, Textuel, 1997.

들어간다. (…) 이익 계산과 상업적 계약의 비인격적 논리가 보편적으로 불가피한 것처럼 보일 때조차도, 회사들은 사회적 · 역사적 · 지리적 동기들을 우선적으로 동원하지 않을 수 없게 된다. 이 동기들은 회사들이 경제적 효율성에 대해 품는 생각들 자체로 완전히는 귀결되지 않으며, 게다가 그것들은 그들의 경영 체계에 폭넓게 부재하고 있다. 가장 진보적인 경제는 '비경제적인 것'에 따라 점점 더 기능하고 있다! 그런 만큼 물론 영토는 이러한 역학에서 본질적인 역할을 수행한다. (…) [이로부터] 사회적 · 경제적 분석에서 지리의 재평가가 비롯된다. (…) 지리는 명백하게 구체적 형태에 있어서는 아니라 할지라도 원칙에 있어서는 비공간적인 사회적 · 경제적 과정의 부산물이 아니다. 그것은 세계의 역동적 움직임에서 능동적인 중요한 구성 요소이다. (…) 예기치 않은 외적 효과(externalités)는 전통적 경제에서는 하찮은 잔류적 위상(시장을 벗어나는 모든 것)을 지녔지만, 사실 **현실 경제에서는 어디에나 편재한다.**[40]

물론 이러한 주장은 노벨상들에 의해 영예를 얻은 신고전주의 미시 경제학 이론, 특히 '현실 사이클 이론'(현실 경기 사이클: RBC: real business cycles)과는 무관하다. 이 이론은 과학적 위상으로 인해, 통칭 지상의 경험과는 아무런 관계가 없는 천체물리학처럼 기능한다.[41] 그러나 이와 같은 형이상학적 법정과는 반대로 영토적 경제는 내가 보기에 건강한 탈물신화를 가동시킨다. 외쿠메네적 관점에서 보면, 사실 '외적 효과'를 고려한다는 것은 과학주의가 상품에서 떼어내 버린 **코라**를 회복시켜 주는 것이다. 그것은 인간 환경의 현실을 인정함으로써 상품을 사물로 다시 만들어 주는 것이다. 인간 환경 속에서 거래는 엄밀하게 말해 보다 일반적인 교류, 즉 우리를 짐승과 구분시켜 주는 인간 환

---

40) Pierre Veltz, *Mondialisation, villes et territoires: l'économie d'archipel*, Paris, PUF, 1997(1996), pp.10, 15, 73. 강조는 저자가 한 것임.

41) 이 점에 대해선 Musolino, *op. cit.*, note 38, p.114 *sqq* 참조.

경체의 유지에 필요한 순환의 한 측면에 불과하다. 그렇게 다시 만들어짐으로써 우리는 상품의 물신숭배로부터 다소 해방되며, 가격이 없는 것의 가치를 다시 배우면서 보다 덜 동물적이 된다. 다른 한편 자유주의 시장 경제는 미시경제적인 면에 사로잡히고, 합리적 행동 이론의 환상[42]에 힘입어 오스카 와일드가 다음과 같이 비난했던 결함에 결정적으로 빠졌다. 이것이 미국에 유리하게 작용한다 할지라도 말이다.

경제학은 모든 것의 가격을 알지만 사소한 것의 가치를 모르는 그런 과학이다.[43]

달리 말하면 모든 사물의 **토포스**를 알지만 그 어떠한 것의 **코라**도 모른다.[44]

내가 이 글을 쓰는 시점에서 세상은 시에틀에서 세계무역기구의 다음번 협상을 준비하고 있다. 이제부터는 일본처럼 농업의 다(多)기능성을 인정케 하고자 하는 나라들과 미국이나 오스트레일리아처럼 농산물을 전적으로 시장 법칙에 예속시키고자 하는 나라들이 대립한다.

— 대체 **다기능성**이란 무엇인가?

— 농촌은 시장에 내놓을 수 있는 것이 아니기 때문에 자유주의 시장경제가 고려할 수 없는 서비스들을 보장해 준다는 것을 의미하는 조심스러운 표현이지. 사실 농촌은 외적 효과에 불과하지. 그러나 일본 농업의 마지막 백서(Nôgyô hakusho)는 이 효과를 1998년에 대해 다음과 같이 (엔화 백만 단위로) 치수로 평가했다.[45]

---

42) 본서 제7장 주 36) 참조.

43) Musolino, *op. cit.*, note 38, p.241에서 재인용.

44) 외적 효과를 장밋빛 서재에 처박아 버리는 신고전주의 이론의 좋은 예로는 P. Krugman, *Geography and trade*, Cambridge, Leuven University Press, 1991 참조.

45) 1998년에 1백 엔은 대략 5프랑이다. 내가 아래에 인용하는 것은 1999년 4월 27일자 석간 *Kahoku shimpô*에 실린 내용으로 백서에서 발췌한 것이다.

홍수 예방	2,878,900
휴식, 위생	2,256,500
체수(滯水)	1,288,700
침식 예방	285,100
사태 예방	142,800
기후 온화	10,500
대기 정화	9,900
재생 폐기물 재활용	6,400
총계	6,878,800
농업 총생산(1997)	9,988,600

따라서 이런 계산에 따르면, 우리가 일본 농업이 제공하는 **무상 환경 서비스**[46]라 부를 수 있는 것은 시장에 나오는 생산의 3분의 2 이상 가치에 해당한다. 물론 이 수치들은 하나의 은유에 불과하다. 이 은유가 자유주의 시장 경제의 형이상학적 법정이 들어주는 유일한 언어로 나타내는 것은 농촌과 외쿠메네 일반을 상품의 유일한 토포스로 귀결시키는 것은 좋지 않다는 존재론적·도덕적 관념이다. 달리 말하면 이 은유는 상품을 물신의 위상으로부터 인간 존재에 종속된 보다 겸손한 위상으로 되돌아가게 하는 것이지 그 반대가 아니다. 그러나 이 수치들은 자유주의 시장 경제의 외계적인(extra-terrestre) 존재론에 반대되는 것들이다. 이와 같은 법정 앞에서 사실 객관적으로 가장 훌륭한 농

---

46) 이러한 의미에서 나는 보다 일반적으로 외쿠메네의 너그러움에(mansuétude de l'écoumène) 대해 이야기한다(mansuérude의 어원에 대해서는 §41 참조). 이러한 너그러움을 한없이 이용한다면, 인간의 시테는 파괴되고 생명권의 능력은 한계에 달하게 될 것이다. 이로부터 이와 같은 이중적 참조를 통해 규모의 의미를 되찾을 필요성이 긴급하게 제기된다. 그러나 자유주의 시장 경제의 형이상학적 법정은 이산적 대상들 사이의 비율(§13)만을 알고 있으므로, 우리를 매일같이 조금씩 더 이러한 의미로부터 일탈시킨다.

업은 지상의 농촌에서 그것을 만든 인류를 결정적으로 비워내거나, 최소한 오스트레일리아의 밀도 있는 오지(outback)로 귀결시킨 농업이 될 것이다. 그러면 결국 농업 생산물들은 지구적 차원의 단일 시장에서 자유롭게 유통될 테니까!

이 문제는 농촌에만 관련되는 게 아니다. 본질적으로 금융적인 고도 자본주의의 단계에서 인간의 노동 일반과 이 노동을 아직도 보호하는 국가들은 시장을 혼란케 하는 공룡 같은 비용에 불과하다. 따라서 그것들을 우리한테서 치워 주길 바란다! 그러면 결국 모든 외쿠메네를 청소해 버린 지상에서 현실은 현실적 사이클 이론을 존중할 수 있게 될 것이다(…).

이것이 우리 존재론의 물신들이 우리를 이끌어 가는 열광적인 목표이다. 최소한 민주주의가 인간의 시테와 생명권의 차원에서 시장의 자리에 시장을 복원시키지 않는 한 말이다.

48. 사원

— 이 물신들은 어떤 것이 있는가?

— 우리는 방금 두 가지를 보았지. 하나는 건축물이고, 다른 하나는 상품이네. 이것들은 그것들을 인간의 시테와 환경권 속에 재위치시켜 줄 **코라**에서 벗어나 각기 그것들의 **토포스** 속에 똑같이 추상화됨으로써 하나가 되었네. 그런데 바로 이러한 사실로 인해 우리는 《티마이오스》가 우리에게 그 열쇠를 제공할 수 있는 존재론적 과정을 통해 그것들을 물신화하고 있지. 사실 존재하는 데 **코라**가 필요없는 것은 절대-존재의 물 자체이네. to Paradeigma(29b), 즉 생성을 따르는 감각적 현실의 관념적 모델 말이야. 감각적 현실은 이 모델의 불완전한 모방(hê eikôn)(같은 책)에 불과하지.

감각적 세계와 분리된 이 모델은 플라톤에게 신적인 차원에 속한다. 그런데 근대적 이원론은 이 모델을 대상으로 삼았다. 데카르트가 말했듯이 그것 역시 '감정'에서 분리되어 있고, 초월적이며, 무류의 지식을 보장한다.

추론들(logoi)은 그것이 설명하는 대상들과 유사하기 때문에, 힌편으로 지속하고 있는 것, 다시 말해 불변적이고 지성에 반투명적인 것과 관련된 추론들은 불변적이고 흔들릴 수 없어야 한다. 그리고 그것들은 어떤 추론의 경우 반박할 수 없고(anelegktoi) 물리칠 수 없는(anikêtoi) 가능성이 있다는 점에서 그런 성격을 띠어야 한다.[47]

이러한 입장에 플라톤은 자체의 **코라** 속에 끈적하게 빠져 있는 세속적 믿음을 대립시킨다.

이 존재의 모사이고 따라서 있다는 이미지에 불과한 것과 관련되는 추론들에 대해 말하자면, 그것들은 전자의 추론들의 진리에 따라 핍진하다. 왜냐하면 존재와 생성의 관계는 진리와 믿음과의 관계와 같기 때문이다(hotiper pros genesin ousia, touto pros pistin alêtheia).[48]

사상사는 《티마이오스》가 여기서 주장하는 것 속에서 과학에 대한 최초 정의를 보았다. 왜냐하면 과학은 통속적인 지식과 구분되기 때문이다. 플라톤의 텍스트가 그것을 대상과 '유사하다'(suggenês)고 말하는 것은 의미심장하다. 우리와 관련해서 말하자면, 그것이 말하는 바는 과학적 담론이 절대자의 신성이 새겨져 있다는 점이다. 왜냐하면 그것

---

47) 29b, *op.cit.*, chap.1, note 13, p.141. Albert Rivaud의 번역을 약간 수정했음.
48) 29c, *op.cit.*, p.142. Rivaud 번역.

은 대상의 존재와 동일한 종류(genos)에 속하기 때문이다. 뿐만 아니라 마찬가지로 명료하게 《티마이오스》가 우리에게 시사하는 것은 이와 같은 신성화가 대상을 그것의 **코라**로부터 끌어내는 추상에 비례하여 실현된다는 사실이다. 그러니까 이 추상은 대상을 탈코라화(déchorétise)하는 것이다. 달리 말하면 그것은 현실(lgS/lgP)을 순수한 토포스적 성격(lgS)으로 대체하는 것이다.

— 자네는 모든 것을 뒤섞어 버리는군! 데카르트는 펼쳐진 사물을 신과 결코 동일시하지 않았어! 그 반대로 그는 그것에서 영혼을 결정적으로 없애 버렸지. 근대성은 바로 우리가 사물에 대해 언급하는 것과 사물 자체를 결코 혼동하지 않게 해준 것이야. 모든 독단론을 그것이 지닌 패러다임의 역사성으로 귀결시키게 해준 것이지!

— (루이지애나에서 그렇게 말하듯이) 받아들이지. 그렇다고 지팡이를 한 번 휘둘러 상대적 사물을 절대적 대상으로 만드는 마법이 변하는 건 절대 아니야. 이 마법은 원칙적으로 사물에서 그것의 모든 코라적 성격(lgP)를 없애 버리지. 마치 사물을 대상으로 확립하는 사실 자체가 코라적 특성이 아니라는 듯이 말이네! 바로 그게 신들의 지위로 끌어올리는 행위인 신성화(apotheôsis)이지. 심지어 비잔틴은 슬라브인들에게 강한 인상을 주기 위해 그것을 기계장치화했지. 슬라브인들은 황제(Vassilevs)의 옥좌가 허공에 날아가는 것을 보고 대경실색했지. (…) 원리는 간단해. 기계장치를 감추기만 하면 되는 거지. 아니면 **자신에게** 그것을 숨기면 되는 거야.

실제로 풍토성의 관점은 사물을 대상으로 대체하는 모든 작용을 신격화로, 달리 말하면 세속적인 과정(코라적 특성)을 은폐하는 물신화로 간주하는데, 사실 사물은 외쿠메네 속에 있는 모든 현실의 풍토성을 통해 사물로서 인간화되는 것이다. 그렇게 간주한다고 해서 애초에 감각적 세계에 속하지 않았던 것의 과학을 인정하지 않는 건 전혀 아니다. 따라서 그것은 갈릴레이의 망원경 이후로 감각적 영역을 넘어서는 것을 탐색하는 자연과학의 원리를 표적으로 하는 게 아니다. 그러나 반면에 그것은 인간사와 관련해서, 예컨대 경제나 건축과 관련해서는 그런 지식의 적합성을 부장한다. 인간사는 실존 내에서 물 자체를 사물로 술어화하는 작용(lgS/lgP)에 존재론적으로 의거하고 있으며, 게다가 실존은 인간 주체가 그 자신에 의해 술어화되는 작용(lgP/lgS)을 전제한다.

이와 같은 이중적 술어화를 (자신에게) 은폐하는 것, 바로 여기에 물신숭배가 숨어 있다. 물신숭배는 **상투적인 주장**(topique), 그러니까 본질상 세속적인 대화 주제(lgP)에 지나지 않는 것을 물 자체(토포스적 성격, lgS)로 간주하게 만든다. 과연 그것은 마법적 행동을 통해서 낱말을 지시대상과 동일시한다. 마치 그것들이 동일한 종류(genos)에 속하기라도 하듯이 말이다! 마치 외쿠메네의 모든 현실이 수학적 언어나 기타 언어로 귀결될 수 있는 것처럼 말이다!

이것이 근대적 일탈이다. 이 일탈은 하늘에서 신들을 비워낸 그 운동을 통해 지상에 이 하늘이 지배하도록 만들었다. 물론 말은 바꾸었지만 말이다. 분명한 것은 데카르트도 오늘날 그 어느 누구도 대상들이 신들과 동일한 종류(theôn genos)라고 말할 수 없을 것이라는 점이다. 그러나 이러한 어휘적인 겉모습이 언급된 근대적 일탈에 따라다니는 존재론적 구조를 감추어서는 안 된다. 《국가》에 나오는 하나의 우화인 에르의 신화가 말하는 바에 따르면 우리가 죽으면 영혼이 유성처럼(hôsper asteras) 이승을 넘어선 세계로 돌아가며, 우리가 살아 있는 동안 영혼은 이 외계로부터 멀리 떨어져 있다. 한편 《메논》이 설명하는 바에 따르면, 이승에서도 상기(想起)⁴⁹⁾를 통해 영혼은 그것이 떨어져 나온 대(大)존재와 합류하려는 경향을 드러낸다. 우리가 보았듯이, 우리의 풍토성은 대존재에 대한 이와 같은 향수 혹은 존재 결여의 구조적 계기이다(§27-29). 인간의 종교들은 이에 대한 다양한 은유를 제

---

49) 상기에 대해선 본서 제2장, 주 22) 참조.

공한다. 그러나 근본적으로 이 은유들은 동일한 성향으로 귀결된다. 근대의 합리주의가 하늘에서 신성을 비워냈다고 해서 변하는 것은 아무것도 없다. 이 구조적 계기가 이제 우리로 하여금, 예전에 영혼이 신들쪽에서 추구하고 찾아냈던 그 만족감을 물신의 소유 속에서 추구하도록 부추기는 현상을 제외하면 말이다. 한편 우리의 물신들이 우리에게이와 같은 만족감의 축복을 베풀어 주는 것은 (우리의 미사인) 광고에서 뿐이다. 하지만 반대로 그것들은 그것들을 소비하는 비율 자체에따라 우리의 존재 결여를 자극한다. 왜냐하면 유감스럽게도 절대는 결코 소비되지 않기 때문이다.

— 좋아. 훌륭한 이미지야. 그렇다면 자넨 우리가 무엇을 했으면 좋겠는가? 소비를 멈추어야 하나? 자넨 멈추었나?

— 중요한 것은 제한하는 게 아니라 따져 보는 거야. 이에 대한 비법은 없네. 경우에 따라 판단해야 해. 다시 말해 모델들은 우리로 하여금 술어를 부여하게 만들도록 도와주는 진실 이외에 다른 게 없다는 사실을 알고 그것들을 신격화하지 않는 것이지. 외쿠메네는 패러다임의 하늘이 아니지. 그것은 기계장치로서 행동하는 것을 철저하게 배제하지. 왜냐하면 우리는 신이 아니기 때문이네. 우리는 역사와 지리의 우발성 안에서 사물들과 사람들의 존재에 인간적으로 기대를 걸어야 하지. 왜냐하면 단순히 말해 이 존재는 우리의 존재에 필요한 환경의 현실이기 때문이네. 그래서 그것의 풍토성을 존중해야 해. 사물들속에는 우리 자신과 우리와 같은 동류 인간들의 어떤 부분이 들어 있는데, 이 부분을 인정해야 하는 거야.

이상(以上)은 시테의 모든 일들, 무엇보다도 건축 · 도시 계획 · 영토정비 등과 같이 시테의 물질적 형상화와 관련된 일들과 관계가 있다. 이 모든 영역들에서 되새겨야 할 것은 모델들을 적용하는 게 물신숭배에 지나지 않는다는 점이다. 왜냐하면 근본적으로 이 영역들은 패러다임으로 귀결될 수 없기 때문이다. 그것들은 지구의 토포스적 성격과 직접적으로 연결되어 있기 때문에 어떤 모델에 의해 단순하게 술어가 결코 부여될 수 없다. 그것들은 그들의 환경 속에 있는 모습 그대로의 존재이다. 우발적인 접속에서 술어의 논리와 주어의 논리 사이에 어떤 **규모**가 있을 수 있도록 하기 위해서는, 달리 말하면 우리 행동에 의미가 있고 지구를 세계로 술어화하는 우리의 작업에 의미가 있기 위해서 우리는 이와 같은 토포스적 성격을 항상 고려해야 한다. 그렇지 않으면 우리는 인간의 시테가 성립되는 외쿠메네를 파괴할 것이다.

— 결론으로 이를 시사하는 사례를 하나 제시해 보겠나?

— 좋아. 매우 참신한 게 있지. 몇 달 전부터 나는 센다이의 북구인 이주미구에 살고 있네. 이주미구는 쇼와 63년(1988)[50]에 이주미시를 병합함으로써 태어났는데, 이주미시는 센다이가 성장함에 따라 교외가 되어 버린 시였네. 쇼와 40년대부터 미쓰비시 지쇼(비쓰비시 부동산회사)는 그곳 언덕에 방대한 주거 지역인 이주미파크타운을 건설하는 사업을 벌였지. 바로 그곳에 나의 대학교는 나의 거처를 마련해 주었네. 그 지역은 미국의 교외처럼, 다시 말해 자동차가 있는 사람들을 위해 구상되었네. 그 모든 것은 마치 아칸사스나 위스콘신에서 동일한 유비쿼터스 **스퀘어마일**이 중요한 것처럼 폭넓게 균형잡혀 있네. 넓은 대로들이 있고, 풍부한 녹음이 있으며, 요컨대 어디에나 많은 공간과 자연이 있다. 지난 6월에는[51] 곰 한 마리가 근처의 산인 이주미가타케로부터 내려와 내가 사는 구역에서 2,3일 동안 조용하게 어슬렁거린

---

50) 일본은 양력과 공식적 역법인 황제력을 동시에 사용하고 있다. 2000년은 헤이세이 12년이다.

51) 헤이세이 11년(1999)으로, 이 해에 센다이는 인구 1백만을 넘어섰다. 이러한 일치가 드러내는 것은 일본의 지리가 경작 가능한 평야보다 다섯 배나 산이 많다는 특징——미쓰비시의 모형 제작자들(디자이너들)은 이 특징에 주의를 기울여야 했을 것이다——을 나타낸다는 점이다. 사실 우리는 아이네아스의 쟁기시대에 더 이상 살고 있지 않다. 오늘날 도시가 이루어지게 만드는 것은 물신인 것이다(hodie Machina urbem designat homine).

일이 있었네.

이 곰은 내가 사는 녹색 교외의 온화함에 대한 질문들을 제기하게 만들었다. 그 곰 때문에 내가 구역 사람들의 흥분을 보았을 때, 무언가 문제가 있다는 것을 알게 되었다. 아니 뭐라고! 하지만 여러분이 미쓰비시로부터 사고자 했던 것은 그것, 곧 공간과 자연이다! 이제 여러분은 그것을 갖게 되었다. 여러분은 꽃집에 가기 위해 4륜구동 자동차를 몰지 않나요? 그러나 사람들은 자연(shizen)을 원했지만 곰은 원하지 않았다. 그리하여 곰 사냥이 일어났다.[52] 곰은 교활하여 사냥꾼들에게 보이지 않았다. 곰은 자기 마음대로 나타났다가 마음대로 사라져 버렸다.

무엇이 남았는가? 약간의 자국이다. 모델의 한가운데 곰 한 마리의 크기만한 것 말이다. 결국 결여되었던 것은 규모이다!

내가 거기서 본 것은 실제로 이 교외가 규모를 따르지 않았다는 점이다.

---

52) 곰 사냥의 돌발적 사건에 대해선 1999년 6월 8일자 *Kahoku Shimpô*, p.8 참조.

결 론
투과적 이성과
근대성의 극복

세계와 지구는 본질적으로 서로 다르다. 그러나
결코 분리되어 있지 않다. 세계는 지구 위에 확립
되고, 지구는 세계를 통해 출현한다.[1]

마르틴 하이데거

지리학자, 그것은 자신을 발로 사유한다.

대학의 격언[2]

짐승에서 멀어져 자연을 따르라![3]

마쓰오 바쇼

나는 영국인들이 이상하게도 **복싱 데이**(Boxing Day)라 부르는 날인

---

1) Martin Heidegger, "L'Origine de l'œuvre d'art," dans *Chemins qui ne mènent nulle part*, Paris, Gallimard, 1962(1949), p.52.
2) 나는 필립 팽슈멜이 보기보다 심오한 이 문장을 가져다 준 데 대해 감사한다.
3) 정확한 인용(이것은 〈오이노코부미의 소문〉, 1687-1688에서 발췌한 것임)을 하자
면 이렇다. "매개함에서 벗어나고 짐승을 멀리하며 자연을 따르고 자연으로 돌아가
라(Iteki wo ide, chôjû wo hanarete, zôka ni shitagai, zôka ni kaere). 이 문장을 통해 바
쇼가 의미하고자 하는 바는 보다 자연적이 되기 위해서 자기 자신을 검토해야 한다는
것이다. 달리 말하면 진정한 문화는 자연을 표현하는 것이다. 이러한 이상은 인간적
인 것을 우주적인 것 속에 재위치시키면서 우주를 재우주화하는데, 내가 **투과적 이성**
(raison trajective)이라 부르는 것의 이상이다.

크리스마스 다음날에 이 책을 끝낼 것이다. 그들은 크리스마스날 휴전하고 그 다음날 싸운다는 것일까? 그런 추축을 배제할 수 없다. 그러나 그보다 이 용어의 일반적인 의미는 상자(boxes), 즉 선물을 담았던 상자와 관련이 있다. 상자에 해당하는 동사, to box는 '상자에 넣다'를 의미한다. 이로부터 논지를 잘 엮는다는 의미가 파생된다. 논지가 시작된 지점을 거쳐 마감되도록 말이다. 예컨대 플라톤은 자신의 존재-우주론을 상자에 넣을 때 티마이오스에게 69b에서 이렇게 말하도록 한다. "나는 내 이야기를 처음과 일치하도록 마지막을 제시하겠다. 따라서 나의 주요한 사상을 요약하면, 모든 사물은 그것 자체 및 다른 사물들과의 어떤 비율(summetria) 속에 존재한다." 데리다는 자신의 사상을 상자에 넣을 때, 《티마이오스》의 주장을 절단함으로써 결국 이 주장은 그가 텍스트에다 텍스트를, 기호에다 기호를 가두면서 말하고자 하는 바를 의미하게 된다. 나는 기호들이 세계를 말하고, 세계는 우리의 존재를 말하고, 우리의 존재는 자연을 말한다고 쓰면서 나의 사상을 상자에 넣고자 한다. 따라서 우리가 기호에 관심을 가질 때 자연을 잊어서는 안 되며, 자연에 관심을 가질 때는 기호를 망각해서는 안 된다. 왜냐하면 우리는 존재하기 때문이다.

*

나는 남쪽에서 보낸 그 겨울 오스트레일리아의 레드센터에 두 권의 책을 가지고 갔었다. 하나는 실비 푸아리에의 《유목민의 정원. 오스트레일리아의 서부 사막에서 우주론, 영토 그리고 사람》이다. 이 책은 그곳이라는 장소를 생각할 때 읽지 않을 수 없었다. 다른 하나는 장 프랑수아 마테이의 《플라톤과 신화의 거울. 황금시에서 아틀란티스로》인데, 이 책의 독서가 선험적으로 불가피한 것은 아니었다. 그러나 그 책을 읽은 것은 그것이 무엇보다도 '카오스: **코라**의 신화'에 대해 이야기했으며, 내가 같은 해 가을 북쪽에서 '장소의 논리와 근대성의 극복'이라는 제목으로 개최되는 학술대회에 대비하여 이 **코라**(chôra)를 보다 잘 이해하는 것이 매우 중요했기 때문이다. 그리하여 붉은 모래와 스피니펙스 다년초 속까지 세리포스는 나를 따라다녔다. 세리포스에서 사람들은 당나귀길을 따라 코라(Chôra)에 올라간다. 나는 태양이 왼쪽 루리차길(Luritja Road) 쪽으로 기우는 것을 바라보면서 풍경을 존재의 동방으로 이야기하게 되었다. 사실 내가 존재의 문제를 접근하는 데는 남반구, 다시 말해 지구가 필요했다. 이런 것들을 학교에서 배우는 철학자들과는 달리 아마 지리학자들은 그것들을 정반대의 것들을 통해서만 표현할 수 있을 것이다. 나로 말하면, 내가 '자국으로서의 풍경, 모태로서의 풍경'에 대해 이야기하기 시작하면서 본서에서 다루는 문제들을 최초로 제기한 시점과 《티마이오스》에서 **코라**가 존재의 자국이자 동시에 모태라는 점을 읽은 시점 사이에는 15년이 흘러간 셈이다. 그리하여 마침내 나는 나의 존재론을 상자에 넣을 수 있었다. 그것은 플라톤 덕분에 그리고 지구와 함께 이루어진 것으로서 지구의 섬들이고 사막들이다.

*

옛날에 나는 이집트 기제 쪽에 있는 사막에서 놀아 본 적이 있다. 역사는 그곳에서 강력하게 이야기하고 있었다. 모래언덕의 우묵한 곳에서 엘 알라메인 전투[4] 때로 거슬러 올라가는 폭탄들과 작은 테라코타 잔들이 발견되었다. 이 테라코타잔들은 아마 수천 년은 되었을 것이다. 그러나 사막은 일반적으로 사람이 없기 때문에 방해받지 않고 우

---

4) 제2차 세계대전 때 롬멜의 적군과 몽고메리의 연합군이 격전을 치른 장소이다. 〔역주〕

주의 소리에 귀를 기울일 수 있는 장소이다. 나는 몇몇 예술가들의 작품을 통해 접한 것을 제외하면 호주를 방문하기 전까지 사막을 다시 생각해 본 적이 없었다. 예컨대 장 베람은 자신이 그리게 될 바위들을 시나이의 할라위 고원에서 어떻게 선택했는지 나에게 이야기해 주었다. 그에게는 그 바위들을 만지면 어떤 부름 같은 파동들을 지각할 수 있는 것 같았다. 반면에 그곳의 방문객들은 다른 곳에서 와 다른 아무 것도 느끼지 못했다. 투사적(投射的)인 환상인가? 그런데 이곳의 원로인 한 베두인 사람은 멀리서 장 베람의 작업을 관찰하고는 그것을 해설하기 시작했다. "저 바위들은 그대에게 좋지만, 다른 것들은 아니군." 그는 타이밍이 좋았다. 그의 눈은 베람의 손이 닿는 것을 보고 있었다. 그의 환경인데 무슨 놀랄 게 있단 말인가? 제임스 터렐은 (애리조나에 있는) 로덴 크레이터 사화산의 측면을 파 태양과 달의 방을 만들었다. 이곳으로부터 명상·예술·과학을 결합시키면서 사람들은 보는 것을 다시 배운다. 터렐은 방문객들에게 이렇게 말한다.[5] "태양으로부터 우리에게 오는 빛은 아직 어립니다. 그것은 포도주 보졸레 누보와 같습니다. 우주의 깊숙한 안쪽으로부터 우리에게 오는 빛은 백억 년보다 더 오래되었습니다. 그것은 오래된 포도주와 같습니다. 이 방에서 두 빛을 결합해 보세요. 그럼 당신의 건강을 위해 건배!" 나는 의미와 관련해 시나이 사막과 애리조나의 사막이 페르디낭 드 소쉬르의 책보다 더 많은 것들을 담고 있다고 생각한다.

*

'자국으로서의 풍경과 모태로서의 풍경,' 이 제목은 조엘 본메종,

---

5) 여기서 방문객은 1999년 7월 21일자 조간 *Kahoku Shimpô*지의 기자를 말한다. 11면 참조.

올리비에 돌퓌, 그리고 내가 1983-1984년에 이끌었던 세미나를 위해 나에게 떠올랐던 것이다. 나는 내가 말하고자 했던 것의 개념적 골격을 전혀 찾아내지 못했다. 적어도 이때부터 분명했던 것은 이러한 탐사적 형식이 근대적 이성으로 보면 받아들일 수 없었다는 점이다.[6] 왜냐하면 근대적 이성은 투사적(投射的)이기 때문이다. 그것의 눈으로 보면, 자연의 메커니즘들을 제외하면, 풍경은 기술 혹은 시선의 자국에 불과할 수밖에 없을 것이다. 이와 같은 투사적 이성을 우리는 플라톤 자신으로부터 획득한다. 이데아로부터 데카르트의 합리주의까지, 나아가 현대의 사회과학을 지배하는 구성주의에 이르기까지, 투사적 이성은 풍자에 빠지고 세계를 황폐화시키면서 부각되기만 했다. 우리가 처한 상황을 보면 어떤 사람들은 사회 외적인 모든 지시대상(준거)을 거부한 반면에, 또 어떤 사람들은 터무니없는 자연주의를 굽히지 않고, 또 다른 사람들은 이성 자체를 저주하는 지경에 있다. 한편 니시다 기타로처럼 세계성을 복원하고자 했던 자들은 그 반대의 풍자에 떨어졌다. 그들은 모든 것을 아리스토텔레스적 토포스라는 프로크루스테스의 침대로 귀결시키는 환원주의를 어떤 코라, 그 자체에 예속된 코라의 혼란 상태로 대체했을 뿐이다. 그들은 근대성을 전혀 극복한 게 아니라 전복시켰을 뿐이다.

*

투사적(projective) 이성은 그것의 이름이 지시하듯이, 계획(projet)과 진보(progrès)의 문명을 낳게 되었다. 뿐만 아니라 수명이 다했을 때 포

---

6) 이러한 대립은 지리학자들로부터 온 게 아니라 세미나에 함께 참석했던 사회학자들이자 기호학자들인 사람들로부터 왔다. 이 세미나에서 제기된 문제들에 대해선, Augustin Berque, "Paysage empreinte, paysage matrice: éléments de problématique pour une géographie culturelle," *L'Espace géographique*, XIII(1984), 1, 33-34.

스트모던적인(bas-moderne)[7] 절망을 낳게 되었다. 이 절망은 사회적인 것을 그 자체에만 투사하고 있다. 그런데 이것이 바로 동굴에서 벗어나는 것을 의도적으로 거부하는 것이다. 어두운 그림자와 노는 데 만족하는 것, 그게 진정 사유의 운명이었던가?

*

나는 숲 속의 동물들이 남기는 자국을 읽을 줄 모르지만, 내가 최소한 알 수 있는 것은 그것이 어떤 의미와 규모를 지닌다는 점이다. 나 자신이 걸어가면서 느끼는 것은 어떤 척도가 사물들 사이에 존재한다는 점이다. 한 마리 곰의 자국과 인간의 발자국은 그것들 나름의 어떤 비례(summetria)를 드러내는데 이것은 지구, 다시 말해 우주와 관련된 비례이다. 이 점을 나에게 이해하게 해준 것은 이번에도 예술가인 리처드 롱이다. 그는 길과 사막에서 집요하게 걸으면서 이 점을 이해하게 해주었다. 그 이후로 나는 나의 발과 함께 사유하는 것이 더 이상 부끄럽지 않다. 왜냐하면 발에서 머리까지, 지구에서 하늘까지 나는 동일한 신체를 지니고 있기 때문이다. 나의 근본적인 규모는 내 생애 동안 한쪽이면서 다른 한쪽이 되는 것이다.

*

투과적 이성(raison trajective)은 이와 같은 근본적 규모이다. 그것이 우리에게 명령하는 것은 하늘을 향해 일어서는 것이 아무리 인간적이라 할지라도, 하늘과 지상의 분리를 통해 인간을 토막내지 말고, 그렇

---

7) 저자는 postmoderne이란 형용사에서 poste를 쇠퇴를 의미하는 bas로 대체하였음. 본서 제7장, 주 12) 참조. 〔역주〕

게 함으로써 지구를 세계로 술어화하라는 것이다. 투과적 이성은 사실 실존적 맥박 속에 있다. 이 맥박은 기술(技術)을 통해 지상에서 우리의 신체를 세계로 전개해 내며, 동시에 상징을 통해 세계를 우리의 육신으로 다시 접어낸다. 그리하여 세계와 육신을 통해서 신체와 지상은 그것들의 풍토성의 구조적 계기 안에서 인간 존재(lgP/lgS)와 외쿠메네(lgS/lgP)의 통일성을 이룬다: (lgS/lgP)/(lgP/lgS). 이것은 근대성의 표현(lgS)으로도 생각할 수 없었고, 그것들의 전복(lgP)으로도 생각할 수 없었다. 그러나 그것은 가장 고도하게 객관적인 현실, 다시 말해 우리를 우주와 떼어내지 않고 따라서 세계를 탈인간화시키지 않는 현실이다. 투과적 현실은 근대의 객관주의보다 더 고도한 이와 같은 객관성을 지향하는 것이다. 그리하여 보다 인간적인 문명으로 나아가는 것이다. 왜냐하면 그 문명은 보다 자연적이기 때문이다. 보다 자연적인 이유는 보다 교양적(cultivée)이기 때문이다.

*

나는 이 글을 지명이 '샘'을 의미하는 센다의 지역인 이주미에서 쓰고 있다. 내 눈앞에는 르누아르의 〈샘〉이라는 그림이 있는데, 이 작품의 영어 명칭 〈봄〉이 봄을 생각하게 한다.

*

눈오는 풍경. 눈이 오는 가운데 쇠퇴모더니티(포스트모더니티: basse modernité)가 봄을 기다린다.

센다이
1999년 동지에

역자 후기

  본서는 동서양을 넘나드는 해박한 지식을 바탕으로 동양 전문가인 저자가 새로운 장소-존재론을 펼쳐내는 역작이다. 그것은 그가 오랜 세월 동안 여러 저술들과 논문들을 통해 선보인 사유들을 종합해 하나의 아름다운 철학적 건축물로 재주조해 내고 있다.

  주지하다시피 서구의 세계 지배의 출발점에 위치하는 근대성은 19세기에 세기적 예언자이자 예술가/철학자인 니체를 통해 비판되었다가 특히 20세기 후반 철학에서 집중적 공격의 대상이 되었다. 물론 예술은 철학에 앞서 제1차 세계대전 전후에 이미 근대성이 낳은 '서양의 위기'를 진단하고 대안을 일찌감치 모색하기 시작했지만 말이다. 그 어떠한 분야보다도 그것은 예술가들의 천재성과 직관적 통찰을 통해 항상 시대를 앞서가는 첨병의 역할을 하는 게 일반적 현상이다. 철학은 이러한 예술적 통찰과 육화를 통해 드러나는 문제점들을 사후에 학문적으로 규명하고 이론을 정립하는 경우가 허다하다.

  사실 우리가 현재 안고 있는 지구적 차원의 온갖 문제들, 예컨대 환경 파괴와 지구적 대재앙의 어두운 그림자, 인간의 기계화와 소외, 자연과 문화/영혼과 육체/주체와 대상의 이분법적 분리, 존재와 사물의 좌표적 추상화와 동질화, 자아와 개인주의, 나아가 타자성 등의 문제들은 근대성의 두 기둥인 기계론과 주체철학으로부터 비롯되었다고 흔히 진단되고 있다. 그러나 또한 그 뿌리는 플라톤으로 거슬러 올라간다고 인식되고 있다. 이러한 위기 의식 속에서 서구 문명은 하나의 사이클을 마감하는 종말과 시작의 분절점에서 새로운 사이클을 가동시키기 위한 철학적 운동을 전개하고 있다. 예컨대 니체와 하이데거에 이어 데리다의 해체철학은 플라톤 이후의 서구 형이상학이 은폐해 온 이면을 드러내 이 형이상학 자체를 새롭게 해체시킴으로써, 서구 역사를 지탱해 온 동력 자체를 흔들고 있지만, 새로운 미래를 위한 지평의 출발점에 서 있다.

　오귀스탱 베르크가 본서에서 전개하는 외쿠메네 이론도 이와 같은 근대성에 대한 성찰을 전제하고 있다. 그렇기 때문에 그의 텍스트는 한편으로 플라톤까지 거슬러 올라가는 근대성에 대한 철저한 반성과 비판, 다른 한편으로 그 자신의 존재론과 세계관의 개진이라는 두 축을 중심으로 리듬있게 엮어지고 있다. 그러나 그의 새로움은 그가 말한 대로 이렇게 요약될 수 있을 것이다. "존재론에는 지리학이 결여되어 있고, 지리학에는 존재론이 결여되어 있다." 인간은 무엇보다도 지리적 존재, 곧 장소의 존재인 것이다. 구체적 장소를 떠난 인간이란 빈 껍데기뿐인 데카르트적 좌표상의 추상적 존재로서 유령이나 마찬가지이다. 바로 여기에 베르크의 지리-철학적 존재론이 자리잡고 있다. 일찍이 오스발트 슈펭글러는 문명을 '식물형태적'이라 규정한 바 있다. 왜냐하면 모든 문명은 일정한 장소(지역)에 뿌리내리고 있기 때문이다. 특정한 공간적 지리를 떠나서 어떤 문명을 논한다는 것은 상상할 수 없다. 그만큼 장소는 인간 존재와 세계를 규정하는 데 필수적인 것이다.

　베르크의 영감의 원천은 하이데거의 '거기-있음(존재)'과 일본 철학자 와쓰지 데쓰로의 '풍토성'(한 고장의 물리적 · 사회적 특징 전체)이다. 이 영감을 원천으로 외쿠메네의 차원으로까지 확대되는 장소-존재론의 방대한 파노라마가 전개된다. 그러니까 하이데거와 와쓰지 데쓰로라는 두 동서양 철학자의 만남이 상징적으로 드러내듯이, 본서는 동서양의 상호 보완적인 입장에서 인간 및 지구 문제——근대성으로부터 비롯된 위기——의 철학적 해법을 모색하는 진지한 탐구의 장을 열고 있다. 서양 철학자들이 '민족중심주의'를 벗어나지 못한 채, 동양적 사유를 외면한다거나 동양 사상으로부터 영감을 받았음에도 은폐하거나 밝히지 않는 사례와는 달리, 베르크의 경우는 극동의 철학과 문학에 대한 폭넓은 지식과 이해를 바탕으로 두 세계를 접목시켜 제3의 길을 탁월하게 펼쳐내고 있다.

　외쿠메네는 '거주하다'를 의미하는 그리스어 oikeô에서 파생되어 원래 사람이 살지 않는 사막과는 반대로 '사람이 사는 땅'을 의미했으며, 지리학에서는 '지구에서 인류가 점유하고 있는 부분'을 뜻한다. 그러나 베르크는 그것을 '인류가 지구 면적과 맺고 있는 생태적 · 상징적 관계'로 규정한다. 지구적 차원이 아니라 지역 혹은 지방의 차원에서 인간이 환경과 맺고 있는 관계가 '풍토성'이다. 이 풍토성을 베르크는 프랑스어로 'médiance'라는 신조어로 번역하고 있다. 그러니까 외쿠메네는 지구적 · 우주적 차원까지 확대된 장소-존재론적 관계를 함의하는 말이다. 이 관계를 특징짓는 것은 "장소와 장소 안에 존재하는 것 사이의 상호적 침투이다." 외쿠메네에서 장소와 사물/존재자는 서로를 주고받으며 서로의 성격을 띤다.

저자는 이 야심적 외쿠메네 이론을 노자의 《도덕경》 제6장 '골짜기의 신'을 인용한 제사(題詞)로부터, 그리고 고대 그리스 철학에 나타난 장소 —— 코라(chôra)와 토포스(topos) —— 에 대한 반성적 성찰로부터 시작한다. 그는 데리다의 철학에서도 다루어지는 플라톤의 '코라'에 대한 고찰에서 출발해 코라와 토포스의 차이와 관계를 검토하면서 장소-존재론의 토대를 탐구한다. 여기서 그는 플라톤의 코라에 대한 데리다의 해석을 문제 삼고 이에 대해 일정한 거리를 두면서 인류학적 · 지리적 구체성을 통해 새로운 논지를 펼쳐낸다.

그렇게 하여 인간 존재자의 '모태'이자 '자국'이며 실존적 장소인 코라는 인간을 둘러싼 환경체, 곧 베르크의 표현을 빌리면 '인간 환경체(corps médial)'와 연결되어 있다. 그것은 "무언가 차이가 나는 것이 도래하는 역동적 장소"이다. 반면에 지도상의 장소인 토포스는 존재와 사물을 그 자체에 폐쇄시키는 '동물적 신체(corps animal)'와 관련된다. 그것은 '사물을 자기 존재의 동일성 속에 가두는 장소'이다. 불가분의 관계에 있는 이 두 개념 쌍의 상호성은 '투과(trajection)'라는 새로운 개념을 통해 인간과 환경, 인간과 대지, 인간과 우주의 상호 침투적 관계로 확장되어 존재론적 울림을 획득한다. 투과를 통해, 다시 말해 '투사(projection)'와 '내사(intrajection)'를 통해 인간과 자연은 서로를 낳으면서 '함께 성장한다'는 것이다. 투과는 한편으로 기술(技術)을 통한 환경 속으로의 인간의 투사와, 다른 한편으로 상징을 통한 인간 속으로의 환경의 내사를 담아냄으로써 기술·환경·상징이라는 인간 존재의 3차원을 포괄하는 용어이다.

그러나 특히 근대성 이후로 기술만이 중시되어 나머지 두 차원이 상대적으로 무시되었던 것이다. 기술과 공간의 추상화에 대한 저자의 비판은 건축에서 르 코르뷔지에를 표적으로 삼는다. 이러한 비판은 물론 자연과 감각적 세계를 '무질서'로 평가 절하한 플라톤의 관념론(이데아론)으로까지 거슬러 올라간다. 반면에 서양과의 대비 속에서 중국은 일찌감치 자연을 노래하는 '풍경의 문명'을 창조했다. 베르크는 나와 타자, 주체와 대상, 인간과 자연이 상호 침투해 맺는 불가분의 관계, 데리다적으로 말하면 하나가 없으면 다른 하나가 성립될 수 없는 그 '차연적' 관계 혹은 '상관적' 관계를 중국 예술과 문학에서 발견하면서 서양 정신의 취약성을 드러낸다.

저자에 따르면, 서양 문명은 "우리의 존재를 사물들 속에 투자하고 그럼으로써 그것들을 인간화하면서 동시에 상호적으로 우리 실존의 구체적 형태로 만드는 실존적 운동의 정지"를 의미하는 "대상 정지(arrêt sur objet)"를 실천함으로써 '세계의 노래'를 침묵시켰고, 세계와 자연에서 '시를 비워 버렸다.' 대상 정지는 곧 존재론적 관계의 '준거'가 되는 인간적 '규모'(échelle: 이 낱말은 원래 배에 오르게 해주는 사다리, 다른 항구들, 다른 세계들로 떠나고 발견하게 해주는 항구/선착장을 의미했다)의 상실을 가져와 인간과 자연 사이의 심연을 파놓았고 그 결과 남은 것은 타자의 파괴와 '고정된 동일성들의 집단'이다.

그러나 베르크가 언어의 '자의성'을 내세운 소쉬르의 언어학에서 출발한 구조주의와 기호학까지 강도 높게 비판하면서 서구의 철학 전체를 문제 삼고 있는 반면에 중국 사상을 부각시키고 있다고 해서, 서양의 강점까지 모두 부정하는 게 아니다. 서양이 다양성을 일자로 환원시키는 일의성의 철학을 '단일 버전(universion)'으로까지 밀어붙여 '타자의 철학'을 탄생시키지 않을 수 없는 지경에 이르렀지만, 다원적 현상들의 지평선 너머에 존재하는 객관적 · 물리적 세계를 지배하는 비가시적 법칙들, 즉 '보편적인 것'을 추구한 빛을 망각해서는 안 된다는 것이다. 베르크는 변화하는 역동적 현상들의 지평 이쪽에 머문 중국 문명과 그 지평을 넘어서고자 했던 서양 문명의 한계를 동시에 지적하면서 둘을 상보적 입장에서 외쿠메네 속에 수용하고자 한다. 그는 "외쿠메네에는 지평선 이쪽과 저쪽에 복수의 진리들이 언제나 동시적으로 존재한다"고 말하고 있다.

《외쿠메네》에는 코라와 토포스에서 시작해 타자와 시테(도시)의 문제까지 장소-존재론적 사유를 확장하고 심화시킨 구조적 결정물의 아름다움이 담겨 있다. '투과적 이성(raison trajective)'에 토대한 이 사유는 자연과학과 인문사회과학, 동양 정신과 서양 정신의 커다란 지표들을 관통하는 '통섭적인' 지적 항해를 통해 근대성의 종말론적 징후인 쇠퇴-구조주의(베르크는 후기 구조주의를 이렇게 칭함) 혹은 포스트모더니즘을 극복하려는 저자의 의지를 담아내고 있다. 사상사적 차원에서 이만큼 동서양의 대비와 결합을 뛰어나고 균형 있게 교직해 내는 저서는 드물지 않을까 생각한다. 베르크가 펼쳐내는 새로운 탐구 여정을 독자와 함께 나누고자 한다.

역자는 프랑스어로 발음 표기된 수많은 중국어와 일본어 이름 · 용어 · 인용의 한자와 원문을 찾아 명기하거나 우리말로 옮기는 데 상당한 시간과 노력을 투자하지 않을 수 없었다. 뿐만 아니라 그리스어와 라틴어도 적지 않게 나타나 인터넷 검색을 통해 번역하느라 자잘한 일을 많이 했다. 번역상의 오류가 있지 않을까 염려된다. 독자의 질책을 겸허히 받아들이겠다. 에피소드를 하나만 소개하겠다. 본서의 제1부 제목인 '거기에 있다의 거기'는 프랑스어로 'L'Y D'IL Y A'로 되어 있다. 역자는 띄어쓰기를 제대로 보지 못해 'L'YD'ILYA'로 읽어 그것이 '리딜리아'라는 고유명사 아닌가 생각했다. '리딜리아'라는 이름도 마음에 들었다. 그러나 인터넷을 검색해 보았지만 이 낱말을 찾아내지 못했다. 일단 책의 번역을 마친 다음에 다시 인터넷 검색을 해보았지만 역시 마찬가지였다. 그때서야 비로소 역자는 제목을 자세히 다시 들여다보았고 띄어쓰기를 보지 못했음을 알아차렸다. 제목의 원어 발음이 마음에 들어 그냥 '리딜리아'로 옮겨 놓고 주(註)를 달아 놓을까 모험적인 생각도 했지만 결국 단념하고 번역을 해놓았다. 이에 대해 독자는 어떻게 생각할까 궁금하다.

국내에 출간된 베르크의 저서는 《대지에서 인간으로 산다는 것 *Etre humains sur terre*》(김주경 역, 미다스북스, 2001)이 나와 있다. 이 책은 본서보다 4년 전인 1996년에 프랑스에서 출간되었다. 따라서 본서는 이론적·학문적 측면에서나 사색의 풍요로움에서 이 책을 폭넓게 보완하면서 뛰어넘는 베르크 사유의 결정판이라 하겠다.

저자에 대한 소개를 간단히 하고 역자 후기를 마감하고자 한다. 오귀스탱 베르크는 역시 동양 전문가(이슬람 문명 전공)인 아버지의 편력으로 인해 1942년 모로코의 리바트에서 태어났다. 그는 프랑스에서 지리학을 전공하고 중국어와 중국 문명을 공부한 후 중국으로 건너가고자 했으나 문화 혁명의 발발로 중국으로 가지 못했다. 그 대신 그가 선택한 곳이 일본이다. 일본에서 그는 처음에는 프랑스어를 가르치다가 전공인 환경지리학(풍토론)을 가르치게 되었으며, 이와 동시에 일본학 및 중국학에 관심을 기울여 심층적으로 연구하기 시작했다. 이러한 과정을 거치면서 그는 장소와 지리의 철학적 성찰로 사유의 지평을 넓히고 결국은 동서양을 융합하는 장소-존재론의 환경철학을 탄생시키게 되었다.

역자 김웅권

색 인

김웅권
한국외국어대학교 불어과 졸업
프랑스 몽펠리에3대학 불문학 박사
한국외국어대학교 학술연구교수역임
현재 한남대학교 사회문화대학원 문학예술학과 객원교수
학위 논문: 《앙드레 말로의 소설 세계에 있어서 의미의 탐구와 구조화》
저서: 《앙드레 말로—소설 세계와 문화의 창조적 정복》
《말로와 소설의 상징시학》《앙드레 말로의 문학 세계》
논문: 〈앙드레 말로의 《왕도》에 나타난 신비주의적 에로티시즘〉
(프랑스의 《현대문학지》 앙드레 말로 시리즈 10호),
〈앙드레 말로의 《인간 조건》에서 광인 의식〉(미국 《앙드레 말로 학술지》 27권),
〈동양: '정신의 다른 극점,' A. 말로의 아시아의 3부작에 나타난 상징시학을 중심으로〉
(미국 《앙드레 말로 학술지》 34권) 외 20여 편
역서: 《천재와 광기》《니체 읽기》《상상력의 세계사》《순진함의 유혹》
《쾌락의 횡포》《영원한 황홀》《파스칼적 명상》《운디네와 지식의 불》
《진정한 모럴은 모럴을 비웃는다》《기식자》《구조주의 역사 Ⅱ · Ⅲ · Ⅳ》
《미학이란 무엇인가》《상상의 박물관》《그라마톨로지에 대하여》
《어떻게 더불어 살 것인가》《과학에서 생각하는 주제 100가지》
《에로티시즘을 즐기기 위한 100가지 기본 용어》《푸코와 광기》
《실천 이성》《서양의 유혹》《중세의 예술과 사회》
《목소리의 結晶》《S/Z》《타자로서 자기 자신》《밝은 방》 등 30여 권

문예신서
336

외쿠메네

초판발행 : 2007년 4월 25일

東文選

제10-64호, 78. 12. 16 등록
110-300 서울 종로구 관훈동 74번지
전화 : 737-2795

편집설계 : 李姃롯

ISBN 978-89-8038-601-7 94100

東文選 現代新書 9

텔레비전에 대하여

피에르 부르디외

현택수 옮김

텔레비전으로 방송된 이 두 개의 콜레주 드 프랑스에서의 강의는 명쾌하고 종합적인 형태로 텔레비전 분석을 소개하고 있다. 첫번째 강의는 텔레비전이라는 작은 화면에 가해지는 보이지 않는 검열의 메커니즘을 보여 주고, 텔레비전의 영상과 담론의 인위적 구조를 만드는 비밀들을 보여 주고 있다. 두번째 강의는 저널리즘계의 영상과 담론을 지배하고 있는 텔레비전이 어떻게 서로 다른 영역인 예술·문학·철학·정치·과학의 기능을 깊게 변화시키는지를 설명하고 있다. 이러한 현상은 시청률의 논리를 도입하여 상업성과 대중 선동적 여론의 요구에 복종한 결과이다.

이 책은 프랑스에서 출판되자마자 논쟁거리가 되면서, 1년도 채 안 되어 10만 부 이상 팔려 나가 베스트셀러 리스트에 오르고, 세계 각국에서 번역되어 읽혀지고 있는 피에르 부르디외의 최근 대표작 중 하나이다. 인문사회과학 서적으로서 보기 드문 이같은 성공은, 프랑스 및 세계 주요국의 지적 풍토를 말해 주고 있다. 이처럼 이 책이 독자 대중의 폭발적인 반응과 기자 및 지식인들의 지속적인 반향을 불러일으키는 이유는, 세계적으로 잘 알려진 그의 학자적·사회적 명성 때문이기도 하지만 무엇보다도 언론계 기자·지식인·교양 대중들 모두가 관심을 가질 만한 논쟁적인 내용을 담고 있기 때문이다.

東文選 現代新書 81

영원한 황홀

파스칼 브뤼크네르

김웅권 옮김

"당신은 행복해지기 위해 사는가?"

당신은 왜 사는가? 전통적으로 많이 들어온 유명한 답변 중 하나는 "행복해지기 위해서 산다"이다. 이때 '행복'은 우리에게 목표가 되고, 스트레스가 되며, 역설적으로 불행의 원천이 된다. 브뤼크네르는 그러한 '행복의 강박증'으로부터 당신을 치유하기 위해 이 책을 썼다. 프랑스의 전 언론이 기립박수에 가까운 찬사를 보낸 이 책은 사실상 석 달 가까이 베스트셀러 1위를 지켜내면서 프랑스를 '들었다 놓은' 철학 에세이이다.

"어떻게 지내십니까? 잘 지내시죠?"라고 묻는 인사말에도 상대에게 행복을 강제하는 이데올로기가 숨쉬고 있다. 당신은 행복을 숭배하고 있다. 그것은 서구 사회를 침윤하고 있는 집단적 마취제다. 당신은 인정해야 한다. 불행도 분명 삶의 뿌리다. 그 뿌리는 결코 뽑히지 않는다. 이것을 받아들일 때 당신은 '행복의 의무'로부터 해방될 것이고, 행복하지 않아도 부끄럽지 않게 될 것이다.

대신 저자는 자유롭고 개인적인 안락을 제안한다. '행복은 어림치고 접근해서 조용히 잡아야 하는 것'이다. 현대인들의 '저속한 허식'인 행복의 웅덩이로부터 당신 자신을 건져내라. 그때 '빛나지도 계속되지도 않는 것이 지닌 부드러움과 덧없음'이 당신을 따뜻이 안아 줄 것이다. 그곳에 영원한 만족감이 있다.

중세에서 현대까지 동서의 명현석학과 문호들을 풍부하게 인용하는 저자의 깊은 지식샘, 그리고 혀끝에 맛을 느끼게 해줄 듯 명징하게 떠오르는 탁월한 비유 문장들은 이 책을 오래오래 되읽고 싶은 욕심을 갖게 한다. 독자들께 권해 드린다.　　　　　　　　　— 조선일보, 2001. 11. 3.

東文選 現代新書 94

진정한 모럴은 모럴을 비웃는다

― 책임진다는 것의 의미

알랭 에슈고엔 / 김웅권 옮김

오늘날 우리는 가치들이 혼재하고 중심을 잃은 이른바 '포스트 모던'한 시대에 살고 있다. 다양한 가치들은 하나의 '조정적인' 절대 가치에 의해 정리되고 체계화되지 못하고, 무질서하게 병렬적으로 공존한다. 이런 다원적 현상은 풍요로 인식될 수 있으나, 역설적으로 현대인이 당면한 정신적 방황과 해체의 상황을 드러내 주는 하나의 징표라고도 할 수 있다. 자본주의의 승리와 이러한 가치의 혼란은 인간을 비도덕적으로 만들면서 약육강식적 투쟁의 강도만 심화시킬 우려가 있다. 그리하여 사회는 긴장과 갈등으로 치닫는 메마르고 냉혹한 세계가 될 수 있다.

개인의 자유와 권리가 확대되고, 사회적인 구속이나 억압이 줄어들면 줄어들수록 개인이 져야 할 책임의 무게는 그만큼 가중된다. 이 책임이 그의 자유와 권리를 보장해 주는 것이다. 개인의 신장과 비례하여 증가하는 이 책임이 등한시될 때 사회는 퇴보할 수밖에 없다. 기성의 모든 가치나 권위가 무너져도 더불어 사는 사회가 유지되려면, 개인이 자신의 결정과 행위 그리고 결과에 대해 자신과 타자 앞에, 또는 사회 앞에 책임을 지는 풍토가 정착되어야 한다. 그렇기 때문에 안개가 자욱이 낀 이 불투명한 시대에 책임 원리가 새로운 도덕의 원리로 부상되고 있는 것이다. 또한 어떤 다른 도덕적 질서와도 다르게 책임은 모든 이데올로기적·사상적 차이를 넘어서 지배적인 담론의 위치를 차지할 수 있다. 그것은 사회적·경제적 변화와 구속에 직면하여 문제들을 해결하기 위해 나타난 '자유의 발현'이기 때문이다.

東文選 現代新書 129

번영의 비참
― 종교화한 시장 경제와 그 적들

파스칼 브뤼크네르 / 이창실 옮김

'2002 프랑스 BOOK OF ECONOMY賞' 수상
'2002 유러피언 BOOK OF ECONOMY賞' 특별수훈

번영의 한가운데서 더 큰 비참이 확산되고 있다면 세계화의 혜택은 무엇이란 말인가?

모든 종교와 이데올로기가 붕괴되는 와중에 그래도 버티는 게 있다면 그건 경제다. 경제는 이제 무미건조한 과학이나 이성의 냉철한 활동이기를 그치고, 발전된 세계의 마지막 영성이 되었다. 이 준엄한 종교성은 이렇다 할 고양된 감정은 없어도 제의(祭儀)에 가까운 열정을 과시한다.

이 신화로부터 새로운 반체제 운동들이 사람들의 마음을 사로잡는다. 시장의 불공평을 비난하는 이 운동들은 지상의 모든 혼란의 원인이 시장에 있다고 본다. 그러나 실상은 그렇게 하면서 시장을 계속 역사의 원동력으로 삼게 된다. 신자유주의자들이나 이들을 비방하는 자들 모두가 같은 신앙으로 결속되어 있는 만큼 그들은 한통속이라 할 수 있다.

그렇다면 우리가 벗어나야 하는 것은 자본주의가 아니라 경제만능주의이다. 사회 전체를 지배하려 드는 경제의 원칙, 우리를 근면한 햄스터로 실추시켜 단순히 생산자·소비자 혹은 주주라는 역할에 가두어두는 이 원칙을 너나없이 떠받드는 상황에서 벗어나야 한다. 일체의 시장 경제 행위를 원위치에 되돌려 놓고 시장 경제가 아닌 자리를 되찾아야 한다. 이것은 우리 삶의 의미와도 직결되는 문제이기 때문이다.

파스칼 브뤼크네르: 1948년생으로 오늘날 프랑스에서 가장 영향력 있는 에세이스트이자 소설가이기도 하다. 그는 매 2년마다 소설과 에세이를 번갈아 가며 발표하고 있다. 주요 저서로는 《순진함의 유혹》(1995 메디치상), 《아름다움을 훔친 자들》(1997 르노도상), 《영원한 황홀》 등이 있으며, 1999년에는 프랑스에서 가장 많이 팔린 작가로 뽑히기도 하였다.

東文選 文藝新書 137

구조주의의 역사(전4권)

프랑수아 도스

김웅권 · 이봉지 外 옮김

80년대 중반 이래 포스트모더니즘의 유행이 불어닥치면서 한국의 지성계는 포스트모더니즘의 이론적 기반을 제공한 포스트 구조주의라는 용어를 '후기 구조주의'와 '탈구조주의'의 둘로 번역해 왔다. 전자는 구조주의와의 연속성을 강조한 것이고, 후자는 그것과의 단절을 강조한 것이다. 그런데 파리 10대학 교수인 저자는 《구조주의의 역사》라는 1천여 쪽에 이르는 저작을 통하여 구조주의의 제1세대라고 할 수 있는 레비 스트로스 · 로만 야콥슨 · 롤랑 바르트 · 그레마스 · 자크 라캉 등과, 제2세대라 할 수 있는 루이 알튀세 · 미셸 푸코 · 자크 데리다 등의 작업이 결코 단절된 것이 아니며, 유기적인 연관을 맺고 있다는 것을 밝힘으로써 이에 대한 하나의 해답을 제시하고 있다.

그는 지난 반세기 동안 프랑스 지성계를 지배하였던 구조주의의 운명, 즉 기원에서 쇠퇴에 이르는 과정에 대한 전체적인 조망을 통해 우리가 흔히 구조주의와 후기 구조주의라고 구분하여 부르는 이 두 사조가 모두 인간 및 사회 · 정치 · 문학, 그리고 역사에 관한 고전적인 개념의 근저를 천착하여 우리로 하여금 그것들의 정당성을 의문시하게 만드는 탈신비화의 과정에 참여하였다는 것을 밝혔으며, 이런 공통점들에 의거하여 이들 두 사조를 하나의 동일한 사조로 파악하였다.

또한 도스 교수는 민족학 · 인류학 · 사회학 · 정치학 · 역사학 · 기호학, 그리고 철학과 문학에 이르기까지 프랑스에서 흔히 인간과학이라 부르는 학문의 모든 분야에 걸쳐 이룩된 구조주의적 연구의 성과를 치우침 없이 균형 있게 다룸으로써 구조주의의 일반적인 구도를 제시한다. 뿐만 아니라 구조주의의 몇몇 기념비적인 저작에 대한 심층적인 분석을 통하여 주체의 개념을 비롯한 몇몇 근대 서양 철학의 기본 개념의 쇠퇴와 그 부활 과정을 보여 줌으로써 옛 개념들이 수정되고 재창조되며, 또한 새로운 개념으로 다시 태어나는 과정을 파노라마처럼 그려낸다.

東文選 文藝新書 148

재 생 산

피에르 부르디외

이상호 옮김

이 책은 1964년에 출간된 《상속자들》에서 처음으로 선보였던 연구작업의 이론적 종합을 시도한다. 교육관계, 지식인이나 평민의 언어 사용 및 대학 문화 활용, 그리고 시험과 학위의 경제적·상징적 효과에 대한 경험 연구에서 출발하며, 상징폭력 행위와 이 폭력을 은폐하는 사회조건에 대한 일반 이론을 보여 준다. 이 이론은 상징적 주입관계의 사회조건에 대해 설명함으로써 언어학·사이버네틱 이론·정신분석 이론의 누적된 영향 아래서, 사회관계를 순수한 상징관계로 환원시키는 경향을 보이는 분석의 방법론적 한계를 규정한다.

이 책에 따르면, 학교는 환상을 생산하지만 그 효과는 환상과 거리가 멀다. 그래서 학교의 독립성과 중립성이라는 환상은, 학교가 기존 질서를 재생산한다는 가장 특별한 기여 원칙에 귀속된다. 나아가 이 책은 문화자본의 분배 구조를 재생산하는 법칙을 해명하고자 시도함으로써, 오늘날 교육 체계에서 작동되는 모순을 완벽하게 이해하는 수단을 제공할 뿐만 아니라 실천 이론에도 기여한다. 행위자를 구조의 생산물이자 구조의 재생산자로 구성함으로써 범구조주의의 객관주의만큼이나 창조적 자유의 주관주의에서도 벗어날 수 있는 실천 이론 말이다.

현대 교육사회학 분야에서 빼놓을 수 없는 역작으로 평가 받는 이 책은 단순히 교육사회학에 국한되지 않고 교육과 사회, 개인행위와 사회질서, 미시사회학과 거시사회학의 상관성을 밝히는 데 중요한 단서를 제공하고 있다.

東文選 文藝新書 170

비정상인들

1974-1975, 콜레주 드 프랑스에서의 강의

미셸 푸코

박정자 옮김

비정상이란 도대체 무엇일까? 하나의 사회는 자신의 구성원 중에서 밀쳐내고, 무시하고, 잊어버리고 싶은 부분이 있다. 그것이 어느 때는 나환자나 페스트 환자였고, 또 어느 때는 광인이나 부랑자였다.

《비정상인들》은 역사 속에서 모습을 보인 모든 비정상인들에 대한 고고학적 작업이며, 또 이들을 이용해 의학 권력이 된 정신의학의 계보학이다.

콜레주 드 프랑스에서 1975년 1월부터 3월까지 행해진 강의 《비정상인들》은 미셸 푸코가 1970년 이래, 특히 《사회를 보호해야 한다》에서 앎과 권력의 문제에 바쳤던 분석들을 집중적으로 추구하고 있다. 앎과 권력의 문제란 규율 권력, 규격화 권력, 그리고 생체-권력이다. 푸코가 소위 19세기에 '비정상인들'로 불렸던 '위험한' 개인들의 문제에 접근한 것은 수많은 신학적·법률적·의학적 자료들에서부터였다. 이 자료들에서 그는 중요한 세 인물을 끌어냈는데, 그것은 괴물, 교정(矯正) 불가능자, 자위 행위자였다. 괴물은 사회적 규범과 자연의 법칙에 대한 참조에서 나왔고, 교정 불가능자는 새로운 육체 훈련 장치가 떠맡았으며, 자위 행위자는 18세기 이래 근대 가정의 규율화를 겨냥한 대대적인 캠페인의 근거가 되었다. 푸코의 분석들은 1950년대까지 시행되던 법-의학감정서를 출발점으로 삼고 있다. 이어서 그는 고백 성사와 양심 지도 기술(技術)에서부터 욕망과 충동의 고고학을 시작했다. 이렇게 해서 그는 그후의 콜레주 드 프랑스 강의 또는 저서에서 다시 선택되고, 수정되고, 다듬어질 작업의 이론적·역사적 전제들을 마련했다. 이 강의는 그러니까 푸코의 연구가 형성되고, 확장되고, 전개되는 과정을 추적하는 데 있어서 결코 빼놓을 수 없는 필수 불가결의 자료이다.

東文選 文藝新書 173

세계의 비참 (전3권)

피에르 부르디외 外

김주경 옮김

사회적 불행의 형태에 대한 사회학적 투시——피에르 부르디외와 22명의 사회학자들의 3년 작업. 사회적 조건의 불행, 사회적 위치의 불행, 그리고 개인적 고통에 대한 그들의 성찰적 지식 공개.

우리의 삶 한편에는 국민들의 일상적인 삶에 대해 무지한 정치 책임자들이 있고, 그 다른 한편에는 힘겹고 버거운 삶에 지쳐서 하고 싶은 말조차 할 수 없는 사람들이 있다. 이들을 바라보면서 어떤 사람들은 여론에 눈을 고정시키기도 하고, 또 어떤 사람들은 그들의 불행에 대해 항의를 표기하기도 한다. 물론 이들이 항의를 할 수 있는 것은 자신들이 그 불행에서 벗어나 있기에 가능한 것이다.

여기 한 팀의 사회학자들이 피에르 부르디외의 지휘 아래 3년에 걸쳐서 몰두한 작업이 있다. 그들은 대규모 공영주택 단지·학교·사회복지회 직원, 노동자, 하층 무산계급, 사무직원, 농부, 그리고 가정이라는 세계 속에 비참한 사회적 산물이 어떠한 현대적인 형태를 띠고 나타나는지를 이해하고자 했다. 그들이 본 각각의 세계에는 저마다 고유한 갈등 구조들이 형성되어 있었고, 그 안에서 발생하는 고통을 직접 몸으로 체험한 자들만이 말할 수 있는 진실들이 있었다.

이 책은 버려진 채 병원에 누워 있는 전직 사회복지 가정방문원이라든가, 노동자 계층의 고아 출신인 금속기계공, 정당한 권리를 찾지 못하고 떠돌아다닐 수밖에 없는 집 없는 사람들, 도시 폭력의 희생자가 된 고등학교 교장과 교사들, 빈민 교외 지역의 하급 경찰관, 그리고 이들과 함께 살아가는 수많은 사람들의 만성적이면서도 새로운 삶의 고통을 이야기한다.

東文選 文藝新書 211

토탈 스크린

장 보드리야르
배영달 옮김

우리 사회의 현상들을 날카로운 혜안으로 분석하는 보드리야르의 《토탈 스크린》은 최근 자신의 고유한 분석 대상이 된 가상(현실)·정보·테크놀러지·텔레비전에서 정치적 문제·폭력·테러리즘·인간 복제에 이르기까지 현대성의 다양한 특성들을 보여준다. 특히 이 책에서 보드리야르는 오늘날 우리를 매혹하는 형태들인 폭력·테러리즘·정보 바이러스와 관련하여 기호와 이미지의 불가피한 흐름, 과도한 커뮤니케이션, 프로그래밍화된 정보를 분석한다. 왜냐하면 현대의 미디어·커뮤니케이션·정보는 이미지의 독성에 의해 증식되며, 바이러스성의 힘을 지니기 때문이다.

보드리야르는 현대성은 이미지의 독성과 더불어 폭력을 산출해 낸다고 말한다. 이러한 폭력은 정열과 본능에서보다는 스크린에서 생겨난다는 의미에서 가장된 폭력이다. 그리고 그것은 스크린과 미디어 속에 잠재해 있다. 사실 우리는 미디어의 폭력, 가상의 폭력에 저항할 수가 없다. 스크린·미디어·가상(현실)은 폭력의 형태로 도처에서 우리를 위협한다. 그러나 우리는 스크린 속으로, 가상의 이미지 속으로 들어간다. 우리는 기계의 가상 현실에 갇힌 인간이 된다. 이제 우리를 생각하는 것은 가상의 기계이다. 따라서 그는 "정보의 출현과 더불어 역사의 전개가 끝났고, 인공지능의 출현과 동시에 사유가 끝났다"고 말한다. 아마 그의 이러한 사유는 사유의 바른길과 옆길을 통해 새로운 사유의 길을 늘 모색하는 데서 비롯된 것일 터이다. 현대성에 대한 탁월한 통찰력을 보여 주는 보드리야르의 이 책은 우리에게 우리 사회의 현상들을 비판적으로 읽게 해줄 것이다.

東文選 文藝新書 206

문화 학습 — 실천적 입문

주디 자일스 / 팀 미들턴
장성희 옮김

이 책은 문화 연구의 핵심 개념들을 소개하는 개론서로, 특히 문화 연구라는 주제를 처음 접하는 사람들을 위해 쓰여졌다. 저자들이 선택한 독서들과 활동·논평들은 문화 연구의 장을 열어 주고, 문화지리학·젠더 스터디·문화 역사 분야에서의 새로운 작업을 결합시킨다.

제I부는 문화와 문화 연구에 대한 다양한 해석들에 관한 논의로 시작해서 정체성·재현·역사·장소와 공간에 대한 탐구로 이어진다. 제II부에서는 논의를 확장시켜서 고급 문화와 대중 문화, 주체성, 소비와 신기술을 포함한 좀더 복잡한 주제들을 소개한다. 제I부와 제II부 모두 추상적 개념들을 경험적 자료들에 적용시키는 방법과 문화 분석에 있어 여러 학제적 접근 방법의 중요성을 예시해 주는 사례 연구들로 끝을 맺는다.

중요 이론가들과 논평가들의 저서에서 발췌한 인용문들이 텍스트와 결합되어 학생들이 주요 관건들·이론들·논쟁들에 접근하도록 돕는다. 이 책 전반에 등장하는 연습과 활동은 독자들로 하여금 제시된 문제들을 분석적으로 생각하게 고무한다. 심화된 연구와 폭넓은 독서를 위해 서지·참고 문헌·권장 도서 목록을 함께 실었다.

이 책은 그 다양성을 통해 문화 연구에 관한 지속적인 관심과 이해의 초석이 될 것이다.

주디 자일스는 리폰 & 요크 세인트 존 칼리지에서 문화 연구·문학 연구·여성학을 강의하고 있으며, 팀 미들턴은 리폰 & 요크 세인트 존 칼리지에서 문학 연구와 문화 연구를 강의하고 있다.